Wilhelm Schüler

Abriss der neueren Geschichte Chinas

EHV
HISTORY

Wilhelm Schüler

Abriss der neueren Geschichte Chinas

ISBN/EAN: 9783955641948

Auflage: 1

Erscheinungsjahr: 2013

Erscheinungsort: Bremen, Deutschland

EHV
HISTORY

Abriss der neueren Geschichte
CHINAS

unter besonderer Berücksichtigung
der Provinz Schantung

von

Lic. Wilhelm Schüler

Gekrönte Preisschrift
herausgegeben von der Abteilung Tsingtau der
Deutschen Kolonialgesellschaft

Verlag von Karl Curtius, Berlin W.

Buchdruckerei M. Köhler, Brandenburg a. H.

Vorwort.

Die Abteilung Tsingtau der Deutschen Kolonialgesellschaft erließ im August 1909 ein Preisausschreiben für einen „Abriß der neueren Geschichte Chinas". Die Veranlassung dazu bot der Umstand, daß seit Gützlaff's vielgenannter Geschichte des Chinesischen Reiches (1847 erschienen) kein einziges deutsch geschriebenes Einzelwerk vorliegt, welches die Geschichte Chinas und besonders die neuere Zeit im Zusammenhang behandelt, während diese doch in hohem Maße es verdient, daß wir Deutschen ihr mehr Beachtung schenken. Der Abriß sollte die ältere Geschichte Chinas in gedrängtem Überblick umfassen, die Ming-Zeit etwas ausführlicher und die neuere Zeit vom Beginn der Mandschu-Dynastie ab bis auf die Gegenwart in breiterer Form der Darstellung behandeln. Dem besonderen Interesse, welches infolge unserer Kolonie Kiautschou die Provinz Schantung für uns beansprucht, sollte ausdrücklich Rechnung getragen werden.

Die vorliegende Arbeit ist durch dieses Preisausschreiben veranlaßt und in ihrem Plan dadurch bestimmt. Nachdem sie mir wieder zugestellt war, habe ich sie noch mehrfach umgearbeitet und die beiden letzten Kapitel neu hinzugefügt. Wohl habe ich mich bemüht, die besten Arbeiten zu verwerten, welche zu den einzelnen Kapiteln der chinesischen Geschichte vorliegen, aber ich kann keinen Anspruch darauf erheben, vollständig in der Durchsicht der vorhandenen Literatur gewesen zu sein. Und wenn für mich auf der anderen Seite das Anziehende in der Beschäftigung mit der chinesischen Geschichte gerade darin gelegen hat, auch mit chinesischen Quellen selbst in Fühlung zu stehen und die Ausführungen kundiger Chinesen kennen zu lernen, so beschränkt sich doch das, was ich dabei aus eigenem Studium zu dem dargestellten Stoff habe beitragen können, auf Einzelheiten aus verschiedenartigen Quellen, besonders aus Schantunger Städtechroniken. Zu letzterem Studium zog mich ein fast heimatliches Interesse, das mich im Lauf der Jahre mit der Provinz Schantung — vor allem mit dem Kiautschou-Gebiet und seiner weiteren Umgebung — verknüpft. Erst während der letzten $1^1/_2$ Jahre hat mich mein Beruf nach Schanghai geführt. Daß hier auch das zu meiner pflichtmäßigen Beschäftigung gehört, die Lektüre mehrerer chinesischer Tageszeitungen mit einem chinesischen Literaten zu betreiben, kam mir für die Darstellung der Ereignisse der letzten Jahre zu statten.

Die Drucklegung des Buches begann schon im Anfang des Jahres, als die Mandschu-Dynastie noch zu Recht bestand. Es möge daher entschuldigt werden, wenn gerade auf den ersten Bogen des Buches manche Hinweise auf die Gegenwart sich noch auf den Zustand des dynastisch regierten China beziehen. Die nötige Korrektur ist durch die beiden letzten Kapitel gegeben.

An dem Entstehen und der Vollendung meiner Arbeit hat niemand ein regeres Interesse genommen als Herr Professor Dr. Doenitz, Oberlehrer in Tsingtau. Sein Name darf diesem Buche nicht fehlen. Die Ausführung der Karten hat Herr Oberlandmesser Goedecke in Tsingtau freundlichst besorgt.

Für die mühevolle Arbeit der Korrektur und alles dessen, was zur Vollendung eines Buches gehört, bin ich Herrn Marinepfarrer Winfrid Koehler und Freiherrn P. v. Verschuer zu großem Dank verbunden.

Schanghai im August 1912.

Wilhelm Schüler.

Transkription.

Für die Umschreibung der chinesischen Laute war die Möllendorffsche Schreibweise vorgeschrieben worden. Es wurde mir jedoch nachträglich freigestellt, sie mit der von Wilhelm und Lessing zu vertauschen, welche in revidierter Form von der ersten Konferenz deutscher Lehrer an chinesischen Schulen (Tsingtau 1911) gutgeheißen wurde. Jede Transkription ist nur annähernd und wird irgend welchem Widerspruch begegnen. Jede Transkription muß sich auch zu Kompromissen verstehen, indem sie bekannte Namen, vor allém geographische, in der Form bietet, in der sie eingebürgert sind. Peking z. B. darf man weder nach Möllendorff Pei-tsching noch nach Wilhelm-Lessing Be-ging schreiben, obwohl die letztere Schreibweise der in Ost-Schantung herrschenden Aussprache am meisten entspricht. In manchen Fällen sind zwei Schreibweisen gegeben. Die Zusammensetzung in ein Wort besagt dann immer, daß die Schreibweise einer üblichen Form entspricht, in der sie das Auge gewohnt ist oder leicht wieder erkennt, z. B. Schantung, Kiautschou, während die Trennung der Silben durch Striche die korrekte Aussprache nach Wilhelm und Lessing angibt, z. B. Schan-dung, Giau-dschou. Bei letzterem so häufigem „dschou", welches in geographischen Namen Bezirk bezw. die Hauptstadt des Bezirks bedeutet, muß ich die Unkorrektheit zu entschuldigen bitten, daß es an manchen Stellen auch da „tschou" geschrieben ist, wo das Wort nach Silben getrennt ist und es also „dschou" heißen müßte. Die Laute b, g, d, ds, dsch klingen härter als im Deutschen, jedoch nicht so hart wie p, k usw. Die Laute p, k, t, ts, tsch klingen nicht nur hart, sondern scharf aspiriert; j hat etwa den Laut eines französischen j wie in journal. ï bezeichnet ein

tonloses e oder i. h lautet wie ch in ach, vor i und ü dagegen wie ch in ich. ö in öng lautet dumpf, häufig fast
wie u.

Bemerkenswert an der Wilhelm- und·Lessingschen Transkription ist der Gebrauch der harten und weichen Kon-
sonanten, anstatt nur harte mit und ohne Spiritus asper zu verwenden. Es ist angenommen, daß der Fehler in der Aus-
sprachebezeichnung dabei kleiner wird. Ferner ist unterschieden zwischen ki und tsi, hi und si entsprechend der
in den südlichen Dialekten des Hochchinesischen und auch
in Schantung üblichen Sprechweise, während der eigentliche
Pekingesische Dialekt nur je einen Laut hat (tschi und hsi).
Die englischen Laute ch und ch sind durch deutsche ersetzt.

Inhaltsverzeichnis.

Die vorhistorische und die halbhistorische Zeit.

Ob die Uranfänge chinesischer Kultur selbständig auf chinesischem Boden erwachsen sind, oder ob die Chinesen als Einwanderer von Inner-Asien her gewisse Elemente ihrer Kultur und Religion bereits mitgebracht haben, ist eine noch nicht gelöste Frage. Auf jeden Fall liegen in China selbst die Ursitze des Stammes, der allmählich zu dem großen chinesischen Reich sich auswuchs und mit seiner Kultur ganz Ostasien bis zu den Malaiischen Inseln und den Grenzen Indiens durchdrang, in der fruchtbaren Ebene des Gelben Flusses und des in diesen mündenden We-Flusses, also in Gebieten der heutigen Provinzen Schensi, Schansi, Honan, Tschili und des westlichen Schantung. Die einen geben dabei mehr dem Osten, der Gegend von Honanfu, die andren mehr dem Westen, der Gegend um Sianfu, den Vorzug der Ursprünglichkeit. Die Überlieferungen aus jenen ältesten Zeiten haben ganz sagenhaften, z. T. auch mythologischen Charakter. Es ist einstweilen noch sehr schwierig, in diesen Überlieferungen das herauszufinden, was sie als einen wirklichen Niederschlag aus Urzeiten enthalten mögen. Indes auch als Denkmal einer späteren Zeit, die ja doch immer noch dem grauen Altertum angehören würde, sind sie von Interesse. Und zwar ist das besonders bemerkenswert, daß sie nicht von Kriegen und Siegen der Urväter erzählen, sondern von den Taten der Kulturarbeit, von dem allmählichen Aufstieg aus primitiven Naturzuständen zu menschlicher Gesittung und Bildung, zu Erwerb und Arbeit. Die Stufen kultureller Entwicklung werden dabei mit bestimmten Namen verknüpft. So erzählt die Sage von Yu-tschau, dem Nestbewohner, von Sui-jen, dem Erfinder des Feuers. Fu-hi habe die Ehe gestiftet, Jagd und Viehzucht, andererseits die Anfänge der Musik und Bilderschrift gelehrt; er gilt 'vielfach als der erste Herrscher, wobei Herrscher zugleich den Sinn hat von Heros, Heiliger. Schen-nung, der göttliche Landmann, habe den Pflug erfunden, den Ackerbau und die Heilkraft der Kräuter gelehrt[1]), und Huang-di, der Gelbe Kaiser, soll das Volk bereits in Dörfern und Städten angesiedelt, astronomische Beobachtungen gemacht haben und vieles andere[2]).

Aus späterer Zeit ragen in der chinesischen Sage hoch hervor die Gestalten der drei Kaiser Yau, Schun, und Yü. Mag auch ihre persönliche Existenz geschichtlich nicht zu beweisen sein, so gehört das Charakterbild von ihnen, das in China seit Jahrtausenden lebt, doch zu den wichtigsten Stücken der chinesischen Geschichte überhaupt. Yau und Schun gelten als die unerreichten Vorbilder aller Regententüchtigkeit, als wahre Väter des Volkes voll Weisheit und Gerechtigkeit, frei von jeder selbstsüchtigen Ausnutzung der Herrschergewalt, die durch ihr persönliches Vorbild das Volk mit gleichem Geist erfüllten und zu harmonischer, glücklicher Einheit verbanden[3]). Dem Kaiser Yü wird das gigantische Werk zugeschrieben, eine riesige Überschwemmung des Landes gedämmt und die Flußläufe in achtjähriger Arbeit durch Dämme und Kanäle reguliert zu haben. Es mag sich

---

[1]) Sein Andenken ist vor allem erhalten durch die berühmte Pflugzeremonie, die der Kaiser in jedem Jahr vor dem Ackerbautempel in Peking ausführt und die gleichzeitig in jeder Stadt des ganzen Reiches vor dem Osttor von der höchsten Beamtenschaft vollzogen wird.

[2]) Sï-ma-tsiän, der große Geschichtsschreiber der Hanzeit, läßt mit diesem Huang-di die chinesische Geschichte beginnen. — Die ersten Bekanntmachungen, welche die Revolutionäre im Herbst 1911 erließen, betrachten ihn als ihren chinesischen Stammvater und zählen nach ihm die Jahre (1911 gleich 4609 nach Huang-di).

[3]) Die Sage redet zusammenfassend von den ältesten Heroen bis zum Schun als den san Huang und wu Di, den „drei Herrschern" und „fünf Kaisern"; jedoch ist die Zählung durchaus nicht gleichmäßig. Das Grab des Kaisers Yau wird bei Dung-ping-tschou in Schantung gezeigt.

da wohl die Erinnerung an die zähe, mühevolle Arbeit erhalten haben, deren es bedurfte, um auf einem durch Flußstauungen und Überschwemmungen bisher nur spärlich brauchbaren und ständig gefährdeten Boden fruchtbares Ackerland zu gewinnen[4]).

Diese Tat wäre zugleich die erste Bändigung des Gelben Flusses[5]). Mit Kaiser Yü's Namen werden herkömmlich noch drei weitere Werke verknüpft: die Tributrolle des Yü (nach v. Richthofen die älteste Reichsgeographie), die Steintafel des Yü auf dem Höng-schan (Hunan) und die neun ehernen Dreifüße, die alten Reichsinsignien, mit der Darstellung der neun Teile des Reiches. Der wahre Ursprung der beiden ersten Werke wird wissenschaftlich viel erörtert. Die Dreifüße sind nicht mehr vorhanden.

Kaiser Yü hatte nach der Überlieferung seine Residenz in der heutigen Provinz Honan und begründete die erste erbliche Dynastie, nach seinem Stammland Hia in Honan die H i a d y n a s t i e genannt (2205—1766)[6]). Von den Herrschern dieser Dynastie weiß auch die chinesische Aufzeichnung kaum etwas zu erzählen; nur daß der letzte dieser Linie, der Kaiser Dsiä, ein ausgesuchtes Scheusal gewesen sei, der ganz unter dem Einfluß eines verbrecherischen schönen Weibes stand, und infolgedessen gestürzt wurde.

Der erfolgreiche Empörer Tscheng-tang, der als ein

---

[4]) Viele Anzeichen sprechen dafür, daß das nördliche China damals weit wasserreicher und zugleich baumreicher war, als es heute ist. Den Prozeß zunehmender Trockenheit des Klimas während der letzten Jahrhunderte kann man gerade in Schantung deutlich beobachten, unter anderem an dem Verschwinden des Sees bei Kaumi im Hinterland des Kiautschougebietes.

[5]) Um die Hervorhebung gerade einer solchen Kulturtat recht zu würdigen, mag daran erinnert werden, wie die immer wiederkehrende Hungersnot im Norden der Provinzen Kiangsu und Anhui nur darauf beruht, daß dort das Wasser nicht genügend zum Meer abfließen kann, seitdem der Gelbe Fluß seine Mündung nach Norden verlegt hat.

[6]) Die Zahlen für jene ältesten Zeiten haben natürlich nur einen ungefähren Wert entsprechend der Unsicherheit der Überlieferung überhaupt.

guter Herrscher geschildert wird, wurde der Begründer der
Schang-Dynastie, auch Yin-Dynastie genannt (1766 bis
1122). Auch die Überlieferung über diese besteht hauptsächlich
in Regentennamen. Die Hauptstadt lag in Honan und wurde
infolge der Überschwemmungen des Gelben Flusses mehrfach
verlegt, zuletzt bis in die gegenwärtige Provinz Tschili hinein.
Als heute noch vorhandene Denkmäler aus der Schang-
Dynastie gelten einige hundert bronzene Gefäße, Glocken,
Metallspiegel u. a., die man in chinesischen Altertumswerken
abgebildet und beschrieben findet. Doch ist die Entscheidung
darüber, ob eine Bronze wirklich der Schang-Dynastie an-
gehört, oder etwa mehrere hundert Jahre jünger ist, auch
für die besten Kenner außerordentlich schwierig. Der
Schang-Dynastie gehören ferner vielleicht einige der Lieder
an, die in Schï-ging, dem klassischen „Buch der Lieder", erhalten sind. Doch ist auch darüber eine zuverlässige Entscheidung schwer.

Schon während der Schang-Dynastie hatten die Chinesen
harte Kämpfe mit den an die Nordwestgrenze herandrängen-
den wilden Nomadenvölkern zu bestehen, den Vorläufern
der Hiung-nu (Hunnen)[7]). In jenen Grenzkämpfen erstarkte
die Macht der trefflichen Grafen des Gebietes Dschou, das
der vorgeschobenste Posten war, im heutigen Schensi gelegen. Jene Markgrafen, Kolonisatoren zugleich wie alle Chinesen an der Grenze, stammten ursprünglich vielleicht selbst
aus dem Barbarengebiet und hatten jedenfalls Elemente aus
diesem unter ihren kriegstüchtigen Scharen.

Als nun die Zentralregierung immer mehr erschlaffte,
und mit Dschou-sin ein grausamer Wüstling auf den Thron
kam, ähnlich dem letzten Kaiser der Hia-Dynastie, der in
ausgesuchter Tyrannei nur noch von einem seiner Weiber,
der berüchtigten Ta-gi, übertroffen wurde, da trat Wu-wang,
der Sohn des erlauchten Wen-wang, Markgraf von Dschou,
als Rächer und Vollstrecker der Strafe des Himmels an

---

[7]) Fr. Hirth stellt eine sprachliche Verwandtschaft dieser
Hiung-nu mit den heutigen Türken fest.

dem pflichtvergessenen Tyrannen auf. Er schlug den König
und wurde unter dem Beifall des Volkes, das ihn verehrte
und liebte, der Gründer einer neuen Dynastie, der Dschou-
Dynastie, der längsten, die über China geherrscht hat.

Die Zeit der Dschou-Dynastie 1122—249 v. Chr.

Während der Dschou-Zeit kommt das Lehnssystem in
China zu voller Ausprägung. Der Herrscher hatte sein Land
Dschou als seine besondere Hausmacht; alles übrige Gebiet
war in größeren oder kleineren Teilen den Verwandten des
Herrschers oder den Angehörigen alter Adelsfamilien zu
Lehen gegeben, die es durchaus selbständig regierten, aber
dem König, dem Himmelssohn, in fest vorgeschriebenen,
verschiedentlich abgestuften Formen huldigten und ihm
Heeresfolge schuldeten. Das Chinesische Reich stellte so
einen Staatenbund dar, nicht unähnlich dem Deutschen Reiche
des Mittelalters. Die Zahl und Größe der Lehnsgebiete,
deren es anfangs einige hundert gegeben haben soll, ver-
änderte sich dabei fortwährend. Die starken Fürsten suchten
ihr Gebiet immer mehr zu vergrößern, sowohl auf Kosten
der schwächeren, als auch, wo es anging, durch weiteres
Vorschieben der Grenze nach außen. Dabei wurden sie
natürlich immer selbständiger, was Hand in Hand mit einem
ständigen Sinken der Zentralgewalt ging.

Zu den vornehmsten Lehnsstaaten gehörte die ganze
Dschou-zeit hindurch das Fürstentum Lu mit der Hauptstadt Küfu (Bezirk Yentschoufu) und dem heiligen Taischan,
das Wu-wangs Bruder, der hochbedeutende Dschou-gung[1]),

---

[1]) Dschou-gung führte während der Minderjährigkeit des zweiten
Königs die Regentschaft. Er ist als der eigentliche Organisator der
Staatsverwaltung der Dschou-Dynastie zu betrachten. Das wichtige
Buch Dschou-li, das eine Darstellung der in der Dschou-Zeit geltenden

als Lehen erhielt, und das Fürstentum Tsi (Hauptstadt in der Nähe des heutigen Lin-dsï), mit dem Wu-wangs Schwiegervater belehnt wurde. Diese beiden Fürstentümer nahmen ungefähr den Platz des heutigen Süd- und Nordschantung ein[2]), während das Gebirgsland im Osten der Halbinsel anfangs noch im Besitz der Lai-Barbaren[3]) war und erst allmählich chinesisch umgewandelt werden mußte. Im Nordwesten ruhte der Kampf mit dem Erbfeind der Chinesen, den wilden Steppenreitern, selten. Um 770 v. Chr. fühlte sich der König Ping-wang durch die Nähe der Feinde so gefährdet, daß er seine Hauptstadt, bisher Hau (nahe dem heutigen Sianfu), weiter in das Zentrum des Reiches nach Lo-yang (nahe dem heutigen Honanfu) verlegte. Ein anderer Lehensfürst, der von Tsin, nahm den vom Oberhaupt verlassenen Platz ein. Aber der Kampf gegen die flinken Reiterschwärme der Hunnen war für die Chinesen, die in jener Zeit auf zweirädrigen Streitwagen und mit Fußvolk schwerfällig kämpften, nicht gerade leicht; einige der ältesten Stücke chinesischer Literatur, Lieder aus dem Schï-ging, erzählen von diesen Fehden und Nöten. Im Süden wurde mit den Man-Barbaren gefochten, die am mittleren Yangtse um den Dung-ting-See herum ihre Sitze hatten, um die Grenzen gegen diese sowohl zu schützen als auszudehnen. Im Norden nahm das Fürstentum Ki (die Hauptstadt nahe dem heutigen Peking), auf drei Seiten von Bar-

Verhältnisse und Regeln des staatlichen Lebens enthält, wird ihm zugeschrieben. Der Staat erscheint danach als die erweiterte Familie — ein Gedanke der bis heute im chinesischen Staatsgefühl eine große Rolle spielt; der Kaiser als das Familienoberhaupt, der für alle Anliegen seiner Kinder sorgt und sie bis ins Kleinste hinein regelt. — Wie weit freilich die Praxis dem im Dschou-li gezeichneten Ideal wirklich entsprochen hat, ist eine andere Frage.

[2]) Als Produkte dieser Gebiete werden in einer der ältesten Überlieferungen (Dschou-li) genannt: für den Norden (Tsing-tschou): Fische und Binsen; als Haustiere: Hühner und Hunde; als Getreide: Reis und Weizen. Für den reicheren Süden (Yen-tschou): außer den genannten Haustieren auch Pferde, Kühe, Schafe, Schweine; außer Weizen und Reis auch Hirse und Gerste.

[3]) Daher heute noch der Name Laitschoufu für jenen Bezirk.

barenland umgeben, die äußerste Grenzwacht ein. Nur im Osten stellte die Meeresgrenze keine kriegerischen Anforderungen, obwohl auch da noch — wie oben erwähnt — manche Teile von der Urbevölkerung bewohnt waren. Inmitten dieser die Grenzen rings umgebenden barbarischen und halbbarbarischen, meist aus Nomaden bestehenden Völkerschaften, stellte das Ackerbauvolk der Chinesen einen bereits seit langem geordneten Kulturstaat dar. Die Chinesen betrachteten und bezeichneten darum mit vollem Recht ihr Land als Dschung-guo, das Reich der Mitte, das Zentrum der Welt, derjenigen, mit der sie überhaupt in Beziehung kamen. Zwar brachte der Waffenkampf mit den Barbaren damals wie später den Chinesen manche zeitweiligen Niederlagen, aber ihre wahre Überlegenheit zeigte sich darin, daß sie dabei doch in ständigem Vordringen waren und in langsam kolonisatorischer Arbeit die fremden Bestandteile an den Grenzen — und die noch in ihrer eigenen Mitte befindlichen — in ihre Kultur und Ordnung hineinzogen. Auf der anderen Seite haben freilich auch die Barbaren auf die Chinesen eine Einwirkung ausgeübt. Die chinesischen Fürsten, welche durch die Lage ihrer Territorien dem Andrang der Feinde stets zunächst ausgesetzt waren, erstarkten in diesem beständigen Kampf; der ungestüme, kriegerische Geist ihrer Feinde blieb auf sie und ihre Scharen nicht ohne Wirkung, zumal wenn diese selbst vor noch nicht langer Zeit Barbaren gewesen waren. Auch in manchen Grenzfürsten selbst floß fremdes Blut; aber das Ausschlaggebende blieb dabei dann doch immer das chinesische Element, das durch solche Mischung nur gestärkt wurde.

Was die Regenten der Dschou-Dynastie anbetrifft, so beginnt schon etwa hundert Jahre nach der Thronbesteigung des Wu-wang der Verfall der Zentralgewalt. Die führenden Kräfte in der Dschouzeit wurden eben sehr bald die Feudalfürsten anstatt der Könige. Aus der Mitte des achten Jahrhunderts v. Chr. ist ein Lied erhalten, das dem Schmerz über das Sinken der Königsgewalt Ausdruck gibt. Eine Sonnenfinsternis im sechsten Jahre des Yu-wang wird als

ein Zeichen der Entrüstung des Himmels über diesen pflichtvergessenen König hingestellt. Da sich der Tag dieser
Sonnenfinsternis berechnen läßt, der 29. August 776 v. Chr.[4]),
so ist mit diesem ersten, ganz genau bestimmbaren Datum
ein wichtiger Anhaltspunkt für die Feststellung der chinesischen Chronologie gegeben. Yu-wang wurde beim Ein-
fall der Hunnen von diesen erschlagen. Unter seinem Sohn
Ping-wang, 770—720 v. Chr., fand die schon erwähnte Verlegung der Hauptstadt nach Lo-yang statt, ein Akt der
Schwäche. Seitdem ging der Verfall der Königsgewalt immer
schneller vor sich, wenn auch die Formen der Untertänig-
keit und Verehrung gegen den Herrscher seitens der Vasallen
im ganzen gewahrt wurden.

Diese zweite Epoche der Dschouzeit wird uns für die
Zeit von 722—481 veranschaulicht durch die Annalen des
Fürstentums Lu, welche Konfucius, der selbst aus Lu
stammte, herausgegeben hat. Auch der dazu gehörige besonders wichtige Kommentar Dso-dschuan stammt vielleicht
von Konfucius selbst. Diese Annalen sind das erste chinesische Geschichtswerk, das auf gleichzeitigen Aufzeichnungen beruht[5]). Sie tragen den Titel „Frühling-Herbst"[6]);
daher wird auch jene Periode als die „Frühling-Herbst-
Zeit" bezeichnet. Es hatten sich damals auf Kosten kleinerer
Lehnsgebiete — von denen es aber immerhin noch etwa
60 gab — zwölf größere Staaten herausgebildet, unter denen
fast beständig eine oder mehrere Fehden herrschten, während gleichzeitig der Kampf an den Grenzen auch nicht
ruhte.

Unter jenen Fürsten der „Frühling-Herbst-Zeit" war
der Fürst Huan von Tsi der erste unter fünfen, die nacheinander in der Zeit von 685—591 eine unbestrittene Vorherrschaft über die Nachbarstaaten ausübten. Diese Größe
verdankte Tsi vor allem der vorzüglichen Finanzwirtschaft

---

[4]) Nicht 775; s. Hirth, Ancient History of China S. 174.
[5]) Allerdings geht der heutige Text auf eine erst mehrere Jahrhundert später in der Hanzeit erfolgte Redaktion zurück.
[6]) Ein mit „Annalen" gleichbedeutender chinesischer Ausdruck.

des Ministers Guan-dschung. Auf Grund ganz moderner statistischer Erhebungen über den Bedarf und Verbrauch des Volkes legte er eine Steuer auf Eisen (das damals bei den Ackergeräten schon die frühere Bronze verdrängte) und vor allem auf Salz[7]). Guan-dschung und sein Fürst erfreuen sich in der Überlieferung zugleich des Rufes, Muster loyaler Gesinnung gewesen zu sein. Denn als sie einst dem von den Nordbarbaren schwer bedrängten Fürsten von Yen zu Hilfe gekommen waren, überließen sie diesem nicht nur sein Gebiet ungeschmälert, sondern gaben ihm sogar noch ein Stück von Tsi hinzu unter der Bedingung, daß er künftig seine Lehnspflichten gegen den Herrscher wieder erfülle.

Der letzte Abschnitt der Dschou-Dynastie von etwa 475 v. Chr. ab führt den Namen „die Zeit der streitenden Reiche". Der König von Dschou hatte völlig jeden politischen Einfluß auf das Reich verloren. Der mächtige Herr des Südens, der Fürst von Tschu am mittleren Yangtse, hatte sich seit 740 v. Chr. schon den Königstitel beigelegt. Tsi tat es im Jahre 378 v. Chr.[8]), und seinem Beispiel folgten die meisten anderen Staaten in Mittel- und Nordchina, wenn sie auch weiterhin den König von Dschou den Himmelssohn sein ließen. Untereinander aber lagen sie in heftiger Fehde, wobei sich bald diese bald jene Kombination von Bündnissen ergab, und wobei die Zahl der Staaten immer kleiner wurde, da die schwächeren den stärkeren zur Beute

---

[7]) Die Herstellung und der Verkauf von Salz ist auch heute in China an besondere staatliche Erlaubnis geknüpft, wird hoch besteuert und streng beaufsichtigt.

[8]) Wer heute mit der Schantung-Eisenbahn von Tsingtau nach Tsianfu fährt, bemerkt bald hinter Tschingtschoufu zur Linken vier pyramidenartige Hügel. Es sind die Gräber der vier Könige von Tsi, die in den Jahren 378—265 regierten (We, Süan, Min, Siang), und die an den Kämpfen jener Zeit lebhaft beteiligt waren. Am Hofe des Königs Süan lebte Möng-dsï (Menzius) zehn Jahre lang. Unter König Min fiel ganz Tsi eine Zeit lang in die Gewalt des nördlichen Nachbarn Yen. Dabei wird in der chinesischen Überlieferung mit höchster Anerkennung der Stadt Tsimo gedacht, der etwa 43 Kilometer von Tsingtau entfernten Kreisstadt, zu der auch Tsingtau

fielen[9]). Immer mehr trat in diesen Kämpfen das Fürstentum Tsin in den Vordergrund. Tsin, der Nachfolger des alten Dschou, nahm den äußersten Westen Chinas ein, im Süden der heutigen Provinzen Kansu und Schensi. Im ständigen Kampf mit den Hunnen war es selbst mit barbarischen Elementen vermischt, wodurch die Eifersucht der übrigen chinesischen Fürsten gegen den Emporkömmling nur genährt wurde. Tsin's Ehrgeiz aber war auf mehr gerichtet als darauf, ein mächtiger Lehnsstaat zu sein. Im Jahre 288 machte es Tsi den Vorschlag, das Reich zwischen sich in Ost- und West-China zu teilen. Tsi lehnte ab; so ging Tsin allein an das Werk, der längst morsch gewordenen Dynastie den Todesstoß zu geben. Im Jahre 256 enttrohnte der Fürst von Tsin den letzten Herrscher der Dschou-Dynastie, Nan-wang, der bald darauf verstarb, und nahm 255 Besitz von den neun ehernen Dreifüßen, den Insignien der kaiserlichen Macht. Noch ließ er einen Abkömmling des Dschou-Hauses ein paar Jahre als Fürsten von Ost-Dschou bestehen, dann machte er im Jahre 249 auch diesem und damit der ganzen Dschou-Dynastie ein definitives Ende, wenn auch das Werk der völligen Unterwerfung der übrigen Fürsten unter den Willen des Usurpators noch längere Zeit beanspruchte.

Trotzdem die Dschou-Dynastie im Hinblick auf die Zerrissenheit des Reiches keine Glanzzeit bedeutet, steht sie den Herzen der Chinesen doch besonders nahe. Denn in jener Zeit vor allem sind die Gedanken ausgesprochen und die Formen geschaffen worden, in welchen eine besondere

---

früher gehörte. Tsimo war neben Gü-dschou die einzige Stadt in Tsi, welche dem Anstoß der Feinde Stand hielt, obwohl die Feinde länger als drei Jahre die Stadt umzingelten. Schließlich gelang es den Bewohnern von Tsimo, durch List und Tapferkeit zugleich das Heer der Belagerer zu zerstreuen. Diese vor nahezu 2200 Jahren geschehene Tat ist heute noch in den Erzählungen der Tsimoleute lebendig.

[9]) In jener Zeit beginnen die alten Streitwagen zu verschwinden, und die Reiterei kommt auf; zuerst bei den Grenzvölkern, die von ihren Feinden, den Nomaden, gelernt hatten.

Eigenart und Kraft des chinesischen Wesens sich darstellt. Diese Eigenart kennzeichnet sich in dem Sinn für feste Formen und Ordnungen, für Maß und Sitte in allen Beziehungen und Äußerungen des Lebens, für Einfügung des Einzelnen in den Organismus des Ganzen in Familie und Staat, für pietätvolle Achtung des von den Vätern überlieferten Besitzes. Darauf gründet sich die ungemeine Bedeutung des Konfucius für China, der in seiner geschichtlichen Nachwirkung der hellste Stern ist, der aus jenem Zeitalter leuchtet. Denn er hat jenen Gedanken einer alle und alles beherrschenden und zu einem festen staatlichen Organismus verbindenden, moralischen Kultur — die in dem Willen und in den Ordnungen des Himmels zugleich religiös begründet ist — den klarsten Ausdruck gegeben und dieses Ideal durch das Beispiel seines eigenen Lebens bewährt. Jedem sind in diesem konfuzianischen, moralisch-sozialen System die Pflichten seiner Beziehungen angewiesen (zwischen Fürst und Beamten, Vater und Sohn, Bruder und Bruder, Mann und Weib, Freund und Freund), und das Ideal des wahrhaft Edlen gezeigt, der in jeder Lage das Richtige trifft, so daß zugleich jeder Zeit Inhalt und Form sich gegenseitig entsprechen[10]).

Konfuzius, richtiger Kung-fu-dsï oder Kung-dsï, d. h. der Meister Kung[11]), ist 551 im Kreise Küfu des Fürsten-

---

[10]) Bis zum heutigen Tage bilden die von Konfuzius aufgestellten Sätze, in denen das Ideal des wahrhaft sittlich gebildeten Menschen ausgesprochen ist, die selbstverständliche Grundlage aller Erziehung in China. Als ein Beispiel unter vielen mag der Erlaß dienen (Juli 1911), in welchem die jetzige Kaiserin-Witwe den Studiengang für den siebenjährigen Kaiser anordnet. Es findet sich darin folgender Satz: Da in der Gegenwart infolge der verbesserten Verkehrsmittel ein fortschreitender Wettbewerb in der Zivilisation stattfindet, so soll er (der junge Kaiser) eine entsprechende Unterweisung über die konstitutionelle Regierungsformen der letzten Jahrzehnte und der neuzeitlichen Entdeckungen auf dem Gebiet theoretischen Wissens erhalten, ohne jedoch dabei die wahren Grundlagen von dem zu verlassen, was Konfuzius lehrt.

[11]) Die latinisierte Form Konfuzius stammt von den jesuitischen Missionaren.

tums Lu (in Schantung) geboren. Bis zu seinem 50. Jahre hat er nur dem Studium gelebt und in Lehr- und Wanderjahren seine Menschenkenntnis und seine Ideale gefestigt. Dann bekam er als Beamter eines Kreises in Lu Gelegenheit, seine Ideale in die Praxis umzusetzen, und zwar mit solchem Erfolg, daß sein Name schnell bei Volk und Fürsten berühmt wurde, und sein Landesfürst ihn zu seinem Minister machte. Das Wachstum von Lu erregte den Neid des Nachbarn Tsi. Dessen Fürst machte dem von Lu — da alle anderen Listen nichts halfen — einen Trupp Schauspielerinnen zum Geschenk, und es gelang ihm damit, diesen von den Grundsätzen seines Ministers abzuziehen. Kung mußte gehen; seine öffentliche Wirksamkeit hatte nur kurz gedauert. Nun führte er noch dreizehn Jahre lang, von einigen treuen Schülern umgeben, ein ,Wanderleben, das ihn mit vielen Fürstenhöfen in Beziehung brachte. Den Rest seines Lebens — er wurde 72 Jahre alt — verbrachte er in seiner Heimat Küfu, wo seine Familie bis heute ihren Sitz hat[12]). Dort hat er auch die wichtigsten Bücher in der kanonischen Literatur der Chinesen geschaffen, d. h. er hat aus der schon vorhandenen Literatur diejenigen Bücher ausgesucht und redigiert, in denen er den vorbildlichen Geist und die unvergänglichen Lehren des Altertums besonders deutlich ausgedrückt fand. Es sind dies Schu-ging, das Buch der Ur-

---

[12]) Küfu — jetzt ebenso wie der Taischan an der Tientsin-Pukou-Bahn gelegen — ist ein Nationalheiligtum der Chinesen seit dem Beginn der Han-Dynastie. Der große Tempel, welchen heute der Besucher betritt, wurde im Jahre 1730 vollendet, nachdem der vorige durch den Blitz zerstört worden war (s. Tschepe, Heiligtümer des Konfuzianismus. Jentschoufu 1906). Der Tempel ist neben dem Grundstück erbaut, auf dem das Haus des Konfuzius stand. Der einfache steinumfaßte Ziehbrunnen dort ist wohl von allem, was sonst in der Art gezeigt wird, die einzig echte unmittelbare Erinnerung an den alten Meister. Etwa eine Viertelstunde vor dem Nordtor der Stadt liegt sein Grab, ein einfacher Erdhügel, wie er sich in China auch über dem Grab des gewöhnlichen Mannes erhebt, der auf seinem Ackerfeld zu seinen Vätern versammelt wird. Aber eine Reihe von steinernen Ehrenbogen vor dem Grab und nicht zum wenigsten die schnurgerade Allee uralter Zypressen, die zu ihm hin-

kunden, Schï-ging, das Buch der Lieder[13]), I-ging, das Buch der Wandlungen.

Etwa 150 Jahre später als Konfuzius lebte Möng-dsï (Menzius), ebenfalls aus dem Fürstentum Lu aus Dsou gebürtig, wo sich auch sein Grab und eine größere Tempelanlage zu seinen Ehren befindet, ähnlich der in Küfu. Er ist derjenige, welcher nächst Kung-dsï die größte Verehrung genießt, ja als Schriftsteller noch beliebter ist. Der Inhalt seiner Schriften ist treffend bezeichnet worden als eine „Staatslehre auf moralischer Grundlage"; Menschlichkeit und Gerechtigkeit sollen nach seiner Lehre die alleinige Norm für den Herrscher zur Wohlfahrt des Volkes bilden. Das Buch des Möng-dsï ist wohl dasjenige unter den klassischen Büchern der Chinesen, welches am meisten gelesen und auswendig gelernt worden ist[14]). Er hat am meisten dazu getan, den Lehren des Meisters Kung Geltung zu verschaffen. Doch dauerte es noch etwa 300 Jahre, bis die Schule des Kung zur offiziellen staatlichen Anerkennung kam.

Der drtite der berühmten Philosophen der Dschou-Zeit ist Li-örl, bekannt als Lautsï (Lau-dsï der Alte); er war etwa 50 Jahre älter als Kung und lebte als Hofarchivar in Lo-yang. Lautsï vertritt eine ganz andere Richtung des chinesischen Geistes als der auf das praktisch reale Leben gerichtete Kung. Sein Werk Tauteking (Dau-de-ging) han-

---

führt, verraten die besondere Bedeutung dieses Platzes, auf dem übrigens auch alle direkten Nachkommen des Meisters — nunmehr schon 72 Generationen hindurch — bestattet werden. Die ungewöhnliche Stellung, welche Konfuzius genießt, spricht sich auch in den Ehren und Privilegien aus, die seinen in Küfu lebenden Nachkommen zuteil geworden sind. Das jeweilige Haupt der Familie führt den Titel „Heiliger Herzog" und steht im Range höher als irgend ein anderer Chinese. Der jetzige Herzog Kung ist der 73. Nachkomme seines berühmten Ahnen.

[13]) Eine vorzügliche deutsche Übersetzung und Erklärung des Buches der Lieder ist die von Viktor v. Strauß, Heidelberg 1880.

[14]) Die Bücher, welche in China die Grundlage aller Weisheit und Bildung geworden sind, zerfallen — nach einer erst aus der Sung-Zeit stammenden Einteilung — in die fünf kanonischen Bücher und die vier Klassiker, womit jedoch keinerlei Unterschied des Wertes

delt vom „Sinn und Leben", von dem „Dau" (Tao), dem
geheimnisvollen Urgrund der Welt, durch das alle Dinge
geworden sind, und das die Kraft allen Lebens ist, vom
„Wirken ohne Handeln" in Menschenliebe, Bedürfnislosig-
keit und Anspruchslosigkeit. Die philosophische Richtung
des Lautsï hat nach ihrem wichtigsten Begriff den Namen
Tauismus bekommen. Aus der Schule des Tauismus sind
die bemerkenswerten philosophischen Richtungen des
Dschuang-dsï und Liä-dsï hervorgegangen, die ebenfalls noch
dieser Periode angehören. In der Folgezeit vergröberte aber
der Tauismus stark im Suchen nach dem Lebenselixier und
anderen Zaubermitteln, und die ganze Fülle des chinesischen
Volksaberglaubens mit all seinen Göttern und Geistern hat
in ihm Aufnahme gefunden. Doch ist ihm zugleich eine
poetische Naturmystik eigen, und das Verständnis für den
tiefen und edlen Sinn des „Alten" ist auch heute unter
den besseren Vertretern des Tauismus nicht ausgestorben[15]).
Außer den philosophischen Richtungen des Kung-dsï und
Lau-dsï traten am Ende der Dschou-Dynastie noch andere
philosophische Lehren auf, darunter die sozialistische des
Mo-di (Micius), die epikureisch-pessimistische des Yang-

---

ausgedrückt sein soll. Zu den ersten fünf gehören jene drei von
Kung-dsï zusammengestellten Bücher: das Buch der Urkunden, der
Lieder, der Wandlungen; ferner die Frühling - Herbst - Annalen und
Li-gi, das Buch der Riten (in seiner jetzigen Form erst im zweiten
Jahrhundert n. Chr. zusammengestellt). Die vier Klassiker sind: das
Buch des Möng-dsï; Lun-yü, die Gespräche des Kung-dsï (erst nach
des Meisters Tod aufgezeichnet); Da-hüo, die große Lehre; Dschung-
yung, die rechte Mitte, welch letztere beide letzten Endes auch
auf Kung-dsï zurückgehen.
  Um die Urkunden des Konfuzianismus und die wichtigsten
Stücke chinesischer Religion und Philosophie überhaupt kennen zu
lernen, bietet ein im Verlag von Eugen Diederichs, Jena, erscheinendes
Sammelwerk vorzügliche Gelegenheit: „Die Religion und Philosophie
Chinas. Aus den Originalurkunden übersetzt und herausgegeben von
R. Wilhelm, Tsingtau." Bisher sind erschienen: Kung-fu-dsï, Gespräche;
Lau-dsï, Tauteking; Liä-dsï, das Buch vom quellenden Ursprung;
Dschuang-dsï.
  [15]) Siehe den Aufsatz „Intimes Leben", den mit feinem Ge-

dschu. Die verschiedenen Richtungen stritten damals literarisch ebenso lebhaft gegen einander, wie zu gleicher Zeit die „streitenden Reiche" blutig um die Vorherrschaft rangen.

Indem wir von der geistigen Kultur in der Dschou-Zeit sprechen, ist es nicht zu umgehen, auch von der chinesischen Religion ein Wort zu sagen, deren Ursprünge natürlich viel weiter zurücklagen, die vielleicht auch schon vorher ihre Reife erreicht hatte, für uns aber, wie alles andere, erst in der Dschou-Zeit in volles Licht tritt.

Die chinesische Religion hat von Anfang an ihre besondere Eigentümlichkeit in der Verehrung des Himmels als der alles andere überragenden Macht. Die Ausdrücke „Himmel", der „Obere Herrscher", der „Höchste Herr" sind in den Klassikern gleichbedeutend. Dem Himmel zu opfern war und ist das alleinige Recht und die Pflicht des Kaisers, des Himmelssohnes, der als das Oberhaupt der gesamten Volksfamilie der priesterliche Mittler zwischen dieser und dem Himmel ist. Noch heute steht das von dem Kaiser auf erhabener Marmorterrasse im Himmelstempel dem Himmel dargebrachte Opfer an der Spitze aller religiösen Handlungen in China. Daneben richtet sich aber die religiöse Verehrung auf eine Reihe einzelner Naturmächte am Himmel und auf der Erde: Sonne, Mond, Sterne, Winde, Wolken, Donner, Regen, Berge, Ströme, Meere, Seen, Flüsse. Unter den Bergen galten vier — erst späterhin fünf — als besonders heilig, unter diesen wieder stand seit alters der Taischan an der Spitze. Auch für alle diese Naturmächte war die Verehrung von Staatswegen geregelt, in der Dschou-Zeit durch die Fürsten, nachher durch die Beamten[16]). Und nicht nur

fühl für das im Verborgenen Lebendige H. Hackmann auf Grund eines mehrwöchigen Aufenthaltes im Kloster Taitsingkung bei Tsingtau geschrieben hat; „Welt des Ostens", Verlag K. Curtius.

[16]) Vom Kaiser wird ihnen jedoch unbeschadet seiner einzig dastehenden Himmelsverehrung auch geopfert, wie andererseits auch dem gewöhnlichen Mann der Begriff des Höchsten in seinen Gedanken nicht fehlt, wenn er auch dafür noch andere Ausdrücke als Himmel braucht und ihm nicht opfert.

die sichtbare Natur in ihren großen Erscheinungen sah man beseelt, auch aus dem, was den Menschen in ihrem täglichen und sozialen Leben wichtig war, bildeten sich Geister — „schen" ist das chinesische Wort für alle diese religiös verehrten Unsichtbaren —, die als Patrone und Walter über den betreffenden Beziehungen stehen; so z. B. die verschiedenen Götter des Ackerbaus, die Schutzgötter der Wege und des Hauses, der Tor- und Tür- und Herdgeist. Vielfach sind es nun irdische Persönlichkeiten, die nach ihrem Tode zu solchen religiös zu verehrenden mächtigen Heiligen geworden sind. Dies führt zu der zweiten Gruppe von Objekten religiöser Verehrung neben den Naturmächten; das sind die Seelen von Menschen, die je nach der Kraft und Güte ihres irdischen Lebens auch nach dem Tode noch lebendig und mächtig sind. In dieser Vorstellung hat einerseits die Erhebung hervorragender Männer der Geschichte zu Wesen göttlichen Ranges, zugleich aber auch das Opfer für die Toten, die Ahnenverehrung[17]) ihre Stelle, die vom Kaiserhaus bis zur Hütte des geringsten Mannes als heiligste Pflicht geübt wird. In der niederen Religionsschicht gibt es noch eine ganze Fülle anderer Seelenwesen, guter und böser Geister menschlicher oder nichtmenschlicher Herkunft, die in Menschen, Tieren und allen möglichen Objekten stecken oder auch losgelöst umherirren können, und die so recht

---

[17]) Die allgemeinsten Äußerungen des Ahnendienstes sind die Opfer, welche an den Gräbern beim Frühlingsfest (Tsing-ming) und am 1. Tag des 10. Monats dargebracht werden. Die männlichen Mitglieder der Familie werfen sich dabei vor dem Grabe, dem Haus der Toten nieder (unter dem Grabhügel, von Erde ganz überschüttet, befindet sich ein gemauerter Wohnraum mit Türe, Fensterlöchern u. a., in dem der Sarg steht), es wird ein mit Speisen vollgedeckter Tisch aufgestellt, Wein ausgegossen, Weihrauch verbrannt und ein Stück frische Erde auf den Grabhügel gelegt. Auch bei besonderen Familiengelegenheiten, z. B. vor der Hochzeit, werden die Gräber der Ahnen besucht, um sie von dem betreffenden Ereignis zu benachrichtigen und um — wie man wohl sagen könnte — ihres Segens sicher zu sein. Mangelnder Respekt gegen die Ahnen beschwört andererseits ihren Unwillen herauf, der sich in mancherlei Unglück äußert. In der Neujahrsnacht werden die Geister der Ahnen durch

das Gebiet der Geisterfurcht, der Beschwörungen und sinnlosen Opfer ausmachen. Die Auswüchse solchen Aberglaubens, wie z. B. die Menschenopfer zur Hochzeit des Gottes des Gelben Flusses, erfuhren aber schon in der Dschou-Zeit von einsichtigen Beamten eine scharfe Abweisung.

Auch mit der genannten Aufzählung der einzelnen Objekte des religiösen Kultus würde die chinesische Religion — und gerade die des Altertums — nicht genügend beschrieben sein. Denn mindestens ebenso wichtig sind gewisse allgemeine Grundrichtungen des Gefühls und des Denkens dem Universum gegenüber. Hierzu gehört vor allem die Anschauung, daß die Vernunft und der geheime Wille des Himmels sich in gewissen irdischen Beziehungen offenbare; daher die frühe Entwicklung der Astronomie und Astrologie, zugleich des Kalenders zwecks der dem Himmel gemäßen Regelung der irdischen Tätigkeiten. Ferner die Geheimnisse, die in einem uralten System von je drei untereinander stehenden ganzen und gebrochenen Linien gefunden werden[18]): der Dualismus der beiden Urkräfte der Welt, des Männlichen und des Weiblichen, des Hellen und Dunkeln, und manches andere. Oft wird die Frage nach der Religion des Konfuzianismus aufgeworfen. Indes der echte Konfuzianismus ist überhaupt nicht eine besondere Religion, sondern hat es (s. S. 11) mit den Pflichten der Menschen

---

besondere Zeremonien eingeladen, in das Haus der Lebenden zurückzukommen und mitzufeiern; am dritten Tag des neuen Jahres werden sie wieder feierlichst hinausgeleitet. Jede Familie bewahrt die Ahnentäfelchen sorgfältig auf; es sind dies aufrecht stehende Holztäfelchen, auf denen der Name des betreffenden Toten aufgeschrieben ist, und die die Gegenwart des Toten versinnbildlichen; auch vor ihnen wird geopfert. Die reicheren alten Familien haben ihre besonderen Ahnenhallen, tempelartige Gebäude, in denen die langen Reihen der Ahnentäfelchen z. T. in besonderen Schreinen stehen; diese Ahnenhallen bleiben im übrigen völlig unbenutzt.

[18]) Die sogenannten acht Diagramme oder acht Symbole (ba gua), die auf Fu-hi (Seite 1) zurückgehen sollen und die Grundlage für das kanonische „Buch der Wandlungen" bilden. — Man sieht sie in China sehr häufig als Verzierung an Schalen, Tellern u. dergl.

innerhalb der Gesamtheit zu tun. Er bewahrt dabei die Pietät gegen die alte Religion, wie sie in den Klassikern hervortritt, ist aber — ähnlich der kantischen Philosophie — ablehnend gegen alle Beschäftigung mit dem Übersinnlichen an sich, desgleichen gegen die aus Furcht oder Sucht nach Glück geborenen Bemühungen um die Gunst der vielen Götter[19]).

Was von der Kunst der Dschou-Zeit erhalten ist — es handelt sich fast nur um Bronzen —, ist ein getreuer Ausdruck der schon geschilderten Züge der chinesischen Kultur. Die Kunst charakterisiert sich durch einfache, aber würdige, ausdrucksvolle Formen und Ornamente, welche im Laufe der ganzen Epoche kaum eine Änderung erfahren. Es fehlt der Kunst das Individuelle; sie dient den Äußerungen des Gesamtlebens in Religion, Staat und Familie[20]). Auch die Musik jener Zeit trug nach dem, was wir aus der Literatur darüber wissen, diesen Charakter; sie soll ein Ausdruck der rechten Harmonie sein, die den Menschen in religiöser und sittlicher Beziehung erfüllen muß.

Tsin-schï-huang-di. (221—210 v. Chr.)

Das China der Dschou-Dynastie erscheint dem Chinesen etwa in demselben Licht wie uns die mittelalterliche Herrlichkeit des alten deutschen Reiches, des hundertfältig

---

[19]) Das schließt nicht aus, daß im praktischen Leben auch begeisterte Konfuzianer dennoch tauistischen und buddhistischen Religionsvorstellungen huldigen, wie andererseits auch die ausgesprochenen Vertreter des Tauismus und Buddhismus in China, nämlich die Mönche, die Grundzüge der konfuzianischen Pflichten und Lebensanschauungen auch ihrerseits anerkennen; sie müßten denn sonst aufhören, Chinesen zu sein.

[20]) Die erhaltenen Bronzen sind meist Gefäße für die Darbietung von Speisen und Getränken bei den Opfern, sowie bei den festlichen Mahlzeiten an den Fürstenhöfen, ferner Glocken, Spiegel, Waffen und andere Gebrauchsgegenstände.

zusammengesetzten Lehnsstaates, dessen Schwäche wir erkennen, und das uns dennoch in seinem eigenen Zauber
lieb ist.

Diesem China der Dschou-Zeit wurde durch das Haus
Tsin ein Ende gemacht. Mit der Entthronung des letzten
Königs von Dschou 256 war dies freilich noch nicht getan;
es bedurfte noch einer mehr als zwanzigjährigen Arbeit, bis
im Jahre 221 alle widerstrebenden Nebenbuhler von Tsin
wirklich überwunden waren[1]), und aus der bunten Staaten-
karte des alten China das neue China wurde, der Einheits-
staat. Der dies vollbracht hat, ist der Fürst Dscheng, der
seit 246 v. Chr. über Tsin regierte und seit 221 sich den
Titel Tsin-schï-huang-di beilegte, d. h. Tsin der erste Kaiser[2]).

Sein Werk ist von einschneidender Bedeutung in der
Geschichte Chinas. Er machte dem alten Lehnssystem ein
Ende, durch das die Kraft der Zentralregierung ständig gefährdet war, und teilte das Reich in 36 Bezirke (gün)[3]) — auf
das heutige Schantung kamen 7 —, deren Beamte von ihm
eingesetzt und ihm direkt verantwortlich waren. Er hat
damit den einheitlich regierten Beamtenstaat China geschaffen, der, wie auch immer die Dynastien gewechselt
haben, in seinen Grundlinien bis heute geblieben ist. Tsin-
schï-huang-di förderte zugleich die Verschmelzung der Bevölkerung seines Staates zu einem einheitlichen Ganzen. Von
dem Innern aus entsandte er Kolonisten an die Grenze, besonders nach dem Norden und Nordosten; unter anderem
wurden auch im Osten Schantungs im Gebiet des dem heu-

---

[1]) Am längsten hat Tsi standgehalten, bis 221; ein Jahr vor
ihm wurde Yen und Tschu überwunden.

[2]) Huang-di, der fortan bis heute gebrauchte Kaisertitel, ist eine
Verbindung der beiden Ausdrücke, welche bisher — jeder für sich —
die heiligen Herrscher der Vorzeit bezeichneten. Es handelt sich
also um ein anderes Zeichen als bei Huang-di, dem Gelben Kaiser;
s. S. 2.

[3]) Die Bezirke teilte er in Kreise (hiän); diese Einteilung ist
seitdem stets beibehalten worden, wenn auch der Platz der einzelnen
Kreisstadt und die Grenzen des Kreises selbst mannigfach gewechselt
haben.

tigen Tsingtau benachbarten Dschu-tscheng 3000 Menschen
angesiedelt. Ebenso dienten große, von ihm angelegte
Straßen der Einheit des Reiches und zugleich der Schlagfertig-
keit seiner Armee. Die Hunnen trieb er bis an die Grenzen
von Kansu und Schensi zurück, und um die gesamte Nordgrenze gegen diese schlimmsten Feinde zu schützen, baute
er einen Wall, der sich vom östlichen Kansu bis zum Meer-
busen von Liau-dung, ja wahrscheinlich bis zum nordwestlichen Korea hinzog, das gigantische Werk der „großen
Mauer"[4]). Die Grenzen des von Tsin beherrschten Reiches
sind im Norden durch die Mauer, im Osten durch das Meer
gegeben; im Westen gehörte Setschuan noch nicht dazu;
im Süden ging die Grenze über den Yangtse etwa in der
Linie von Tschekiang. Seine Hauptstadt gründete er in Hiän-
yang in Schensi, etwas nördlich vom heutigen Si-an-fu. In
der Erinnerung der Chinesen lebt dieser Napoleon Chinas
trotz seiner ungemeinen Bedeutung nicht in gutem Andenken. Denn daß er den Anspruch erhob, der erste wirkliche Kaiser zu sein, mit dem eine neue Geschichte Chinas
beginnt, setzte ihn in Widerspruch zu der Anschauung, die
in der Vergangenheit, in den alten sagenhaften Patriarchen-
Herrschern das unerreichte Ideal sah. Er, der durch die
Macht der Waffen emporgekommen war, hatte nichts übrig für
die Gelehrten und Philosophen als Ratgeber der Krone.
So richtete sich der Unwille aller derer gegen ihn, die ihre
Gedanken von dem alten China nicht trennen mochten, und
nach dem Sturz seiner Dynastie hat der Haß der Konfuzianischen Schule ihn in den schwärzesten Farben gemalt. Der
schlimmste Vorwurf gegen ihn ist der der Bücherverbrennung. Um das Andenken der Vergangenheit ganz und
gar auszulöschen, habe er die Verbrennung aller Bücher,
mit Ausnahme der einem praktischen Zweck (wie Ackerbau, Medizin, Wahrsagung) dienenden befohlen und die die-

---

[4]) Es handelte sich aber damals nicht eigentlich um eine Mauer,
sondern um festgestampfte Lehmwälle oder zyklopisch aufgehäufte
Steinwälle. Über die große Mauer, wie sie sich heute dem Auge
des Beschauers bietet, s. das Kapitel Mingzeit.

sem Befehl Ungehorsamen aufs grausamste hingerichtet. Wie weit dieser Vorwurf der Bücherverbrennung — samt den dazu gehörigen Geschichten von der wunderbaren Bewahrung und Wiederauffindung von Resten der zerstörten klassischen Literatur — wirklich der Wahrheit entspricht, ist noch nicht völlig aufgeklärt. Erst seit kurzem scheint der wahre Sachverhalt im Gegensatz zu den gehässigen Verzerrungen ans Licht zu kommen[5]). Auf einer großen Inspektionsreise kam der Kaiser auch durch Schantung. Von dem Gipfel des Lauschan aus schaute er, wie die Chronik von Laitschoufu zum Jahre 219 berichtet, nach Osten aus, nach den fernen Inseln der Seligen. Dann zog er weiter am Meer entlang, verweilte drei Monate auf dem Berg Lang-ya südlich von Dschu-tscheng, wo er eine seinen Ruhm verkündende Inschrift in die Felsen meißeln ließ. Dann bestieg er den Taischan auf dem ersten durch ihn angelegten Weg und opferte auf seiner Spitze dem Himmel. Daß er dann weiter in Küfu das Grab des Kung-dsï zu schänden versucht habe, ist wieder ohne jede Begründung.

Zu dem Bilde dieses gewaltigen Mannes der Tat scheint es wenig zu passen, daß er — wie auch die Konfuzianer höhnend erzählen — einen starken Zug für das Wunderbare hatte und tauistischen Magiern sehr ergeben war[6]). Doch mag auch dieser Zug in dem Wesen seiner gewaltigen Herrschernatur begründet sein, die nicht damit zufrieden, die Lebendigen zu beherrschen, die Kräfte des Lebens selbst sich untertan zu machen suchte.

---

[5]) S. Allen, Are the Chinese Classics forged? Sun Pau Tschi (Sun-bau-ki), Gouverneur von Schantung, in der Eröffnungsansprache zum ersten Provinziallandtag 1909; R. Wilhelm im Ostasiatischen Lloyd 1910 No. 12.

[6]) Dazu gehört auch die Geschichte von dem Zug der Tausende von Knaben und Mädchen, die er von Töngtschoufu (Schantung) aus über das Meer geschickt habe, die Inseln der Seligen zu suchen, die dann die ersten Besiedler Japans geworden sein sollen.

Die Zeit der Han-Dynastie (202 v. Chr. bis 220 n. Chr.). [1]

Nach Tsin-schï-huang-di's Tod geriet das Reich zunächst wieder in große Erschütterung. Sein Sohn (209—207) hatte nichts von der Kraft seines Vaters, sondern war lediglich Despot. Da flammte bald die Empörung auf, und mehrere der entthronten Fürsten oder deren Nachkommen oder Generäle errichteten wieder die alten selbständigen Herrschaften aus der Zeit der „streitenden Reiche"; so entstand auch in Schantung von neuem das alte Reich Tsi. Wilde Kämpfe zwischen den kaiserlichen Heeren und den Aufständischen und nach dem Sturz des Kaisers zwischen den einzelnen Mächtigen untereinander durchtobten das Land. In diesen Kämpfen gelang es schließlich einem Mann namens Liu-bang, alle Rivalen zu unterdrücken. Er war ursprünglich ein einfacher Bauer und Ortsvorsteher, dann General, dann Fürst, dann König. Die meiste Arbeit für ihn tat ein tapferer und listenreicher General Han-sin, der auch den letzten Fürsten von Tsi am We-Fluß (Schantung) schlug (203 v. Chr.)[2]. Nun bestieg der ehemalige Bauer unter dem Namen Gau-dsu den Kaiserthron (202 v. Chr.)[3]. Da er als König von Han auf den Thron gekommen war, erhielt seine Dynastie den Namen Han-Dynastie; die Hauptstadt war

---

[1] Sie zerfällt in die frühere oder westliche Han-Dynastie (206 v. Chr. bis 24 n. Chr.) und die spätere oder östliche Han-Dynastie (25—220 n. Chr.)

[2] Dessen Bruder — so erzählt die Chronik — flüchtete mit 500 Mannen auf eine Insel nicht weit von Tsingtau. Der Kaiser sicherte ihm Begnadigung zu, und er begab sich daraufhin zu dessen Hoflager. Doch im letzten Augenblick zog er es vor, sich selbst den Tod zu geben. Auf die Kunde davon folgten auch die 500 Getreuen auf der Insel sämtlich seinem Beispiel. Nach diesem letzten Sproß aus dem glorreichen Hause Tsi trägt jene Insel bei Tsingtau noch heute den Namen Tien-hung-dau (Tien war der Familienname der Könige von Tsi). Der Name Tsi ist ebenso wie Lu als eine literarische Bezeichnung für die heutige Provinz Schantung erhalten geblieben.

[3] Er rechnete seine Regierung schon vom Jahre 206 ab. Es wiederholt sich mehrfach beim Beginn einer neuen Dynastie, daß

Tschang-an (Provinz Schensi), nicht weit von Si-an-fu. Mit kluger Milde gelang es ihm, dem Volk die neue Herrschaft im Gegensatz zu der vorigen, die viel Fronarbeiten verlangt hatte, angenehm zu machen. Die neugeschaffene Grundlage des Beamtenstaates behielt er bei, wenngleich er bei seinen nächsten Verwandten und getreuesten Helfern einige Ausnahmen machte und ihnen Fürstentümer und Grafschaften verlieh. Die Gebildeten gewann er durch seinen konfuzianischen Eifer. Erst in der Han-Dynastie ist Konfucius zu der staatlich anerkannten heiligen Autorität Chinas geworden, und Gau-dsu ist der erste Kaiser, der an des Heiligen Grab in Küfu geopfert hat. Er betrieb aufs eifrigste die Sammlung der konfuzianischen und alten Literatur. Die Gestalt in der uns die betreffenden Bücher heute vorliegen, haben sie durchgängig erst in der Hanzeit empfangen[4]).

Hatte schon Tsin seine Macht nicht mehr auf die Fürsten gestützt, so kommt in der Han-Dynastie, deren Gründer selbst aus dem Volke stammte, noch viel stärker ein demokratischer Zug zutage, welcher seitdem in Verbindung mit dem gelehrten Konfuzianismus einer der wichtigsten Züge des chinesischen Staats- und Volkslebens geblieben ist. Nämlich dies, daß jedem Mann aus dem Volk ohne Rücksicht auf seinen Stand die Möglichkeit gegeben ist, auf der Staffel der Examina zu den höchsten Ämtern und Würden emporzusteigen. Denn die gelehrte Bildung, die volle Vertrautheit mit den klassischen Urkunden, liefert den Befähigungsnachweis auch für die praktische Beamtentätigkeit. Ist diese doch recht verstanden nur eine Anwendung der in jenen Urkunden gegebenen Prinzipien, auf denen die Kraft und die Harmonie des gesamten Volks- und Staatslebens beruht. Und

---

die Zeit des Kampfes um den Thron, des beanspruchten Besitzes, doch schon als die Zeit des wirklichen, anerkannten Besitzes gerechnet wird.

[4]) Das macht gerade die Prüfung der von der alten Zeit handelnden Urkunden so schwer, weil stets erst die Frage gestellt werden muß, ob sie nicht von der konfuzianischen Schule stark umgewandelt oder gar nach deren Idealen z. T. erst neu gebildet sind.

der Weg, hier das Größte zu leisten, steht jedem offen.

Trotz der Großen Mauer hörten die Bedrängnisse durch den Erbfeind, die Hunnen, in der Han-Zeit nicht auf. Ein mal belagerten sie sogar in Schansi den Kaiser Gau-dsu, der nur mit knapper Not ihnen entging. Nicht selten mußten unter seinen Nachfolgern die wilden Hunnenführer durch Geschenke von Kostbarkeiten und von schönen Frauen aus dem kaiserlichen Harem zur Umkehr bewogen werden. Was China in dieser Zeit an Demütigungen erlitt, wird aber glänzend wett gemacht durch die Taten des Kaisers Wu-di, des hervorragendsten Herrschers der Han-Dynastie (140—86 v. Chr.). Er dehnte die Grenzen des Reiches nach allen Seiten mächtig aus. Im Norden unterwarf er Korea, im Westen die Gebiete der heutigen Provinzen Kansu und Setschuan, im Süden Kuangtung, Kuangsi, Teile von Kuitschou und Yünnan, ferner Tongking und Hainan. Freilich war die völlige Einverleibung dieser Gebiete in die chinesische Herrschaft eine Aufgabe, die noch Jahrhunderte brauchte, und die entferntesten Gebiete, wie Korea und Tongking, standen überhaupt nur im Tributverhältnis. Von noch größerer Bedeutung als diese gewaltige Erweiterung der Reichsgrenzen sind die durch Wu-di geknüpften Beziehungen mit den Ländern Zentralasiens und mit der Kultur des griechischrömischen Westens. Den Anlaß hierfür bot der Umstand, daß der Kaiser einen Bundesgenossen gegen die Hunnen zu gewinnen hoffte in dem halbbarbarischen Volk der Yüodschï, welche von den Hunnen aus der Nähe von Kansu verdrängt worden waren und sich zunächst in Kaschgarien, dann weit im Westen, in Baktrien, niedergelassen hatten. Der General Tschang-kiän wurde ausgesandt, sie aufzusuchen. Nach 12 Jahren kehrte er zurück; er war auf der Hinreise von den Hunnen gefangen genommen und jahrelang festgehalten worden. Er brachte wunderbare Berichte und Produkte zurück aus jenen fernen Gegenden, in denen griechische Kultur und römischer Handel bereits Eingang gefunden hatten; und das wurde der Anlaß, daß auch China für längere Zeit in direkte Beziehungen zu dem Westen kam. Es gelang in abenteuerlichen Kämpfen, das Land Ferghana (heute zu Russisch-Turkestan gehörig) am oberen Syr (Jaxartes) zur Tributleistung zu zwingen, einen Karawanenweg durch Zentralasien einzurichten und militärisch zu sichern. Das ganze Tarimbecken kam in chinesische Gewalt. Ein Wall wurde als Fortsetzung der großen Mauer gebaut, dessen Spuren 1907 von dem Forschungsreisenden Dr. Stein wieder entdeckt sind. Die in den Wachtürmen zahlreich gefundenen chinesischen Schriftstücke auf Holz und Bambus[5]) lassen erkennen, daß bis ins zweite nachchristliche Jahrhundert diese Strecke von chinesischen Truppen besetzt war: die Wacht gegen die Hunnen!

Auf diesem Karawanenwege wurden nun bisher ganz unbekannte Produkte in China eingeführt; feine Luxusartikel des syrisch-römischen Marktes, farbige Gewebe, Brokate, Drogen, vor allem auch Glas, das damals außerordentlich hoch bewertet wurde und durch die Bemühung es nachzumachen der Anlaß zur Erfindung des Porzellans gewesen sein soll. Der Wallnußbaum und der Weinstock, dessen griechische Herkunft sich in dem chinesischen Wort erhalten hat, schlug damals zuerst in China Wurzel, und die herrlichen turkomanischen Rosse (aus der Steppe zwischen Uralsee und Kaspischem Meer), an denen dem Kaiser Wu-di persönlich am meisten gelegen war, gaben der Pferdezucht einen großen Aufschwung. Das wichtigste Tauschobjekt, das chinesische Händler für diese Produkte bieten konnten, war neben Fellen und Eisen vor allem Seide[6]), von der es heißt, daß ein Pfund mit einem Pfund

---

[5]) Es sind die ältesten chinesischen Handschriften, die bisher der Wissenschaft bekannt geworden sind, unter ihnen auch ein Exemplar des I-ging. Von besonderem Wert sind viele kleine Stücke, betreffend Angelegenheiten des täglichen Lebens, welche uns ähnlich den in den letzten Jahrzehnten in Ägypten aufgefundenen Papyri die Menschen jener Tage in wunderbarer Unmittelbarkeit wieder erstehen lassen. (Vorläufige Mitteilung Dr. Stein's über seine Funde.)

[6]) Serica, d. h. das Land der Seres, der Seidenleute, wurde infolgedessen die lateinische Bezeichnung für China. — Die Deutung

Gold aufgewogen wurde. Die deutlichsten Einflüsse dieser neuen Welt, die auf solche Weise in der Han-Zeit einströmten, natürlich überwiegend in der Umgebung des Kaiserhofes, zeigten sich in der chinesischen Kunst. Während nämlich bis dahin von der Schang-Dynastie an kaum eine Wandlung der Kunstformen zu bemerken ist, findet in der Han-Zeit plötzlich ein Umschwung statt. Zierliche Gewinde griechischer Trauben verzieren die metallnen Spiegel, der Drache und der Phönix erhalten ihre bekannten phantastischen Formen, und ganz neu tritt in der Ornamentik das Pferd und der Mensch auf, wie dies die ältesten erhaltenen Steinskulpturen aus den Kreisen Fe-tscheng und Gia-siang (Kiahsiang) in Schantung zeigen, von denen einige jetzt in Tsinanfu zu sehen sind.

Bei seinen vielen auswärtigen Unternehmungen vergaß Wu-di nicht, gleichzeitig die heimische Wissenschaft zu fördern. Er errichtete die Akademie der großen Lehre, speziell zum Studium der Klassiker, baute eine Bibliothek und eine Disputierhalle. Unter seiner Regierung schrieb der erste und bedeutendste Geschichtsschreiber der Chinesen Sï-ma-tsiän sein Werk, das allen späteren Geschichtsschreibern vorbildlich wurde. Auf einer Inspektionsreise am Ostmeer kam der große Kaiser auch an die Kiautschoubucht und errichtete auf dem heutigen Nüku-schan eine Audienzhalle.

In dem Jahre der Geburt Christi bestieg Ping-di, der letzte Kaiser der Westlichen Han-Dynastie, den Thron. Er war ganz unähnlich seinem großen Vorfahren. Ein Minister Wang-mang vergiftete ihn und riß die Herrschaft an sich. Dieser Wang-mang ist heute dadurch besonders bekannt, daß er die alten Messerkäsch an Stelle der durchlöcherten[7])

ist freilich unsicher. Den neueren Untersuchungen nach ist es nicht unwahrscheinlich, daß unter Serica ein den Handel mit China vermittelndes zentralasiatisches Volk zu verstehen ist. — Die spätere lateinische Bezeichnung für China ist Sina (so bei dem Geographen Ptolemaeus); daher z. B. Sinologie; Apfelsine.

[7]) Vom Ende der Dschou-Dynastie ab war der Bronzekäsch mit dem viereckigen Loch in der Mitte in Gebrauch gekommen und ist von jener Zeit an bis vor wenigen Jahren die einzige Münze Chinas geblieben (Wert etwa $1/_5$ Pfennig). Jede Dynastie und jeder Kaiser

wieder einzuführen suchte. Aber die Empörung gegen ihn brach allenthalben los; in Schantung erhoben sich die Rebellen mit den „roten Augenbrauen". Nach mehreren Jahren gelang es, den Usurpator zu verdrängen, und einer der Prinzen des alten Hauses eröffnete als Guang Wu-di im Jahre 25 n. Chr. die östliche Han-Dynastie, so genannt, weil die Hauptstadt nach dem Osten, nach Lo-yang (Provinz Honan), verlegt wurde.

Unter dem zweiten Kaiser dieser Dynastie Ming-di (58—75) hatten die 200 Jahre vorher eröffneten Beziehungen zu dem Westen ein bedeutsames Ereignis zur Folge, die Einführung des Buddhismus. Es wird erzählt, daß Ming-di im Traum ein gewaltiges, goldstrahlendes Götterbild erschienen sei; das wurde auf den „Heiligen aus dem Westen" gedeutet, und eine Gesandtschaft nach Kaschmir geschickt, welche nach sechs Jahren zurückkehrte mit Buddhabildern, heiligen Schriften und in Begleitung von zwei Mönchen, die sich vor allem der Übersetzung der buddhistischen Schriften ins Chinesische widmeten.

Damit fand zum erstenmal eine fremde Religion in China Eingang. Doch blieb ihre Ausbreitung für längere Zeit nur gering und lag ganz in der Hand der fremden Missionare. Bis zum Anfang des 4. Jahrhunderts war es den Chinesen gesetzlich verboten, als Mönche dem Buddhismus beizutreten.

Im Jahre 166 erschien am Hofe in Lo-yang eine Ge-

---

prägte je nach Bedarf neue Käschstücke; aber immer in derselben Form, nur in der Größe und in der Güte der Bronze etwas verschieden. Die Käschstücke aller vorhergehenden Dynastien bleiben dabei fortwährend in Gültigkeit. Man findet auch heute noch unter den noch im Gebrauch befindlichen Stücken solche die 500 und 1000 Jahr alt sind; ein anschauliches Beispiel der merkwürdigen Stetigkeit der chinesischen Kultur.

Neben dem Käsch gibt es in China als Zahlungsmittel nur die ungeprägten Silberstücke, die nach dem Gewicht gewertet werden. Gewichtseinheit ist der Tael. (1 Tael Silber hat heute etwa den Wert von 2,50 Mark; vor dem großen Silbersturz 1891 galt er mehr als das Doppelte.)

sandtschaft syrisch-römischer Kaufleute, die als ihren Kaiser Antun (Marcus Aurelius Antoninus) angaben; bezeichnend für das Fortbestehen der weitgehenden Verknüpfungen mit dem Ausland, die während der Han-Dynastie zum erstenmal hervortreten. Die etwa 400 Jahre der Han-Dynastie sind im Ganzen eine Zeit blühender nationaler Entfaltung nach außen und nach innen. Söhne von Han ist heute noch eine stolze Selbstbezeichnung der Chinesen[8]).

Zerrissenheit und Spaltung. Die erste Tartarenherrschaft.

Die letzten Jahrzehnte der Han-Herrschaft waren voll Unruhen und Palastrevolutionen, die sich im offenen Streit der Großen des Reiches um die Herrschaft fortsetzten. Noch bei Lebzeiten des letzten Schattenkaisers hatte die Zentral-gewalt in Wahrheit aufgehört, und das Reich zerfiel für etwa 60 Jahre (zirka 220—280) in drei Teile, nämlich We, Nord- und Mittelchina auch Schantung umfassend mit der Hauptstadt Lo-yang; Wu, d. i. Südchina mit der Hauptstadt Nanking; und Schu, d. i. Westchina, vor allem die heutige Provinz Setschuan, Hauptstadt Tscheng-du. Das Reich Schu, dessen König Liu-be aus dem Geschlecht der Han stammte, gilt als die legitime Fortsetzung der Han-Dynastie, daher auch das kleinere oder spätere Han-Reich genannt.

Keine Periode seiner Geschichte ist dem chinesischen Volk so bekannt wie diese, welche das Ende der Han-Dynastie und die darauffolgenden Wirren umfaßt, und zwar infolge des berühmtesten und-gelesensten aller Romane, der „Geschichte der drei Reiche". Die Haupthelden dieses Romanes, dessen einzelne Episoden auch auf der Bühne zahl-

---

[8]) Sehr häufig ist in unserer Zeit die Unterscheidung zwischen Han und Man, d. h. Chinesen und Mandschus.

reich dargestellt werden, sind der edle tapfere Guan-yü, ein
Liebling des Volkes, der seit 1594 als Guan-di zum „Gott"[1])
erhoben worden ist und heutzutage in jeder Stadt und fast
in jedem Dorf einen Tempel besitzt; ferner der listenreiche
Dschu-go-liang und der schlimme Tsau-tsau.

Zwischen den drei Reichen setzten sich die Fehden
der Väter fort, die sie begründet hatten. Am stärksten erwies sich dabei das Reich We; es wehrte nicht nur die Angriffe der beiden anderen ab, sondern machte dem Reich
Schu überhaupt ein Ende. Im Reich We selbst ging die
Regierung an einen General über, dessen Sohn mit seiner
Person eine neue Dynastie, die Dsin-Dynastie, begann. Es
gelang ihm, auch das Südreich Wu zu unterwerfen (280),
und so schien seit hundert Jahren das Reich wieder in
einer Hand geeint zu sein. Aber das war ein trügerischer
Schein. In Wahrheit begann jetzt erst die wirkliche Zerrissenheit Chinas und zwar nicht mehr allein infolge innerer
Fehden, sondern auch durch den Ansturm von außen. Jahrhundertelang schon hatten die Chinesen in wechselvollen
Grenzkämpfen dem Eindringen der Steppenvölker zu wehren
gesucht. Jetzt brach der Damm, und etwa um das Jahr 300
sehen wir den gesamten Norden (Kansu, Schensi, Schansi,
Tschili, teilweise Schantung, Setschuan und Teile von Honan)
in den Händen der Barbaren. Statt der früher besonders im
Nordwesten einfallenden Hunnen, die inzwischen sich weiter
nach dem Westen verzogen hatten und in Europa die Völkerwanderung erregten, waren es jetzt mehr tungusische Stämme,
die von Norden und Nordosten herüberdrängten. Die Chinesen versuchten eine Zeit lang, die Eindringlinge, deren
sie sich nicht mehr erwehren konnten, in ihren Dienst zu ziehen
und auf diese Weise unschädlich zu machen[2]). So hatte der Begründer der Dsin-Dynastie einem Tartaren das Kommando über
das Nordheer übertragen. Aber dieser benutzte Thronstreitig-

---

[1]) Der sogenannte Kriegsgott; das Volk nennt ihn einfach Guanlau-yä, alter Vater Guan.

[2]) Ähnlich der Politik des sinkenden Römerreiches den Germanen
gegenüber.

keiten und schuf sich selbst in Schansi ein Königreich. Andere folgten seinem Beispiel, und so entstanden in Nordchina im Lauf der nächsten hundert Jahre etwa 20 sämtlich unter tartarischen Herrschern stehende Königreiche, die teils einander ablösten, teils gleichzeitig miteinander bestanden. Ihr Gebiet pflegte nicht mehr als ein bis zwei Provinzen zu umfassen; trotzdem legten sich manche stolz auch noch den Kaisertitel bei. Unter einander lebten sie in ständigen Fehden; es herrschte ein wildes Morden in dieser Zeit. In der Chronologie werden diese kurzlebigen Reiche als die 16 illegitimen Staaten geführt (304—439). Auch Schantung war einmal von einem Tartarenhäuptling erobert und bestand 12 Jahre als Süd-Yen (398—410). Ein Kastell nordöstlich von Laitschoufu, das Yen-Kastell, erinnert noch an jene Zeit.

Nur einer unter jenen Tartarenstaaten hatte längere Dauer, das Reich We, gewöhnlich Nord-We genannt (386—534). Es war gegründet von dem tungusischen Häuptlingsgeschlecht Toba, das sein anfängliches Gebiet in Schansi schnell zu erweitern verstand, alle anderen Rivalen verdrängte und seit 492 seine Hauptstadt nach dem alten Lo-yang verlegte. Nord-We verdankte seinen festeren Bestand vor allem dem Umstand, daß es mehr als die andern das Staatsleben auf chinesische Grundlage gründete und Chinesen zur Verwaltung des Staates heranzog. Das Reich We (Nord-We) spaltete sich 534 in West- und Ost-We, über das sich der Minister Gau-Huan aus Schantung zum König gemacht hatte, setzte sich noch kurze Zeit fort als Nord-Tsi (550—577); West-We in ähnlicher Weise als Nord-Dschou (557—581). Während dieser ganzen Zeit mußte sich die rein chinesische Herrschaft auf die Mitte und den Süden des Reiches beschränken mit Nanking als Hauptstadt. Es ist die Zeit der Nord-Süd-Dynastie, die von 420—589 gerechnet wird.

Das Südreich gab sich zuerst als die legitime Fortsetzung der im Norden durch die Tartaren gestürzten Dsin-Dynastie unter dem Namen Ost-Dsin (317—420). Es folgten in einem Zeitraum von 168 Jahren unter vielen Thronkämpfen noch vier Dynastien, die jedesmal einen General oder Minister zum Gründer hatten, der seinen bisherigen Herrn vom Thron stieß. Es sind dies: Sung 420—479; Tschi 479—502; Liang 502—557; Tschen 557—587. Die Grenzlinie zwischen dem tartarisch beherrschten Norden (Nord-We und Fortsetzungen) und dem chinesischen Süden lief im Ganzen etwa zwischen dem Yangtse und dem Gelben Fluß. Schantung gehörte in seinem südlichen Teil anfangs noch zum Südreich, fiel aber seit Ende des 5. Jahrhunderts völlig an das Nordreich, das in den nie abbrechenden Kämpfen mit dem Süden im ganzen stets im Vordringen war: der Kampf drehte sich besonders heftig um Süd-Honan.

Die große Verkehrsstraße durch Zentralasien geht in dieser Epoche der Zerrissenheit dem chinesischen Handel verloren. Dagegen entwickelt sich in Süd-China, das von den Kämpfen im Norden wenig berührt wurde, ein einträglicher Seehandel mit den Malaiischen Inseln, vor allem mit Java, wohin zugleich damals schon eine starke chinesische Auswanderung abging. Und als mit der Zerrüttung des Römischen Reiches die Schiffahrt der syrischen Kaufleute stockte, gingen die chinesischen Dschunken ihrerseits weiter vor, bis zur Euphratmündung (450) und zum Roten Meer.

Es ist wohl nicht zufällig, daß gerade in diesen Jahrhunderten, in denen das Reich so stark von inneren Kriegen durchzogen war, die buddhistische Religion ihre stärkste Entfaltung in China gewann. Der pessimistische, weltfremde Zug sowohl als wie die Ausmalung eines Paradieses mußte der Stimmung des gequälten, durch die Unsicherheit alles Bestehenden ständig geängstigten Volkes entgegenkommen. So mehrten sich die Klöster schnell, nachdem erst einmal ein Fürst von Dschau (einer der 16 „illegitimen Staaten") im Jahre 335 Chinesen erlaubt hatte, in das Kloster einzutreten. Im Südreich nahm ein König von Liang selbst die Mönchsgelübde auf sich. Der Patriarch Bodhidharma[3]), der

---

3) In China bekannt als Da-mo-dsu-schï; Bilder von ihm sind

28. Nachfolger des Buddha, siedelte 526 nach China über, und chinesische Pilger wanderten nach Indien, um die neue Religion in ihrem Ursprungslande besser kennen zu lernen. Die berühmteste dieser Reisen ist die des Pilgers Fa-hiän (390—413), der bei seiner Rückkehr, die zur See erfolgte, am Fuße des Lauschan landete. Während dieser seiner Ausbreitung hat der Buddhismus jedoch zugleich in reichem Maße, je nach der Gunst oder Ungunst der Herrscher, Leidenszeiten durchmachen müssen. Verfolgungen, Zerstörung der Klöster, gewaltsame Zurückführung der Mönche in das bürgerliche Leben und andere Bedrückungen setzten sich bis in das 10. Jahrhundert fort.

Die inneren Kämpfe und andauernden Thronstreitigkeiten während dieser Epoche der Spaltung, endigten schließlich im Norden wie im Süden damit, daß ein chinesischer General im Dienst der Nord-Dschou-Dynastie sowohl seinen König (581) als den des Südens (588) entthronte und das Reich in seiner Hand einte. Aber die neue Dynastie, die der S u i, dauerte nur 30 Jahre. Der Gründer war kraftvoll und weise, dazu milde das Volk schonend (Pilgerwanderung von der Hauptstadt Tschang-an-fu in Schensi zum Taischan anläßlich einer schweren Hungersnot). Sein Sohn jedoch war ihm sehr unähnlich; er hatte Vater und Bruder gemordet, um auf den Thron zu kommen. Ihn stürzte Li-yüan, ein Statthalter in Taiyuanfu (Schansi). Dieser wurde — in der Geschichte bekannt als Tang Gau-dsu — der Begründer der glorreichen, nun wieder geeinten und nationalen Tang-Dynastie.

Die Zeit der Tang-Dynastie (618—906).

Mit der Tang-Dynastie wird eine Epoche eingeleitet, die über die Zerrissenheit und Ohnmacht der vorhergehenden

---

zahlreich verbreitet, wobei stets der indische Typus stark hervorgehoben wird; auch findet man seine Statue in buddhistischen Tempeln z. B. im Tempel Yü-gu-an bei Tsingtau.

vier Jahrhunderte hinweg die lebendige Entfaltung des Lebens, wie sie zur Han-Zeit herrschte, auf allen Gebieten wieder aufnimmt und zu einer hohen Blüte führt. Zunächst offenbarte sich in der Wiedervereinigung des ganzen Reiches unter einer nationalen Dynastie schon ein Sieg rassenhaft nationaler Kraft. Denn wenn auch die Chinesen in der vorhergehenden Epoche in ihren alten Kernlanden zeitweilig der stärkeren kriegerischen Macht der Tartaren hatten weichen müssen, so errangen sie allmählich ohne Waffengewalt doch einen vollständigen Sieg über ihre Besieger. Sie besiegten sie durch ihren überlegenen geistigen Besitz, durch ihr Staatssystem und ihre Kultur, der gegenüber die Fremden, selbst wenn sie es energisch gewollt hätten, ihre Eigenart und Eigenmacht nicht zu bewahren vermochten. Durch diese eigentümliche Urkraft chinesischen Wesens, durch die Fähigkeit, Andersartiges sich zu assimilieren, war China früher, von einem kleinen Zentrum aus nach außen sich vorschiebend, zu dem großen Reich geworden. Dieselbe Kraft bewährte es jetzt in der Umwandlung der von außen eingedrungenen Fremdteile.

Aber auch aktiv entfaltete sich jetzt wieder die chinesische Macht. Chinesische Heere gehen über den Pamir; die zentralischen Gebiete, die schon in der Han-Zeit China gehört hatten, fallen ihm wieder zu und außerdem noch andere östlich des Kaspischen Meeres, so daß das chinesische Reich die bisher größte Ausdehnung erreicht. Und wieder ziehen wie in der Han-Zeit die chinesischen Karawanen mit den kostbaren Seidenstoffen und anderen Produkten die alte Handelsstraße durch Zentralasien nach dem asiatischen Westen. Dort hatten zu jener Zeit die Araber ihre Weltherrschaft begründet, deren östliche Grenze sich bis Indien erstreckte (Blüte des Kalifats in Bagdad 750—809; Harun al Raschid). Die persischen und arabischen Händler ihrerseits bevorzugten den Seeweg, und vor ihnen zogen sich die chinesischen Handelsschiffe aus den Meeren jenseits der Malakkastraße wieder zurück. Die Araber gründeten in China bedeutende Niederlassungen, besonders in Kanton um

700, wo eine Moschee stand, die auf den Oheim des Propheten selbst zurückgehen soll, ferner in Ningpo und Hangtschoufu um 800, von wo sie als zum äußersten Punkt ihrer Fahrten nach Kantu, d. i. Kiautschou, kamen[1]). Auf die von ihnen eingeführten Waren war ein Zoll von 30% gesetzt; im übrigen waren sie in ihrer Bewegungsfreiheit unbehelligt und hatten eigene Verwaltung in ihren Niederlassungen. Der arabische Handel vermittelte in dieser Zeit dem Abendland einige der wichtigsten chinesischen Erfindungen: die Magnetnadel, das Papier (seit etwa 100 n. Chr. erfunden), vielleicht auch eine Art explodierender Geschosse, resp. Töpfe oder Säckchen mit einer Zündmischung gefüllt[2]). Die Muhammedaner sind seit jener Zeit aus China nicht verschwunden[3]). Wie die Muhammedaner, so sind auch die Juden während der Tang-Dynastie in China heimisch geworden; sie sollen damals den Arabern gegenüber im Landhandel den Vorzug gehabt haben[4]). Auch das Christentum hat in dieser Zeit zuerst in China Wurzel gefaßt und zwar durch Missionare der syrisch-nestorianischen Kirche, die am kaiserlichen Hof sehr in Gunst standen und schnelle Erfolge erzielten. Ein

[1]) Die Gleichsetzung von Kiautschou mit dem von den Arabern Kantu genannten Platz ist wenigstens nach v. Richthofon zweifellos berechtigt. Ein aus dem 9. Jahrhundert stammendes arabisches Reisebuch erwähnt nach v. Richthofen als Eigentümlichkeiten dieses Platzes die Scharen von Wildgänsen, Enten und anderem wilden Geflügel (wie diese noch heute an der Kiautschoubucht zu finden sind), ferner die dicht davor aufsteigenden Berge (des Lauschan?).

[2]) Schießpulver und Feuerwaffen dagegen haben die Chinesen erst von Europa erhalten.

[3]) Nach dem Westen und Nordwesten Chinas, wo die muhammedanische Religion in unserer Zeit ihre stärkste Verbreitung hat, kamen die Araber erst gegen Ende der Tang-Dynastie auf dem Landweg von Mittelasien her. Dort hatte um 950 ein Sproß aus dem Geschlecht der Samaniden ein großes muhammedanisches Staatswesen gegründet mit der Hauptstadt Kaschgar.

[4]) Die Juden hatten noch bis zur Mitte des vorigen Jahrhunderts in Kai-föng-fu eine Gemeinde; nach der Zerstörung ihrer Synagoge durch die Fluten des Gelben Flusses löste sich auch der Bestand der Gemeinde bald auf, deren Glieder ohnedies schon beinahe völlig zu Chinesen geworden waren.

noch heute erhaltenes Zeugnis von der ehemaligen Blüte der nestorianischen Kirche ist der berühmte Denkstein von Si-an-fu aus dem Jahre 781[5]). Die Nestorianer sind noch im 13. Jahrhundert nachweisbar, verschwinden dann aber ganz. Sie sind vermutlich durch zu starke Annäherung an chinesische Lehre und Anschauungen allmählich gleich den Juden im Chinesischen untergegangen[6]). Die Ausbreitung des Buddhismus erlitt durch diese neu in China auftretenden Religionen keinen Abbruch. Bis an das Ende des 7. Jahrhunderts setzten sich die Reisen buddhistischer Pilger nach Indien fort; die berühmteste aus jener Zeit ist die des Hüandschuang (629—645). Innerlich vergröberte der Buddhismus immer mehr zu einer Vulgärreligion, welche die unzähligen Geister und Stoffe des chinesischen Volksglaubens in sich aufnahm, so daß er sachlich von dem gewöhnlichen Tauismus kaum unterschieden blieb, wobei übrigens auch mannigfache Wechselwirkungen zwischen Buddhismus und Tauismus stattfanden. In der Mitte und gegen Ende der

---

[5]) Er wurde 1621 im Erdboden einer der Vorstädte des alten Tschang-an-fu entdeckt. — Die auf dem gut erhaltenen Stein befindliche Inschrift gibt zunächst eine dogmatisch-historische Beschreibung der „erlauchten Lehre" und erzählt dann, wie ein Mönch namens Olopun im Jahre 635 unter der Regierung des Kaisers Tai-dsung mit heiligen Büchern und Bildern von Da-Tsin (dem römischen Reich, bezw. Syrien) nach China als Verkünder der Lehre gekommen sei; wie Tai-dsung ihn freundlich aufgenommen, ihm zur Übersetzung der Bücher geholfen und durch ein Edikt im Jahre 638 die neue Lehre gebilligt und ihre Propaganda erlaubt, auch die Errichtung einer Kirche in der Hauptstadt angeordnet habe mit der Bedingung, daß sein Bild darin hängen solle; wie trotz zeitweiliger Unterdrückung die neue Lehre auch von den späteren Kaisern beschützt worden sei, wie einer von diesen die Errichtung neuer Kirchen angeordnet und ein anderer diesen Weihrauch verehrt habe. — Die Inschrift schließt mit einem Lobpreis Gottes und der Kirche, sowie der Kaiser, die der Kirche Schutz und Gunst zugewendet haben. — Oben ist der Stein mit einem Kreuz verziert; an den Rändern stehen einige Zeilen in syrischer Schrift. (J. Genähr, Das Nestorianer Denkmal in Si-an-fu in „Der ferne Osten" Bd. 3, Schanghai 1906. A. Wylie, Chinese Researches.)

[6]) D. Timothy Richard, z. Z. wohl der hervorragendste Forscher

3*

Tang-Dynastie zwangen die Kaiser wiederholt Tausende von Mönchen und Nonnen zur Rückkehr in das bürgerliche Leben. Solche Maßregeln waren einerseits durch die Abneigung des chinesisch-konfuzianischen Volksinstinktes gegen die Familie und Staat auflösende mönchische Lebensweise, andererseits aber auch durch schwere Mißstände in den Klöstern selbst verursacht.

Mit der lebensvollen Entfaltung chinesischer Macht und chinesischen Handels in jener Zeit ging parallel eine Blüte literarisch-künstlicher Kultur. Die Tang-Zeit wird das Augusteische Zeitalter der chinesischen Literatur genannt. Die Herrscher ließen es sich angelegen sein, die besten Talente an ihren Hof zu ziehen. Den höchsten Ruhm haben die Dichter jener Zeit, unter ihnen vor allem ein Li-tai-bai. Eine eigene Zartheit der Empfindung, ein wehmütig weltschmerzlicher Ton und daneben das Lob des Weines als des besten Heilmittels gegen allen Schmerz der Vergänglichkeit sind seinen Gedichten eigen. In der Malerei und Bildnerei ist der buddhistisch-indische Einfluß beträchtlich. Die besonderen Gegenstände rein chinesischer Malerei sind Landschaften und Blumen, Pferde und für diese Zeit besonders bemerkenswert: Darstellung fremder Völkertypen. Die Malerei erscheint dabei als eine Schwesterkunst der Poesie; ein Wang-we (699—759) ist ebenso berühmt als Maler wie als Dichter. Die Pflege der klassischen Studien kam zum Ausdruck in der Gründung der Hanlin-Akademie, welche den höchsten literarischen Grad verleiht; ferner in dem Befehl des ersten Kaisers der Dynastie, in allen Städten des Reiches Konfuziustempel zu errichten und ihm dort im zweiten und achten Monat amtliche Opfer darzubringen, wie dies seitdem bis heute geschieht. Von der literarischen Produktion jener Zeit gibt der Katalog der Kaiserlichen Biblio-

---

unter den englischen Missionaren in China, vermutet die Nachwirkungen der Nestorianer in der — auch gerade in Schantung nicht seltenen — Gin-dan-gian, der Sekte von der „goldenen Pille" (d. h. Lebenselixir in geistiger Bedeutung), welche manches Ähnliche mit dem Christentum hat.

thek eine Anschauung. Sie enthielt 53 951 alte Bücher, 28 469 neue Schriftsteller. Seit jener Zeit datiert die Einteilung der chinesischen Literatur in Klassiker, Geschichtsbücher, Philosophen, Belletristen. Die Druckerkunst (Holzdruck mit unbeweglichen Lettern) war kurz vor der Tang-Zeit erfunden, kam aber erst in der folgenden Periode zur Entwicklung. Der erste Druck der Klassiker wurde 932—52 verfertigt.

Wie der Glanz der Han-Zeit vor allem durch den Kaiser Wu-di, so ist der der Tang-Zeit durch Tai-dsung, den zweiten Herrscher der Dynastie, verkörpert (627—649). Ein glänzendes Bild wird von dem Leben am Hof in Tschang-an-fu entworfen. Da verkehrten die Abgesandten des Kalifen, indische und andere Fürsten, und zahlreiche Tributstaaten brachten ihre Geschenke. Gelehrte, Künstler, Dichter bereicherten das Leben. Zahlreiche Fremde waren in der Hauptstadt und in den Handelszentren ansässig, in denen, wie im ganzen Land, nach dem Bericht eines arabischen Reisenden großer Wohlstand herrschte. Die Religionen des Buddhismus, Muhammedanismus und Christentums verbreiteten ihre Anschauungen, dazu das Judentum und der Manichaeismus. So war es eine Fülle fremder Eindrücke und Einflüsse, die das China der Tang-Zeit erfuhr.

Leider war die Macht des Reiches bald schweren Erschütterungen ausgesetzt. Feldzüge gegen die Tartaren im Norden erforderte auch diese Periode; dazu gegen die Turfanen am Kukunor im Westen. Tai-dsung mißlang eine Expedition gegen Korea, die mit 500 Schiffen von Laitschoufu (Schantung) aus unternommen wurde. Doch gewannn er dabei die Halbinsel Liau-dung, und sein Nachfolger Gau-dsung (650—684) zwang dann auch Korea in die chinesische Abhängigkeit zurück. Über Gau-dsung gewann eine seiner Haremsdamen, eine frühere Nonne, die die Kaiserin vergiftete, eine unheimliche Gewalt. Nach dem Tode des Kaisers machte sie sich selbst zur Regentin, versuchte sogar mit ihrer Person eine neue Dynastie zu eröffnen und herrschte als Kaiserin Wu (Wu-hou) 21 Jahre lang mit unumschränkter und grausamer Gewalt (684 bis

704)[7]). Gegen Ende der Tang-Dynastie gingen Palastrevolutionen mit gleichzeitigen Empörungen in den Provinzen Hand in Hand. Der furchtbarste Aufstand brach 874 in Schantung los, unter Führung eines reichen Salzhändlers. Er setzte sich über den Yangtse hinaus nach Osten und Westen zu fort, und für ein Jahr war die Hauptstadt Tschang-an-fu in der Hand der Rebellen. Bei dieser Gelegenheit wurde auch das reiche Hangtschoufu von den Rebellen erobert, und in dem allgemeinen Morden fanden auch die vielen Tausende fremder, vor allem arabischer Kaufleute ihren Tod. Die Blüte des arabischen Handels war damit geknickt.

In der Tang-Zeit war das Reich eingeteilt in zehn Tau (Dau) (Weg, Umkreis, Groß-Bezirk)[8]). Das heutige Schantung gehörte auf der rechten Seite des Gelben Flusses (der auch damals in den Petschili-Golf mündete) nebst dem nördlichen Teil von Kiangsu und Anhui und fast ganz Honan zu Ho-nan-dau; der kleinere Teil links des Gelben Flusses zu Ho-be-dau. Das Dau zerfiel in Bezirke (gün späterhin fu). Der Bezirk Tsi-nan in Schantung erhielt damals (etwa 800 n. Chr.) in dem heutigen Tsinanfu sein Zentrum (Kreisstadt Li-tscheng)[9]).

---

[7]) Auch die Jahre ihrer Regierung werden lediglich nach ihrem Namen genannt. Einen ähnlichen Fall hatte es schon in der Han-Dynastie gegeben, als die Kaiserin Lu-schï erst für ihr Kind, dann 187—180 v. Chr. allein in ihrem Namen die Regierung führte. Die dritte Frau, welche im Laufe der Geschichte eine tatsächliche Herrschaft über China ausübte, ist Tsï-hi, gestorben 1908.

[8]) Daher der Beamtentitel Tautai (Dau-tai), der Vorsteher eines Groß-Bezirks.

[9]) Von der Hanzeit bis zur Tangzeit war Ping-ling-tscheng die Bezirkshauptstadt gewesen, deren Mauerreste heute noch etwa 40 Kilometer östlich von Tsinanfu mitten zwischen bebautem Feld zu sehen sind.

Neue Zerrissenheit und Spaltung. — Einigung durch die Sung-Dynastie. — Die Kitan und Gin im Norden, Beschränkung der Sung-Dynastie auf den Süden. — Aufsteigen der mongolischen Macht.

So glänzend die Tang-Dynastie begonnen hatte, so trostlos war der Zustand, in dem sie China hinterließ. Während der Regierung der letzten Herrscher hatten sich einzelne Teile bereits selbständig gemacht. Die alten Zustände der ursprünglichen Lehnszeit, nämlich die Unabhängigkeit der einzelnen Großen des Reiches, brachen eben bei günstiger Gelegenheit immer wieder hervor[1]). Nachdem der letzte Tangkaiser durch seinen General, einen früheren Rebellenführer, vom Thron gestoßen war, brach das Reich für etwa 50 Jahre völlig auseinander, in mehr als zehn Stücke. Es ist die Zeit der schnell aufeinanderfolgenden Fünf-Dynastien (907—960), nämlich: die spätere Liang- (907—923), die spätere Tang- (923—936), die spätere Dsin- (936—946), die spätere Han-, (947—950), die spätere Dschou-Dynastie (951—960). Die jeweiligen Gründer waren in die Höhe gekommene Soldatenführer, drei davon nicht einmal chinesischer Abstammung. Ihr „Kaiserreich" war eben nur ein kleiner Bruchteil Chinas, nicht viel mehr als das Gebiet von Honan und Schantung umfassend; Hauptstadt meist Lo-yang (Honanfu), nachher Kaiföngfu. Die übrigen Königreiche, welche zum Teil auch den Anspruch darauf erhoben, Kaisertum zu sein, werden in der Geschichte als die illegitimen zehn Reiche geführt. Während so das Reich zerspalten war, drängten von Norden her die alten barbarischen Erbfeinde, die in der Tang-Zeit sich verhältnismäßig ruhig gehalten hatten, mit ungestümer

---

1) Es erleichtert das Verständnis auch für die spätere Geschichte Chinas bis auf unsere Zeit, wenn man die Nachwirkung dieser ursprünglichen Staatsform Chinas in ihr beachtet. Nehmen doch Gouverneure und Generalgouverneure in gewissem Sinn auch heute noch die Stellung von Fürsten ein.

Gewalt von neuem über die Grenze. Es war zu dieser Zeit der Stamm der Kitan (später Liau genannt), der vom Amur kommend im Nordosten einfiel. Dreimal während der Zeit der fünf Dynastien drangen ihre schnellen Reiter plündernd in die Hauptstadt ein. Der Gründer der dritten Dynastie erniedrigte sich so weit, seine Herrschaft aus ihrer Hand zu nehmen. Zum Glück für das Reich gelang es einem der mit ihnen im Kampf liegenden Generale der fünften Dynastie (mit dem Familiennamen Dschau) die Kräfte des Reiches wieder leidlich in seiner Hand zu vereinigen. Seine Soldaten riefen ihn im Felde zum Kaiser aus; so wurde er der Gründer einer neuen Dynastie, der Sung-Dynastie (960—1280). Sein Kaisertitel ist Tai-dsi (960 bis 976); Hauptstadt in Kaiföngfu.

Es gelang ihm und seinem Nachfolger, im Laufe von 20 Jahren alle Teile des engeren chinesischen Reiches wieder zu einen. Jedoch dem Andrang der Tartaren im Norden vermochten — trotz einzelner Siege — weder er noch seine Nachfolger dauernden Widerstand zu leisten. Dazu kam, daß im Westen (im heutigen Kansu bis zum Kukunor, der Oase Hami und der Wüste Gobi hin), das in vieler Hinsicht nicht unbedeutende tibetisch-tungusische Reich West-Hia entstand (990), das ebenfalls eine ständige Beunruhigung bildete. Im Jahre 1004 erkauften sich die Sung von den Kitan durch den schmählichen Frieden von Schan-yüan für einige Jahrzehnte leidliche Ruhe; sie mußten den Norden, Tschili, preisgeben (einschl. Yen-du, das heutige Peking, das die Kitan zu ihrer Hauptstadt machten)[2]) und jährlich 1000 Taels Silber und 200 000 Stück Seide als Tribut zahlen. In jener Zeit, da die Kitan den Norden Chinas besetzt hielten, bildete sich im Ausland für das ganze Reich China der Name Kathay, mit dem noch heute die Russen China bezeichnen (Kitai). Die Herrschaft der Kitan selbst

---

[2]) Die Kitan nannten es anfangs Nanking (Nan-ging) d. h. Süd-Hauptstadt; ihr Peking (Be-ging, Nord-Hauptstadt) war in der Mandschurei.

hatte keine lange Dauer. Es erwuchsen ihnen in einem ver-
wandten, bisher abhängigen Stamm, den Nü-dschen (oder
Nü-dschï), später Gin genannt, heftige Feinde. In diesem
Gin sehen die heutigen Mandschus ihre Vorfahren. Der
chinesische Kaiser war verblendet genug, den Gin bei ihrem
Sturz der Liau-Dynastie zu helfen (1123). Denn nur drei
Jahre später und die Gin sind in der chinesischen Hauptstadt
selbst, machen den Kaiser Hui-dsung (1101—1125) unter
Auferlegung unerschwinglich hoher Kontributionen zum Vasallen und schleppen ihn, als er Miene machte, sich noch
einmal zu wehren, mit seinem ganzen Hof fort in Gefangenschaft (1126), in der er starb.

Das war das Ende der Sung-Dynastie als einer einheitlichen Monarchie. Ein Bruder des letzten Kaisers setzte
die Dynastie jenseits des Yangtse fort; das ist die Süd-
Sung-Dynastie (1127—1279). Die Hauptstadt war anfangs
Nanking. Da sich jedoch die Regierung hier vor den Angriffen der Gin nicht sicher fühlte — wie diese denn wirklich
1129 Nanking einmal eroberten —, wurde sie nach Hangtschoufu verlegt (1138). So war denn wieder, wie vor der
Tang-Dynastie, das Reich gespalten in eine Nordhälfte, in
der die Tartaren herrschten (Hauptstadt Peking; seit 1161
Kaiföngfu), und den Süden, der chinesisch blieb. Nur hatten
jetzt die Tartaren ihre Macht ein gut Stück weiter vorge-
schoben; nicht mehr der Gelbe Fluß, sondern der Yangtse
bildete im allgemeinen die Grenze, und wiederholt zwangen
sie den chinesischen Kaiser, ihnen Tribut zu zahlen. Zwar
fielen ihnen das Gebiet zwischen Gelbem Fluß und Yangtse
nicht leicht zu. Die chinesischen Generäle und Kommandanten waren durchgängig tapfer und patriotischer als die
zwei letzten Kaiser der Sung- und der erste der Süd-Sung-
Dynastie (welcher verblendet seinen besten General Yüo-fe
hinrichten ließ) und gaben den Feinden auch in dem bereits
vertragsmäßig abgetretenen Gebiet die festen Städte erst
nach hartem Kampf heraus[3]). Setschuan und der Winkel

---

[3]) Auch die Städte in Schantung wehrten sich meist tapfer.

zwischen Yangtse und Han-Fluß verblieb überhaupt den Sung. und in Angriff oder Verteidigung ruhten die Waffen zwischen den Chinesen und Gin selten. In den eroberten Gebieten forderten die Gin bei Todesstrafe von den Chinesen die Annahme ihrer Kleidung und Haartracht (Rasur des Vorderkopfes und Zopf). So blieb es etwa 100 Jahre. Da verändert sich wieder die Bühne im Norden. Ein neues Kriegsvolk taucht aus der Steppe hervor, das mächtigste von allen, dessen Scharen die Welt nicht minder stark erschüttert haben als Jahrhunderte zuvor die ihnen stammverwandten Hunnen. Es sind die Mongolen. Die Ursitze dieser schweifenden Horden liegen südöstlich vom Baïkal-See, am Altaigebirge und Tienschan. Im Jahre 1206 wurde auf einer Versammlung der Häuptlinge Temudschin zum Dschingis-Khan (Ober-Herrscher) erhoben (1206 bis 1227), der die einzelnen Stämme zu einem Reich zusammenfaßte mit Karakorum als Hauptstadt und in Kürze in gewaltigen Stößen ein Weltreich eroberte. Der erste Angriff galt dem Osten. Das Reich Hia wird überrannt, die Gin geschlagen und tributpflichtig gemacht; erst am Meer, am Schantungvorgebirge, macht der wilde Zug Halt (1213). Von hier wandte sich Dschingis-Khan zunächst wieder zurück nach seiner Hauptstadt, und in wenigen Jahrzehnten zertrümmern seine und seiner Nachfolger Heere im Zug nach Westen die Reiche in Iran und am Kaspischen Meer, das große Kalifenreich in Bagdad und damit die ganze arabisch-persische Kultur, schlagen in furchtbaren Schlachten die Russen, dann die Ungarn, dann die Polen und schließlið 1241 das schlesische Ritterheer auf der Walstatt bei

---

Besonderen Ruhm erwarb sich dabei Weihsien; es fiel 1128. Der Gouverneur von Tsinan dagegen Liu-yü machte in demeslben Jahr mit den Gin gemeinsame Sache, die ihm dafür den Titel eines Kaisers von Tsi gaben; als solcher unterlag er jedoch 1136 jenem tapferen Yüo-fe. Das Grab des Konfuzius entging nur mit knapper Not dem Schicksal, von den wilden Barbaren verwüstet zu werden; doch bald wurden auch sie von dem chinesischen Geist so gefangen, daß ihr Kaiser 1141 selbst an seinem Grab opferte.

Liegnitz, womit sie nach Westen zu ihren äußersten Punkt erreichten. Inzwischen war aber auch nach Osten zu ein entscheidender neuer Angriff auf das Reich der Gin erfolgt. Und wieder ging es dabei wie 100 Jahre zuvor, die Chinesen begrüßen die Mongolen als die Befreier von den verhaßten Gin-Tartaren, die ihnen die Hälfte des Reiches fortgenommen hatten, und mit chinesischer Hilfe vernichten die Mongolen deren Reich (1234). Aber sofort geht deren Eroberungszug weiter auf China selbst los, das vergeblich sich fast ein halbes Jahrhundert tapfer wehrt (fünfjährige Belagerung von Siang-yang am Han-Fluß 1269—1273). Beherrscher der Mongolen war seit 1259 Kublai-Khan, ein Enkel Dschingis-Khan's. Seine ungestümen Scharen überschritten 1275 bei Wuhu den Yangtse, eroberten die Hauptstadt Hangtschoufu, jagten den flüchtigen Hof die Küste entlang von einer Stadt zur andern. Zuletzt suchte dieser Zuflucht auf einer Insel vor dem Westfluß bei Kanton; als die Mongolen auch dahin übersetzten, gaben die Minister sich und dem Kaiser, der ebenso wie sein Vorgänger noch ein Kind war, den Tod (1279): Das Ende der Sung-Dynastie!

So zeigt die Geschichte der Sung-Dynastie einen unaufhörlichen Rückgang Chinas in politischer Hinsicht. Ein Gebiet nach dem andern muß den Feinden überlassen und alle Kräfte angespannt werden, um wenigstens ein Stück eigentliches China zu erhalten. Das spiegelt sich zu einem Teil auch in dem geistigen Charakter jener Zeit wieder. Zwar die Malerei und da wieder vor allem die Landschaftsmalerei gelangt gerade in dieser Epoche auf eine nachher nicht wieder erreichte Höhe („die Sung-Zeit die verlängerte naissance der Tang-Zeit"); es fehlt dabei nicht an ganz modern anmutenden naturalistischen Strömungen. Auf der anderen Seite aber hat die Kunstbetätigung gerade der Sung-Zeit ihre Eigentümlichkeit in der Beschäftigung mit dem schon vorhandenen Kunstbesitz, mit allem, was von Bronzen, Nephrit, Manuskripten, Gemälden sich von den ältesten Zeiten her bis dahin erhalten hatte. Es ist die Zeit der Sammlungen. Kaiser Hui-dsung vor allem förderte diese Bestrebungen. Er ließ ein Museum und eine Bildergalerie errichten und einen Katalog dazu herausgeben. Er veranlaßte die erste illustrierte Beschreibung aller in staatlichem oder größerem Privatbesitz befindlichen Bronzen und Nephrite, das 30 Bände umfassende Werk Bo-gu-tu-lu, das heute noch grundlegend für die Kenntnis der alten chinesischen Kunst ist. Es entstanden Sammelwerke der Literatur, Enzyklopädien, von denen jede mehrere hundert Bände umfaßte, und die über alle Zweige theoretischen und praktischen Wissens handelten, stets dabei von den ältesten Zeiten beginnend. Besonders viel genannt unter den Werken dieser Art ist das des Lexikographen Ma-duanlin. Auf dem Gebiete der Kunst besagte dieses Streben nach Zusammenfassung und Erhaltung noch nicht eine Verengerung der lebendigen fortschrittlichen Kräfte; aber verhängnisvoll wurde es auf dem Gebiet des geistigen, moralischen, staatlichen Lebens. Der für alle Zeit typische Vertreter dieser letzteren Richtung ist Dschu-hi (Chu-Hsi), Gelehrter, Philosoph und Staatsmann zugleich, ein Mann von fabelhafter Belesenheit. Sein Werk ist eine Zusammenfassung alles bisherigen Wissens, aller ethischen, philosophischen, sozialen, politischen Gedanken, die bis dahin China hervorgebracht hatte. Aber zugleich hemmte sein Werk die freie geistige Entwicklung aufs schwerste. Denn der Konfuzianismus, so wie er ihn verstand und ihn in seinen Kommentaren und den Klassikern lehrte, wurde in der Folgezeit die Gesinnung, die jeder gute Chinese, vor allem jeder Beamte, haben muß, der gegenüber alles andere zur Irrlehre wird. Damit beginnt nicht nur der Konfuzianismus in sich selbst ein starres System, ein Dogma zu werden, sondern der chinesische Geist, der bis dahin noch immer für fremde Einflüsse empfänglich gewesen war, beginnt überhaupt langsam zu erstarren und sich gegen außen abzuschließen; eine Entwicklung, sehr verständlich aus der damaligen Lage des Chinesentums heraus, das, unfähig dem fremden Ansturm ein äußeres Bollwerk entgegenzusetzen, um so mehr hinter einem inneren sich zu verschanzen und seine Eigenart zu erhalten suchte.

Während der Sung-Zeit war das Reich eingeteilt in 26 Groß-Bezirke, damals Lu (Weg, Bezirk) genannt. Das heutige Schantung gehörte teils zu Ging-dung-dung-lu (Ost-Bezirk, östlich der Hauptstadt), teils zu Ho-be-dung-lu (Ostbezirk, nördlich des Gelben Flusses). Der Ausdruck für Bezirk wird Fu (statt Gün), so daß auch Tsinan damals zuerst als Tsinan-fu erscheint. Die Gin behielten die Einteilung in Lu bei, unter ihnen gab es ein Schan-dung-dung-lu und Schan-dung-si-lu (Ost- und Westbezirk, östlich der Gebirge). Die Gin suchten das gewonnene Gebiet zu befestigen, indem sie viele Städte, so auch in Schantung, mit Lehmwällen versahen. Immerhin besaß damals noch kaum die Hälfte der Städte Schantungs solche Lehmmauern.

Ein geographisch ungewöhnliches Ereignis verzeichnet diese Periode. Der Gelbe Fluß, der seit den ältesten Zeiten seine Wasser in das Nordmeer (Golf von Petschili) ergossen hatte, und zwar in der Nähe von Tientsin, gabelte sich in der Zeit der fünf Dynastien etwa bei Kaiföngfu, so daß hinfort ein Arm nach dem Norden, ein Arm in direkt östlicher Richtung floß. In der Sung-Zeit hörte der nördliche Lauf überhaupt auf, und der Gelbe Fluß strömte ins Ostmeer (Gelbe Meer), bis er nach einigen Jahrhunderten, 1855, sich wieder auf seinen alten Weg besann.

China unter der Mongolenherrschaft (1280—1367).

Nachdem Kublą-Khan China erobert hatte, überließ er den Westen des riesigen Mongolenreiches seiner Spaltung in mehrere Mongolenherrschaften und fühlte sich selbst fortan nur als Kaiser von China; die neue Dynastie bekam den Namen der Yüan-Dynastie. Kubla-Khan's Titel als chinesischer Kaiser ist Schï-dsu (1280—1294). Er machte die bisherige Hauptstadt der Gin (Peking) zur Hauptstadt des ganzen Reiches. Dort hatte er im Jahre 1264 (der Norden Chinas, das vorherige Reich der Gin, gehörte den Mongolen

ja schon seit 1234) eine großartige neue Palastanlage gebaut: Kambuluc, die Stadt des großen Khan[1]). Der neue
Beherrscher Chinas brachte diesem von seinem Mongolen-
teil noch die Mandschurei, die Mongolei und Tibet hinzu
und gewann Korea, Anam, zeitweise auch Birma von neuem
als Tributstaaten. Dagegen scheiterte sein Versuch, auch
Japan zu zwingen, zweimal völlig, 1274 und 1281; 1274 fand
die Mongolenflotte in der Tsushima-Straße ihren Untergang.

Nun war das Reich wieder geeint, aber unter fremder
Herrschaft. Doch wie früher für das Haus Toba, wie für
die Kitan und Gin, so ergab sich auch für die Mongolen die
Unmöglichkeit, China anders zu beherrschen, als indem sie
sich zu Jüngern und Schützern der Anschauungen und Gesetze machen, in denen die chinesische Kultur und der chinesische Volksorganismus nun schon seit Jahrtausenden lebte.
Es ist bezeichnend, daß Kubla-Khan, noch ehe er den
chinesischen Thron bestiegen hatte, den Tempel des Konfuzius erneuern ließ, und noch mehr betätigte er als Kaiser
diese Gesinnung durch sorgfältige Schonung und Pflege des
chinesischen Geisteslebens. Zugleich förderte er die ma-
teriellen Interessen. Der berühmte Kaiserkanal, als eine ein-
heitliche, den Norden mit dem Süden, Peking mit Hangtschoufu verbindende Verkehrsstraße, ist sein Werk, wenn
auch Teilstrecken schon von der Sui-Zeit her bestanden haben.
Der Kanal diente vor allem zur Beförderung der großen
Mengen des Tributreises zur Hauptstadt. Zu demselben
Zweck wurde in den Jahren 1280—1282 der Kiau-Lai-Kanal
(Kiautschou-Laitschoufu) gebaut, der den Reisschiffen die
schwierige Umsegelung des Schantungvorgebirges ersparen
sollte. Doch mußte — wie aus den Chroniken der Kreise
Kiautschou und Pingtu hervorgeht — der Verkehr auf ihm
bereits nach drei bis fünf Jahren wieder eingestellt werden,

---

[1]) Dieser Platz — etwas nördlich von dem alten Palast der Gin
gelegen — ist seitdem mit kurzer Unterbrechung im Anfang der
Ming-Dynastie die Stätte der Kaiserlichen Residenz geblieben, und
einzelne Gebäude der jetzigen Kaiserstadt, wie z. B. der von Kublai-
Khan erbaute Paukenturm, stammen noch aus jener Zeit.

weil er zu stark versandete und überhaupt nicht genügend Wasser bot. Auch alle späteren Versuche in der Mingzeit, ihn wiederherzustellen, blieben erfolglos.

Der Umstand, daß damals alles Gebiet vom Gelben Meer bis Russisch-Littauen unter Herrschern mongolischen Stammes stand, brachte für China den Vorteil, daß die seit der Tang-Zeit unterbrochene Verkehrsstraße nach dem Westen von neuem erschlossen wurde. Und die Mongolen duldeten auch den fremden Kaufmann gern auf ihren Straßen. Der abendländische Handel nach dem Orient war zur See wie zu Land damals hauptsächlich in den Händen der Italiener; Venezianer und Genuesen besaßen Niederlassungen in Hangtschoufu und in Amoy. Doch hatten auch jetzt noch Araber und Perser, sowie die Chinesen selbst an dem Seehandel teil. Chinesen nahmen in dieser Zeit als Gelehrte und Ärzte im Ausland (d. h. im westlichen Herrschaftsgebiet der Mongolen) eine geachtete Stellung ein, und andererseits zogen die Mongolenherrscher fremde, vor allem arabische, aber auch europäische Gelehrte und Techniker in ihren Dienst. Kubla-Khan hatte einen Pariser Goldschmied als Hofjuwelier, ein Deutscher baute ihm Belagerungsmaschinen, Araber und Perser besorgten die Sternwarte. Sein Geheimsekretär und jahrelanger Vertrauter war jener Venezianer Marco Polo, der uns eine so interessante Schilderung von dem Kulturstand des damaligen China hinterlassen hat. Wie Märchen klang es, was er von der Größe und dem Reichtum Chinas, von den Tausenden und Abertausenden seiner Bewohner, von ihrem Fleiß und von der geordneten Verwaltung des Landes seinen Landsleuten erzählte, als er nach 17jähriger Abwesenheit (1275—1292) seine Vaterstadt wieder betrat¹), und doch stellt sich die Zuverlässigkeit seiner Berichte neuerdings immer stärker ins Licht. Eine andere höchst anschauliche Schilderung des damaligen Chinas haben wir in den „Reisen des Ibn Batuta", eines Arabers, der

---

¹) Man gab ihm den Spitznamen „Messer Millione". Das Wort Million soll damals entstanden sein.

1324—1325 China durchwanderte. In noch größerem Maße
als der Handel wurde in dieser Zeit durch die von den Mongolen selbst geschaffene Verbindung zwischen dem Osten
und Westen die christliche Mission angezogen. Im Jahre
1292 erschien Johannes v. Montecorvino als der erste römisch-
katholische Missionar in Peking. Er hatte außerordentliche
Erfolge und erfreute sich der Gunst Kubla-Khan's, der ungeachtet seiner Bevorzugung des Konfuzianismus aus politischen Gründen eine sehr tolerante Gesinnung anderen
Anschauungen gegenüber hegte.

Eine Kirche wurde in Peking gebaut und ein Erzbistum
Peking gegründet; als Johannes v. Montecorvino 80jährig
starb (1328), soll es bereits 30 000 Christen gegeben haben;
doch handelte es sich dabei mehr um Mongolen als um
Chinesen. Muhammedanische Gemeinden waren damals
schon über ganz China verbreitet, und auch die Nestorianer
hielten sich noch in dieser Zeit. Noch stärker als das
Christentum begünstigte Kubla-Khan den Buddhismus, und
zwar dessen Tibetanische Form, den Lamaismus, der unter
des Herrschers Schutz sich damals über die Mongolei verbreitete und auch nach der Mandschurei und Nordchina übergriff. Seit jener Zeit datieren die Lamaklöster in Peking. Den
regen Handelsbeziehungen nach außen entsprach eine rege
Gewerbetätigkeit in den Städten. Gerade über diese ist uns
von jenem arabischen Kaufmann ausführlich berichtet; auch
das Kunstgewerbe, besonders die Porzellanmanufaktur und
die Malerei hebt er rühmend hervor. In der Literatur jener
Zeit traten zwei Gattungen ganz neu hervor: der Roman
(die Geschichtenerzählung) und das Drama. Sie sind rechte
Volksprodukte, nicht in der feierlichen Gelehrtensprache geschrieben; durchtränkt von allem, was die Volksseele in den
bewegten vergangenen Jahrhunderten inzwischen alles in
sich aufgenommen hat, von Märchen und phantastischen
Abenteuern, von guten und bösen Geistern, von Buddhismus
und Tauismus und doch im ganzen mit den moralischen
und politischen Anschauungen durchaus im Konfuzianismus
ruhend. In der Verwaltung brachte die Yüan-Dynastie keine

wichtigen Änderungen. Der heutige Ausdruck „schöng"
(shêng) für Provinz kam damals zuerst auf, ursprünglich
das Amtsbureau in der Hauptstadt bedeutend, von dem aus
der betreffende Bezirk verwaltet wird. Das Reich hatte zwölf
Provinzen: das heutige Schantung gehörte größtenteils zu
der die Hauptstadt unmittelbar umgebenden Provinz (Dschï-
li-dschung-schu-schöng). Sitz der obersten Verwaltungs-
behörde in Schantung war damals Tschingtschoufu, daneben
Tsinanfu als Sitz des Oberrichters. Allen Bezirks- und Kreis-
städten wurden von dem letzten Kaiser der Yüan-Dynastie befohlen, Wälle zu bauen, sofern sie nicht bereits durch solche
geschützt waren[3]).

Unzweifelhaft brachte die Mongolenherrschaft, unter der
auch der Landfriede seit langem wieder gesichert war, dem
Reiche viele Vorteile, und sie hätte sich gewiß länger halten
können, wenn nicht die Nachfolger des großen Kubla-Khan
so bald niedriger Genußsucht zum Opfer gefallen wären;
im Zusammenhang damit forderten sie von dem Volk immer
höhere Steuern und verschlechterten außerdem die Finanzen
und den Kredit durch eine starke Ausgabe von Papiergeld.
Ferner übten die buddhistischen Mönche einen unheilvollen
Einfluß auf die späteren Herrscher aus, wenn diese auch
zu gleicher Zeit aus Staatsrücksichten Ehren auf Konfuzius
häuften. Als nun noch schreckhafte Naturereignisse in un-
gewöhnlicher Zahl sich einstellten, fing man überall an, gegen
die Fremdherrschaft sich zu erheben, besonders südlich des
Yangtse und in Honan[4]). Als die Rebellen einst eine Stadt
in Anhui eroberten und dabei ein buddhistisches Kloster
verbrannten, ging einer der Mönche, namens Dschu-yüan-
dschang, zu den Rebellen über. In seiner Jugend waren bei
einer furchtbaren Pest ihm Vater, Mutter und Bruder ge-

---

[3]) Der bisherige Marktflecken Schanghai war 1292 zur Kreisstadt erhoben worden.
[4]) Die Erzählung, daß jede chinesische Familie gezwungen
worden sei, einen Mongolen bei sich aufzunehmen und aufzuziehen,
und daß an einem bestimmten Tag beim Herbstfest alle diese
Kuckuckskinder ermordet worden seien, ist eine Sage.

storben, da hatte er das Kloster aufgesucht. Aber zu anderem war er bestimmt; der Rebellenhaufen machte ihn bald zu seinem Anführer, und es gelang ihm, Nanking 1356 zu erobern. Nun wuchs sein Anhang immer mehr; er erschien als der beste Vertreter allgemein nationaler Interessen; er bekämpfte die Dynastie, aber er schonte das Volk; andere Rebellenführer unterstellten sich ihm freiwillig oder wurden auch dazu gezwungen. Zwölf Jahre nach der Eroberung Nankings vertrieb sein tapferer und edler Landsmann Sü-da die Mongolen aus Peking. Der Kaiser flüchtete in die Mongolei zurück, und der ehemalige Mönch errichtete in Nanking den Kaiserthron einer neuen, nun wieder nationalen Dynastie, der Ming-Dynastie. Seine Regierungszeit (1368—1398) heißt Hung-wu; sein Kaisertitel Tai-dsu[5]).

Die Zeit der Ming-Dynastie.

1. Tai-dsu (Hung-wu) 1368—1398. — Die Wacht gegen die Japaner. — Tscheng-dsu (Yung-lo) 1403—1424.

Das Volk hatte es gut unter der Herrschaft des ehemaligen Mönches. Er behielt auch im Palast die Einfachheit der Lebensweise bei, die er in der Jugend gewohnt war, und zeigte sich als ein erklärter Feind von unnützem Luxus; nicht anders seine Gemahlin, eine ehemals von seinem Onkel

---

[5]) Der chinesische Kaiser wird nie mit seinem persönlichen Namen bezeichnet, sondern eben als huang-di (s. S. 19) oder huang-schang. Bei Beginn seiner Regierung wählt er für seine Regierungszeit einen glückbedeutenden Namen aus (z. B. Hung-wu gewaltig, kriegsmächtig; Kang-hi stark und blühend; Guang-sü ruhmvolle Nachfolge), nach dem die Jahre seiner Regierung gerechnet werden. Dieser Name kann aber im Verlauf einer Regierung mehrfach geändert werden, wobei dann die Zählung immer wieder neu beginnt. Nach dem Tode des Kaisers wird ihm von seinem Nachfolger ein ehrender Titel gegeben; das ist der ihm persönlich geltende Kaisertitel, mit dem er fortan in der Geschichte benannt wird, während für die

adoptierte Waise. In den ersten Jahren hatten seine ihm treuergebenen Feldherrn noch damit zu tun, die noch widerstrebendenden Führer des Volkes in Fukien, Kuangtung, Kuangsi, Schansi, Schensi und vor allem in Setschuan zur Anerkennung des neuen Kaisertums zu zwingen; auch Auflehnungen der Ureinwohner von Hunan, Kuangsi und Yünnan kamen vor. Dann aber konnte der Herrscher sich ganz der Aufgabe widmen, die geistige und materielle Wohlfahrt des Volkes zu fördern. Es war ihm überall um die Sache, nicht um den Schein zu tun. So ließ er zehn Jahre lang keine Staatsprüfungen vornehmen, weil er fand, daß die Menge derer, welche diese Prüfungen bestanden hatten, doch nur voll gelehrter Worte, aber ohne Gehalt seien. Selbstverständlich war dies nicht als eine Absage an die wahre konfuzianische Bildung als die Grundlage des Staatslebens gemeint, wie er denn gerade nicht nur in allen Städten, sondern auch auf dem Lande die Gründung von Schulen befahl und die Hanlinakademie unter seine spezielle Fürsorge nahm. Religiös blieb er zeitlebens ein Freund des Buddhismus. Reformierend ging er auch in der Verwaltung und der Justiz vor; die Strafe der Verstümmelung fiel in Wegfall. Hunderttausende von Arbeitern beschäftigte er bei Damm- und Kanalarbeiten. Der Wohlstand und die Zahl des Volkes stieg schnell. Von den auswärtigen Völkern erkannten Korea, Annam, Birma, auch zum Teil die zentralasiatischen Gebiete um das Pamirplateau herum die Oberhoheit Chinas an. In der Mongolei gab es mit den Truppen des vertriebenen/ Herrschers noch manche Gefechte. Wurden diese mongolischen Beunruhigungen auch nicht bedrohlich, so brachten andere Feinde viel ernstere Gefahr, die jetzt zum erstenmal als Angreifer auftraten, und die während der ganzen Ming-

---

Zeitbestimmung stets der Name der Regierungszeit in Kraft bleibt. Es ist jedoch nicht selten, daß unkorrekt auch der letzte Name wie ein persönlicher Name gebraucht wird. Der erste Kaiser einer Dynastie pflegt meistens den Titel Tai-dsu (erhabener Ahn, Gründer) oder einen ähnlichen zu erhalten, wobei dann zur Unterscheidung der Dynastiename hinzugefügt werden muß.

Zeit eine schwere Plage für China blieben; es waren die Japaner, die gefürchteten Seeräuber. Sie kamen mit ganzen Flotten, plünderten das Küstenland, besetzten auch manchmal die Städte, zogen sich aber meist vor dem anrückenden Heer der Chinesen mit ihrer Beute wieder zurück. Schantung hatte ihre ersten Überfälle auszustehen. „Wo-dsï schang an!" (die Japaner sind gelandet) war ein Schreckensruf, an den die Erinnerung bis heute auf dem flachen Lande nicht ausgestorben ist. Noch schlimmer als die arme Küste Schantungs wurden die reichen Städte im Süden in Kiangsu und Tschekiang von den Japanern gebrandschatzt. Tai-dsu organisierte gleich im ersten Jahr seiner Regierung eine besondere Küstenverteidigung gegen sie durch die Errichtung von Wachten und Wehren, die sogenannten We (Wei) und So. Es sind dies feste Plätze mit einer militärischen Besatzung, welche nebst zugehörigem Landgebiet selbständige Verwaltungsbezirke für sich bildeten, und nur dem Kommandeur der Küstenverteidigung unterstellt waren.

Schantung hatte 19 We und 15 So, so z. B. Weihaiwei (We-hai-we), Au-schan-we in der Lauschanbucht, Fu-schan-so, eine Stunde von Tsingtau, Ling-schan-we u. a. Das Oberkommando dieser Küstenwacht bestand für Schantung in Töngtschoufu, später auch in Laitschoufu. Während der Regierung Hung-wu wurden größere Angriffe auf Schantung zweimal zurückgeschlagen, 1369 und 1374; im letzteren Fall verloren die Japaner bei den Liu-kiu-Inseln sogar ihre Schiffe an die sie verfolgenden Chinesen. In Tschekiang wurden 1387 im ganzen 59 feste Plätze mit 58 000 Mann Besatzung errichtet; jeder vierte Mann wurde dort für den Küstendienst eingezogen. We und So wurden in der Mingzeit danach auch im Innern an den wichtigen Verbindungsstraßen, Flüssen, Kanälen, und an sonstigen Grenzen errichtet als Stütz- und Sammelpunkte, ganz besonders auch zum Schutz des Reistransportes (Tributreises) am Kaiserkanal. Heutzutage sind sie längst in die allgemeine Kreisordnung wieder eingefügt; nur die Umwallung und auch der

Vorzug eines besonderen Stadtgott-Tempels[1]) pflegen Zeugen jener Vergangenheit zu sein.

Tai-dsu's letzte Regierungszeit wurde durch sein zunehmendes Mißtrauen und daraus entspringende ungerechte Verurteilung verdienter Männer nicht wenig getrübt. Bei seinem Tode bestimmte er keinen seiner Söhne, sondern seinen 16jährigen Enkel zum Nachfolger, Hu-di (1399—1402). Doch als dieser nach seiner Thronbesteigung Miene machte, die übergangenen Brüder seines Vaters auch noch im Rang herabzusetzen, schritt einer von ihnen, der als Fürst von Yen in Peking residierte, zur Empörung und marschierte auf Nanking los. Er schlug das ihm entgegengesandte Heer bei Tetschou (De-dschou) in Schantung, fand dann aber an den Mauern von Tsinanfu, das er mehr als drei Monate vergeblich bestürmte, solchen Widerstand[2]), daß er zunächst wieder nach Peking zurückzog, zumal auch Tetschou in die Gewalt der Kaiserlichen zurückgefallen war.

Dann erneuerte er seinen Angriff, diesmal durch Honan marschierend. Im Jahre 1402 hatte er allen Widerstand der kaiserlichen Heere gebrochen, auch Schantung zum größten Teil gewonnen und rückte nun in Nanking selbst ein, wo er mit der Regierungsdevise Yung-lo den Thron bestieg. (Kaisertitel: Tscheng-dsu, 1403—1424).

Er war ein energischer Herrscher in Krieg und Frieden. Die Japaner, welche in Liautung eingefallen waren, schlug er zurück. Tongking und Annam, wo eine Revolution ausgebrochen war, wurden nach mehrjährigem Kampf dem chinesischen Reich ganz einverleibt. Zur Stärkung des chi-

---

[1]) z. B. in Fu-schan-so bei Tsingtau.
[2]) Der Vizegouverneur Tiä-süan leitete die Verteidigung mit großem Geschick. Endlich erklärte er, die Stadt übergeben zu wollen. Aber an dem Tor waren Leute versteckt, die, sobald der Fürst von Yen eingezogen sei, das eiserne Gitter hinter ihm niederfallen lassen sollten. Durch ein Versehen fiel das Torgitter einen Augenblick zu früh, während der Fürst noch draußen war. Sofort warf dieser sein Pferd zurück und entging so der Falle. Mit um so größerer Heftigkeit erneuerte er nun die Bestürmung der Stadt. Aber Tsinanfu hielt stand.

nesischen Einflusses im Ausland entsandte er bewaffnete
Gesandtschaften nach Java, Sumatra, Siam, Bengalen, Ceylon.
Gegen die Mongolen im Norden, deren Angriffe wieder
stärker wurden, zog er persönlich wiederholt zu Felde und
schlug sie. Indes blieb die Nordgrenze durch die Mongolen
und durch andere Tartarenstämme doch dauernd bedroht.
Daher geschah es, daß wahrscheinlich schon unter Hung-wu,
bestimmt aber unter Yung-lo von neuem das riesige
Werk aufgenommen wurde, die Nordgrenze durch eine ge-
waltige Umwallung zu schützen. Ist die alte Befestigung, die
Tsin-schï-huang-di bauen ließ, lediglich als ein Lehm- oder
Steinwall zu denken, so entstand die neue als eine wirkliche
Mauer, die mit der Pekinger Stadtmauer große Ähnlichkeit
hat. So wenigstens in dem östlichen Teil, der sich von
Schan-hai-guan am Meer aus hoch über Bergesgipfel und
Pässe in einem weiten — zum Teil doppelten — Bogen um
Peking herumzieht[3]). Welche Wichtigkeit Tscheng-dsu der
Sicherung der Nordwestgrenze beilegte, verrät noch stärker
als diese Wiederaufnahme des Mauerbaus eine andere sehr
bedeutsame Maßregel: er verlegte 1421 die Residenz von

---

[3]) Die näheren Daten betreffs der Erbauung der Mauer sind
noch nicht erforscht. Jedenfalls ist während des ganzen Verlaufs
der Ming-Dynastie an der Mauer gebaut worden.
Die Mauer in Tschili — etwa beim Nan-kou-Paß oder bei Schan-
hai-guan beobachtet — ruht im allgemeinen auf einem ungefähr 6 Meter
breiten Fundament aus Steinquadern; darauf erheben sich zwei starke
Mauern aus gebrannten Ziegeln; der Zwischenraum ist mit Lehm,
Steinen und Ziegelbrocken fest angefüllt und das Ganze oben mit
großen Ziegeln verschalt. Beide Seiten haben eine niedrige Brustwehr
mit Schießscharten. Die Höhe beträgt 6—8 Meter. In unregel-
mäßigem Abstand erheben sich Türme meist von vierseitiger Form.
Andere Teile der Mauer bestehen aus festem Mauerwerk oder aus
angehäuften Steinen mit gemauerten Türmen; so die große Mauer
bei Kalgan, die den äußeren Bogen um Peking herum bildet. Der
längste Teil der „großen Mauer", nämlich der ganze Westen,
einschließlich Schansi's, besteht auch heute größtenteils aus einfachen
(4—5 Meter hohen) Lehmwällen mit Türmen. (s. v. Möllendorff,
die große Mauer von China in „Nachrichten über Angelegenheiten
der Deutschen Morgenländischen Gesellschaft" Band 35.)

Nanking nach Peking, wo sie seitdem bis heute geblieben
ist. Ein neues Peking fing an unter ihm zu entstehen. Die
Tartarenstadt und die Kaiserstadt wurden durch ihn teils
erweitert, teils neu erbaut. Verschiedene Tempel Pekings,
darunter auch der berühmte Himmelstempel, gehen auf ihn
zurück. Für die Mannigfaltigkeit der Interessen, die ihn als
Herrscher neben den militärischen beseelten, ist ferner die
durch ihn veranlaßte und seinen Namen tragende riesige
Enzyklopädie bezeichnend, welche in 22 877 Büchern die gesamte chinesische Literatur umfaßt, teils die vollständigen
Bücher, teils einzelne Abteilungen, teils kürzere Auszüge oder
eine Inhaltsangabe der betreffenden Werke wiedergebend[4]).
Wie sein Vater war Tscheng-dsu ein großer Anhänger des
Buddhismus. Einen tibetanischen Lamapriester, den er
wegen seiner wunderbaren Kräfte nach der Hauptstadt hatte
kommen lassen, ernannte er zum „König des großen kostbaren Gesetzes."

In Schantung entstand während seiner Regierung eine
Empörung (1420), die eine Frau zur Führerin hatte. Es
war eine Witwe Tang sai-örl aus dem Kreise Pu-tai (Bezirk
Wutingfu), die einst in einer Berghöhle einen steinernen Kasten
fand, in dem ein Schwert und ein Buch lag. Aus der Lektüre
des Buches entnahm sie die Aufforderung zur Empörung
und zugleich das Geheimnis, Soldaten und Pferde aus Papier
zu zaubern. Sie gewann eine Menge gläubige Anhänger, mit
denen sie bei An-kiu und Dschu-tscheng siegte und eine
Menge Städte in den Bezirken Tschingtschoufu und Laitschoufu eroberte, darunter auch Kiautschou und Tsimo.
Sie wurde — wie die Chronik erzählt — schließlich gefangen

---

[4]) Zum Holzschnitt kam es der hohen Kosten wegen nicht.
Die Kenntnis vieler alten Bücher verdanken wir lediglich diesem
literarischen Riesenwerk, obgleich von ihm selbst heute nicht mehr
viel vorhanden ist. Beim Brand der Hanlinakademie im Boxerjahr 1900 ist die einzige damals noch vorhandene der drei Ko-
pien mit Ausnahme weniger Bände zu Grunde gegangen, von denen
sich einer jetzt im Besitz des Berliner Museums für Völkerkunde
befindet.

und dreifach gefesselt, entkam aber durch Zauberkünste; der Gouverneur und der Oberrichter der Provinz wurden deshalb hingerichtet. In dem phantastischen Glauben der Anhänger dieser Bewegung findet sich manches Ähnliche zu der späteren Gesellschaft vom „weißen Lotus" und zu den Boxern des Jahres 1900.

Die Bedeutung des Kaisers Tscheng-dsu (Yung-lo) unter den Herrschern der Ming-Dynastie verrät sich der Nachwelt auch äußerlich bei einem Besuch der „Minggräber" bei Peking, unter denen die ihm errichtete Grabanlage von allen die hervorragendste ist[5]).

2. Die Kaiser zwischen 1425 und 1521. — Das erste Auftreten der Europäer an der chinesischen Küste.

Auf Tscheng-dsu folgte in nur einjähriger Regierung sein Sohn (Jen-dsung 1425—1426), danach sein Enkel Süändsung (Regierungszeit Süan-de 1426—1436), der seines Großvaters nicht unwürdig war. Gegen ihn empörte sich einer seiner Onkel, der ein kleines selbständiges Herrschergebiet in Schantung besaß. Süan-dsung. erstickte den Aufstand durch den Sieg bei Lo-an (Schantung) und entzog seinem Onkel Rang und Einkünfte. Auch eine Empörung der Ureinwohner in Kuangsi wurde beigelegt. Annam aber machte sich zu seiner Zeit wieder unabhängig.

---

[5]) Diese Grabanlage — ebenso wie die für die verstorbenen Herrscher der gegenwärtigen Dynastie — gehört zu den größten Leistungen chinesischer Baukunst, wobei besonders die harmonische Einbeziehung der Natur in die architektonischen Anlagen etwas Großartiges hat. Ein großer, ringsum von gleichmäßigen Bergen umgebener Talkessel bildet die Ruhestätte der Toten. Weite Tempelanlagen, Tore, Höfe und alte Kiefern und Zypressen gehören dazu. Das Grab selbst ist ein Hügel für sich, der in seinem Innern das Haus oder vielmehr den Palast des Toten birgt. Den Zugang zu den Gräbern bildet die berühmte Geisterallee, aus riesigen in Stein gehauenen Tier- und Menschenfiguren bestehend, die zu durchschreiten fast eine Stunde in Anspruch nimmt.

Unter Ying-dsung (Dscheng-tung 1436—1450 und 1457—1465) drängten die Mongolen wieder mit stärkerer Gewalt gegen die Grenze. Sie durchschritten die Pässe im Norden von Peking, besiegten das chinesische Heer und schleppten den Kaiser gefangen fort (1450). Der Hof wollte aber den Räubern das geforderte hohe Lösegeld für den Kaiser nicht zahlen, und im Einverständnis mit der Kaiserin-Mutter übernahm der jüngere Bruder des Kaisers die Regentschaft. Er gab diese aber auch dann nicht wieder aus der Hand, als der rechtmäßige Kaiser im nächsten Jahr aus der mongolischen Gefangenschaft zurückkehrte. Erst nach dem Tod seines jüngeren Bruders (1456) kam Ying-dsung von neuem auf den Thron. Er war ein unselbständiger Mensch, der zeitlebens von Eunuchen und buddhistischen Priestern sich leiten ließ und große Summen für buddhistische Tempel ausgab. Eine rühmliche Tat seinerseits jedoch ist die Abschaffung der grausamen — während der Mongolenzeit wieder aufgekommen — Sitte, daß bei dem Tod eines Kaisers einige seiner Nebenfrauen durch Selbstmord ihm in das Jenseits folgen mußten[1]). Eunuchen und Klerus beherrschten auch den folgenden Herrscher Hiän-dsung (Tscheng-hua 1465—1487), der außerdem einer Nebenfrau einen unheilvollen Einfluß ließ. Der Streit mit den Mongolen drehte sich in dieser Zeit besonders um die wichtige Oase Hami, westlich Kansu. Durch das Gebiet der Ordos wurde ein neuer Grenzwall aufgeführt.

Hiau-dsung (Hung-dschï 1488—1506), war endlich einmal ein Herrscher, der Eunuchen und Klerus energisch in ihre Schranken wies. Er gewann Hami nach wechselvollen Kämpfen zurück. Die Errichtung von Getreidespeichern im ganzen Reich und große Arbeiten zur Bezähmung des Gelben Flusses zeigen seine Fürsorge für das Volk. Doch sein Sohn Wu-dsung (Dscheng-de 1506—1521) wußte nichts von Pflichten der Regierung, sondern lebte ungehemmt seinen Nei-

---

[1]) Vielleicht das Überbleibsel eines urzeitlichen Brauches, daß die Frauen lebendig in das Grab des Herrschers eingemauert wurden.

gungen und Ausschweifungen. Er hatte einen abenteuerlichen Zug in seinem Wesen, liebte gefährliche Jagden und
reiste gern inkognito und auf Liebeshändel. Daneben war
er für fremde Sprachen interessiert und verstand Sanskrit,
Mandschurisch und Arabisch. Die Regierung überließ er
den Eunuchen; und wie habsüchtig diese ihre Macht aus-
nutzten, beweist nichts besser, als daß die acht Vertrautesten
des Kaisers von dem Volk den Beinamen der acht Tiger erhielten. Hami ging dabei wieder an die Tartaren verloren.
Bald gab es Aufstände hier und dort. Zwar wurden sie
niedergeschlagen, doch auch dabei zeigte sich, wie sich die
Regierung gegenüber den ersten Jahrzehnten der Ming-
Herrschaft verändert hatte. Die Generale Tai-dsu's, des ersten
Kaisers, hatten ihr Heer so in Zucht und verfuhren bei ihren
vielen Schlachten und Städteeroberungen mit solcher Scho-
nung des Volkes, daß man ihnen nachrühmte, wie bei dem
Einrücken in das eroberte Peking (1368) der regelmäßige
Markt auch nicht einen Tag Unterbrechung zu leiden
brauchte; gegenüber den Rebellen erschienen die damaligen
Kaiserlichen als die Befreier. Jetzt aber hieß es im Volk:
„Die Rebellen kämmen uns mit einfachem Kamm, die Kaiserlichen mit Zacken und die Offiziere mit Rasiermessern".
Bei einer Fahrt nach dem Süden, die der reiselustige Kaiser
unternommen hatte, fiel er in den Yangtse; er wurde zwar
noch herausgezogen, starb aber bald darauf.

Während der Regierung dieses Kaisers betraten seit
Jahrhunderten zum erstenmal wieder Europäer die chinesische Küste. Zunächst kam im Jahre 1516 von der portugiesischen Kolonie Malakka aus ein einzelner Abgesandter
(Rafael Perestrello) auf einer chinesischen Dschunke nach
Kanton, wo er freundlich aufgenommen wurde. Im Jahre
1517 erschienen dann die ersten portugiesischen Schiffe unter
Führung des Peres de Andrade vor der Mündung des Perlflusses (Kantonflusses). Die Portugiesen erhielten in Kanton
und anderen Küstenplätzen die Erlaubnis zum Handel, der
für sie sehr gewinnbringend war. Aber nur drei Jahre, und
die Beziehungen zu den fremden Kaufleuten waren — ganz

im Gegensatz zu dem Handelsverkehr früherer Zeiten — gründlich verdorben, so daß aller weitere Verkehr mit den Europäern dadurch schwer vergiftet wurde. Die Schuld trug das jede moralische Rücksicht mißachtende, gewalttätige, habsüchtige und andererseits wieder kriechende Benehmen der Portugiesen, deren bessere Elemente verwegene Abenteurer waren. Ein Bruder jenes Komodore de Andrade trat mit seinem Geschwader als gemeiner Seeräuber an der chinesischen Küste auf. Er setzte sich auf einer Insel, heute St. John's Island, vor Kanton fest, wurde aber mit Gewalt vertrieben. Der portugiesische Gesandte, der zu der Zeit in Peking weilte, wurde auf diese Nachrichten hin eingekerkert und wahrscheinlich hingerichtet (1523). Daraufhin suchten die Portugiesen mehr durch kriechende Unterwürfigkeit und durch Bestechungen von den betreffenden Lokalbeamten die Erlaubnis zu dem Handel zu erlangen, der auch bei den chinesischen Kaufleuten starke Interessenten hatte und der Kasse der Lokalbeamten beträchtliche Einnahmen verschaffte. Um 1533 bestand eine Kolonie portugiesischer Kaufleute in Ningpo. Aber die Frechheit der portugiesischen Abenteurer, die unter anderen Raubtaten einmal auf einer Insel bei Ningpo die Gräber von 17 chinesischen Fürsten öffneten und plünderten[2]), ließ den Volksunwillen gegen die Fremden wieder aufwallen, und 1545 wurden alle Portugiesen aus Ningpo vertrieben. Seit jener Zeit mußte sich der Handel der Portugiesen auf Macao[3]) beschränken, wo sie gegen jährliche Tributzahlung (entrichtet bis zum Jahre 1849) und viele Bestechungsgelder geduldet wurden[4]). Sie durften dort

---

[2]) Der Führer jener Banditen Mendez Pinto hat selbst seine Taten aufgeschrieben. Er wurde mit seinen Genossen noch verhältnismäßig glimpflich behandelt: öffentliche Peitschung in Nanking, Verlust eines Daumens, einjährige Kerkerhaft in Peking, aus dem es ihnen aber zu entweichen gelang.

[3]) Macao liegt auf einer schmalen Spitze des Festlandes am westlichen Eingang zu der Bucht, welche die erweiterte Mündung des Kantonflusses bildet; am entgegengesetzten östlichen Ende dieser Mündungsbucht liegt Hongkong.

[4]) Im Jahre 1573 errichteten die Chinesen auf dem schmalen

sich selbst regieren, standen aber ganz unter der Macht
der sie auf der Insel beaufsichtigenden Beamten, die auch die
Gerichtsbarkeit über sie in allen Fällen ausübten, in denen
ein Chinese beteiligt war.

3. Der Zeitraum von 1522—1620: Offenbarer Verfall der Dynastie; die Mandschus; weitere Beziehungen zu Europäern.

Diese letzteren Ereignisse geschahen bereits unter der
Regierung Schï-dsung's (Gia-ging 1522—1566). Ihm machten
die alten Grenzfeinde, die Tartaren zu Land und die Japaner zu Wasser, schwere Sorgen. Die ersteren drangen bei
ihren Zügen, die mehr auf Raub als auf Eroberungen gerichtet waren, einmal (1550) in die Hauptstadt selbst ein
und plünderten dort drei Tage lang. Damals wurde zur
besseren Abwehr auch die Außenstadt von Peking mit einer
Mauer umzogen. Die Japaner hausten furchtbar an der Küste
von Tschekiang und an der Yangtse-Mündung; sie besetzten
zeitweise Schanghai, Ningpo, Wentschou, Sutschou und viele
andere Städte. Ihre Bekämpfung wurde sehr erschwert durch
die Habsucht des Höchstkommandierenden, eines Günst-
lings des Kaisers, der schwere Kriegssteuern vom Volk erhob,
sie aber in die eigene Tasche steckte. Militärrevolten in den
Grenzgarnisonen, schamlose Vergehen königlicher Prinzen
in den ihnen zugewiesenen Gebieten machten das Unglück für
den Kaiser voll. Um das Unglück zu wenden, verschwendete
er ungeheure Summen für Tempel und religiöse Feste. Vergeblich wagte ein Prinz, ihm eine Vorlesung über die Grundlagen konfuzianischer Moral und über den Schwindel des
Götzendienstes zu halten; hatte der Kaiser doch einen tauistischen Mönch zum Präsidenten des Ministeriums der Riten
gemacht. Sein Tod entsprach seinem Leben; er starb am
Genuß eines tauistischen Lebenselexiers.

Zuweg, der Macao mit dem Festland verbindet, eine Mauer, nur
mit einer Tür versehen; wie es heißt, um dem Kinderraub (Sklavenhandel) der Portugiesen zu wehren.

Mu-dsung (1567—1572) befreite die von seinem Vater
eingekerkerten verständigen und mutigen Warner, regierte
aber zu kurz, um seine besseren Erkenntnisse durchzuführen.
Auch zog er sich seinerseits den Tadel der Zensoren wegen
seiner Prachtliebe zu. Er hinterließ das Reich einem Kinde,
Schen-dsung (Wan-li 1573—1620). Bis zu seinem 22. Jahr
ließ dieser einen bewährten Minister, der schon seines Vaters
Berater gewesen war, die Geschäfte führen, und dank dessen
Tüchtigkeit sah das erste Jahrzehnt seiner Regierung das
Reich im guten Zustand. Aber das war ein letzter Sonnen-
blick. Nach der Entlassung jenes Ministers geht die Ming-
Dynastie mit schnellen Schritten ihrem Untergange zu, der
nicht weniger durch den inneren moralischen Zusammenbruch des regierenden Hauses und der regierenden Gesellschaft als durch die Feinde von außen herbeigeführt wurde.
Die kaiserliche Macht diente fast nur dazu, einzelnen Eunuchen am Hofe ungeheuere Reichtümer und Einfluß zu verschaffen. Der Kaiser ließ sie so gewähren, daß er ein Viertel-
jahrhundert lang (1610) keine Audienz abhielt. Und wie hätte
das Reich eine energische Hand am Steuer gebraucht! Im
Nordwesten setzten die Mongolen noch immer ihre Einfälle fort und vergaßen es den Ming nicht, daß sie von ihnen
verdrängt waren. Gegen sie wurde unter Wan-li an die
große Mauer noch einmal ein etwa 200 Kilometer langer
Lehmwall angefügt bis Sutschou, ungefähr dem westlichsten
Punkt der Provinz Kansu. Im Osten drohten die Japaner.
Sie eroberten 1592 fast ganz Korea; die Chinesen kamen
ihren Vasallen zu Hilfe, aber in siebenjährigem heftigen
Kampf, der ihnen 100 000 Mann und viele Millionen Taels
kostete, blieben sie im ganzen doch erfolglos. Der schließliche Rückzug der Japaner im Jahre 1598 — wobei sie
aber Fusan als Stützpunkt behielten — war mehr durch den
Tod ihres Führers veranlaßt als durch die chinesisch-
koreanischen Waffen. Dabei setzten japanische Schiffe nach
wie vor die Küstenprovinzen in Schrecken.
     Aber die schlimmste Gefahr kam doch jetzt von Norden
und Nordwesten. Während der Regierung Wan-li trat unter

den Nomadenstämmen des Nordens derjenige hervor, welchem ein halbes Jahrhundert später das große chinesische Reich zufallen sollte: Die Mandschus. Ihr Führer Nurhachu, ein Zeitgenosse Schen-dsung's, einigte alle tartarischen Stämme nördlich der Liautung-Halbinsel, gründete Schöngging (Mukden) 1603 und drängte immer weiter gegen die chinesische Grenze vor. Er ist der eigentliche Begründer der mandschurischen Macht. Bei seinem Tode 1626 erstreckte sich das mandschurische Reich — seit 1625 mit Mukden als Hauptstadt — im Osten bis zur See, im Norden bis zum Amur. Außerhalb der großen Mauer hatten die Chinesen unter Wan-li bereits alle Festungen mit Ausnahme von Ningyüan, nördlich Schan-hai-guan, an die Mandschus verloren. Die chinesische Kriegführung wurde sehr erschwert durch die leeren Staatskassen. Vergeblich hatte der Kaiser durch Eröffnung von Bergwerken in Setschuan, Schansi und auch bei Laitschoufu in Schantung Reichtümer zu gewinnen gesucht; vergeblich Zollstationen an vielen Plätzen des Inlandes errichtet und durch Erhöhung der Grundsteuer das Volk erbittert. Bei der Raubwirtschaft der Eunuchen und bei des Kaisers eigener Verschwendung[1]) blieben die Kassen doch immer leer. Wenn aber der Sold ausblieb, verweigerten die Soldaten einfach den Kampf.

Während der Regierung Wan-li und in den darauf folgenden zwei Jahrzehnten lernte man in China die Europäer noch in drei anderen Vertretern kennen; zunächst in den Spaniern und den Holländern. Aber deren Auftreten gab dem der Portugiesen nicht viel nach und konnte die Chinesen nur mit Haß gegen solche Eindringlinge erfüllen. Die Spanier kamen entgegengesetzt den Portugiesen von Westen her nach China und zwar von den Philippinen aus, die sie 1575 besetzt hatten. In demselben Jahre sandten sie zwei Priester nach Kanton, um Verbindungen anzuknüpfen. Diese wurden von den

---

[1]) 24 Millionen Taels gab Schen-dsung allein für die Hochzeit des Thronfolgers aus und kaufte in einem Jahr (1554) — unter dem scharfen Protest der Zensoren — 70 430 Stück besten Porzellans für den Hof.

chinesischen Beamten höflich aufgenommen, mußten aber unverrichteter Sache wieder abziehen. Es entwickelte sich zwar ein Handel zwischen China und den Philippinen, aber er lag ganz in der Hand chinesischer Kaufleute, besonders aus Amoy und Futschou, die sich in Folge davon zahlreich auf den Philippinen ansiedelten. In der Befürchtung, daß ihnen die große Zahl chinesischer Ansiedler gefährlich werden könnte, veranstalteten die Spanier im Jahre 1603 unter ihnen ein furchtbares Blutbad — ähnlich wie vor wenigen Jahren die Türken unter den Armeniern —, wobei fast alle Chinesen, etwa 20 000, erschlagen wurden [2]).

Das erste Schiff der Holländer kam 1604 vor Kanton an, erhielt aber auf Betreiben der Portugiesen keine Erlaubnis zum Handel; ebenso erging es 1607. Im Jahre 1622 erschienen sie mit 15 Schiffen und bestürmten Macao, wurden aber mit Verlust zurückgeschlagen. Ebenso mißlang ihnen während der zwei folgenden Jahre der Versuch, sich auf den Peskadores Inseln festzusetzen. Sie zogen sich dann auf Formosa zurück, das so gut wie herrenlos war. Dort hatten sie zwei Forts, das eine an der Nordspitze, das andere im Südwesten der Insel. Die Japaner, welche Formosa damals auch schon als Stützpunkt für ihre Einfälle benutzt hatten, zogen sich vor ihnen zurück.

Wenige Jahre später (1637) kamen im Dienste der Englisch-Ostindischen Kompagnie [3]) auch zum ersten Male englische Schiffe nach China. Es waren vier Fahrzeuge unter Führung des Kapitän Wedell auf Schiff „London". Sie suchten zuerst in Macao Handelsverbindungen anzuknüpfen,

---

[2]) Die Chinesen nahmen trotzdem wieder stark zu, und ein neues Blutbad folgte 1639. Späterhin wurde eine bestimmte Ziffer festgesetzt, bis zu der Chinesen sich niederlassen durften; sie mußten aber außerdem sich taufen lassen.

[3]) Bis 1834 verläuft die Geschichte der englischen Beziehungen zu China größtenteils im Rahmen der Geschichte der Englisch-Ostindischen Kompagnie (gegründet 1600), welche bis zu jenem Zeitpunkt auch den Handel mit China als ihr Monopol besaß; die Kompagnie hatte schon seit 1625 Zweigagenturen auf Formosa und in Amoy, die bis zum Ende der Ming-Dynastie bestehen blieben.

aber die Portugiesen hintertrieben alle ihre Absichten. Da segeltc Wedell mit seinen Schiffen direkt auf die Bocca Tigris, die Mündung des Kanton-Flusses, zu, wo ein Festungswerk die Fahrstraße nach Kanton hinauf bewacht. Er gab seine friedlichen Handelsabsichten kund und erhielt den Bescheid, auf die Antwort des Vizekönigs[4]) zu warten. Die Portugiesen hatten aber auch in Kanton die Engländer verdächtigt und sie als Seeräuber hingestellt. Als nun am anderen Morgen ein englisches Boot an Land ruderte, um Wasser zu holen, erhielt es aus der Festung Feuer. Sofort hißten die Engländer die rote statt der weißen Flagge, legten sich dicht an die Festungswerke und brachten deren Feuer zum Schweigen; in wenigen Stunden wehte die englische Flagge auf den Wällen. Dann sandte Wedell ein Schreiben nach Kanton, in dem er sein Vorgehen als Notwehr bezeichnete und um Handelsfreiheit bat. In den Verhandlungen wurde alle Schuld auf die Portugiesen geschoben und den Engländern die gewünschten Ladungen geliefert[5]).

Im Gegensatz zu diesen ersten unersprießlichen Begegnungen mit den Vertretern europäischer Macht gegen Ende der Ming-Zeit stehen die freundlichen Beziehungen, die sich damals zwischen den Chinesen und den katholischen Missionaren bildeten. Es war der neu gegründete Jesuitenorden, der eine ganze Reihe seiner besten Kräfte zur Christianisierung des Ostens schickte. Franz Xavier, der Apostel Indiens, konnte zwar nicht die Erlaubnis zur Betretung des chinesischen Festlandes erreichen und starb auf einer Insel vor Macao. Ricci und Roger sind die ersten, welche die katholische Mission in China selbst wieder aufnahmen. Es war ein völlig neuer Anfang; denn von den katholischen Gemeinden, die während der ersten Mongolenkaiser sich so blühend

---

[4]) Vizekönig ist ein von den Europäern viel gebrauchter Ausdruck für Generalgouverneur; ein chinesisches Wort entspricht ihm nicht.

[5]) Doch blieb dies ein ganz vereinzelter Fall, und es dauerte noch etwa 80 Jahre, bis die Engländer wirklich an dem Kantoner Handel Anteil bekamen.

entfaltet haben sollen, war damals jede Spur aus nicht mehr bekannten Gründen untergegangen. Nachdem Ricci 17 Jahre in Südchina gewirkt hatte, kam er 1601 nach Peking; es gelang ihm, die Gunst des Kaisers Schen-dsung (Wan-li) zu gewinnen. Die hohe Schätzung, welche Ricci und seine Nachfolger am Hof genossen, beruhte vor allem auf ihren ausgezeichneten astronomischen und sonstigen wissenschaftlichen Kenntnissen. Die Methoden astronomischer Beobachtung zur Feststellung des Kalenders, zur Berechnung von Sonnenfinsternissen u. dergl. waren damals sehr verbesserungsbedürftig geworden, und die gelehrten Jesuiten stellten ihr Wissen und Können bereitwillig in den Dienst der Hofastronomie und wurden direkt und indirekt die Autoren wichtiger wissenschaftlicher Werke, welche China mit den Ergebnissen europäischer Mathematik und Astronomie bekannt machten. Die Jesuiten waren ferner sehr vorsichtig in ihrer religiösen Propaganda und erleichterten den Chinesen die Annahme des christlichen Glaubens durch den Grundsatz, daß die Ahnenverehrung (s. S. 16) und andere Gebräuche als bürgerliche, nicht als religiöse Verrichtungen zu betrachten und daher zu dulden seien. So trug die Arbeit der Jesuiten schnell ihre Früchte; in wenigen Jahrzehnten bildeten sich in verschiedenen Provinzen christliche Kirchen mit mehreren Tausend Anhängern. Unter ihnen wurden in Peking 14 Beamte, 40 Eunuchen und 114 Angehörige der kaiserlichen Familie gezählt[6]).

---

[6]) Zu den Beamten, welche Christen geworden waren, gehörte auch ein Mitglied des Staatskabinetts in Peking, der in dieser Stellung in täglicher Beziehung zum Kaiser stand, der hochgebildete Sü-guang-ki. In den chinesischen Werken, welche Ricci herausgegeben hat, stammt der Stil von ihm. Sein Beispiel hat nicht wenig zur Propaganda des Christentums am Kaiserlichen Hofe beigetragen. Er starb 71jährig in Adam Schall's Armen (1633); sein Grab ist in seiner Heimat Sü-gia-we, d. i. Siccawei, dicht bei Schanghai, wo sich jetzt die mannigfaltigsten Anstalten der jesuitischen Väter befinden, unter denen die vorzügliche meteorologische Station den größten Ruf genießt.

4. Die zwei letzten Kaiser (1621—43). Zusammenbruch der Dynastie durch die Revolution und durch die Mandschus.

Auf Schen-dsung folgte sein Sohn, der bereits nach einem Monat starb. Unter dessen Nachfolger Hi-dsung (1621—1627), wurde der Verfall der Regierung erschreckend deutlich. Ein Eunuche We, ein ungebildeter, roher Mensch, war der eigentliche Regent; er räumte alle Widersacher aus dem Weg und wußte den Kaiser und alle Beamte des Reiches so seinen Wünschen willig zu machen, daß ihm in allen Provinzen (außer Fukien) Prachttempel mit enormen Kosten errichtet wurden, und ein kaiserliches Dekret für ihn die gleiche Verehrung wie für Konfuzius befahl. Dem Volk wurden immer stärkere Lasten auferlegt, aber als der Gelbe Fluß einmal wieder die Dämme bei Sütschou (Kiangsu) durchbrach, gab die Regierung nicht einen Tael zur Reparatur der Dämme aus, so daß die Stadt von der Bevölkerung ganz verlassen werden mußte. Ebenso geschah nichts gegen die Mandschus. Sie eroberten in dieser Zeit ganz Liautung, von wo die Bewohner zum größten Teil nach Schantung flohen. Nur Ning-yüan, außerhalb der großen Mauer, hielt immer noch Stand. Bei solchem Zustand des Reiches war der Ausbruch von Revolutionen unvermeidlich, zumal das Unglück von Mißernten dazu kam. In Süd-West-Schantung erhob sich 1622 die Gesellschaft vom „Weißen Lotus". Ihr Führer war Süo-hung-yü aus Gü-yä (Bezirk Tsantschoufu), der den Kaisertitel annahm. Die Rebellen trugen rote Tücher um den Kopf; ihre Armee betrug etwa 47 000 Mann. Süo eroberte ganz Süd-Schantung, wurde aber schließlich in der Kreisstadt Dsou überwältigt, auf der Flucht eingeholt und in Stücke zerhackt.

In solch trauriger Verfassung im Innern und nach Außen übernahm der 16. und letzte Kaiser der Ming-Dynastie Dschuang-liä (Tschung-dscheng 1628—44) das Reich. Er hatte den besten Willen gut zu regieren und zeigte dies auch gleich nach seiner Thronbesteigung durch Beseitigung jenes furchtbaren Eunuchen We und seines Anhangs. Aber die

Revolution war nicht mehr zu dämmen. Sie bekam jetzt einen neuen Herd in Schensi, wo bei einer schweren Hungersnot (1628) das Volk ohne jede Hilfe seitens der Beamten gelassen war, und setzte sich unter Führung des Dschang-hiän-dschung bald nach Hupe, Hunan und Anhui fort. Der eigentliche Feind für die Dynastie aber wurde ein früherer Ortsvorsteher in Schensi, Li-dsï-tscheng, der schon seit 1629 sich den Rebellen angeschlossen hatte, dann aber ein eigenes Heer sammelte, das er in eiserner Zucht hielt. Er selbst lebte wie ein gewöhnlicher Soldat, ohne jeden Prunk; alle kaiserlichen Generale zitterten vor ihm; wenn sich eine Stadt binnen drei Tagen nicht ergab, wurde die ganze Besatzung niedergemacht. So eroberte er Honan und Hupe; auf Kaiföngfu ließ er nach viermonatlicher Belagerung die Fluten des Gelben Flusses los. Dschang-hiän-dschung schloß sich ihm eine Zeitlang an, ging dann aber wieder eigene Wege und erklärte sich nach Eroberung der Provinz Setschuan als König des Westens. Li-dsï-tscheng ging inzwischen über Schensi und Schansi unter furchtbar blutigen Kämpfen und Eroberungen auf Peking selbst los. Die Hauptstadt, in voller Verwirrung und fast ohne Verteidigung, fiel am 9. April 1644. Am Morgen des Tages, als das Schicksal schon unvermeidlich war, berief der Kaiser den Hof, doch niemand erschien. Darauf ging er auf den sogenannten Kohlenhügel, der inmitten der kaiserlichen Gärten liegt, schrieb auf den Überwurf seines Kleides ein Bekenntnis seiner Schuld, worin er sich selbst des Thrones unwürdig erklärte, und erhängte sich; mit ihm ein treu gebliebener Eunuche. Das Ende der Ming-Dynastie!

Doch auch dem sieghaften Rebellen, der schon vor dem Fall Peking's den Kaisertitel angenommen hatte, war der Thron nicht bestimmt. Während kaiserliche Heere in schwerem Kampf mit den Rebellen lagen, waren zugleich die Mandschus immer weiter vorgerückt. 1629 schon standen sie vor den Toren Peking's, das aber noch einmal entsetzt wurde; 1633 eroberten sie Lü-schun-kou (späterhin als Port Arthur bekannt). Dort schloß sich ihnen der Rebellenführer

Kung-yu-de an, der im Jahre zuvor Töngtschoufu, Laitschoufu und Pingtu in Schantung erobert hatte, dann aber über das Meer gedrängt worden war. Vier Jahre später ist Korea in ihrem Besitz. Aber noch hielt der beste chinesische Feldherr Wu-san-gui die Festung Schan-hai-guan, den Endpunkt der großen Mauer, und Ning-yüan tapfer gegen sie[1]). Doch bei dem Anrücken der Armee Li's gegen Peking bekam Wu-san-gui im April 1644 den Befehl, alle Positionen außerhalb Schan-hai-guan's preiszugeben und mit allen Kräften zum Schutz der Hauptstadt herbeizueilen. Wu-san-gui gehorchte und marschierte auf Peking los. Unterwegs aber erhielt er die Kunde, daß Peking bereits gefallen, und der Kaiser und die Kaiserin tot seien. Ein Brief seines Vaters, der von dem Rebellenkaiser Li-dsï-tscheng gefangen gesetzt war, riet ihm, sich zu unterwerfen, und Wu-san-gui sagte zu. Doch plötzlich änderte er völlig seinen Entschluß, als er davon Kenntnis bekam, daß seine geliebte Nebenfrau von einem Offizier Li's in Besitz genommen sei. Racheerfüllt dachte er nunmehr nur daran, den Usurpator zu stürzen, und rief zu dem Zweck den Reichsfeind selbst herbei. Von Schan-hai-guan aus schrieb er an den mandschurischen Prinzregenten einen Brief, in dem er ihn zu einem Bündnis einlud zwecks Vertreibung Li's und Übergabe des Thrones an die Mandschus unter folgenden Bedingungen: 1. keine Chinesin darf in den kaiserlichen Harem genommen werden. 2. der Dschuang-yüan, d. h. der erste unter denen, die den obersten literarischen Grad eines Hanlin besitzen, darf nie ein Mandschu sein. 3. die Chinesen nehmen die Mandschukleidung und ihre Haartracht an (Rasur des Vorderkopfes und Zopf); es ist ihnen aber gestattet, in der bisherigen nationalchinesischen Tracht sich begraben zu lassen. 4. die chinesischen

---

[1]) Man hatte sich in diesen beiden Festungen Kanonen aus Macao beschafft. Auch die Hilfe der Portugiesen selbst rief die Regierung in dieser Not an. 400 portugiesische Musketiere waren bereits auf dem Marsch nach dem Norden, erhielten aber noch südlich des Yangtse infolge von Gegenströmungen beim Hofe den Befehl zur Rückkehr nach Macao.

Frauen brauchen ihre Kleidertracht nicht zu ändern; desgleichen bleibt die Sitte des Fußschnürens bestehen.

Die Mandschus, denen sich bereits manche andere chinesische Führer angeschlossen hatten, stimmten nur zu gern zu. Vor Schan-hai-guan kam es zur Entscheidungsschlacht zwischen Wu-san-gui und dem Rebellenkaiser Li-dsï-tscheng, der von dem Abkommen nichts wußte. Die mandschurischen Reiter unter Führung des Prinzregenten Durgan lagen in einem Hinterhalt. Heftig rangen die beiden Armeen, Chinesen gegen Chinesen, miteinander. Der Flügel der Schlachtlinien reichte bis zum Meer. Ein Sandsturm erhob sich und machte es eine zeitlang unmöglich, Freund und Feind zu unterscheiden. Als die Luft sich wieder klärte, sahen die Rebellen zu ihrem Entsetzen die gefürchteten bezopften Reiter gegen sie ansprengen, und ihre Niederlage war besiegelt. Li kehrte mit seinem flüchtigen Heer nach Peking zurück, ließ alle Verwandten Wu-san-gui's ermorden, machte in den kurzen Stunden, die ihm noch blieben, Gebrauch von der kaiserlichen Macht, soviel er konnte, erhob seine Frau feierlich zur Kaiserin, und erwies seinen Vorfahren in sieben Generationen kaiserliche Ehren. Dann steckte er den Palast in Brand und entwich nach dem Westen, verfolgt von Wu-san-gui. Inzwischen hielten die Mandschus im Juni 1644 ihren Einzug in Peking. Der Name, unter dem sie ihre Dynastie über China proklamierten ist Da-tsing (Ta Ching), die „Große und Reine". Durgan, der die Regentschaft für den damals noch unmündigen Mandschuherrscher führte, ließ den Leichnam des letzten Ming-Kaisers und der Kaiserin mit den gebührenden Förmlichkeiten bestatten und verordnete eine dreitägige Landestrauer.

5. Charakteristik der Ming-Dynastie. — Kultur und Leben während der Ming-Zeit.

Werfen wir an dieser Stelle zunächst noch einen Blick zurück auf das China der Ming-Zeit. Die Dynastie selbst

hatte außer ihrem Gründer und dessen Sohn keinen Herrscher von großer Bedeutung. Nicht mehr als ein Drittel, die
überhaupt ihre Aufgabe als Regenten erfaßten! Nie haben
Eunuchen eine verderblichere Rolle gespielt als in der Ming-
Zeit. Mit habgeirigen Händen rissen sie Macht und Schätze
an sich, und zugleich waren die meisten Regenten gegen die
Ansprüche des buddhistischen Klerus nur allzu willfährig.
In den Beziehungen nach außen ist die Ming-Zeit
charakterisiert durch die unaufhörlichen Versuche der Mongolen, von neuem Eingang in China zu finden, durch
die Seeräubereien der Japaner an der Küste von Schantung bis hinab nach Fukien, durch das erste Auftreten europäischer Schiffe an der Südküste und schließlich
durch das Vordringen der Mandschus, die gemeinsam mit
der Revolution im Innern den längst morschen Thron des
Hauses der Ming stürzten. Die Ming-Zeit kennzeichnet ferner
das Fehlen der Verbindungen mit dem Ausland, mit dem
Westen[1]). Die Mongolenkaiser hatten China wieder einen
lebendigen Verkehr mit dem Handel des Westens eröffnet
und ausländischen Einflüssen zugängig gemacht. Die Ming-
Zeit dagegen nicht, fast in direktem, vielleicht auch bewußtem
Gegensatz dazu. Sie gehört ihrem inneren Charakter nach
viel mehr zur Sung-Zeit, insofern in dieser der Prozeß des
Sichabschließens, der Beschränkung auf den erreichten Zustand beginnt. Es waren freilich auch die allgemeinen Welt-
verhältnisse, welche diese Abschließung bewirkten. Denn
die Vorbedingungen für einen regen Verkehr zwischen Osten
und Westen bestanden bisher immer darin, daß die zentral-
asiatische Handelsstraße offen war, und daß im Westen eine
starke Kultur- und Handelsmacht[2]) ihrerseits die Verbindung

---

[1]) Der gegen Ende dieser Epoche beginnende, halb piratenhaft
getriebene Handel europäischer Schiffsleute ist damals noch viel
zu gering, um überhaupt in Betracht zu kommen. Der jesuitische
Einfluß bei Hofe gehört vollends nur den letzten Jahrzehnten der
Ming-Dynastie an.
[2]) Zur Han-Zeit waren dies die römisch-syrischen Kaufleute, zur
Tang-Zeit die Araber-Perser, zur Mongolenzeit die zentral- und west-

mit dem fernen Osten suchte. Mit dem Beginn der Ming-
Dynastie aber wurde für die Chinesen die alte Handelsstraße gleich in ihrem ersten Teil versperrt. Denn die Mongolen an der Grenze ,waren zu Feinden (statt zu Reichs-
genossen im weiteren Sinn) geworden und hielten China
an der Nordwestgrenze wie belagert. Auf der europäischen
Seite aber fiel die Gegend am Schwarzen Meer, wo bisher
der Stapelplatz für den Handel Europas und des Ostens
gewesen war (Tana an der Donmündung) während des
15. Jahrhunderts in die Hände der Türken; unter deren
Herrschaft war es mit dem fremden Handel vorbei, und sie
schlossen den Bosporus für fremde Schiffe überhaupt. So
war China und das Abendland nie durch eine dickere Mauer
getrennt als in der Ming-Zeit; man hatte beiderseits nur
sagenhafte Kunde von einander³). War somit China jetzt
wirklich nach außen hin abgekapselt, und die Möglichkeit eines
lebendigen Wachstums in der Berührung mit fremden Erzeugnissen und Ideen ihm gänzlich genommen, so besagte
das doch noch keineswegs einen Stillstand der chinesischen
Produktion überhaupt. „Das China der Ming-Zeit wächst
nicht mehr nach oben, aber in die Breite". Auf dem Gebiet
seiner eigensten echt chinesischen Schöpfungen wird auch
jetzt noch Bedeutendes geschaffen. Am allermeisten in der
Porzellantechnik. Unübertroffene Meisterwerke, was Material, Farbe und Form anbetrifft, sind aus den Werkstätten
der Ming-Zeit hervorgegangen. Ein gewaltiges Denkmal jener
Porzellankunst war bis auf unsere Zeit die unter Tscheng-dsu

---

asiatischen Mongolenreiche und der aufstrebende Handel der
italienischen Städte.
³) Auch in Europa! In der berühmten Cosmography des gelehrten Professors Sebastian Münster aus dem Jahre 1541, der ersten
großen, deutsch geschriebenen Weltkunde, die 24 Auflagen erlebt
hat, heißt es von dem „Großen Khan": die Fürsten, so diesem
Keyser zu Tisch dienen, verbinden mit Seyden Tucher ihre Meiler,
daß ihr Atem nicht berüre des Keysers speiss!" ferner: „das ander
Königreich (in Südchina) heißt Fugi; und in dem essen sie Menschenfleisch mit großem Lust, besunder, wenn sie ihren feind gesund
umgebracht haben": (Nach Conrady, China's Kultur und Literatur.).

(Yung-lo) erbaute 80 Meter hohe Porzellanpagode in Nanking, die leider in der Taiping Rebellion zerstört worden ist. In Nanking sowohl als in Peking geben die Ming-Gräber mit ihren berühmten Geisteralleen von überlebensgroßen Menschen- und Tierfiguren ein Zeugnis von der Bildhauerarbeit jener Zeit (s. S. 56). Die Architektur, die ihren besonderen chinesischen Charakter nicht im Hochbau, sondern in der kunstvollen Gliederung einer großen Fläche hat, zeigt sich nirgends besser als an dem kaiserlichen Palast, resp. der kaiserlichen Stadt mit ihren Gärten, Hügeln, Seen, Kanälen, marmornen Brücken, ihren Tempeln, Schlössern, Pavillons, Mauern und Höfen, in deren Mitte glänzend, ruhig, breit und wuchtig die Dächer der kaiserlichen Paläste ragen, des großen Reichs-Yamens[4]), zu dem die ganze Stadt nur den Vorhof bildet. Wie der Kaiserpalast, so sind auch die meisten der schönen Tempel Pekings Denkmäler der Ming-Zeit. Auch in der Malerei bringt diese Zeit anfangs noch hohe Kunstwerke hervor, aber hier zeigt sich nach dem Urteil der Kunstkritiker zugleich am deutlichsten, daß die Originalität je länger je mehr schwindet; man malt nach Vorlagen und erstrebt dekorative Farbenwirkungen, aber der seelische Gehalt, der die Landschaftsbilder der Sung-Zeit so ausgezeichnet macht, geht immer mehr verloren. Noch deutlicher zeigt sich dieser Zug in der Poesie; es wird gereimt und gedichtet nach dem Muster der Lieder aus der Tang-Zeit. In den verschiedenen Zweigen der künstlerischen Produktion tritt ferner der Hang zur Kleinmalerei, zu zierlichen Schmuckstücken der Kleinkunst in dieser Zeit besonders hervor. Die

---

[4]) Yamen bezeichnet den Amtshof, in dem der Beamte mit seinen Sekretären und Schreibern, mit seiner Familie und dem ganzen Troß von Dienern, Läufern, Wächtern und anderem Personal wohnt, und in dem aller amtliche Verkehr (besonders die Gerichtsverhandlungen und die Steuergeschäfte) stattfindet. Jede Kreisstadt hat ihren Yamen, meist in der Mitte der Stadt und stets nach Süden gelegen. Die Yamen des Bezirksbeamten und des Gouverneurs sind entsprechend großartiger gebaut, aber in ihrer Grundlage alle gleich. Man muß immer erst durch viele Tore und Höfe hindurch, ehe man zu dem Beamten selbst kommt.

gelehrte Literatur hat am Ende dieser Epoche ihre Originalität
ebenfalls eingebüßt; sie wagt es nicht, abzuweichen von
den Wegen, welche die Orthodoxie Dschu-hi's (s. S. 44),
ihr vorgeschrieben hat. Mehr Beweglichkeit herrscht schon
der Natur des Stoffes nach in den beiden Zweigen der
Volksliteratur, die erst in der Mongolenzeit entstanden sind,
dem Drama und dem Roman.

Eine bemerkenswerte Veränderung erfährt während der
Ming-Zeit das chinesische Städtebild. Erst unter dem letzten
Mongolenkaiser war befohlen worden, daß alle Städte Um-
wallungen haben sollten; aber bis dahin handelte es sich
mit verschwindenden Ausnahmen nur um Lehmmauern[5]). In
der Mingzeit wird weiter an den Wällen und Mauern fleißig
gebaut und repariert. Zugleich aber kommt ganz neu die
steinerne und noch häufiger backsteinerne Verkleidung der
Mauern und der Aufbau der Zinnen hinzu, und damit das,
was der chinesischen Stadt von außen ihr charakteristisches
mittelalterliches Gepräge zu geben pflegt. Manche Städte
begnügen sich mit steinernen Zinnen und dem Einbau eines
doppelten Tores, und andere — besonders ärmere Städte —
sind bis heute bei ihren alten Lehmwällen geblieben. In
Schantung steht der Bau der Steinmauern in deutlichem Zusammenhang mit der Bedrohung durch die Japaner. Während der Regierungszeit Hung-wu und Wan-li wird der Bau
der Steinmauern am eifrigsten betrieben, und in den dem
Feind am meisten ausgesetzten Bezirken Töngtschoufu und
Laitschoufu hat Stadt für Stadt in jener Zeit seine Stein-
oder Backsteinmauern bekommen[6]). Wie dem Äußern der
Städte so hat auch ihrem Innern die Ming-Zeit ihr besonderes
Gepräge gegeben. Die meisten jener steinernen Ehrenbogen
auf den Straßen für Männer, die einen hohen literarischen

---

[5]) Selbst die Kaiserliche Stadt in Peking hatte bis 1437 nur
Lehmmauern.

[6]) Auch an anderen Orten verhält es sich ähnlich. So wurden
die Mauern Schanghai's im Jahre 1544 errichtet, nachdem dort im
Jahr zuvor die Japaner fürchterlich geplündert und die Stadt in
Trümmer gelegt hatten.

Grad erworben haben, und für Frauen, die als Muster der
Treue gelten, stammen aus jener Zeit. Auch das Leben, das
sich in den Straßen bewegte, hatte viel strengere, geregeltere
Formen als jetzt. So war bei jenen steinernen Ehrenbogen
genau bestimmt, welcher Rangstufe man angehören mußte,
um den Hauptdurchgang in der Mitte benutzen zu dürfen,
während das gewöhnliche Volk auf die kleineren Neben-
bogen beschränkt blieb. Zunftmäßig gesondert war die Kleidung der Menschen; ohne weiteres konnte man damals den
Vorübergehenden ansehen, ob sie etwa zum Beamten- oder
Gelehrten- oder Kaufmannstand gehörten. Im Schnitt der
Kleidung war der breite quer über die Brust laufende Kragen
des langen Rockes charakteristisch und das Binden der Haare
zu einem Knoten, für den in der Mitte der Mütze ein Loch
blieb. Beides hat sich bis heute noch in der Tracht der
tauistischen Priester erhalten; ferner geben die Theater, bei
denen die Darsteller durchgängig in der altchinesischen
Tracht spielen, ein gutes Bild der für die Ming-, Sung- und
Tang-Zeit ziemlich gleichmäßigen Kostüme. Den Beamten
kennzeichnete besonders die hinten hohe, vorn niedrige
Mütze, wie man sie häufig auf Steinskulpturen bei Gräbern
aus der Ming-Zeit sieht[7]).

Die sogenannten Stadt- resp. Kreischroniken, deren
mannigfaltigen Inhalt man besser vielleicht als Denkschriften
bezeichnet, stammen in dieser Form auch erst aus der Ming-
Zeit. Sie zeigen in ihrer Weise ebenfalls die geregelte Ordnung, die das Leben damals in besonders starker Weise
annahm.

In der Ming-Zeit hat die Verwaltung auch im einzelnen
schon fast dieselben Formen angenommen wie die, welche
sich in der Mandschu-Dynastie festgesetzt haben. Das Reich
hatte 15 Provinzen. Die heutigen Provinzen Anhui und
Kiangsu waren damals zusammengefaßt als die von der

---

[7]) Die Rangknöpfe und die Pfauenfeder, die Perlenkette um
den Hals, die gestickten Brust- und Rückenschilder u. a. wurde erst
durch die Mandschus eingeführt.

Hauptstadt (Nanking) aus direkt regierte Provinz Nan-
dschï-li, auch Kiang-nan genannt; dem entsprechend entstand
nach der Verlegung der Hauptstadt nach dem Norden die
Provinz Be-dschï-li (Peitschili). Hupe und Hunan waren als
Hu-guang noch ungetrennt, und Kansu gehörte noch zu
Schensi. Die heutige Provinz Schantung erhielt Namen und
Grenze in dieser Periode. Der höchste Provinzialbeamte hatte
anfangs seinen Sitz in Tschingtschoufu, seit 1376 in Tsinanfu
mit dem Titel Bu-tscheng-schï (sï), womit heute der zweite
Beamte der Provinz bezeichnet wird. Schantung zerfiel, abgesehen von den We und So (s. S. 52) in sechs Bezirke (fu)
nämlich: Tsinanfu, Yentschoufu, Tungtschangfu, Tschingtschoufu, Töngtschoufu, Laitschoufu und 15 Unterbezirke. In
gewissem Sinn ein Anhängsel zu Schantung bildete damals
die rein militärisch verwaltete, nur in We eingeteilte Halbinsel Liautung. Die Bewohner von Liautung mußten z. B.
nach Schantung (Töngtschoufu) herüberkommen, wenn sie
Examina machen wollten. Abgesehen von den We und So
gab die Ming-Dynastie auch einer Anzahl von Fu-Bezirken,
besonders an der Nordgrenze, eine gewisse Unabhängigkeit
von der Provinzialverwaltung, ebenfalls im militärischen Interesse. Ferner ließ sie die großen Bezirke der Miautse und
anderer Ureinwohner, besonders in Kuangsi, Hunan, Yünnan,
Setschuan, zu einem großen Teil unter einheimischen Beamten (tu-guan).

Die Ming-Kaiser ließen in gewisser Weise das alte Lehnssystem wieder aufleben, indem sie ihren Söhnen mit dem
Titel eines Wang (König, Prinz) kleine Herrschaftsgebiete
verliehen, die dann in deren Familie erblich blieben. Diese
Einrichtung brachte dem Thron wegen der häufigen Unab-
hängigkeitsgelüste der kleinen Fürsten, die außerdem sich
oft genug beim Volk mißliebig machten, manche Verlegenheit. Auch Schantung hatte mehrere solcher Ming-Prinzen.
Tai-dsu ernannte 1370 einen seiner Söhne, damals noch ein
Kind, zum Tsi-wang, der 1382 seine Residenz in Tschingtschoufu bezog. Er wurde 1399 beim Regierungsantritt seines
Neffen wieder abgesetzt. Ein anderer Sohn Tai-dsu's re-

sidierte als Lu-wang in Yentschoufu; diese Linie erhielt sich
die ganze Ming-Zeit. Die zweiten und folgenden Söhne dieser
Könige wurden meist dann wieder Titularkönige von irgend-
einem kleineren Gebiet (z. B. Kaumi-wang), ohne daß sie
jedoch an den betreffenden Ort wirklich wohnten. Der zweite
Sohn Tscheng-dsu's (Yung-lo) residierte als Han-wang in
Lo-an. Er empörte sich gegen seinen Neffen Süan-dsung.
Andere derartige Residenzen in Schantung waren Tsinanfu
(De-wang, Sohn des Ying-dsung; bis zum Ende der Dynastie).
Itschoufu (Tsching-wang, Sohn des Hiän-dsung). Ein anderer
Sohn Hiän-dsung's bekam 1499 von neuem Tschingtschoufu
als Höng-wang, und seine Linie hielt sich dort die ganze
Ming-Zeit hindurch. Die Trümmer des alten Ming-Palastes
in Tschingtschoufu sind noch heute zu sehen.

Die Provinz Schantung erlebte in der Ming-Zeit (besonders unter Yung-lo) eine starke Einwanderung aus den Provinzen Yünnan und Setschuan, wie es heißt, durch Hungersnot in jener Gegend veranlaßt. Gerade in den Tsingtau benachbarten Kreisen bis Weihsien hin weisen die Stammbäume
vieler Honoratiorenfamilien auf jene Provinzen als ursprüngliche Heimat hin. Aus dieser Tatsache ist jedenfalls zu ent-
nehmen, daß Schantung damals nicht als übervölkert gelten
konnte. Im Bezirk Töngtschoufu ist eine Bevölkerung ansässig, deren Vorfahren aus Hupe stammen. Diese Einwanderung geht darauf zurück, daß beim Sturz der Mongolen-Dynastie ein General aus Hupe, der für die alte Dynastie kämpfte, mit seinen Soldaten samt deren Frauen und
Kindern — zusammen etwa 200 000 Menschen — sich nach
dem Norden durchschlug und sich im äußersten Teil des
Vorgebirges Schantung festsetzte. Der Unterschied jener Bevölkerung von der des übrigen Schantung tritt heute
noch in ihrer Sprache und in ihrem Charakter deutlich hervor.

China unter der Mandschu-Dynastie. 1644—61.

1. Die volle Eroberung des Landes unter Schun-dschï.

Mit der Eroberung Pekings und der Proklamierung der Herrschaft über China waren die Mandschus noch keineswegs Herren des ganzen Landes. Vielmehr ist die ganze Regierungszeit des ersten Kaisers Schun-dschï[1]) (1644—1661) mit den Kämpfen zur Unterwerfung des Landes ausgefüllt, wobei die mandschurischen Heere bis in die entlegensten Winkel des Reiches marschieren mußten. Wenig Widerstand fanden die Mandschus im Norden; auch Schantung fiel ihnen leicht zu. In solchen Fällen verfuhren sie mit großer Milde, ließen die Chinesen in ihren Ämtern und suchten auch sonst auf alle Weise die Bevölkerung für sich zu gewinnen. Dagegen gab es im ganzen Süden noch erbitterte Kämpfe. Der Widerstand kam von zwei Seiten, einmal von Prinzen der Ming, welche die alte Dynastie fortzusetzen suchten, und ferner von alten und neuen Rebellen. Als Nachfolger des Kaisers Dschung-liä, der auf dem Kohlenhügel sein Leben geendet hatte, wurde zunächst sein Vetter Fu-wang in Nanking zum Kaiser erhoben, 1644. Doch ehe die Mandschus gegen diesen sich wandten, suchten sie zunächst den anderen Thronprätendenten, den Rebellenkaiser Li-dsï-tscheng, völlig zu vernichten. Dieser hatte sich vor seinem grimmigen Verfolger Wu-san-gui nach Sianfu zurückgezogen. Bei dem Anrücken des mandschurischen Heeres steckte er die Stadt in Brand und entwich mit seinem stark zusammengeschmolzenen und demoralisierten Heer nach Hupe. Hier teilte sich das nachrückende mandschurische Heer. Wu-san-gui blieb weiter dem Rebellen Li auf den Fersen und jagte ihn durch Setschuan hindurch nach Schensi. Dort fand Li, der schließlich von allen verlassen war, einen elenden Tod;

---

[1]) Bei den Herrschern der Tsing-Dynastie folgt die Darstellung dem an sich unkorrekten, aber sehr eingebürgerten Sprachgebrauch, welcher den Namen der Regierungsperiode wie einen persönlichen Namen behandelt.

Bauern erschlugen ihn, oder er erdrosselte sich selbst (1645);
an seiner Leiche fand man das kaiserliche Gewand unter den
anderen Kleidern. Der andere Teil des mandschurischen
Heeres wandte sich gegen den neuen Ming-Kaiser. Dieser
war — wenn er überhaupt noch zu den Regenten der Ming-
Dynastie gerechnet werden soll — der unwürdigste Vertreter
von allen. Der kaiserliche Harem war ihm das wichtigste Stück
des Kaisertums. Um so pflichtgetreuer war sein gelehrter
erster Minister Schï-ko-fa, der aber Yangtschou am Kaiserkanal, das den Schlüssel zu Nanking bildete, nicht gegen
die Mandschus zu halten vermochte und dabei den Tod
fand. Man hatte ihm zugeredet, durch Durchstechung der
Dämme das Land unter Wasser zu setzen, wobei freilich
mehr Chinesen als Mandschus ums Leben gekommen wären;
aber das hatte er abgelehnt mit dem altchinesischen Grundsatz: „Erst das Volk, dann die Dynastie!" Nun standen
die Feinde bald in Nanking. Der „Kaiser" war betrunken;
man brachte ihn nach Wuhu. Dort wurde er ausgeliefert
und von den Mandschus hingerichtet (1645). Bereits aber
waren zwei andere Thronprätendenten der Ming vertreten.
Der eine, Lu-wang in Hangtschoufu, gab nach wenigen
Tagen schon den Widerstand auf und unterwarf sich. Der
andere, Tang-wang, proklamierte sich in Futschou als Thronfolger. Seine beste Stütze hatte er an einem kühnen Seehelden Dscheng-dschï-lung, der schon seit mehreren Jahrzehnten eine ganze Flotte unter seinem Kommando gesammelt hatte, mit der er Handels- und Beutezüge bis nach
Japan unternahm. Anfangs ein Rebell, hatte er sich dem
letzten Ming-Kaiser zum Kampf gegen die Mandschus zur
Verfügung gestellt und bewahrte diese Haltung auch bei
dem nunmehrigen Thronprätendenten Tang-wang. Doch vermochte dieser nicht länger als ein Jahr sich zu behaupten.
Sein bester General wurde in Nanking, er selbst in Futschou
hingerichtet (1646). In demselben Jahr war es Wu-san-gui
gelungen, Setschuan für die Mandschus zu gewinnen. Dort
besaß der Rebell Dschang-hiän-dschung, ein scheußlich grausamer Mensch, der frühere zeitweise Gefährte von Li-dsï-

tscheng-seit mehreren Jahren als „König des Westens"
eine starke Macht, und es kostete harte Kämpfe, bis sie
niedergeworfen war. Ein Teil der Truppen Dschang's unter Sun-go-wang
ging nach dem Süden (Yünnan) und vereinigte sich nach
einiger Zeit mit dem letzten und ausdauernsten Thronprätendenten der Ming, Gui-wang, einem Urenkel Schen-dsung's,
der in der Kanton-Provinz als Kaiser ausgerufen wurde
(1646—1661). Die Reihenfolge der Plätze, an denen die
Ming-Prinzen nacheinander ihren Thron zu errichten suchten
(Nanking, Hangtschoufu, Futschou, Kanton) spricht eine Geschichte für sich. Der Schauplatz der Kämpfe dieses letzten
Sprossen der Ming mit den Tsing waren hauptsächlich die
Provinzen Kuangsi und Kuitschou. Das Kriegsglück war
wechselnd; so wurde Kuilin, die Hauptstadt Kuitschou's,
1647 vergeblich von den Mandschus berannt, 1650 genommen,
1652 von den Ming-Truppen zurückerobert und erst 1658
dauernd von den Kaiserlichen besetzt. Zeitweise waren die
Anhänger des Ming-Fürsten sogar im Vorgehen und besetzten
Kiangsi (Nantschangfu 1648—1649), Süd-Hunan und Setschuan
(1653). Sehr kam ihnen die Verbindung mit den Truppen
Sun-go-wang's zu statten. Doch als 1657 auch dieser besiegt wurde, mußte Gui-wang sich weiter nach dem Westen,
nach Yünnan zurückziehen. Dort ließ ihm der ungestüme
Wu-san-gui keine Ruhe; er wurde von neuem geschlagen und
flüchtete über die Grenze nach Birma (1659). Aber auch
dorthin verfolgte ihn Wu-san-gui und erzwang 1661 die Auslieferung des letzten Fürsten aus dem Hause der Ming, der
die alte Dynastie gegenüber den fremden Eroberern zu halten
versucht hatte.

Nun hatten die Mandschus nur noch einen Gegner,
der zwar völlig auf eigene Faust operierte, doch die ganze
Zeit über der wirksamste Bundesgenosse der Ming gewesen
war: Dscheng-tscheng-gung, bekannt als Koxinga, Sohn jenes
Seehelden Dscheng-dschï-lung und einer Japanerin. Er übertraf seinen Vater, der von den Mandschus nach Peking gelockt und umgebracht worden war, noch weit an verwegenen

Taten und Erfolgen. Amoy war seine Operationsbasis; von dort eroberte er 1647 ganz Fukien mit Ausnahme von Fu-tschou; 1657 marschierte er mit einem Heer von 100 000 Mann in Tschekiang ein und eroberte Wentschou und Tai-tschou; doch ein Sturm zerstörte seine Proviantflotte und zwang ihn, wieder umzukehren. Das kühnste Stück voll-brachte er im Jahre 1659. Er segelte mit seiner ganzen Flotte den Yangtse hinauf, eroberte im Sturm die Feste Dschen-giang am Kaiserkanal und rückte vor Nanking. Die Haupt-macht der Mandschus stand damals weit im Westen, um den letzten Ming-Prinzen niederzuwerfen. So mußte Nanking vier Monate lang die Belagerung des kühnen Seehelden aushalten. Dann mußte er freilich doch wieder weichen und zog sich nach Amoy zurück. Von dort aus beunruhigte er die Küsten von Fukien und Kuangtung so sehr, daß auf kaiserlichen Befehl die Bevölkerung 30 Li[2]) weit von der Küste alle Plätze räumen mußte. Als er schließlich einsehen mußte, daß es mit dem Versuche, die Ming-Herrschaft wieder auf-zurichten, gänzlich aus sei, entschloß er sich, sein eigenes Königreich zu gründen. Er segelte nach Formosa und ver-drängte dort nach neunmonatlichem Kampf die Holländer aus ihren Festungen (1662). Doch in demselben Jahre starb er, nur 38 Jahre alt. Die Mandschus hatten ihm die Stellung eines Herzogs zur See angeboten, wenn er sich unter-werfen würde. Aber er wollte sich den Kopf nicht scheren lassen[3]) und beanspruchte eine selbständige Stellung wie Korea, das auch unter der Tsing-Dynastie ein besonderer Tributstaat blieb. Trotzdem Koxinga zeitlebens ein erbitterter Feind der Mandschus war, haben diese ihm ihre Achtung doch nicht versagen können. Der ritterliche Kanghi erklärte öffentlich, man dürfe ihn nicht als einen Rebellen gegen die

---

[2]) 2 Li sind etwa 1 Kilometer.
[3]) Die Mandschus verlangten unerbittlich, daß jedermann die mandschurische Haartracht (die Rasur des Vorderkopfes und den Zopf) annehme. Der Widerstand gegen die aufgezwungene Sitte hörte erst dann völlig auf, als Kaiser Kanghi bestimmte, daß nur Verbrecher zum Zeichen ihrer Schande keinen Zopf tragen sollten.

Tsing-Dynastie, sondern müsse ihn als einen Patrioten der Ming-Dynastie betrachten⁴). Koxinga's Sohn setzte die Herrschaft über Formosa fort und gewann in den folgenden Jahren sogar wieder neuen Boden auf dem Festland. Aber im ganzen war die Eroberung Chinas durch die Mandschus doch vollendet, als Kaiser Schun-dschï 1661 starb, ein Jahr vor Koxinga und vor dem letzten Sproß der Ming. Der neuen Dynastie hatten chinesische Heerführer sehr wesentlich zu ihrem Sieg verholfen; vor allem Wu-san-gui, der mit dem Titel eines Wang (König) die Provinzen Yünnan und Se-tschuan, gewissermaßen als Lehen, und eine Schwester des Kaisers zur Frau erhielt. Ferner Schang-ko-hi und Göng-dschï-mau, denen mit gleichem Titel entsprechende Gebiete zugeteilt wurden, dem ersteren Kuangtung und Kuangsi, dem letzteren Fukien.

Schun-dschï, der erste Mandschu-Kaiser auf Chinas Thron, hatte sich in den kurzen Jahren, während deren er die Regierung selbständig führte, als einen verständigen und groß-gesinnten Regenten bewiesen. In voller Erkenntnis dafür, was einer der schlimmsten Schäden am Hofe der Ming-Kaiser gewesen war, wurden die Eunuchen von jeder amtlichen Stellung ausgeschlossen, und ihre Zahl bedeutend vermindert. Weise ließ er von vornherein die Chinesen an der Re-gierung teilnehmen. An die Spitze jedes der sechs Ministerien wurde ein Mandschu und ein Chinese gestellt, ebenso be-standen die Zensoren zur Hälfte aus Chinesen. Diesen auch von den folgenden Mandschu-Herrschern festgehaltenen Grundsätzen der Parität in den Beamtenstellen verdanken sie es vor allem, daß ihr Thron verhältnismäßig so schnell gefestigt wurde. Sie ließen sich nicht erst widerwillig von dem chinesischen Staats- und Kulturideal erobern, sondern räumten ihm von vornherein volle Berechtigung ein und verstanden es dabei doch gleichzeitig, den nötigen Abstand

---

⁴) Als im Jahre 1874 die Japaner Formosa zu besetzen drohten, wurde er von der Mandschu-Dynastie selbst zum Schutzheiligen der Insel erklärt und ihm ein Tempel in Tai-wan-fu, der Hauptstadt Formosas, errichtet.

zu wahren und die Herrschaft in eigener Hand zu behalten. Sehr ergeben war Schun-dschï den gelehrten jesuitischen Vätern in Peking, unter denen Adam Schall aus Köln hervorragte. Dieser hatte schon dem letzten Ming-Kaiser gedient, von dem er zum Hofastronom ernannt worden war. Er richtete die Pekinger Sternwarte ein und mußte sich in der Not der Zeit auch dazu verstehen, dem Kaiser Kanonen zu gießen. Er überdauerte den Sturz der Ming und gewann bei dem jungen Mandschu-Herrscher, dessen Erzieher er teilweise war, noch höhere Gunst; er erhielt von diesem den Titel: „den Ursprung durchdringender Glaubenslehrer".

Im Jahre 1655 schickten die Holländer von Batavia aus eine Gesandtschaft nach Peking in der Hoffnung, unter der neuen Dynastie günstige Handelsbeziehungen anknüpfen zu können. Die in einem dicken Folioband erhaltene Beschreibung dieser Reise[5]) gehört zu dem Besten, was wir in jener Zeit aus einer europäischen Quelle über China hören. Die Holländer fügten sich der Forderung, vor dem Kaiser nach vorgeschriebenem Zeremoniell sich niederzuwerfen (Ko-tu), erreichten aber nichts. Sie erhielten lediglich die Erlaubnis, alle acht Jahre wiederzukommen mit nicht mehr als hundert Mann, von denen nur zwanzig die Hauptstadt betreten dürften. Ungefähr gleichzeitig mit den Holländern traf eine russische Gesandtschaft in Peking ein; die Russen weigerten sich, den Kotu zu vollziehen, wurden infolgedessen überhaupt nicht zur Audienz vorgelassen und zogen ebenso unverrichteter Sache wieder ab wie die Holländer.

2. Kanghi (1662—1722).

Während der Regierung des Kaisers Schun-dschï haben die Mandschus die Grundlagen ihrer Herrschaft in China

---

[5]) Johann Neuhof, die Gesandtschaft der Ost-Indischen Gesellschaft in den Vereinigten Niederländern an den Großen Tartarischen Khan und nunmehr auch Sinischen Keyser, berichtet durch die Herren Peter de Gojer und Jacob Keiser. 2. Auflage, Amsterdam 1669.

gelegt, sowohl mit der Gewalt der Waffen, als auf dem Gebiet der inneren Politik. Aber erst sein Nachfolger ist es,
der das neue Regiment zu unbezweifelter Anerkennung nach
innen und außen brachte und durch den Glanz seiner Regierung die Chinesen nicht nur versöhnte, sondern sie mit
Stolz und Freude über ihr neues Herrscherhaus erfüllte.
Dieser bedeutendste unter den Herrschern der Mandschu-
Dynastie ist Kanghi, Schun-dschï's dritter Sohn (1662—1722).
Er war acht Jahre alt, als er auf den Thron kam; vier
hohe Beamte führten zunächst die Regentschaft. Doch
schnell offenbarte sich die ungewöhnliche Energie des jugendlichen Herrschers. Denn noch hatte er nicht das 14. Lebensjahr erreicht, als er anläßlich von Meinungsverschieden-
heiten zwischen den leitenden Beamten die Zügel der Regierung selbst ergriff. Er zeigte dabei zugleich in einem
wichtigen Punkt seine Selbständigkeit ihnen gegenüber; denn
während der Minderjährigkeit des neuen Herrschers hatten die
Reichsverweser mit großer Schärfe die katholische Mission zu
unterdrücken versucht, die seit dem Ende der Ming-Zeit schnell
sich ausgebreitet hatte. Adam Schall war zum Tod der Zerstückelung verurteilt; der Befehl blieb zwar unausgeführt, aber
er wurde gefangen gehalten und starb 78 Jahre alt im Kerker.
Der junge Kanghi widerrief die auf Unterdrückung der Missionare gerichteten Edikte. Dem Pater Verbiest, einem Holländer,
räumte er als seinem Berater und als Hofastronom eine
ähnliche Stellung ein, wie sie Adam Schall unter der Regierung seines Vaters inne gehabt hatte.

Kanghi's Regierungstätigkeit läßt sich in drei Abschnitten
besprechen: 1. die völlige Sicherung der Mandschu-Herrschaft über China; 2. politische und kriegerische Erfolge an
den Grenzen; 3. innere Politik; Kunst und Wissenschaft;
Persönliches.

1. Gleich in den ersten Jahren hatte Kanghi die schwerste
Krisis seiner Herrschaft zu bestehen. Es erhob sich noch
einmal eine ernste Empörung gegen die Mandschus, nicht
von den Ming aus, sondern von dem, der am allermeisten
dazu geholfen hatte, die Mandschus in China einzuführen,

von dem alten Haudegen Wu-san-gui aus. Mit dem Titel eines Königs und Bezwingers (Beruhiger) des Westens besaß er in den ihm zugewiesenen Gebieten Yünnan und Setschuan eine mächtige Stellung, zumal er sein waffengeübtes und sieggewohntes Heer auch nach der Herstellung des Friedens in gleicher Stärke weiterbehielt. Schon seit 1668, dem Jahre, in welchem Kanghi selbst die Regierung ergriff, trug er sich mit Plänen der Empörung. Aber Kanghi erkannte, noch ehe er irgend etwas Bestimmtes wußte, die Gefahr, die ihm von einem so mächtigen und unabhängigen Vasallen drohte, und um sicher zu sein, wie es mit ihm stehe, befahl er ihn zur Audienz. „Ich werde kommen," antwortete Wu-san-gui, „aber an der Spitze von 80 000 Soldaten". Im Januar 1674 begann er die offene Empörung, indem er sich als den ersten Herrscher einer neuen Dschou-Dynastie proklamierte. Gleichzeitig erhob sich der Sohn seines Waffengefährten Göng-dschï-mau, der diesem in der Stellung als „König" von Fukien gefolgt war. Ebenso machte der Sohn des „Königs" von Kuangtung, des dritten im einstigen Bunde, gemeinsame Sache mit den Rebellen, während sein Vater Schang-ko-hi selbst treu blieb. 1675 stand der ganze Süden und Westen im Aufruhr, gleichzeitig beunruhigten die Mongolen die Grenze; völlig sicher blieben dem Kaiser in diesem Jahr nur die Provinzen Tschili, Honan und Schantung. Aber der junge Herrscher verzagte nicht und führte, wenn auch nicht immer siegreich, mit zäher Beharrlichkeit den Krieg. Wie freilich der schließliche Ausgang der Sache gewesen wäre, wenn nicht 1678 Wu-san-gui durch einen Schlaganfall den Tod gefunden hätte, läßt sich nicht sagen. Mit dessen Tod fehlte der Empörung jedenfalls das Rückgrat. Aber auch so dauerte es noch drei Jahre, bis mit dem Fall von Yünnanfu (1681) die Niederwerfung der Empörung vollendet war. Bei der Eroberung dieser Stadt gab sich der Sohn Wu-san-gui's, der zu seinem Nachfolger ausgerufen war, selbst den Tod; sein Leichnam wurde zerstückelt nach Peking gebracht, alle seine Offiziere und Beamten wurden hingerichtet. Den aufständischen Heeren und Städten gegenüber hatten die Kaiserlichen militärisch einen starken Vorteil durch die schwere Artillerie, welche sie der Kunst der jesuitischen Väter in Peking verdankten.

An dem Kampf gegen die Mandschus hatte auch Koxinga's Sohn teilgenommen, der seinem Vater als Herrscher von Formosa gefolgt war. Er nahm in Fukien eine feste Stellung ein und machte einmal (1678) den kaiserlichen General und 30 000 Mann in der Nähe von Amoy zu Gefangenen. Als dann aber im Westen der Sieg sich den Kaiserlichen zuneigte, mußte auch er über das Meer zurück nach Formosa (1680), wo er im folgenden Jahre starb. Die eigenartige Seeherrschaft ging nunmehr schon in der vierten Generation — an seinen Sohn über; doch nur für kurze Zeit. Kanghi rüstete eine Flotte von 300 Schiffen mit 12 000 Mann aus, die zunächst unter Führung eines früheren Offiziers Koxinga's bei den Peskadores-Inseln einen blutigen Sieg errangen und dann auf Formosa selbst lossegelten. Eine ungewöhnlich hohe Flut erlaubte ihnen, sich dicht vor die Mauern der Hauptstadt Taiwanfu zu legen. In ähnlicher Weise war einst die Eroberung der Insel durch Koxinga von der Gunst des Himmels begleitet gewesen, und in Erinnerung daran erschien dies den Belagerten als ein Zeichen, daß der Himmel jetzt den Angreifern seine Gunst zugewendet habe, und lähmte ihren Widerstand. Taiwanfu ergab sich 1682. Koxinga's Enkel wurde begnadigt und ihm sogar der erbliche Fürstentitel verliehen. So war auch das letzte noch unabhängige Stück chinesischer Erde unterworfen und die neue Herrschaft gegen eine gewaltige Empörung siegreich behauptet. Kanghi veranstaltete ein Siegesfest und gab seiner Freude in selbst verfaßten Versen Ausdruck. Die Niederwerfung der großen Empörung, die fast einer nochmaligen Eroberung des Landes gleich kam, hatte auch finanziell große Anforderungen gestellt. Damals zuerst kam es auf, Ämter und Titel ohne Staatsprüfung durch Kauf zu vergeben; eine Gewohnheit, die zum Schaden Chinas auch dann beibehalten wurde, als jener Notstand längst vorüber war.

2. Ebenso erfolgreich wie in der Herstellung der Herrschaft im Innern war Kanghi in der Behauptung chinesischer Macht und chinesischen Ansehens den Grenznachbarn gegenüber. Unter ihm kam es zu dem ersten Konflikt mit der damals eben aufkommenden Großmacht Rußland. Während des letzten halben Jahrhunderts der Ming-Herrschaft hatte die russische Eroberung Sibiriens durch die Kosaken begonnen und solche Fortschritte gemacht, daß nach etwa 70 Jahren, um die Mitte des 17. Jahrhunderts, das russische Gebiet die Küste des großen Ozeans erreichte, im Süden bis über den Baikal-See sich ausdehnte und dem Amur sich näherte[1]). 1677 traf eine russische Gesandtschaft unter Spafary in Peking ein, die aber ebenso wenig wie die frühere etwas erreichte[2]). Im weiteren Vordringen nach der Mandschurei zu bauten die Russen etwa am nördlichsten Punkt des Amur an dessen linkem Ufer die Festung Albasin und ließen sich von den dort wohnenden Stämmen, die noch zu keinem Staat in einem festen Verhältnis standen, Tribut zahlen. Diese, um den Russen zu entgehen, wandten sich teilweise an die Chinesen. So kam es zum Konflikt. Kanghi, gehoben durch die Niederwerfung der inneren Feinde, traf große Vorbereitungen, um die Russen vom Amur zu verdrängen, was ihm auch gelang. Die Festung Albasin wurde genommen und zerstört; im nächsten Jahr bauten die Russen sie wieder auf, waren aber bald zum zweitenmal von mandschurischer Übermacht umringt. Diese Verwickelungen fanden ihren Abschluß in dem Vertrag von Nertschinsk im Jahre 1689, dem ersten Jahr der Alleinherrschaft Peters des Großen. Er bedeutete einen vollständigen Sieg der chinesischen Regierung. Als Grenze wurde die Gorbitza (Kerbechi), ein linker Nebenfluß der Schilka (des linken Quellflusses des Amur), bestimmt und

---

[1]) Die wichtigsten Etappen der Eroberung Sibiriens sind: 1581 Sibir oder Isker (ehemals ein Teil des großen Mongolenreiches), 1587 Tobolsk, 1604 Tomsk, 1632 Jakusk, 1652 Irkutsk.
[2]) Die Russen baten bei dieser Gelegenheit unter anderem die Chinesen darum, ihnen des Brückenbaus kundige Meister zu schicken.

der lange Gebirgszug, der von da ab sich bis zum Stillen Ozean hinzieht. Die Russen gaben also ihre Ansprüche auf den Amur auf und damit die in den letzten 40 Jahren gemachten Eroberungen. Die bereits im Amurgebiet errichteten Kastelle, einschließlich Albasin, mußten geräumt werden, und alle russischen Ansiedler hatten das Land zu verlassen. Es wurde den beiderseitigen Untertanen verboten, ohne Paß die Grenze zu überschreiten.

Während Kanghi so seine Beziehungen zu Rußland in äußerst vorteilhafter Weise regelte, erwuchs ihm von einer anderen Seite her eine schwere Gefahr. Etwa seit 1680 hatte sich von Zentralasien, vom Ili-Fluß am Tiän-schan her einer jener nomadischen Völkerstämme in Bewegung gesetzt, die schon so oft durch ihre Wanderungen andere Reiche bedroht hatten. Es war der Dsungarenstamm der Eleuthen, welcher unter Führung Galdan's (Go-ör-dan) nördlich vom Altai und der Wüste Gobi nach Osten zu drängte. Sie vertrieben die Khalkas, einen Stamm der Nordmongolen südlich des Baikal-Sees, und diese wandten sich hilfeflehend an Kanghi, der ihre Abgesandten freundlich empfing und ihnen Wohnsitze anwies (1691). Galdan verlangte darauf von Kanghi die Auslieferung des betreffenden mongolischen Fürsten, widrigenfalls er China selbst angreifen würde, auch drohte er mit den Russen, die Kanonen hätten. Kanghi antwortete damit, daß er drei Armeen ausrüstete, von denen er die erste, die auch zuerst vor den Feind kam, persönlich befehligte. Aber der Kampf in der Steppe war nicht leicht trotz der Überlegenheit, die die Chinesen wieder durch ihre Artillerie hatten. 1695 erst erlitt Galdan eine entscheidende Niederlage am Ho-lan-schan (auch Alaschan genannt), nordwestlich von Kansu. Die vertriebenen und ausgewanderten Mongolen wurden von dem chinesischen Heer in ihre ursprünglichen Sitze zurückgeleitet. Der reale und moralische Erfolg dieses Sieges war groß. Die bisher schon von China abhängigen Mongolen (etwa bis zum Kukunor) wurden in ihrer Treue gefestigt, was um so wichtiger war, da gleichzeitig die Russen um sie zu werben begannen. Dazu kam

das ganze Gebiet östlich des Altai, also die Dsungarei, der
Tiän-schan und das Tarbagatai-Gebirge einschließlich Ili unter
chinesische Oberhoheit. Was westlich des Altai lag, überließ Kanghi dem Neffen Galdan's namens Tse-wang zur Verwaltung. Allmählich wurde dieser von demselben Ehrgeiz
wie sein Vater erfüllt, sich zum Herrn von Zentralasien
zu machen. 1709 rückte er in Tibet ein und setzte den Dalai
Lama in einem Kloster gefangen; dann ging er auf Hami
los — die Oase, um die früher so oft der Streit mit den Nomaden sich gedreht hatte — wurde aber zurückgeschlagen.
Die Verhältnisse blieben lange ungeordnet, bis 1717 Tse-
wang den Chinesen sogar eine schwere Niederlage bei-
brachte. Nun ging Kanghi energisch daran, den Umtrieben
des abtrünnigen Fürsten ein Ende zu machen. Ein Heer
von 10 000 Mann trieb ihn noch in demselben Jahr über
die Grenze zurück und stellte auch in Tibet die alte Ordnung
wieder her. Die völlige Vernichtung Tse-wang's verschob
sich aber doch noch mehr als ein Jahr. Denn 1719 brach
auch in Formosa ein heftiger Aufstand gegen die Mandschus
los; alle chinesischen Beamten, welche sich nicht durch die
Flucht retteten, wurden erschlagen. Erst nach mehreren Monaten konnte die Insel von neuem bewältigt werden. Im
folgenden Jahr (1720) fand dann der Kampf gegen Tse-wang
seine Fortsetzung und mit dessen Niederwerfung sein einst-
weiliges Ende.

In demselben Jahr versuchte Peter der Große günstigere
Handelsbeziehungen mit China anzuknüpfen. Er schickte eine
Gesandtschaft, geführt von Ismaloff an den Pekinger Hof,
die indes nichts erreichte. Der Handel blieb nach wie vor
nur auf die Grenze beschränkt. Der Seehandel, den die
Portugiesen seit dem letzten Jahrhundert der Ming-Dynastie
von Macao aus in Kanton betrieben, blieb bis gegen das Ende
der Regierung Kanghi's fast ausschließlich in ihrer Hand;
ja sie erhielten von den Beamten in Kanton gegen eine
Jahreszahlung von 24 000 Taels das ausdrückliche Privilegium, daß sie allein dort Handel treiben dürften. Die
Englisch-Ostindische Kompagnie versuchte mehrmals (in den

Jahren 1664, 1674, 1681) sich ebenfalls in Macao-Kanton
niederzulassen, aber der Widerstand der Portugiesen machte
es unmöglich. Dagegen gelang es ihr 1670 in Formosa einige
Handelsbeziehungen anzuknüpfen, die so lange anhielten, als
die Herrschaft über die Insel den Nachfolgern Koxinga's verblieb (bis 1683). Auch nach Amoy sandte die Kompagnie
während dieser Jahre mehrmals ein Schiff und hatte dort
auch eine Faktorei. Aber obwohl Kanghi 1685 alle Häfen
prinzipiell dem fremden Handel öffnete — womit zugleich
das Privilegium der Portugiesen wieder aufgehoben wurde —,
konnte dieser doch weder in Amoy noch in Ningpo (wo 1701
der Versuch gemacht wurde) sich entwickeln, weil die Lokalbeamten unerschwingliche Abgaben verlangten, denen gegenüber die in Kanton geforderten hohen Beträge noch mäßig
zu nennen waren. Erst 1715 gründete die Englisch-Ostindische Kompagnie eine Faktorei in Kanton und gewann
Anteil an dem regelmäßigen Handel[3]). Dieser bestand fast
ausschließlich im Export, und zwar von Seide, Tee und
allen Artikeln des chinesischen Kunstgewerbes, besonders
von Porzellan. Der Import war ganz gering; ein verhältnismäßig viel begehrter Artikel waren Uhren.

Den fremden Missionaren blieb Kanghi die längste Zeit
seiner Regierung über freundlich gesinnt. Ein Edikt von
1692 sprach sich sogar so über die Verkünder der christlichen Lehre aus, daß es einem Toleranzedikt gleichkam,
und den Chinesen aus dem Übertritt zum Christentum keine
Schwierigkeiten erwuchsen. Ein Jahr darauf gab er die Erlaubnis zum Bau der Kathedrale Peitang im Norden der
verbotenen Stadt. Diese Duldung und Gunst Kanghi's galt
aber nur den Jesuiten, bei deren Praxis die zum Christentum Übergetretenen in einem der für jeden rechten Chinesen
wichtigsten Punkte — nämlich in der Ahnenverehrung —
sich von ihren Volksgenossen nicht zu trennen brauchten. Als

---

³) Die Art, wie sich der Handel damals in Kanton abspielte,
ist in dem betreffenden Abschnitt des Kapitels über Kiän-lung be-
sprochen.

aber den Jesuiten auch die Dominikaner nach China folgten, bekämpften diese auf das lebhafteste die jesuitische Praxis und verwarfen unter anderem auch den von den Jesuiten für Gott gebrauchten klassisch-chinesischen Ausdruck Tiän (Himmel) als heidnisch, an dessen Stelle sie Tiän-dschu (Himmelsherr) setzten. Papst Innozenz (1644—1655) hatte für die Dominikáner Partei ergriffen, da jedoch dessen Edikt von seinem Nachfolger Alexander (1655—1667) widerrufen wurde, blieb die Praxis der Jesuiten im ganzen unangefochten bestehen, bis Papst Clemens (1700—1721) von neuem und zwar energischer sich schroff gegen sie erklärte. Er begnügte sich nicht mit einem Edikt (1704), sondern sandte auch einen apostolischen Vikar, der mit Strenge unter den chinesischen Christengemeinden den Willen des Papstes durchzusetzen hatte. Kanghi war aufs höchste aufgebracht über dieses Eingreifen in Angelegenheiten seiner Untertanen und über den ganzen durch die Dominikaner erregten Zwist und kündigte 1707 allen Missionaren, welche dem Papst in jenen Streitfragen sich fügten und nicht nach den alten Grundsätzen Ricci's handelten, Verfolgung und Landesverweisung an. Die tatsächliche Ausbreitung der neuen Lehre wurde durch dieses Edikt von 1707 nicht unterbunden; sie machte vielmehr so starke Fortschritte, daß allein in den drei Provinzen Kiangsi, Anhui, Kiangsu es wenige Jahre später 100 000 Convertiten gegeben haben soll. Dieses Wachstum schien manchen bedenklich; 1716 machte der Vizekönig von Kanton eine Eingabe, in der er auf die Staatsgefährlichkeit der sich so schnell in allen Provinzen ausbreitenden Lehre hinwies. Der alternde Kaiser gab diesen Vorstellungen Gehör und verbot allen Missionaren, die nicht — wie die gelehrten Väter in Peking — ausdrückliche Erlaubnis hätten, den Aufenthalt in China.

3. Wir haben Kanghi kennen gelernt in seinen kriegerischen und politischen Taten, in der Sicherung und Erweiterung der Grenzen seines Reiches. Aber das Bild seiner Herrscherpersönlichkeit zeigt sich in seinen vollen Zügen erst dadurch, daß wir erfahren, wie derselbe Mann, der seine

Lust an kühnen Wagnissen und tapferen Taten hatte, zugleich ein weiser Staatsmann und ein feiner Kenner und Förderer literarischer und künstlerischer Arbeiten war. Als ein glänzendes allbekanntes Denkmal seiner Förderung gelehrter Studien hat er das große „Kanghi Lexikon" der chinesischen Sprache (40 000 Zeichen umfassend) hinterlassen, das man auch heute in jeder Bibliothek eines gebildeten Chinesen findet. Dazu kommt eine Riesenkonkordanz der Literatur, zwei Enzyklopädien, von denen eine allein 1628 Bände umfaßt, 'und manches andere. Er selbst hat mehrere Schriften verfaßt. Den fremden Kräften an seinem Hofe wies er unter anderem die Aufgabe zu, das ganze Reich geographisch aufzunehmen; ein Riesenwerk, das die jesuitischen Väter in kurzer Zeit vortrefflich vollendeten. Jesuiten waren es auch, die er nicht nur, wie schon erwähnt, als Direktoren der Sternwarte und des mathematischen Bureaus, sondern auch als Leiter des Bronzegusses, der Uhrmacherei, der Fabrikation optischer Instrumente und anderer technischer und mechanischer Werkstätten anstellte. Wie es ihm als Regenten um die wahre Wohlfahrt des Volkes zu tun war, nicht nur um die materielle, sondern vor allem um die Herrschaft der sittlichen Grundsätze, auf denen Friede und Glück in Familie, Staat und Gesellschaft beruht, das zeigt das „Heilige Edikt", ein von ihm eigenhändig verfaßter Traktat in 16 Abschnitten, eine Art „Katechismus der Staatsmoral". Herausgegeben ist dieses „Heilige Edikt" erst von Kanghi's Sohn und Nachfolger, der zugleich eine Übersetzung aus der gelehrten in die Umgangssprache veranstalten ließ und nähere Erläuterungen zu den einzelnen Partien gab. Es soll an jedem 1. und 15. des Monats in jeder Stadt zur öffentlichen Belehrung des Volkes vorgelesen werden; eine Maßregel, die zwar heute größtenteils eingeschlafen ist, doch z. B. unter dem letzten Kaiser Guang-sü noch einmal eingeschärft und eine zeitlang wieder befolgt wurde.

Auf dem Gebiet künstlerischer Produktion setzte sich unter Kanghi vor allem der in der Ming-Zeit erreichte hohe Aufschwung der Porzellanfabrikation und Malerei fort; das

Blau-Weiße der Kanghi-Periode und das fünffarbige Porzellan ist besonders berühmt. Zugleich vermittelten auch hier die jesuitischen Missionare der chinesischen Kunst die Bekanntschaft mit europäischen Kunstformen. Ein Denkmal davon sind die (seit der Zerstörung durch die Engländer und Franzosen 1860 nur noch in Trümmern vorhandenen) sogenannten fremden Paläste, welche zu den großartigsten Parkanlagen des Sommerpalastes bei Peking gehörten und mit einem Kostenaufwand von 50 Millionen Taels erbaut wurden.

Kanghi starb im Dezember 1722, im 70. Lebensjahr. Er gehört ohne Zweifel zu den glänzendsten Herrschergestalten, die China besessen hat. Dazu ist uns seine Persönlichkeit, die zu unserem Zeitalter gehört, menschlich viel verständlicher als etwa die seiner größten Vorgänger, eines Kublai-Khan, Tang-Tai-dsung, Han-Wu-di, Tsin-schï-huang-di. Seiner äußeren Erscheinung nach wird er geschildert als eine ziemlich hohe, sehr ebenmäßig gebaute Gestalt mit leuchtenden großen Augen in einem von Pockennarben leicht bedeckten Gesicht. Wie er persönlich mit zu Felde zog, so war er ein Freund aller Leibesübungen und der Jagd; genügsam und sparsam, was seinen eigenen Verbrauch anbetraf, aber das Geld nicht scheuend, wo es sich um öffentliche Einrichtungen handelte. Eine edle Ritterlichkeit und Hochherzigkeit war seinem ganzen Wesen eigen. Gegen seine Untertanen war er sehr milde. Wo durch schlechte Ernten oder anderes Unglück ein Bezirk in Not geriet, war er sofort zu Steuererlaß und Hilfeleistung bereit[4]). Überall war es ihm darum zu tun, mit eigenen Augen zu sehen und sich über die Zustände

---

[4]) Die schwersten derartigen Notjahre waren für Schantung 1666 und 1668, in letzterem ereignete sich das heftigste Erdbeben, von dem die Chroniken in den letzten Jahrhunderten zu erzählen wissen; viele Menschen wurden unter den zusammenstürzenden Häusern begraben; auch Erdspalten entstanden dabei, aus denen schwarzes Wasser gekommen sei. Weitere Unglücksjahre waren 1679; 1691; 1703. Im letzteren Jahr war im Osten Schantungs die Not so groß, daß Menschenfleisch gegessen worden ist.

im Lande zu vergewissern. Gleich den großen Kaisern des Altertums machte er wiederholt große Inspektionsreisen (im ganzen fünf). Jedesmal besichtigte er dabei mit besonderer Sorgfalt die Dämme des Gelben Flusses, der trotz aller Anstrengungen wiederholt über die Ufer ging. Durch Schan= tung kam er öfter. Gleich bei der ersten Reise (1684) besuchte er den Taischan, dann ging er nach Nanking, wo er auch an den Gräbern der Ming-Kaiser opferte, und suchte auf dem Rückweg das Grab des Konfuzius in Küfu auf. Die späteren Reisen (1688; 1699; 1703; 1705) führten ihn auf verschiedenen Wegen meist bis Tschekiang. Bei der dritten nahm er seine Mutter mit. Auf der vierten wurde wieder der Taischan besucht. Was an seinen Reisen noch besonders hervorgehoben wird, ist der geringe Aufwand, den er dabei machte. Die einzelne Reise, die immer mehrere Monate dauerte, habe nicht mehr als 10—20 000 Taels gekostet. So lebt in der Erinnerung des Volkes seine Persönlichkeit als die eines mächtigen und gütigen Herrschers im besten Andenken[5]).

3. Yung-dscheng (1723—1735).

An seinem Todestag bestimmte Kanghi seinen vierten Sohn, den er am würdigsten für die heilige Aufgabe eines Regenten hielt, zum Erben des Thrones. Dieser folgte ihm 44jährig unter dem Regierungstitel Yung-dscheng. Er war ein Mann, der gleich seinem Vater die Aufgaben des Re= gierens ernst nahm, aber ihm fehlte gänzlich dessen groß= artiger Zug. Er hatte etwas Enges und Hartes in seinem

---

[5]) Inzwischen ist die Revolution in China ausgebrochen, und im Süden ist die Republik gegen die Dynastie erklärt worden. Daß dabei von den republikanischen Führern in Zeitungen und Prokla= mationen jetzt die Mandschu-Herrschaft in ihrer Gesamtheit verurteilt wird, ist aus der Leidenschaft des Parteikampfes heraus verständ= lich, wird aber im eigenen Lager der Republikaner von den be= sonneneren Elementen als eine Übertreibung bezeichnet, und zwar ge= rade im Hinblick auf den Kaiser Kanghi.

— 94 —

Wesen, und er hat die Abschließung Chinas fremden Einflüssen gegenüber bewußt gefördert.

Yung-dscheng mußte seine Regierung damit beginnen, mehrere seiner Brüder einzukerkern, die sich gegen die Thronfolgebestimmung ihres Vaters auflehnten. Gleich im ersten Jahr seiner Regierung erhob sich ferner eine Empörung der Tanguten am Kukunor, die im Zusammenhang mit einer fanatisch-buddhistischen Bewegung stand[1]). Die Tanguten drangen in das benachbarte Kansu ein, schlugen ein chinesisches Heer, wurden aber im folgenden Jahr vertrieben. Ihr Führer Lo-bu floh nach Ili und verbündete sich dort mit Tse-ning, dem Sohne jenes Tse-wang, der nach jahrelangem Kampf Kanghi unterlegen war. Nun wurde aus einer Grenzempörung wieder ein beschwerlicher Feldzug nach Ostturkestan, bei dem die Chinesen zunächst Niederlagen erlitten. Erst nach zehn Jahren (1734) bat Tse-ning, mehrfach besiegt, um Frieden. Eine Gebietsvergrößerung brachte dieser Feldzug nicht.

Den Russen gegenüber wurde durch den Vertrag von Kiachta (1727) die Grenze aufs Neue festgesetzt. Dieser Vertrag bedeutete ebenso einen Sieg chinesischer Politik wie der frühere von Nertschinsk. Nur erhielten die Russen die Erlaubnis, in Peking eine Kirche einzurichten, wobei von den Chinesen der russische Gottesdienst wie eine Abart des buddhistischen behandelt wurde. Außer vier Mönchen wurde es noch sechs Schülern erlaubt, zur Erlernung der chinesischen und mandschurischen Sprache in Peking zu leben. Praktisch blieb diese „russische Mission" ohne Einfluß sowohl für die Verfolgung kirchlicher wie politischer oder kommerzieller Zwecke. Ein beschränkter Handel wurde gestattet, insofern alle drei Jahre auf vorgeschriebenem Weg eine russische Karawane mit nicht mehr als 200 Mann die

[1]) Seitdem ist es den buddhistischen Klöstern verboten, Waffen zu haben; die Zahl der Mönche des einzelnen Klosters darf ferner 300 nicht übersteigen.

- 95 -

Hauptstadt besuchen durfte. Davon abgesehen fand nur ein Tauschhandel an der Grenze, vor allem in Kiachta, statt[2]). Es steht im Einklang zu dem bereits geschilderten Charakter Yung-dscheng's, daß er die schon von seinem Vater zuletzt beobachtete ablehnende Haltung gegen das Christentum fortsetzte. Allen Missionaren — außer einigen wenigen in Peking — wurde die Erlaubnis, im Innern Chinas sich aufzuhalten, entzogen (1724). Die noch vorhandenen Priester wurden zuerst nach Kanton, seit 1732 nach Macao gebracht. Innere Unruhen von schwerem Charakter entstanden in den Jahren 1726—1729 durch die Urbevölkerung in Kuitschou, Setschuan und Yünnan, denen man bisher im wesentlichen ihre eigene Verwaltung gelassen hatte. Jetzt wurden auch diese Gebiete in die chinesische Verwaltung und Kreiseinteilung einbezogen. Die Unruhen wiederholten sich noch einmal im letzten Jahr von Yung-dscheng's Regierung und wurden — ebenso wie die in Kuangsi und Hunan — erst von dem folgenden Kaiser unter Niedermetzelung und Hinrichtung von vielen Tausenden beigelegt. Schwere Schäden brachten in den Jahren 1729 und 1730 Überschwemmungen des Gelben Flusses und heftige Erdbeben; in Peking wurden 40 000 Menschen vier Monate lang auf Staatskosten ernährt.

Yung-dscheng beschäftigte sich viel mit Verwaltungsfragen. Er hat dabei eine ganz neue, außerordentlich wichtige Behörde geschaffen, den Staatsrat (Gün-gi-tschu). Immer neuen Wechsel in der Zahl und Abgrenzung der Bezirke und Kreise brachten die kaiserlichen Edikte. In Schantung traten viermal bedeutende Veränderungen ein. Das Endresultat (seit 1735) war, daß die Provinz in die zehn Regierungsbezirke (fu) eingeteilt wurde, die heute noch mit etwas veränderten Grenzen bestehen.

Unter Yung-dscheng wurde auch die sogenannte Mandschu-Stadt bei Tschingschoufu errichtet (1731). Die neue

---

[2]) Die Handelsbeziehungen mit den seefahrenden Nationen unter der Regierung Yung-dscheng werden im folgenden Kapitel behandelt.

Dynastie hatte von Anfang an die Praxis befolgt, an gewissen wichtigen Plätzen des Reiches feste ummauerte Lager (Städte) zu errichten, in die zur Sicherung des betreffenden Gebietes lediglich mandschurische Truppen (auch Bannertruppen genannt, weil sie in acht Banner zerfielen) gelegt wurden. In Schantung bestand ein solches Mandschu-Lager seit 1654 in Tetschou (De-dschou), dieses wurde dann seit 1731 dem Oberkommando in Tschingtschoufu unterstellt. Die Mandschus leben in diesen Lagern mit ihren Familien lediglich von dem kaiserlichen Sold; Ackerbau oder Handel zu treiben, ist ihnen verboten. Die Mandschus waren und blieben bis in das 19. Jahrhundert hinein im vollsten Sinn des Wortes „ein Volk in Waffen".

Die in der Ming-Zeit zahlreich errichteten militärischen Wachtplätze, die So und We, waren zum großen Teil schon durch Kanghi abgeschafft worden. Yung-dscheng verfügte 1734, daß am Meer sämtliche „So" und „We" aufgehoben und in die Verwaltung der betreffenden Kreise eingefügt werden sollten. In Schantung wurden nur noch die festen Plätze am Kaiserkanal wie Tetschou-we, Tsining-we, Tungtschang-we, Lin-tsing-we eine Zeitlang in der bisherigen Eigenschaft beibehalten.

Was das chinesische Volk wohl am meisten mit der Regierung versöhnte, war die bedeutend geringere Steuer, welche es dem mandschurischen Hof zu zahlen hatte, der für Luxus und eigene Vergnügungen sehr viel weniger brauchte als der der Ming-Kaiser. Yung-dscheng tat in Fortsetzung dieser Linie einen bedeutsamen Schritt, indem er 1726 die bisher neben der Grundsteuer bestehende Personalsteuer abschaffte, bezw. in die Grundsteuer mit hineinzog. Dabei wurde die Bevölkerungszahl aus dem Jahre 1713 der Berechnung zugrunde gelegt, obwohl die Bevölkerung Schantungs allein seit jener Zeit um mehr als 150 000 sich vermehrt hatte. Die Gesamtsteuer, welche künftig die Provinz Schantung nach Peking abzuführen hatte, betrug danach 3 347 585 Taels Silber; ferner 36 461 Pikul[3]) Weizen und

---

[3]) 1 Picul — 100 Kätty — 60,5 Kilogramm.

484 564 Pikul Reis. Dieser Betrag hat sich inzwischen wohl dadurch etwas erhöht, daß immer von neuem bisheriges Öde- oder Bergland urbar gemacht wird. Die Höhe der Steuer für den einzelnen Mou[4]) Land ist aber nicht erhöht worden und kann einstweilen nicht erhöht werden. Denn von noch größerer Bedeutung als jene Maßregel Yung-dscheng's an sich ist der gleichzeitig damit verkündete Grundsatz, daß näm- lich „in Ewigkeit die Grundsteuer nicht erhöht werden dürfe, wie auch immer die Bevölkerung wachsen möge! Ein Wort, dem noch die weitere Auslegung beigefügt wurde, daß der- jenige den Tod der Zerstückelung erleiden solle, der es je wage, von Erhöhung der Grundsteuer zu sprechen.

4. Kiän-lung (1736—1796).

Auf Yung-dscheng folgte 25jährig sein vierter Sohn Kiän- lung (1736—1796), der ebenso wie sein Großvater Kang-hi der langen Zeit seiner Regierung den Stempel seiner Persönlich- keit stark aufgedrückt hat. Wie dieser, den er sich zum Vor- bild genommen hatte, war er außerordentlich vielseitig und und von reger Tätigkeit; er suchte seinen Ruhm ebenso als Kenner und Förderer der Literatur alter und neuer Zeit, wie als Sieger über alle Feinde und als Mehrer des Reiches. Aber da der weitherzige und edle Zug, der seinem Groß- vater eignete, bei ihm nicht hervortritt, sondern statt dessen ein Selbstbespiegeln in der eigenen Größe, so ist er keine sympathische Figur wie jener. Er hat China äußer- lich auf den Gipfel seiner Macht gebracht, aber er hat sich und sein Volk berauscht an dieser Größe, so daß nach ihm der Sturz Chinas um so jäher wurde.

Zahlreich sind seine kriegerischen Unternehmungen und Erfolge. Zunächst galt es, die besonders durch die

---

[4]) Die Größe eines Mou ist nicht in allen Bezirken Schantungs gleichmäßig; man unterscheidet außerdem große, mittlere und kleine Mou. Im Kiautschougebiet ist ein Mou = 614 Quadratmeter.

Ureinwohner in den Südprovinzen Kuangsi und Hunan veranlaßten Erhebungen niederzuschlagen, die schon unter seinem Vater ihren Anfang genommen hatten. Nach anfänglicher Niederlage, welche die betreffenden chinesischen Generäle wie üblich mit dem Tode zu büßen hatten, gelang
es dem Gouverneur von Yünnan, mit einem aus sieben Provinzen zusammengezogenen Heer der Bewegung Herr zu
werden. Ebenso entstand durch einen erst vor kurzem unterworfenen, früher zu Tibet gehörigen Stamm von Ureinwoh-
nern eine heftige Rebellion im Westen der Provinz Setschuan (1746). Erst nach drei Jahren war sie niedergeworfen.

Von weit größerer Bedeutung als diese Kämpfe war
der Krieg in Ili und Turkestan (1756—1761). Yung-dscheng
sowohl wie Kang-hi hatten langjährige Feldzüge in diesen
Gebieten gegen die unruhigen Mongolenstämme geführt mit
dem Erfolg, daß Ili und alles Gebiet östlich des Altai und
westlich des Tiän-schan sich in das Vasallenverhältnis zu
China fügte, während jenseits des Altai der Fürst Tse-ling beinahe unabhängig herrschte und stets auch in den unter chinesischer Oberhoheit stehenden Nachbargebieten Einfluß zu
gewinnen trachtete. Beim Tod jenes Tse-ling (1745) entstanden Thronstreitigkeiten, aus denen Dawatsi siegreich hervorging. Nach einigen Jahren kam er in Kampf mit seinem
anfänglichen Gefährten und Helfer Amusana, der gleich ihm
ein Enkel jenes Galdan (s. Seite 89) war. Amusana wurde
geschlagen, floh nach Peking und legte dem Kaiser einen
Plan vor, wie er bei dieser Gelegenheit durch Parteinahme
für ihn Ili in nähere Abhängigkeit zu China bringen könne.
Der Kaiser ging darauf ein. Zwei chinesische Armeen, insgesamt 100 000 Mann, verjagten den Dawatsi leicht; er floh
zu einem benachbarten turkestanischen Fürsten, der ihn aus-
lieferte. Die Neuordnung der Dinge, welche die Chinesen
nun in Ili vornahmen, behagte aber Amusana gar nicht; er
sah sich in seinen Hoffnungen auf die Regentschaft sehr
getäuscht und schürte nun zu einem Aufstand gegen Kiän-
lung. Die chinesischen Garnisonen wurden überwältigt, die
Kommissare verjagt. Nun wurde wieder (1757) ein größeres

Heer gegen Ili gesandt. Amusana konnte sich nicht halten und floh auf russisches Gebiet, wo er an den Pocken starb, die damals gerade so furchtbar unter seinen Landsleuten wüteten, daß sie deren Widerstandskraft wesentlich schwächten. An die Niederwerfung Ili's und der damit verbundenen Dsungarei schloß sich die des südlichen Ost-Turkestan (südlich vom Tiän-schan) an, das bisher auch nur in einem lockeren Vasallenverhältnis gestanden hatte. Zwischen Ili und diesem Teil Ost-Turkestan's (Hauptstädte Kaschgar und Yarkand) bestanden nahe Beziehungen, und es mußte den Chinesen aus strategischen Gründen viel daran gelegen sein, auch dieses Nachbarland in sichere Hand zu bekommen. Der Fürst von Kaschgar und Yarkand andererseits wurde durch seinen bei dem Aufstand in Ili beteiligten Bruder dazu angereizt, gegen die drohende Macht Chinas im voraus sich zu erheben, und so war der Krieg von beiden Seiten gegeben. Ost-Turkestan war — ebenso wie heute — ganz von Muhammedanern bewohnt, die dem chinesischen Heer energischen Widerstand entgegensetzten. Aber 1759 wurden Kaschgar und Yarkand doch im Sturm genommen, und die Unterwerfung ganz Ost-Turkestan's war damit vollendet. Der Kaiser überglücklich, kam dem Anfang 1761 zurückkehrenden Heer entgegen und ernannte den einen der siegreichen Feldherrn zum Herzog, den anderen zum Grafen.

Nicht lange danach erhielt Kiän-lung an den Grenzen der Dsumgarei noch einen beträchtlichen Zuwachs an Untertanen, denen gegenüber er in der angenehmen Lage war, nicht als Eroberer, sondern als Retter auftreten zu können. Es war der Stamm der Turguten, der ein abenteuerliches Erlebnis hinter sich hatte. Um jenem oftgenannten Galdan zu entgehen, war etwa 100 Jahre zuvor der kalmückische Stamm der Turguten (Torgot) nach Rußland ausgewandert, wo ihnen Wohnsitze an der Wolga zugewiesen wurden. Aber es war keineswegs ein Asyl, das sie bei den Russen fanden. Vielmehr wurden sie durch Steuern und noch mehr durch Rekrutenaushebungen so hart bedrückt, daß der Gedanke zur Rückkehr in die Heimat in ihnen reifte, als sie Kunde bekamen, daß unter dem mächtigen Regiment des chinesischen Kaisers dort jetzt geordnete Zustände herrschten. So machte sich denn das ganze Volk, Männer, Frauen und Kinder, zusammen eine Zahl von etwa 160 000, eines Tages auf den langen beschwerlichen Weg. Von der Mitte des Weges an, in den Steppen Zentralasiens, hatten sie furchtbar zu leiden, nicht nur durch Hunger, Durst und Krankheit, sondern noch vielmehr durch die Kosaken und Kirgisen, welche ihnen den Rückweg zu versperren und sie zurückzutreiben suchten. Als sie 1763 über die Pässe des Tiän-schan kommend schon jubelnd den Anblick des Tengis-Sees begrüßten, hatten sie an dessen Ufer noch einmal einen furchtbaren Überfall ihrer Verfolger zu bestehen, bei dem ebenso viele ertranken wie erschlagen wurden. Aber den weiteren Bedrängnissen machte das chinesische Heer ein Ende, das Kiän-lung auf die Kunde von der Rückkehr der Turguten ihnen entgegengeschickt hatte. Nur noch etwa die Hälfte des flüchtigen Volkes war übrig geblieben. Kiän-lung behandelte sie sehr freundlich, wies ihnen Wohnsitze an, erlaubte ihnen gleich den mongolischen Stämmen einen eigenen Fürsten zu behalten und gewann dadurch der Mandschu-Dynastie auch für die Zukunft anhängliche Untertanen.

Eine weitere Ausdehnung gewann die chinesische Machtsphäre, indem auch Birma tributpflichtig wurde; doch war dieser Gewinn mit schweren Opfern erkauft. Der Konflikt mit Birma entstand dadurch, daß Grenzvölkerschaften zwischen Yünnan und Birma den Chinesen Tribut zahlten, gleichzeitig aber auch heimlich an den König von Birma. Als sie nun die Zahlungen an den letzteren einstellten, drangen birmanische Truppen in die betreffenden Gebiete ein, um mit Gewalt das Bisherige zu fordern. Einige der Häuptlinge unterwarfen sich, andere riefen chinesischen Schutz an, und der Krieg begann (1765—1769). Nach erfolglosen Kämpfen, die der Gouverneur von Yünnan an der Grenze führte, drang 1768 eine größere chinesische Armee in Birma ein, ließ sich, ohne daß es zum Schlagen gekommen wäre, immer weiter in die Berge locken, bis die Vorräte knapp zu werden anfingen, und große Verlegenheit entstand. Nun wurde sie von den Birmanen umzingelt und fast gänzlich vernichtet. Der Kampf setzte sich im nächsten Jahre fort, auf beiden Seiten erfolglos. Schließlich willigte Birma aber doch ein, Tribut zu zahlen, wogegen die Chinesen alles bereits besetzte birmanische Gebiet wieder herausgaben.

Kaum war dieser Krieg beendigt, so hatte die chinesische Armee einen noch härteren Kampf zu bestehen. An der Südgrenze von Setschuan, am Goldsandfluß, lebten zwei unabhängige Stämme, ursprünglich zu den Miau-dsï in Yünnan gehörig, in ständigen Reibereien mit den sie umgebenden Chinesen; schließlich kam es zu einem regelrechten Aufruhr. Schon war ein chinesisches Corps, aus 3000 Mann bestehend, bis auf wenige vernichtet, als der General A-gui, der den Oberbefehl im Krieg gegen Birma geführt hatte, zu seiner Hilfe eintraf. Die militärischen Operationen in jener Gegend waren durch den Mangel an Wegen und durch die Unzugänglichkeit der zahlreichen Bergfestungen, die eine nach der anderen mühsam belagert und erstürmt werden mußten, sehr erschwert. Die letzte Festung, in der der geschickte und tapfere Führer der Feinde sich befand, konnte nur durch Aushungern genommen werden. Der Rest der Miau-dsï-Krieger wurde nach Ili zur Strafarbeit deportiert. Die Ausgaben dieses Feldzuges am Goldsandfluß waren ungeheuer; sie beliefen sich mit 70 Millionen Taels auf das doppelte der im Krieg gegen Ili und Turkestan gebrauchten Summen.

Das folgende Jahrzehnt sah drei lokale Aufstände: in Schantung unter der Führung eines Wang-lun, in Schensi unter den dortigen Muhammedanern und auf Formosa, dessen Bewohner von jeher sehr schwierige Untertanen gewesen waren.

In alten Zeiten zählte China auch wiederholt Annam (Cochim-China) zu seinen Tributstaaten, doch war dies nie von langer Dauer. Auch hier gelang es Kiän-lung, ein Wiederhersteller früherer Machtstellung zu sein. Im Jahre

1788 wurde nämlich der König von Annam durch seinen Minister Yüan gestürzt und floh nach China; eine günstige Gelegenheit für dieses, sich in die Verhältnisse des Nachbarn einzumischen. Der Gouverneur der Kuang-Provinzen nebst dem von Yünnan erhielten Befehl, an der Spitze einer Armee den vertriebenen König wieder einzusetzen. Dies schien zunächst ohne Schwierigkeit zu gelingen, so daß der chinesische General sorglos wurde und sich beim weiteren Vorrücken eine völlige Niederlage durch den Überfall des Gegenkönigs, des früheren Ministers Yüan, zuzog. Als darauf ein Mandschu-General mit stärkerer Macht geschickt wurde, unterwarf sich Yüan diesem. Inzwischen hatte man in China erkannt, daß dieser Yüan einen weit größeren Anhang besaß, als der schwache von ihm zum zweiten Male vertriebene König. Deshalb wurde seine Unterwerfung nicht nur angenommen, sondern er wurde jetzt sogar als König des Landes anerkannt, womit denn zugleich das alte Tributverhältnis wieder hergestellt war. Der neue Tributfürst erschien im folgenden Jahr (1789) persönlich bei Hofe, um dem Kaiser anläßlich seines 80. Geburtstages zu huldigen.

In der Reihe dieser Kriege — gegen Ili, Ost-Turkestan, Birma, Annam —, welche all eine starke Ausbreitung chinesischer Macht und chinesischen Ansehens nach dem Westen zu bedeuteten, bildet der Feldzug gegen die Gorkhas in Nepal in gewisser Weise den Höhepunkt. Denn die chinesische Armee überschritt dabei sogar den Himalaya und verbreitete den Ruhm chinesischer Macht auch unter den benachbarten ostindischen Fürsten. Die Gorkhas, der herrschende Stamm in dem heute noch unabhängigen Reich Nepal, ein kampf- und beutelustiges Volk, hatten schon 1780 einen Raubzug nach Tibet gemacht, herbeigerufen durch den Bruder des Dalai Lama, der mit diesem in Feindschaft lebte. Zehn Jahre später kamen sie wieder. Der chinesische General in Tibet fürchtete die wilden Gesellen so, daß er ihnen jährlich eine beträchtliche Summe Silber und Seidenrollen versprach, wenn sie nur abzögen. Nach Peking aber meldete er, daß die Gorkhas, erfüllt von Bewunderung für den mächtigen chinesischen Kaiser, mit Tributgeschenken gekommen seien. Im nächsten Jahr aber erschienen sie von neuem in Tibet, um ihrerseits sich ihren Tribut zu holen. Der betreffende chinesische General hatte sich inzwischen klüglich entfernt, und der neue wußte nichts von dem Abkommen, ebenso wenig wie der Dalai Lama. Nun begannen sie ein großes Rauben und Morden in Tibet. Der Kaiser, der jetzt erst von dem wahren Stand der Dinge erfuhr, beorderte sofort seinen besten General, der in Formosa den Aufstand niedergeschlagen hatte, mit 30 000 Mann nach Tibet. Die Gorkhas zogen sich unter manchen verlustreichen Gefechten durch die Berge zurück, und die Chinesen folgten ihnen ungeachtet der schwierigen Wege und Flußübergänge bis dicht an ihre Hauptstadt, wo es zu einem letzten heftigen Kampf kam. Die Gorkhas unterwarfen sich schließlich, wobei auch die englische Regierung und die benachbarten kleinen Staaten einen Druck auf sie ausübten. Sie gaben jetzt erst ihre Beute völlig heraus und verstanden sich dazu, alle fünf Jahre einen Tribut nach Peking zu entrichten, wie sie es bis heute noch tun.

Durch die gewaltigen Kriege, welche Kang-hi und Kiänlung in Zentralasien führten, haben diese Mandschu-Kaiser dem chinesischen Reiche eine Machtausdehnung gegeben, wie es sie in dem Maße und in solcher Festigkeit unter keiner früheren Dynastie erreicht hat[5]). Denn wenn auch alle jene Gebiete schon früher zeitweise als Tributstaaten Chinas gegolten hatten, so war doch die Nordostecke der Mongolei, ferner Ili und Turkestan noch nie völlig unterworfen worden, und auch die anderen hatten noch nie in dem Maße wie unter den Mandschu-Herrschern die Überlegenheit der chinesischen Waffen am eigenen Leibe gespürt, so daß sie nicht mehr daran denken durften, ihre Abhängigkeit als eine freiwillige hinzustellen. So lagerte sich denn um das eigentliche China (die 18 Provinzen) ein breiter Gürtel der abhängigen Staaten,

---

[5]) Auf sechs Steindenkmälern im Hof des Konfuziustempels in Peking sind die Kriegstaten dieser Kaiser beschrieben.

die auch in ihrem heutigen, gegen damals bedeutend geschmälerten Umfang China selbst um mehr als das Doppelte an Größe übertreffen. Dieser breite Gürtel mit dem Hochplateau im Norden und den riesigen Gebirgsmauern im Westen war zugleich in jener verkehrsmittelarmen Zeit ein fast undurchdringlicher Wall gegen alle die Völkerschaften, die in nebelhafter Ferne sich noch um diese Linie herumlagerten, während im Süden und Osten das noch von keinem schnellen Dampfschiff durchfahrene Meer einen ebenso gewaltigen Abstand zu den „fernen Inseln" bildete. Man muß einmal in dieser Weise das Weltbild sich vorzustellen versuchen, das der chinesische Kaiser — um ihn als Vertreter der Chinesen überhaupt zu nehmen — sich bilden mußte, nicht aus einer von vornherein hochmütigen Einbildung heraus, sondern auf Grund der Tatsachen, wie er sie von altersher als Überlieferung kannte und selbst in einer langen Regierung erlebt hatte, und man wird es begreiflich finden, daß der Chinese damals noch immer wie in alter Zeit China als das „Reich der Mitte", schlechthin als „das was unter dem Himmel ist" betrachtete. Und man wird es zugleich verstehen, daß der unumschränkte Herrscher über dies unermeßliche Gebiet andere Fürsten, die noch außerhalb der Tributstaaten irgendwo herrschen mochten, nicht als gleichberechtigte Souveräne anerkannte. Es konnte begrifflich nur e i n e n Himmelssohn auf Erden geben. Dieses Weltbild hat, wie allen bekannt, viel Hochmut und Dünkel erzeugt, und unter den Mandschus nach Kang-hi hat sich das gegen früher nur noch gesteigert. Dennoch wird man in dem späteren Zusammenbruch dieses Weltbildes vor den europäischen Kanonen und der in reale Macht jeder Art umgesetzten europäischen Geistesrichtung das zugleich tragische Schicksal nicht verkennen, das immer da vorhanden ist, wo an der Wende großer Epochen eine bisher unbezweifelt geltende, auf die Ordnung des Himmels sich berufende Weltanschauung von einer anderswo geborenen, wie als Umsturz aller bestehenden Ordnung erscheinenden, in seiner Tiefe noch unverstandenen neuen Weltbewegung erschüttert wird.

Kiän-lung indes konnte sich noch der unerschütterten Geltung des alten Weltbildes erfreuen, und dementsprechend war sein Verhalten in den auswärtigen Beziehungen. Den Russen wurde die im Vertrag von Kiachta zugestandene Handelserlaubnis im Jahre 1785 wieder entzogen, weil Zwistigkeiten bezüglich der Bestrafung von russischen Räubern entstanden waren. Im Jahre 1792 wurde jedoch der Handel in der früher beschränkten Weise wieder eröffnet, und dabei den Russen wegen der Bestrafung von Verbrechern Zugeständnisse gemacht. Der erste der bei dieser Gelegenheit aufgestellten Paragraphen gibt ein gutes Beispiel für die Auffassung der chinesischen Regierung von ihrer Stellung anderen Regierungen gegenüber. Es verdient dabei hervorgehoben zu werden, daß die Russen sich diese Auffassung ihrerseits auch durchaus gefallen ließen, einesteils weil sie sich der chinesischen Macht damals nicht gewachsen fühlten, zum andern, weil sie sich keinesfalls den großen Vorteil des Handels entgehen lassen wollten. Jener Paragraph lautet:

„Von dem Handelsabkommen in Kiachta hat China keine Vorteile gehabt. Da aber der große Kaiser allen Menschen gleichmäßig seine Liebe zuwendet, erträgt er es nicht, daß die Untertanen Eueres Reiches Mangel leiden (nämlich durch die Sperre des Handels); dazu hat Euere Behörde laut darum gebeten (den Handel wieder zu eröffnen). So wird es hiermit genehmigt. Wenn aber noch einmal Zwist entsteht, dann ist alle Hoffnung auf Wiedereröffnung des Handels vergebens."

Der Seehandel war im 17. Jahrhundert noch beinahe ganz auf die Portugiesen in Macao beschränkt. Erst seit Beginn des 18. Jahrhunderts begann Kanton zu dem Platz zu werden, der den Handelsaustausch mit den Schiffen verschiedener Nationalität vermittelte. Doch blieb die Zahl der ankommenden Schiffe lange Zeit noch sehr gering. Sie betrug für 1736, das Jahr der Thronbesteigung Kiän-lung's, nicht mehr als 10 (4 Engländer, 2 Franzosen, 2 Holländer, 1 Schwede und 1 Däne); 1751 nicht mehr als 18. Die chinesische Regierung in Kanton, die ja in der Lage war, die Bedingungen vorzuschreiben, unter denen man die Anwesenheit der Fremden dulden wollte, regelte den Handel in der Weise, daß einer bestimmten Anzahl der chinesischen Kaufleute — die Höchstziffer betrug 13 — das ausschließliche Recht verliehen wurde, mit den Fremden Handel zu treiben[6]). Sie hatten dafür eine hohe Abgabe zu entrichten und den chinesischen Beamten gegenüber die volle Verantwortlichkeit für das gesetzmäßige Betragen der Fremden auf sich zu nehmen. Die Fremden ihrerseits waren völlig auf diese „Hong-Kaufleute" angewiesen; sie durften nur von ihnen kaufen und an sie verkaufen, und zwar nur in den Faktoreien, welche am Ufer des Perlflusses außerhalb der Tore Kantons errichtet waren[7]). Sie waren ferner für jeglichen Verkehr mit den chinesischen Beamten lediglich auf die Vermittlung dieser Kaufleute angewiesen. Es war streng untersagt und gänzlich unmöglich, daß sie etwa Anfragen oder Beschwerden direkt an die chinesischen Beamten richten konnten.

Unter den Faktoreien war die englische die erste (1715), die französische die zweite (1728); ihre höchste Zahl betrug 13. Sie waren Eigentum der Hong-Kaufleute und an die Fremden lediglich vermietet. Auch durften diese nur während der Handelssaison sich in ihnen aufhalten; war diese vorüber, dann mußten sie alle nach Macao zurückkehren, wo sie ihre eigentlichen Wohnungen hatten, und von dort aus beim Eintreten der nächsten Saison jedesmal von neuem ihre Gesuche einreichen, zu den Faktoreien von Kanton hinaufkommen zu dürfen. Die Handelssaison selbst

---

[6]) Sie bildeten seit 1720 eine besondere Gilde, Co Hong genannt (Hong = Firma).

[7]) Morse, der die umfassendste Untersuchung auch über diese Verhältnisse geliefert hat (The international relations of the Chinese Empire, 1910) erinnert daran, wie die Beschränkung der Handelsmöglichkeit auf die Kaufleute der betreffenden Gilde und zugleich die Beschränkung der Fremden in ihrer gewöhnlichen Bewegungsfreiheit ihre Parallele in den mittelalterlichen Gildenvorschriften für die fremden Kaufleute hat; Vorschriften die in England bis in das 15. Jahrhundert, in anderen Ländern noch beträchtlich länger bestanden haben.

hing von dem Eintreffen der Schiffe ab, welche mit dem Süd-
west-Monsun kamen (gewöhnlich Ende Oktober) und im
Frühjahr mit dem Nordost-Monsun wieder gingen. Frauen
durften die Faktoreien überhaupt nicht betreten. Die Fremden durften die Faktoreien, nachdem einmal eine Saison
begonnen hatte, den Vorschriften nach überhaupt nicht verlassen, es sei denn in Begleitung eines für sie verantwort-
lichen chinesischen Dolmetschers. Wie im Großhandel, so
waren sie auch in den kleinen Artikeln des täglichen Lebens-
bedarfs beim Kauf an die Vermittelung eines Hong-Kauf-
manns gebunden, der ihnen auch ihre Köche, Dienstboten
usw. verschaffen. Es war den Chinesen untersagt, von sich
aus sich den Fremden zu irgend welchen Dienstleistungen
zu verdingen, auch nicht als Lehrer oder Dolmetscher. Selbstverständlich unterstanden die Fremden auch der chinesischen
Gerichtsbarkeit. Die Roheit des europäischen Schiffsvolkes,
bei dem es infolge der verschiedenen Nationalitäten auch
zu gegenseitigen Schlägereien kam[8]), der Ärger über die
Beschränkungen der persönlichen Bewegungsfreiheit und das
hochmütige, leicht gereizte Wesen der Kantonesen führte
zu manchen Konflikten, bei denen es auch Verwundungen
und Todesfälle gab. Unerbittlich forderten die chinesischen
Beamten, daß jeder Totschlag eines Chinesen durch den
Tod eines Fremden bestraft werde. Die Engländer hatten
gegen diesen Grundsatz nichts einzuwenden, ihre eigenen
damaligen Strafgesetze über die Tötung eines Menschen
waren sogar noch härter als die chinesischen. Aber Widersprüche ergaben sich vor allem in dem Punkt, daß die Engländer, welche von Jahr zu Jahr immer mehr in den Vordergrund traten[9]), die Gesetze nur für die wirkliche Person des

---

8) Trotzdem die Matrosen eigentlich ihre Schiffe oder den Bezirk der Faktoreien nicht verlassen durften, bestanden in den Chi-
nesengäßchen neben den Faktoreien doch Schnapskneipen und
schlechte Lokale genug, welche sich den Besuch des fremden Schiffsvolkes um des Geldgewinns willen wohl gefallen ließen.

9) 1789 war die Zahl der fremden Schiffe in Kanton auf 86 gestiegen, davon waren 61 englisch, 15 amerikanisch. — Die Amerikaner

Schuldigen gelten lassen wollten, während der das chinesische
Recht in Theorie und Praxis durchaus beherrschende Grundsatz von der Stellvertretung und Verantwortlichkeit den betreffenden Kapitän oder Vorsteher der Faktorei haftbar
machte, wenn die wirkliche Person des Schuldigen angeblich
oder in Wirklichkeit nicht ausfindig gemacht werden
konnte[10]). Auch in den Fällen, wo ein Europäer von einem
anderen erschlagen wurde, forderte die chinesische Justiz
den Tod des Schuldigen[11]). Andererseits wurde von den
chinesischen Beamten auch stets der Tod eines Fremden
durch den Tod des schuldigen Chinesen gesühnt. Was die
fremden Kaufleute bei dem Handel in Kanton am drückend-
sten empfanden, waren die hohen Abgaben, die sie zu zahlen
hatten, und noch mehr die Willkür, der sie dabei ausgesetzt
waren. Zu den mancherlei nicht durch Kaiserliches Gesetz
bestimmten Abgaben gehörte das sogenannte Geschenk —
etwa 2000 Taels betragend — das bei Ankunft eines Schiffes
vor allen weiteren Verhandlungen entrichtet werden mußte.
Alle ankommenden Schiffe mußten zunächst Macao anlaufen
und von da die Erlaubnis sich erkaufen, nach Whampoa

---

nahmen übrigens nicht nur durch ihren Freihandel eine besondere
Stellung unter den Schiffen der übrigen Nationen ein, sondern auch
dadurch, daß sie sich jederzeit ohne Widerspruch den Forderungen
der Chinesen in Justizfragen fügten.

[10]) Im Jahre 1784 ereignete sich folgender Fall. Durch den
Salutschuß eines englischen Schiffes war ein Chinese verletzt worden
und starb. Wer der eigentliche Schuldige sei, war nicht festzustellen.
Daraufhin wurde der Handelsvorsteher des Schiffes festgenommen
und in die Stadt gebracht; da er unter allen Umständen haftbar sei
für das, was auf seinem Schiff vorgehe. Um seine Befreiung zu
erreichen, willigte man schließlich ein, den Feuerwerker des betreffenden Geschützes auszuliefern; er wurde auf Befehl von Peking
bald darauf hingerichtet. Solche Fälle kamen bei anderen Nationen noch häufiger vor, die lieber einen Unschuldigen sterben ließen
als daß sie auf den gewinnbringenden Handel verzichteten.

[11]) Der erste derartige Fall geschah im Jahre 1780, als ein
französischer Matrose, der einen Portugiesen erschlagen hatte, den
chinesischen Beamten ausgeliefert und öffentlich erdrosselt wurde.
Erdrosselung ist in China eine mildere Form der Todesstrafe als
Enthauptung.

heraufzukommen. An der Bocca Tigris wurde die Größe des Schiffes sorgfältig ausgemessen; denn nach ihr richtete sich die Höhe der Zollabgaben. Derjenige Beamte, in dessen Hand die Regelung dieser Abgaben lag, war der sogenannte Hoppo (Hai-guan-bu), der Verwalter des Seezolls, der im Rang dem Vizekönig am nächsten stand. Der fremde Handel brachte ihm ganz bedeutende Einnahmen, tarifmäßige und untarifmäßige, von denen er natürlich beträchtliche Teile nach Peking abliefern mußte. Außer ihm suchten aber auch der Generalgouverneur, der Gouverneur und viele andere ihren Gewinn durch die Fremden zu machen. Wenn die Beamten sich dabei auch vor allem an die Hong-Kaufleute hielten, indem sie von diesen hohe Summen forderten, so wurden doch zuletzt immer wieder die Fremden selbst dadurch gedrückt. Erschienen die Forderungen gar zu hoch, dann drohten wohl die Fremden damit, daß sie überhaupt nicht mehr nach Kanton kommen würden, und zogen auch manchmal, um zu zeigen, daß es ihnen ernst sei, ihre Schiffe an die Bocca Tigris zurück, was auch in solchen Fällen geschah, in denen man sich etwa wegen der Jurisdiktion nicht einigen konnte. Dasselbe Mittel der Handelssperre wandten die Chinesen aber auch ihrerseits oft genug an, wenn bei einem strittigen Punkt keine Einigung erreicht wurde. Beide Parteien hielten meistens diesen Zustand nicht lange aus, da der Handelsvorteil doch über alles ging. Um 1755 versuchte die Englisch-Ostindische Kompagnie von neuem mit großer Energie, in Amoy und Ningpo Handelsbeziehungen anzuknüpfen, um nicht mehr allein auf Kanton angewiesen zu sein. Da wußten die Kantoner hohen Beamten den Kaiser zu dem Edikt von 1757 zu bewegen, welches im Gegensatz zu dem Edikt Kang-hi's vom Jahre 1685 Kanton als den alleinigen Platz erklärte, wo in Zukunft ein Handel mit den fremden Kauffahrteischiffen stattfinden dürfe. Das war eine bedeutende Stärkung für die Kantoner Beamten in den ständigen Reibereien, die zwischen ihnen und den Fremden[12])

---

[12]) Daß das Auftreten der Fremden selbst sehr viel zu wünschen

stattfanden. Ungeachtet jenes Kaiserlichen Ediktes versuchte Flint, der Agent der Englisch-Ostindischen Kompagnie, 1759 von neuem, in Ningpo einen Handel zuwege zu bringen. Er wurde aber ausgewiesen und beschloß nun, dem Kaiser direkt eine Denkschrift zu übermitteln, welche die Beschwerden und Bitten der englischen Kaufleute enthielt. In Tientsin wurde er festgenommen und nach Kanton zurückbefördert. Trotzdem fand seine Denkschrift den Weg zum Kaiser, und zwar mit dem Erfolg, daß dieser die weitere Erhebung jenes sogenannten Geschenkes verbot und einen Kommissar zur Untersuchung der Verhältnisse nach Kanton schickte. Kaum aber war dieser wieder fort, als Flint von dem Vizekönig festgenommen wurde zur Strafe für seinen Ungehorsam gegen das Kaiserliche Edikt von 1757. Da die Ostindische Kompagnie das geforderte Lösegeld nicht für ihn zahlen wollte, blieb er zwei Jahre lang im Gefängnis und wurde dann des Landes verwiesen. Was die damaligen Handelsartikel anbetrifft, so blieb die Einfuhr in China hinter der Ausfuhr weit zurück. Bei dieser nahm Tee mit 60 Prozent den Hauptteil ein; danach kamen Seide, Porzellan und Kunstgegenstände; bei jener stand Baumwolle voran. Als Einfuhrartikel ist auch das geprägte Silber zu betrachten. Denn die Fremden machten sich den ungewöhnlich hohen Zinsfuß zunnutze, der in China üblich ist (2 bis 5 % im Monat), und liehen ihr Kapital aus. Im Jahre 1782 war einer der Hong-Kaufleute mit beinahe vier Millionen Dollar den Fremden verschuldet und machte bankrott. Ein kaiserliches Edikt befahl, daß diese Schuldsumme dem fremden Gläubiger voll und unverzüglich ausgezahlt würde, verbot aber zugleich

---

übrig ließ, beweist unter anderem die Instruktion, welche allen Mitgliedern der Gesandtschaft Lord Macartneys auf den Weg mitgegeben wurde. Sie werden darin zu einem anständigen Benehmen den Chinesen gegenüber aufgefordert, damit diese eine bessere Meinung von den Engländern bekämen, „denn der Eindruck, den die Chinesen jetzt infolge der von den Engländern begangenen Unregelmäßigkeiten hätten, sei so ungünstig, daß man sie sogar für die schlechtesten aller Europäer halte."

für die Zukunft den Hong-Kaufleuten Anleihen bei den Fremden zu machen. Trotzdem geschah dies weiter und wurde der Anlaß zu manchen neuen Schwierigkeiten in den gegenseitigen Beziehungen, obwohl noch mehr als einmal die chinesische Regierung dafür sorgte, daß die gemachten Schulden bezahlt wurden.

Im Jahre 1741 erschien zum erstenmal ein englisches Kriegsschiff „Centurion", auf einer Weltumsegelung begriffen, an der Mündung des Perlflusses. Kriegschiffen war es überhaupt verboten, den Fluß hinauf zu fahren. Aber dessen ungeachtet segelte der Kapitän des „Centurion" ohne weiteres durch die Bocca Tigris hindurch und verlangte, den Vizekönig persönlich zu sprechen, da es seine Pflicht als englischer Seeoffizier sei, ihm seinen Respekt zu bezeugen. Die Beamtenschaft ließ sich in diesem einen Fall ganz verblüffen, und der Vizekönig verstand sich dem Kommandanten der „Centurion" gegenüber wirklich zu einer Audienz, in der er den kühnen Eindringling „mit kaltem Tee und eiskalter Etikette" bewirtete. Nachträglich mag er wohl eine Parallele zwischen dem Auftreten dieses ersten englischen Kriegsschiffes und dem des ersten englischen Kauffahrteischiffes (s. S. 66) gezogen haben. Unter den während der Wintermonate auf dem Perlfluß wehenden Flaggen war einige Male auch die preußische vertreten. Um seiner Kasse eine Einnahme mehr zu verschaffen, hatte nämlich Friedrich der Große an die „Asiatische Handelsgesellschaft" mit dem Sitz in Emden das Recht verliehen, seine Flagge zu führen. Das erste Schiff dieser preußisch priviligierten Handelskompagnie, der „König von Preußen", lag während des Winters 1752/1753 vor Kanton[13]). Im folgenden Jahre war es der „Prinz von Preußen"; der „König von Preußen" kam noch einmal wie-

[13]) Als der Hoppo die preußische Flagge zu Gesicht bekam, soll er gesagt haben: „Wir haben dergleichen großen Vogel schon ehemals hier gesehen (österreichische bezw. belgische Schiffe), aber ihm keine Dauer zugetraut, weil er zwei Köpfe hatte. Dieser große Vogel, der nur einen Kopf hat, wird es länger aushalten."

der, aber bereits im Jahre 1755 löste sich die Asiatische Handelsgesellschaft wieder auf. Die mancherlei Beschränkungen, denen der europäische Handel mit China dauernd ausgesetzt blieb, führten gegen Ende der Regierung Kiän-lung's die englische Regierung zu dem bemerkenswerten Entschluß, durch eine besondere Gesandtschaft an den chinesischen Hof eine Besserung dieser Verhältnisse zu erstreben. Die Direktoren der Englisch-Ostindischen Kompagnie begrüßten diesen Entschluß der englischen Krone nur mit geteilter Freude. Denn sie fürchteten, ein zu energisches Geltendmachen der betreffenden Wünsche und Forderungen könnte den gegenteiligen Erfolg haben und die chinesische Regierung veranlassen, den Handel überhaupt zu verbieten, der doch trotz allem eine Quelle steigenden Gewinnes für die Kompagnie war. Die englische Regierung blieb indes bei ihrer Absicht. Die sorgfältig vorbereitete und glänzend ausgestattete Gesandtschaft verließ unter Führung des Lord Macartney England am 26. September 1792 und traf an der Peiho-Mündung am 5. August 1793 ein. Dort wurden die Engländer von Abgesandten Kiänlung's freundlich empfangen, wurden aber die ganze Reise über durchaus als eine tributbringende Gesandtschaft behandelt. „Ein Tributbringer aus England" stand auf den Flaggen der Dschunken, auf denen sie den Peiho hinaufsegelten. Auch machte man Lord Macartney bei Zeiten und wiederholt darauf aufmerksam, daß er bei der Audienz vor dem Kaiser den Kotu zu vollziehen habe. Dieser erklärte sich unter der Bedingung dazu bereit, daß ein ihm im Rang gleichstehender chinesischer Beamter dieselbe Verehrung dem Bild seines Königs erweise. Kiän-lung hielt sich damals in Jehol auf, wo Macartney mehrere Audienzen hatte; nach chinesischem Bericht hat dieser dabei, um den Hauptzweck seiner Reise nicht zu schädigen, sich zum Kotu verstanden, nach englischem Bericht vor dem Kaiser nur das Knie gebeugt wie vor seinem eigenen König. Kiän-lung behandelte den Gesandten sehr freundlich, erwiderte die Geschenke Georg III. reichlich, versicherte Lord Macartney seiner Hochschätzung für seinen Souverän, aber die den Handel betreffenden Fragen, um dessentwillen die ganze Gesandtschaft in Szene gesetzt war, wurden überhaupt kaum erörtert, und jedenfalls wurde nicht ein einziger Punkt erledigt. Die Auffassung von dem chinesischen Kaiser als dem Himmelssohn, der zwar den Fremden Gnade erweisen, nie aber von ihnen durch Verträge sich könne binden lassen, kam der englischen Gesandtschaft gegenüber voll zum Ausdruck. Lord Macartney hatte gehofft, noch den ganzen Winter über in Peking bleiben zu können, aber es wurde ihm bedeutet, daß der Zweck seiner Reise erfüllt sei, nachdem er die Tribut-geschenke abgegeben habe. Der Krieg Englands mit Napoleon gab Lord Macartney noch einen willkommenen Vorwand zu scheinbar freiwilliger Abreise (Oktober 1793); in Wahrheit mußte er gehen, und zwar auf dem Land- bezw. Kanalweg nach Kanton. Dabei blieb aber das Benehmen der Chinesen bis zuletzt stets höflich und respektvoll; so salutierten bei der Ankunft der Gesandtschaft in Kanton alle Festungswerke und Kriegsdschunken. 1794 kehrte die Gesandtschaft zurück. Obwohl sie ihren eigentlichen Zweck durchaus nicht erreicht hatte, blieb es doch nicht ohne Wirkung auf die Beamtenschaft in Kanton, daß die Fremden ihren Weg zum Kaiserhof direkt gefunden hatten und dort gut aufgenommen worden waren. Höher als dies ist aber der indirekte Wert zu schätzen, den diese Gesandtschaft für die Engländer gehabt hat. Denn durch alles das, was sie gesehen und erlebt hatten und zu Hause dann verbreiteten, wurde England der ferne Osten und das dort harrende Problem bedeutend näher gebracht und die künftigen Ereignisse innerlich vorbereitet. Den Engländern folgend, schickte die holländisch-batavische Regierung 1795 ebenfalls eine Gesandtschaft nach Peking; die Holländer hofften durch größere Unterwürfigkeit mehr erreichen zu können, mußten aber ebenso unverrichteter Sache abziehen und hatten nur den Nachteil, entsprechend ihrem eigenen Auftreten auch demütigend behandelt zu werden.

Erfuhren die fremden Kaufleute in Kiän-lung's eigener

Auffassung immerhin noch seine Gnade, so ließ er die fremden Missionare, die sich trotz des Verbots noch in den Provinzen aufhielten, gleich zu Beginn seiner Regierung in derselben ,Weise wie sein Vater seine allerhöchste Ungnade fühlen. Die Missionare ließ er einkerkern und ihre Gemeinden zersprengen; erst 1785 erhielten die noch lebenden unter ihnen die Erlaubnis, das Land zu verlassen.

Dem Haß gegen die fremde Religion entsprach Kiänlung's fast schwärmerische Verehrung für alles, was echt chinesisch war. So hatte besonders die chinesische Literatur an ihm einen großen Förderer. Er veranlaßte mehrere Sammlungen und Ausgaben seltener Werke und ließ frühere Sammelwerke, zum Teil vermehrt, neu herausgeben. So z. B. ein reich illustriertes Werk über chinesische Kunst in 42 Foliobänden, die große Gesetzessammlung Da-tsing-lü-li, ein heute noch vielverbreitetes Compendium der äußeren und inneren Medizin (I-dsung-gin-giän) und vieles andere. Allen Spuren des chinesischen Altertums ging er mit Interesse nach; ein Zeugnis dessen ist z. B. der Gedenkstein, den er in der Nähe von Peking an der Stelle setzen ließ, welche als der Ort der alten Hauptstadt des Fürstentums Ki festgestellt war. Derartige Gedenksteine, mit selbstverfaßten kunstgerechten Sprüchen und Gedichten versehen, ließ er überhaupt reichlich anbringen. Man sieht einen solchen in einem Pavillon an dem Lotosteich in Tsinanfu, desgleichen auf dem Tsinanfu gegenüberliegenden „Tausend-Buddha Berg". Kiän-lung war oft in Schantung; elfmal hat er eine Reise zum Taischan unternommen, auf dem in Inschriften und Widmungen die Spuren seiner Anwesenheit besonders zahlreich aufbewahrt sind, und für dessen Heiligtümer ,er wiederholt größere Aufwendungen gemacht hat. Ebenso besuchte er Küfu oft; einmal stiftete er dabei aus seiner eigenen Sammlung dem Konfuziustempel zehn große Bronzegefäße, die noch aus der Dschou-Zeit stammen. Bei seinen Reisen pflegte er eine Art von Gelehrten- und Dichterturnieren abzuhalten, indem er alle Studierten des betreffenden Bezirkes zusammenkommen ließ und denen, die das beste Poem zu Stande brachten, wozu er selbst die Themata stellte, akademische Würden und Ämter verlieh. In welchem Maße Kiän-lung die alten Klassiker heilig hielt, dafür sind auch die langen Reihen der 200 Granittafeln im Hof des Konfuziustempels in Peking ein Zeugnis, in die der Kaiser den gesamten Inhalt der Klassiker Wort‵ für Wort einmeißeln ließ. Man darf diese Tat Kiän-lung's zugleich als ein Symbol der Versteinerung bezeichnen, welche der Konfuzianismus im Laufe seiner langen Geschichte erfahren hat. Ein Markstein dieser Versteinerung war bereits Dschu-hi in der Sung-Zeit. Aber nach ihm wurde die Freiheit eigenartiger Gedanken oder auch nur die Abweichung von der orthodoxen Auslegung der national heiligen Schriften immer mehr unmöglich gemacht, und die Mandschu-Dynastie, besonders wieder Kiän-lung, hat diesen Prozeß noch ganz direkt gefördert. Die Mandschu-Dynastie hat auf Konfuzius Ehren gehäuft wie keine andere zuvor, bis zu seiner Vergottung im Jahre 1906; nicht sowohl aus literarischer Begeisterung — obwohl bei Kiän-lung und Kang-hi auch das mitspielte — sondern weil sie im Konfuzianismus, wie er sich als Staatsdogma herausgebildet hatte, das Knochengerüst des ganzen staatlichen Organismus und damit die Garantie für die Sicherheit ihrer eigenen Herrschaft verehrte.

In der Kunstproduktion bedeutet Kiän-lung's Zeit den letzten Höhepunkt, wenn auch bereits die absteigende Linie beginnt. Dagegen kommt in seiner Epoche die Einwirkung chinesischer Kunst auf die europäische zu voller Höhe. Im 17. und 18. Jahrhundert waren chinesische Porzellane, Lackarbeiten, Teppiche, Schnitzereien und Artikel zierlicher Kleinkunst (die Chinoiserien) massenhaft ausgeführt worden und begannen nunmehr den europäischen Geschmack zu beeinflussen. An der Entstehung des Rokoko-Stils in Europa hat China keinen geringen Anteil. Die eifrigen Versuche, das Geheimnis der Porzellanbereitung zu finden, hatten seit 1709 in Meißen zum Ziel geführt. Und zum erstenmal in jener Zeit entdeckt man in Europa zugleich die eigenartigen Schätze chinesischen Geisteslebens, und die führenden Geister der

Epoche wie Leibniz, Voltaire, Goethe erfüllt diese Entdeckung mit Erstaunen und Bewunderung[14]).

Nur von außen betrachtet, muß die Regierung Kiän-
lung's als eine der glänzendsten Epochen der chinesischen
Geschichte erscheinen. Sie war es auch in vieler Hinsicht.
Aber die tiefer eindringende Betrachtung entdeckt zugleich
in jener Epoche die Anzeichen eines starken inneren Zerfalls.
Es scheint, als ob China damals erreicht hätte, was es
ohne Zufluß neuer Kräfte aus sich heraus erreichen konnte;
aber nun beginnt eine innere Fäulnis. Das zeigt sich vor
allem bei den Beamten. Mögen die Klagen über ihre Bestechlichkeit und ihre Erpressungen schon alt sein, so ist
doch etwa von der Mitte der Regierungszeit Kiän-lung's
ab eine der vorhergehenden Epoche nicht bekannte allgemeine Pflichtvergessenheit und Habsucht der Beamtenschaft
zu konstatieren. Und der Kaiser selbst ist von Schuld daran
nicht frei zu sprechen. Nicht nur daß er prachtliebender
und mehr auf das Äußere gerichtet war als seine Vorgänger,
die ihre Tüchtigkeit nicht zum wenigsten ihrer Einfachheit
verdankten; er hat auch den verderblichen Einfluß der Eunuchen auf die Staatsgeschäfte, den seine Vorgänger ebenfalls
energisch beseitigt hatten, wieder aufkommen lassen. Und
er hat während seiner ganzen Regierung einem Mann den
höchsten Einfluß überlassen, dem Mandschu Ho-schen, der
in nichtswürdigster Weise seiner Habsucht frönte und —
schlimmer als dies — die anderen hohen Beamten indirekt
fast zwang, seinem Vorbild zu folgen. Denn die hohen
Beträge, die alle Bewerber um ein hohes Amt ihm zahlen

---

[14]) Siehe Goethes Urteil über einen chinesischen Roman in
den Gesprächen mit Eckermann: Er sei garnicht so fremdartig, bemerkte Goethe, wie man glauben sollte. „Die Menschen denken,
handeln und empfinden fast ebenso wie wir und man fühlt sich sehr
bald als ihresgleichen . . .; es ist bei ihnen alles verständig, bürger-
lich, ohne große Leidenschaft und poetischen Schwung und hat dadurch viele Ähnlichkeit mit meinem „Hermann und Dorothea".
Voltaire dichtete das chinesische Drama „Die Waise aus dem
Hause Dschou" zu seinem „L'Orphelin dela Chine" um und richtete
eine Huldigungsepistel an Kiän-lung.

mußten, veranlaßten diese dann wiederum, diese Summe
von den niederen Beamten und letzten Endes aus dem Volk
herauszupressen. Wer aber etwa seinem System sich widersetzte, den verfolgte er mit seiner Rache. So hatte er schließlich 80 Millionen Taels und Scheffel von Edelsteinen gesammelt, aber Kiän-lung merkte nichts und ließ einen Zensor,
der Ho-schen's Betrügereien aufdeckte, sehr seine Ungnade
fühlen. Das hatte vollends zur Folge, daß die Korruption
in dieser Hinsicht zur Selbstverständlichkeit wurde. Auch
ein Zeichen des eintretenden Verfalls unter der Beamtenschaft ist der von der zweiten Hälfte der Regierung Kiän-
lung's ab außerordentlich sich steigernde Verbrauch von
Opium[15]).

In dem Volk aber sammelte sich immer mehr eine
Unzufriedenheit und Erbitterung an, deren furchtbarste Ausbrüche Kiän-lung's Nachfolger und das ganze folgende Jahrhundert auszukosten hatte. Es ist nicht so, wie später noch
deutlicher hervortreten wird, daß die in der Neuzeit offenbar gewordene Ohnmacht Chinas nur eine Folge des Zu-
sammenstoßes mit den Westmächten ist und nur im Vergleich mit diesen besteht; China selbst und die Mandschu-
Herrschaft hat etwa seit der Mitte des 18. Jahrhunderts
innere zersetzende Faktoren in sich, die von sich allein aus
zu Katastrophen führen mußten.

Kiän-lung legte die Regierung, die er 60 Jahre lang geführt hatte, am Neujahrstage 1796 (6. Februar) nieder; ein
Ausdruck der Pietät für seinen Großvater Kang-hi, da er nicht

---

[15]) Das Opium soll schon sehr früh durch buddhistische Mönche
nach China gekommen sein, die es als ein Geheimmittel zur Unterstützung asketischer Übungen brauchten. Nachweislich eingeführt
wurde es seit der Tang-Zeit durch arabische Händler (das in Yünnan
heute noch gebrauchte Wort für Opium ist ein arabisches Lehnwort),
diente aber lange Zeit nur zu medizinischen Zwecken und wurde
nicht geraucht, sondern gegessen. Die Gewohnheit des Opiumrauchens
ist als eine Folgeerscheinung des Tabakrauchens aufgekommen, welch
letzteres den Chinesen erst durch die Spanier ungefähr um das Jahr
1620 vermittelt wurde und sich trotz des Protestes der Kaiser am
Ende der Ming- und Anfang der Tsing-Dynastie schnell einbürgerte.

länger als dieser den Thron inne haben wollte, obwohl er noch eine bewundernswerte körperliche und geistige Rüstigkeit besaß. Er starb drei Jahre später, am 8. Februar 1799.

5. Gia-king (1796—1820), und Beginn der Regierung Dau-guang. Erschütterung des Reiches in Revolutionen.

Moderne chinesische Geschichtsbücher machen mit dem Ende der Regierung Kiän-lung's einen großen Absatz und beginnen den letzten Abschnitt der gegenwärtigen Dynastie — wobei die allerneuste Zeit überhaupt noch nicht berührt zu werden pflegt — unter der Überschrift: Die Unglückszeit. In der Tat reiht sich seit dem letzten Jahre Kiän-lung's für China ein Unglück an das andere, und der Niedergang seiner im 18. Jahrhundert nach innen und außen so glänzend erscheinenden Machtstellung geht das ganze folgende Jahrhundert hindurch mit gewaltigen Schritten vor sich. Unter Gia-king erscheint das Unglück in Revolutionen, unter Dauguang vor allem in dem Zusammenprall mit den Westmächten; seitdem gemeinsam sowohl in inneren Erschütterungen als in den Verlusten an die Fremden.

Die allgemeinen Ursachen für die noch im letzten Jahr Kiän-lung's beginnenden und fast während der ganzen Regierungszeit Gia-king's sich fortsetzenden Rebellionen sind in der Darstellung der Regierung Kiän-lung's bereits erwähnt worden (s. S. 116). Zunächst, noch im Jahre 1795,

---

Opium wurde dem Tabak zunächst wiederum nur aus medizinischen Gründen als ein Gegengift gegen Malaria beigemischt, bald aber lediglich zu dem Zweck, um die narkotische Wirkung des Tabaks zu erhöhen. Seit 1688 stand ein Zoll auf Opium. Yung-dscheng erließ 1729 das erste Edikt gegen das Opiumrauchen. Indes betrug damals bis etwa 1760 der Import nicht mehr als 200 Kisten jährlich. Dann aber steigerte er sich im Zusammenhang mit dem Anbau in Indien so schnell, daß er gegen das Ende des Jahrhunderts schon mehr als das Zwanzigfache betrug; um diese Zeit fing auch erst die Gewohnheit an, das Opium für sich allein, nicht in der Mischung mit Tabak zu genießen.

kam es zu einer Empörung der Miau-dsï an den Grenzen von Hunan und Kuitschou. Diesen war schon durch Yungdscheng ihre frühere relative Selbständigkeit unter eigenen Beamten genommen worden. Was sie jetzt zum Aufstand trieb, war vor allem der Umstand, daß immer mehr Chinesen in ihr Gebiet zogen und sich ihr Land — nicht immer rechtmäßig — aneigneten. Es handelte sich im Grunde um einen Kolonialkrieg, wie solche in China von den ältesten Zeiten her sowohl an den Grenzen als gegen die noch nicht völlig unterworfenen Stämme im Innern geführt worden sind. Der Leiter des Aufstandes war Wu-ba-yü aus Kiän-dschou (Hunan), welche Stadt auch zuerst in die Hände der Rebellen fiel. Die Empörung griff bald nach Setschuan über. In jenen Gegenden lebte noch die Erinnerung an den großen Aufstand Wu-san-gui's gegen die Mandschus, und Wu-ba-yü benutzte die Gleichheit seines Familiennamens mit dem des großen Vorgängers, um sich als dessen Nachfolger auszugeben und dessen Geist von neuem zu beschwören. Doch fiel er bereits im ersten Jahre und nicht lange nach ihm sein Sohn. Der Kampf gegen die Truppen der Generalgouverneure von Hunan und Hupe, Setschuan und Yünnan setzte sich indes noch jahrelang fort. Die Truppen hatten nicht nur durch die Rebellen, sondern auch durch Krankheiten in dem ungewohnten Klima sehr zu leiden. Erst 1799 war leidliche Ruhe hergestellt.

Inzwischen hatte Gia-king die Regierung ergriffen (1796), ein Mann, der seinem Können nach in keiner Weise den Schwierigkeiten gewachsen war, denen China jetzt entgegenging, sondern sie durch seine persönliche Selbstsucht und kalte Härte noch erheblich verstärkte. Was konnte es helfen, daß er jenen Ho-schen, der so unglaublich das Reich ausgesogen hatte (s. S. 116), zum Tode verurteilte, wenn er dabei dessen ganzes Vermögen für sich persönlich einzog und für seine Vergnügungen vergeudete. Im ersten Jahre seiner Regierung (1796) erhob die „Weiße Lotos-Gesellschaft" in offener Empörung ihr Haupt. Es ist dies eine der verbreitesten und von der Regierung gefürchtesten religiösen

Geheimsekten. Ihr Ursprung ist dunkel; jedenfalls hat sie einen Zusammenhang mit dem Buddhismus und soll auch schon zur Zeit von dessen stärkstem Vordringen um 500 n. Chr. sich gebildet haben[1]). Mit dieser Sekte haben sich wiederholt revolutionäre Bestrebungen vermischt. Am Ende der Ming-Dynastie wurde durch sie ein großer Aufstand in Süd-Schantung verursacht (s. S. 69). Unter der Tsing-Dynastie begann man gegen Ende der Regierung Kiänlung's wieder auf sie aufmerksam zu werden; damals war Honan der Sitz der Bewegung. Ihre Feindschaft gegen die Dynastie kam unter anderem darin zutage, daß einer ihrer Führer sich den Familiennamen der Ming-Kaiser Dschu beilegte. Daß aber aus dieser Sektenbewegung ein durch mehrere Provinzen sich verbreitender Volksaufstand wurde, war lediglich eine Folge des harten und gemeinen Vorgehens der Beamten und vor allem der Yamendiener, die stets wegen ihrer Willkür und Habsucht von dem Volk gefürchtet gewesen sind. Unter dem Deckmantel der Verfolgung der Sekte vergewaltigten diese auch die gänzlich Unbeteiligten. Sie hatten den Auftrag, die Verstecke der Führer der Bewegung auszukundschaften, und nun blieb niemand davor sicher, daß ihre Bande nicht zur Tag- oder Nachtzeit in sein Haus und seine Familie eindrang, oder daß er als ein Anhänger der Sekte denunziert wurde, falls er sich nicht durch erhebliche Summen loskaufte. Die offene Empörung brach 1796 in Hupe und Hunan aus. Der Umstand, daß die Provinztruppen damals mit der Niederwerfung der Miau-dsï zu tun hatten, wirkte dabei mit. Nun griff die Regierung mit entsetzlicher Strenge ein; binnen vier Monaten sollen 23 000 Mann enthauptet worden sein. Aber der Widerstand wurde dadurch nur um so stärker angefacht. Er pflanzte sich über ganz Setschuan und dann auch nach Schensi und Kansu fort. Eine Hochburg der Rebellen war Hsiang-yang am Han-Fluß. Ihr Hauptführer war Liu-dschï-hiä aus Anhui; eine andere

---

[1]) Ihre ersten Anhänger sollen sich in einem Kloster am Poyang-See (Kiangsi) aufgehalten haben, in dem sie weiße Lotos pflanzten.

Abteilung wurde von einem Weibe befehligt, die jetzt noch als die „Witwe Tsi" im Volke wohl bekannt ist. Bei solcher Ausdehnung des Aufstandes war die Lage der Regierung schwierig genug, zumal gleichzeitig die Miau-dsï im Süden noch gegen sie unter Waffen standen. Es bedurfte vieler Schlachten und großer Summen, um der Rebellen Herr zu werden. Die entscheidenden Schläge erfolgten im Jahre 1800 und 1801. Doch zog sich der Kampf in seinen letzten Ausläufern noch mehrere Jahre hindurch fort.

Als er kaum zu Ende war, erwuchsen an einer anderen Ecke des Reiches neue Schwierigkeiten. Die Küsten von Kuangtung, Fukien und Tschekiang wurden seit 1806 durch Scharen von Seeräubern unter Führung eines Tsai-giän schwer belästigt. Die Piratenflotte war — nach dem Bericht zeitweise von ihnen gefangener Engländer — wohl organisiert und bestand aus 800 Dschunken und 1000 Booten mit einer Bemannung von 70 000 Seeleuten. Da die Regierung zunächst nichts tat, rüsteten die Kaufleute jener Hafenstädte auf eigene Kosten 30 Schiffe mit 400 Kanonen aus. Es wurde bei der Gelegenheit auch den fremden Kaufleuten in Kanton eine neue Taxe auferlegt. Der tapfere Gouverneur von Tschekiang übernahm dann selbst das Kommando. Ihn traf eine Kugel im Seekampf. Auch hier dauerte es vier Jahre, bis die Sicherheit an der Küste wiederhergestellt war (1810), wobei schließlich noch das am meisten zur Überwindung der Piraten beitrug, daß sie unter einander selbst uneins wurden (das rote und das schwarze Geschwader). In dieselbe Zeit fällt als ein Nachspiel der Revolution der „Weißen Lotos-Gesellschaft" ein Aufstand der Truppen in Schensi (1806—1807), die nach Beendigung der Kämpfe sich dagegen sträubten, daß sie nunmehr wieder entlassen werden sollten. Und allerdings war die Ruhe noch keineswegs hergestellt. Die Empörung der „Weißen Lotos-Gesellschaft" war niedergeschlagen, aber ihre Anhänger waren damit noch nicht ausgestorben. Unter veränderten Formen und unter verändertem Namen setzte sich die Sekte weiter fort. Eine ganze Anzahl neuer Vereinigungen werden in dieser Zeit genannt, die nach chinesischer Darstellung alle Abzweigungen der „Weißen Lotos-Gesellschaft" sind. Auch der aus ,dem Jahre 1900 wohlbekannte Faustbund (die Boxer) wird damals schon erwähnt. Am meisten Verbreitung fand in dieser Zeit die „Gesellschaft der acht Diagramme" (s. S. 17, Anmerk.), und zwar zählte sie in den bisher ziemlich unbeteiligt gebliebenen Provinzen Schantung, Tschili, Schansi und Honan die meisten Anhänger. Diese Sekten hatten ihre besonderen heiligen Schriften und auch besondere Götterbilder, nach außen hin aber gaben sie sich einfach als Tauisten oder Buddhisten, was ja auch zweifellos seine Berechtigung hatte. Man wird sich nach der Art der heute in Nordchina besonders unter den Yamendienern viel verbreiteten Dsai-li-Sekte ein Bild jener religiösen Vereinigungen machen dürfen. Die Gesellschaft der acht Diagramme änderte damals, um die Aufmerksamkeit von sich abzuziehen, ihren Namen in Tiän-li-giau, „Vereinigung der Himmelsordnunng". Die dynastiefeindliche Stimmung dieser Sekte verstärkte sich, als im Jahre 1811 der große Komet am Himmel erschien, der ja gleichzeitig in Europa vor Napoleon's Zug nach Rußland so viele Gemüter mit der Ahnung bevorstehender großer Erschütterungen erfüllte. Das astronomische Amt in Peking machte bekannt, daß dieser Komet auf kriegerische Unruhen hinweise. Die Revolutionspartei frohlockte in demselben Maß, wie die Regierung sich beunruhigt fühlte. Man erinnerte sich zugleich auf beiden Seiten einer Weissagung, daß es für die Tsing-Dynastie von großer Gefahr sein würde, wenn der Schaltmonat auf einen achten Monat fiele[2]). Das traf für 1813 zu. Um diesem bösen Omen zu entgehen, wurde verfügt, daß der Schaltmonat

---

[2]) Das chinesische Jahr ist ein Mondjahr, d. h. jeder Monat entspricht der wirklichen Dauer des Mondumlaufes um die Erde, fängt also immer mit Neumond an. Um den Einklang mit dem Sonnenjahr herzustellen, muß alle 3—4 Jahre ein Schaltmonat eingefügt werden. Jene Unglückskombination, daß der Schaltmonat gerade auf den achten Monat folgte, war übrigens auch in dem Boxerjahr 1900 vorhanden.

von 1813 auf den zweiten Monat von 1814 verschoben werden solle. Inzwischen bildete sich eine förmliche Verschwörung gegen das Leben des Kaisers. Ihre Häupter, Mitglieder der „Vereinigung der Himmelsordnung", waren Liutsing in Peking und Li-wen-tscheng in Hua-hiän (Honan). Es war von ihnen geplant, während einer Reise des Kaisers zu den Kaisergräbern in den Palast einzudringen und sich der Herrschaft zu bemächtigen. Kurz vor dem festgesetzten Termin bekam der Beamte von Hua-hiän Nachricht von der Sache und ließ Li-wen-tscheng, der gerade im Begriff war, mit seinen Genossen nach Peking abzuziehen, die Beine zerschlagen. Aber es war zu spät; die Revolutionäre bemächtigten sich der Stadt Hua-hiän und erschlugen den Beamten. Gleich darauf gingen die Verschwörer in Peking ans Werk. Sie hatten Mitverschworene unter den Eunuchen, die ihnen, als der Kaiser fort war, die Tore der verbotenen Stadt heimlich öffneten. Ein Haufen von etwa 200 Mann zog ein (13. Oktober 1813). Als sie auch in das Zimmer des Thronfolgers (des späteren Kaisers Dau-guang) eindrangen, ergriff dieser beherzt eine Flinte und erschoß den ersten der Eindringlinge. Inzwischen war alarmiert worden, Truppen kamen herbei, und der Streich mißlang. Gia-king kam eilend zurück. Liu-tsing wurde zerstückelt; 20 000 Menschen enthauptet und andere nach Ili in die Verbannung geschickt[3]).

Bei dem, was die Regierung von den verschiedenartigen religiösen Sekten an Aufständen und Verschwörungen erlebte, ist es nicht zu verwundern, daß sie die „christliche Sekte" ebenso verfolgte wie die anderen; fremde Missionare durften ja schon lange nicht mehr im Innern sich blicken lassen, und 1823 verließ auch der letzte der jesuitischen Väter in Peking das Land. Trotzdem blieben immer noch einige kleine Christengemeinschaften bestehen, die aber nur in der

---

[3]) Die Anhänger der Weißen Lotos-Gesellschaft eroberten in Schantung während des Jahres 1813 die Städte Tsau-hiän und Ding-tau (Bezirk Tsautschoufu), konnten sie aber nicht lange halten.

größten Heimlichkeit und in ständiger Gefahr vor Entdeckung ihr Leben fristen konnten, bis einige Jahrzehnte später die Siege Englands und die darauffolgenden englischen und französischen Verträge ihnen erlaubten, aus ihrer Verborgenheit wieder hervorzutreten.

Die Beziehungen zu den Fremden in Kanton setzten sich während Gia-king's Regierung im ganzen in der alten unerfreulichen Weise fort. Es wird darüber im folgenden Abschnitt im Zusammenhang zu sprechen sein. Politisch bemerkenswert ist, wie die Napoleonischen Kriege jener Zeit ihre Wirkungen bis zu dieser fernen Küste äußerten. Denn ebenso wie schon 1802 für kurze Zeit, so besetzten 1808 englische Marinetruppen Macao, um dort die Portugiesen gegen einen befürchteten französischen Angriff zu schützen. Der Vizekönig[4]) in Kanton protestierte aber energisch gegen diesen Übergriff der Engländer, da Macao ja trotz der den Portugiesen gegebenen Erlaubnis, dort Handel zu treiben, nach wie vor chinesisches Gebiet war. Der Handel wurde monatelang gesperrt, wie es immer geschah, wenn man sich nicht einigen konnte, bis die Engländer nachgaben und ihre Truppen aus Macao wieder zurückzogen.

Georg III. von England machte 1816 einen erneuten Versuch, direkte diplomatische Beziehungen mit China anzuknüpfen. Der neuen Gesandtschaft, unter Führung von Lord Amherst auf dem Schiff „Alceste", ging es aber weit schlechter als der ersten. Zwar wurde auch sie in Tientsin freundlich empfangen und bewirtet, doch änderte sich das Benehmen der chinesischen Beamten bald, als Lord Amherst die bestimmte Versicherung abgab, daß er sich nicht zum Kotu verstehen würde. In Tung-dschou angekommen — bis zu welchem Ort die Reise auf dem Peiho zurückgelegt wurde —, erhielt er die Nachricht, daß der Kaiser ihn sofort empfangen wolle. Es war im heißen August, man brach abends auf, reiste die ganze Nacht hindurch und traf früh

---

[4]) Vizekönig ist ein bei Europäern häufiger Ausdruck für Generalgouverneur.

morgens bei dem Sommerpalast ein. Lord Amherst erhielt den Befehl, ohne Verzug zur Audienz zu erscheinen. Er bat um einigen Aufschub, um sich von der staubigen Reise ein wenig zu erholen, und um erst sein Gepäck mit der Gala-Uniform abzuwarten. Dies erregte so sehr Giaking's Zorn, daß er dem Gesandten melden ließ, er würde ihn überhaupt nicht empfangen, und er habe sich sofort nach Kanton zu begeben. Es blieb Lord Amherst nichts anderes übrig als zu gehorchen. Man vermutet, daß die Behörden in Kanton durch einflußreiche Freunde im Voraus gegen den englischen Gesandten intrigiert hatten, um zu verhüten, daß dessen Beschwerden über die Kantoner Verhältnisse an den Kaiser kämen. In Kanton selbst erzwang der Kommandant der „Alceste" mit einigen Breitseiten die Durchfahrt durch die Bocca Tigris, die man ihm verweigern wollte.

Nur die letzten fünf Jahre seiner Regierung sah Giaking das Reich in äußerlich leidlicher Ruhe. Doch noch kurz vor seinem Tode brach 1820 im fernen Westen, in Turkestan, ein neues Feuer aus, das zu dämpfen die erste Aufgabe seines Nachfolgers Dau-guang sein mußte. Zu diesem Aufstand war die dortige ganz muhammedanische Bevölkerung durch das schamlose Betragen der chinesischen Beamten gereizt worden, die zu einem großen Teil dorthin strafversetzt waren und weitab von der Hauptstadt sich viele Frevel gegen das Eigentum und die Frauen der einheimischen Bevölkerung erlaubten. Jehangir, ein Nachkomme der alten unabhängigen Fürsten dieses Gebietes, stand an der Spitze der Bewegung. Wie immer in jener entfernten Gegend bedurfte es vieler Zeit und vielen Geldes und vieler Opfer an Menschen, bis die Empörung niedergeschlagen war (1828). Es wurde im Staatsrat ernstlich der Vorschlag gemacht, diesen Teil von Turkestan überhaupt aufzugeben, weil seine Verwaltung zu große Schwierigkeiten mache. Aber der Kaiser verwarf den Vorschlag. Wenn die Beamten dort nur bessere Menschen wären und ihre Pflicht erfüllten, würde es keine Schwierigkeiten haben, das Gebiet zu regieren.

Dau-guang (1820—1850) war ein Mann, der mit Auf-
richtigkeit solchen Grundsätzen huldigte. Ganz im Gegensatz zu seinem Vater war er sich des Ernstes und der Pflicht
seiner Stellung bewußt, und wenn unter ihm Chinas selbst-
bewußte Größe noch ganz andere Stöße erlitt als unter
seinem Vorgänger, so traf Dau-guang persönlich dies überwiegend als ein tragisches Geschick.

An jenen Muhammedaner-Aufstand in Turkestan reihten
sich in den ersten Jahren der Regierung Dau-guang's andere
Aufstände in dem ewig unruhigen Gebiet von Formosa und
Hainan, sowie in den Grenzgebieten von Hunan, Kuangtung
und Kuangsi. In Hunan und Kuangsi gingen diese auf die
Umtriebe der „Himmel und Erde-Gesellschaft" zurück, zu
der — ebenso wie heutzutage zu der Dsai-li-Sekte — viele
Yamendiener und Leute ähnlichen Standes gehörten. Diese
erlaubten sich viele heimliche und offene Bedrückungen der
Miau-dsï und reizten diese dadurch von neuem zum Aufstand. In Schantung kam es 1837 zu kleineren Unruhen.
Ein Mitglied der „Weißen Lotos-Gesellschaft" Ma-ma-kang
begann den Aufruhr im Kreise Weihsien. Er erbrach mit
seinen Genossen die Gefängnisse der Kreisstadt, konnte sich
aber nicht lange halten. Ihn traf das gewöhnliche Urteil für
gefangene Rebellenführer, der Tod der Zerstückelung.

Doch was wollen die schweren Erschütterungen all der
Jahrzehnte seit Kiän-lung's Abdankung gegen den Sturm
besagen, der unter Dau-guang's Regierung in der Südost-
ecke des Reiches, in Kanton, losbrach. Für chinesische Auffassung handelte es sich dabei zunächst auch nur um einen
Aufstand von Rebellen, von ungehorsamen Barbaren, wie
man dergleichen Aufstände schon dutzendweise erlebt hatte
und schließlich noch mit allen fertig geworden war. Aber
in dem Konflikt mit diesen Barbaren aus dem fernen England sah sich China plötzlich mit Erstaunen und Erschrecken
zum erstenmal im langen Lauf seiner Geschichte einer Macht
gegenüber, der es in keiner Weise gewachsen war: der
abendländischen Macht und Kultur. Ein Ereignis, für das
man vergeblich nach einer wirklichen Parallele im ganzen

Verlauf der früheren Geschichte Chinas sucht; nichts kommt ihm an Wichtigkeit gleich. Denn jene Macht war berufen, China aus dem bisher geglaubten Zentrum der Welt herauszuheben und es — wenn auch nicht mit einem Male — aus der drohenden Isolierung und Erstarrung hineinzuzwingen in den lebendig kreisenden Strom der universalen Gedanken und Kräfte, die in der christlich-abendländischen Kultur erwachsen waren und gerade jetzt an dem Punkt standen, über die ganze Erdkugel sich zu verbreiten. An dieser Stelle hat die chinesische Geschichte einen Einschnitt, der tiefer ist als der bei irgend einem Dynastiewechsel. Die ganze von da ab beginnende Periode, die wir noch heute miterleben, steht unter der Überschrift:

China unter dem Zwang der Auseinandersetzung mit der abendländischen Macht und Kultur.

1. Die Verhältnisse und Ereignisse in Kanton vor dem Opiumkrieg.

Wie es zu jenem ersten Zusammenprall des Abendlandes mit dem Reich des Ostens gekommen ist, ist eines der wichtigsten Geschichtskapitel. Es beleuchtet scharf die damals zum Abschluß gelangende Epoche des bisherigen China und gibt zugleich das Verständnis für die späteren chinesisch-abendländischen Beziehungen, in denen wir heute noch stehen.

Der englische Handel in China, d. h. in Kanton, war zu Beginn der Regierung Dau-guang's immer noch Monopol der Englisch-Ostindischen Kompagnie. Diese hatte die ganze Zeit über den Gewinn des Handels damit erkauft, daß sie sich der Auffassung der chinesischen Behörden fügte, daß nämlich die Westländer Barbaren seien, welche nur aus Gnade des Himmelssohnes die wiederrufliche Erlaubnis genießen, an diesem einen Platz Handel zu treiben und vor den Toren der Stadt einige Monate des Jahres über wohnen zu dürfen; daß die Fremden sich ferner der Jurisdiktion der chinesischen Beamten zu beugen haben, ihrerseits aber — zumal die Kaufleute — nicht den Anspruch erheben dürfen, mit chinesischen Beamten in direkte Beziehungen zu treten.

Neben dem englischen Handel nahm der anderer Nationen (der portugiesische blieb auf Macao beschränkt) nur einen kleinen Bruchteil ein. Ließ sich aber schon die sonst so stolz und mächtig auftretende Englisch-Ostindische Kompagnie hier in China diese demütigende Stellung gefallen, so gaben die anderen Nationen noch viel stärker um der Handelsvorteile willen nicht selten Ehre und Gewissen preis, wenn auch mit Wut und Verachtung im Herzen. Andererseits trat aus dem Benehmen der fremden Schiffsmannschaften den Chinesen auch nichts entgegen, was sie etwa zu innerer Achtung vor diesen Barbaren hätte veranlassen können; vielmehr hielt sich Haß und Verachtung auf beiden Seiten die Wage und wurde auf beiden Seiten nur durch den noch mächtigeren Trieb des Geldgewinns niedergehalten. Auch auf chinesischer Seite! Denn wie gewinnbringend den chinesischen Kaufleuten und noch mehr den Beamten der Handel war, zeigt nichts besser, als daß die Fremden auch ihrerseits das Abbrechen des Handels als Waffe gegen die Chinesen kehrten, und diese dann lebhaft sich bemühten, den betreffenden Streitfall so beizulegen, daß die Fremden zufrieden waren, und sie das Gesicht gewahrt hatten. Etwa seit dem Beginn des 19. Jahrhunderts erhob sich nun unter den englischen Kaufleuten ein immer stärkerer Widerspruch gegen die Stellung, welche bisher die Englisch-Ostindische Kompagnie eingenommen hatte, und zwar in doppelter Hinsicht. Einerseits griff der freihändlerische Gedanke um sich und führte im englischen Parlament schließlich dazu, daß am 22. April 1834 das Monopol der Kompagnie aufgehoben wurde. Schon lange vor diesem Zeitpunkt war in Kanton der Freihandel nicht mehr

zu dämmen gewesen[1]). Andererseits traten diese freihänd-
lerisch gesinnten Kaufleute dafür ein den Chinesen gegenüber eine festere Stellung einzunehmen und die heimische
Regierung dafür anzurufen.

Indem die Englisch-Ostindische Kompagnie abgeschafft
wurde, welche bisher den englischen Untertanen gegenüber
eine Art Behörde gewesen war, mußte für die bisher von
ihr ausgeübten Funktionen ein Ersatz geschafft werden. Die
englische Regierung tat es in der Weise, daß sie einen
königlichen Beamten ernannte, der die Interessen des Handels wahrnehmen, die Jurisdiktion über alle englischen
Untertanen in China und auf den Schiffen haben sollte und
im Notfall die britische Streitmacht zum Schutze britischer
Untertanen reklamieren durfte. Der erste dieser königlichen
Beamten — chief superintendent lautete sein Titel — war
Lord Napier[2]). Napier hatte von Lord Palmerston die Instruktion mitbekommen, von seiner Ernennung als Repräsentant der politischen und richterlichen Gewalt Englands dem
Vizekönig von Kanton selbst Mitteilung zu machen. Sofort
nach seiner Ankunft in Kanton (25. Juli 1834) suchte Napier
einen chinesisch geschriebenen Brief entsprechenden Inhalts
an den Vizekönig abzugeben, der in einer Form abgefaßt
war, wie im Range gleichstehende Beamte unter einander
verkehren. Doch drei Stunden wartete sein Sekretär vor
den geschlossenen Toren Kantons, und es gelang ihm nicht,
den Brief los zu werden. Keiner der vielen Beamten, die
erschienen, wollte ihn annehmen, weil er nicht in der Form

---

[1]) Der erste Freihändler dort war William Jardine, Begründer von
Jardine, Matheson & Co., einer der auch heute noch größten Firmen Ostasiens.
[2]) Napiers Dolmetscher wurde Dr. Robert Morrison, bekannt als der
erste protestantische Missionar in China und als verdienter Sinologe. Er
kam 1807 nach Kanton im Auftrage der Londoner Missionsgesellschaft.
Seit 1809 stand er als chinesischer Sekretär und Übersetzer im Dienste
der Englisch-Ostindischen Kompagnie bis zu deren Erlöschen. Er starb
in den ersten Tagen des Konfliktes zwischen Lord Napier und dem Vizekönig, am 1. August 1834. — Im Jahre 1907 wurde sein Andenken durch
eine große Centenar-Konferenz in Schanghai gefeiert, bei der sämtliche
protestantischen Missionsgesellschaften vertreten waren.

abgefaßt sei, in welcher Bittschriften, Gesuche von Privatpersonen an Beamte oder Mitteilungen des untergebenen
Beamten an den Vorgesetzten gemacht werden müssen (mit
dem entsprechenden Zeichen „bing" auf der Außenseite);
weil ferner alle Schreiben des fremden Handelsvorstehers an
chinesische Beamte überhaupt nicht direkt, sondern nach
wie vor nur durch die Hand der Hong-Kaufleute zu übermitteln seien. Hier sei man in China — so schließt der
Vizekönig ein Schreiben an die Hong-Kaufleute, in dem er
die Sache und Rechtslage ausführlich auseinandersetzt und
hier müßten die Gesetze des chinesischen Reiches befolgt
werden. Er machte die Hong-Kaufleute dafür verantwortlich, daß sie die Fremden entsprechend darüber belehrten.
Der Vizekönig forderte ferner, daß der widerspenstige Häupt-
ling der Fremden Kanton verlasse, da er gekommen war, ohne
erst in Macao um Erlaubnis zu bitten, wie es die Vorschriften
streng verlangten. Die Hong-Kaufleute taten wochenlang
ihr Möglichstes, zum Teil im Bunde mit besonderen Abgesandten des Vizekönigs, um Napier zum Nachgeben zu bewegen; auch versuchten sie die englische Kaufmannschaft
von ihm zu trennen. Aber Napier gab nicht nach, und ebenso
blieben die englischen Kaufleute — an ihrer Spitze William
Jardine und Dent — geschlossen auf seiner Seite. Da wurde
durch einen Erlaß des Vizekönigs am 4. September 1834
alle Zufuhr von Lebensmitteln zu der englischen Faktorei
bei schwerer Strafe verboten und alle Dienstboten in englischen Diensten angewiesen, die Faktorei zu verlassen; jede
Art von Handel mit den englischen Kaufleuten wurde gesperrt und die Faktorei von Soldaten umstellt; es solle jedermann erlaubt sein, Kanton zu verlassen, aber keinem wiederzukommen. Da segelten auf Napier's Geheiß zwei englische
Fregatten, die draußen ankerten, nach Whampoa[3]) herauf,
ihren Weg durch die Forts der Bocca Tigris erzwingend,
und landeten eine Wache in der Faktorei. Aber in dem

---

[3]) Whampoa, 18 km unterhalb Kanton, der Ort, bis zu dem große
Schiffe den Perlfluß hinauf fahren können.

entscheidenden Punkt gaben die Chinesen nicht nach. Napier, der andererseits die Instruktion hatte, vor allem die
Interessen des englischen Handels wahrzunehmen, teilte am
14. September den englischen Kaufleuten mit, daß er durch
seinen persönlichen Konflikt mit dem Vizekönig nicht die
Veranlassung sein wolle, ihren Vorteil zu schädigen. Er
willigte ein, den Platz zu verlassen und die Fregatten zurückzuziehen. Er ließ sich seinen Paß für Macao geben und
starb dort bald darauf (11. Oktober), innerlich gebrochen.
Er erkannte zu spät die widerspruchsvolle, unmögliche
Stellung, die ihm Lord Palmerston zugewiesen hatte. Denn
daß der Vizekönig den englischen Abgesandten in der beanspruchten Stellung nicht anerkennen konnte und durfte,
war schon deshalb selbstverständlich, weil er keine Anweisung aus Peking hatte. Warum aber die englische Regierung nicht der chinesischen Regierung direkt Mitteilung
von ihren Absichten machte, ist schwer einzusehen. Ein
glänzender Verteidiger englischer Politik, Eitel[4]), hat dafür
nur die dürftige Erklärung, daß das internationale Recht
jener Tage nichtchristliche Staaten überhaupt nicht zur Ge-
meinschaft der Völker rechnete. Auf der anderen Seite darf
man mit Recht bezweifeln, ob der Versuch, in Peking direkt
anzuknüpfen, die englische Regierung viel weiter gebracht
und den künftigen Konflikt, auch wenn nie eine Opiumfrage
hinzugekommen wäre, vermieden hätte. Denn als die tiefste
Ursache des Konflikts lag schon damals die Unverträglich-
keit der beiderseitigen Auffassungen über nationale Rechte
und Pflichten der Selbsterhaltung vor. Auf englischer Seite:
das ungestüme Ausdehnungsbedürfnis des Handels und die
nationale Ehre, welche Gleichberechtigung innerhalb eines
internationalen Rechtes verlangte; auf chinesischer Seite:

---

[4]) In dem vorzüglichen Werk „The history of Honkong". — Eitel,
ein Württemberger, war bis 1865 Missionar der Baseler Missionsgesellschaft,
danach etwa 15 Jahre als Schulinspektor im Dienste der Honkonger
Regierung. Eine Reihe guter Werke sprachlichen und religionsgeschicht-
lichen Inhalts stammen von ihm; auch redigierte er mit Geschick die in
Honkong erscheinende — inzwischen eingegangene — „China Review".

das Festhalten an der chinesischen Staatsidee, durch die China stark geworden, und in der ihm bisher noch stets die Geschichte selbst recht gegeben hatte (vgl. das Kapitel Kiän-lung, S. 104), daß nur von einem Reich die Rede sein könne, dem chinesischen (gleichwie für den Römer Römisches Reich und Erdkreis identisch waren), und daß ein Abweichen von dieser Auffassung anderen Völkerschaften gegenüber ein schwächliches Preisgeben nationaler Ehre sein würde. Für die Abendländer sowohl wie für die Chinesen war ihr Standpunkt ein notwendiges Produkt ihrer Geschichte. Von Unrecht und Anmaßung — was das Prinzip an sich anbetrifft, nicht das Betragen aller einzelnen Personen — kann da beiderseits nicht die Rede sein. Daß diese verschiedenartigen Auffassungen, die Welt des Abendlandes und des Orients, aufeinanderprallen und sich auseinandersetzen mußten, war selbstverständlich. Daß diese Auseinandersetzung zunächst mit den Waffen vor sich ging, ist da, wo auf beiden Seiten der Machtstandpunkt in den Vordergrund gestellt wird, ebenfalls nicht zu verwundern, wie überzeugt man auch sein mag, daß eine wirkliche Lösung jener großen Gegensätze durch andere Mittel als die des Blutvergießens erreicht werden muß.

Doch zunächst blieb der blutige Zusammenstoß noch aus. Die englische Regierung, an deren Spitze jetzt der Herzog von Wellington stand, der Bundesgenosse Blüchers von Belle Alliance, ernannte zum Nachfolger des Lord Napier seinen bisherigen Stellvertreter J. F. Davis. Sie gab diesem die gleichen Vollmachten wie jenem. Aber sie ließ es sich dabei gefallen, daß der Vizekönig auch diesen Vertreter ausdrücklich nicht anerkannte und ihm verbot, nach Kanton zu kommen. Die englischen Kaufleute in Kanton waren über diese Halbheit ihrer Regierung „die Politik der Stille" höchst unzufrieden, und vor allem über den Herzog von Wellington, der sets empfahl, nachgiebig zu sein und nichts zu erzwingen, und der die Aufgabe des Handelssuperintendenten dahin bestimmte, daß er vor allem die englischen Untertanen kontrollieren und in Zucht halten solle. Der Widerspruch der Kaufleute gegen ihre Regierung ging so |weit, daß sie zum Teil auch ihrerseits dem königlichen Bevollmächtigten die Anerkennung versagten, zumal — im Gegensatz zu Lord Napier — Davis sowohl wie dessen Nachfolger Robinson (seit Januar 1835) früher in dem Komitee der Englisch-Ostindischen Kompagnie gewesen waren, gegen das sich gerade der jahrelange Widerstand der englischen Kaufleute gerichtet hatte. In einem Schreiben an die Regierung legten die Kaufleute dar, daß der Bevollmächtigte ja gar keine Möglichkeit habe, seinen Auftrag zu erfüllen, den Handel zu schützen und sie vor Demütigungen zu bewahren[5]). Sie verlangten einen Bevollmächtigten, der auf eine genügend starke militärische Macht gestützt in der Lage sei, die Zentralregierung in Peking zu veranlassen, die Angelegenheiten in Kanton so zu behandeln, wie es dem Range der britischen Nation unter den andern Völkern entspreche[6]).

Robinson's Nachfolger als Bevollmächtigter der englischen Krone wurde Capt. Elliot (Dezember 1836). Inzwischen war Lord Palmerston wieder an die Spitze der englischen Regierung getreten. Er gab nun zwar Capt. Elliot die Weisung, den Standpunkt der Gleichberechtigung den chinesischen Behörden gegenüber nicht zu verleugnen; was die Kaufleute der Ostindischen Kompagnie sich hätten

---

[5]) Im Februar 1835 wiederholte sich vor dem Stadttor Kantons eine ähnliche Szene wie die, welche Napier dort ein halbes Jahr vorher erlebt hatte. Es handelte sich um ein Schreiben des Königl. Bevollmächtigten an den Vizekönig anläßlich der Festnahme einiger englischer Matrosen. Das Schreiben war nicht, wie das Napiers, als das an einen im Rang gleichstehenden Beamten gekennzeichnet, aber ebensowenig war die Unterordnung angedeutet. Aus diesem Grunde wurde es von den Beamten streng zurückgewiesen, während Capt. Elliot, der Überbringer des Schreibens, und sein Dolmetscher Gützlaff von der Volksmenge laut verhöhnt und belästigt wurden.

[6]) Dieses Schreiben (abgefaßt Dez. 1834) wurde von 64 Kaufleuten, also von der überwiegenden Majorität, unterzeichnet. — Die Gesamtzahl der Engländer in Kanton betrug im Jahre 1832: 88; 5 Jahre später war sie auf 158 gestiegen; eine Folge des großen Aufschwungs, den der Handel nach dem Erlöschen der Englisch-Ostindischen Kompagnie nahm.

gefallen lassen können, zieme einem königlichen Beamten nicht. Aber er stützte ihn auf keine Weise weder in seiner Stellung zu den Behörden, indem er die dringende Vorstellung Elliot's, sich mit Peking direkt ins Benehmen zu setzen, mißachtete, noch in seiner Stellung gegenüber den englischen Staatsangehörigen, indem er ihn ohne Macht ließ. Und doch waren unter den letzteren Zustände eingerissen, welche täglich schlimmer wurden und zu einer Katastrophe für das Leben der Engländer, für den gesamten Handel und zu einem Völkerkonflikt führen konnten: das waren die aus dem Opiumhandel sich ergebenden Verwickelungen. Dieser hatte ungeheure Fortschritte gemacht. Betrug die jährliche Einfuhr bei der Wende des Jahrhunderts mit 4100 Kisten im Durchschnitt schon zwanzigmal mehr als 40 Jahre vorher, so war sie 1820 auf zirka 10 000, 1830 auf 18 000 und 1835 auf 30 000 Kisten gestiegen. Dieser ganze Handel war ungesetzlich. Denn das erste Opiumedikt aus dem Jahre 1729 war 1796 erneuert worden, und außerdem verbot Kaiser Gia-king im Jahre 1800 noch einmal ausdrücklich sowohl die Einfuhr von Opium als seinen Anbau. Trotzdem wurde der Opiumhandel von den Behörden in Kanton gegen beträchtliche Abgaben (etwa 14% des Wertes) geduldet. Zwar wurde das Opium nicht in den Faktoreien selbst verhandelt, aber man kaufte sich dort Gutscheine auf die weit außerhalb der Bocca Tigris bei der Insel Lintin ankernden Opiumschiffe. Bald entstanden dort besondere Opiumhulks (festverankerte Vorratsschiffe), und es entwickelte sich die Regel, daß die ankommenden Schiffe zunächst ihr Opium in diese Opiumhulks entluden und dann erst mit ihrer übrigen erlaubten Ladung nach Whampoa hinauffuhren. Neben diesem zwar ungesetzlichen, aber geduldeten und geregelten Handel hatte sich aber ein gänzlich unkontrollierter und zügelloser Opiumschmuggel ausgebildet. Schon seit 1828 nämlich machten die Opiumhändler mit Erfolg Anstrengungen, ihr Opium auch außerhalb des Kantoner Marktes los zu werden. Sie fuhren weiter die Küste hinauf bis nach Fukien und gewannen durch Bestechung der Lokalbeamten und der Kapitäne auf den Kriegsdschunken die Erlaubnis, sich an der chinesischen Küste aufhalten und ihr Opium absetzen zu dürfen. Der Handel brachte reichen Gewinn; ein größeres Schiff nahm für eine verkaufte Ladung bares Silber im Wert von etwa 100 000 Dollars ein. Dieser anfangs nur an der Küste betriebene Schmuggelhandel wurde nun etwa gleichzeitig mit der Proklamierung des Freihandels auch in die Umgegend von Kanton selbst verpflanzt und das Opium auch aus den bei der Insel Lintin liegenden Vorratsschiffen nicht nur in legaler Weise verkauft — d. h. unter Einverständnis mit den Behörden —, sondern in immer steigendem Maße direkt an das Land geschmuggelt. Erst seit der Entfaltung dieses Schmuggels weist die Opiumeinfuhr die ungeheure Steigerung auf[1]), welche die oben angegebenen Zahlen veranschaulichen. Der Schmuggel bei Lintin wurde in „Passagierbooten" betrieben, die stark bewaffnet waren, um etwaigem Widerstande der Zoll- und Polizeiboote und der Kriegsdschunken trotzen zu können. Ihre Bemannung war größtenteils ein verwegenes, wildes Gesindel, das vor keiner Gewalttat zurückschreckte und offen die chinesischen Beamten verhöhnte. Zwar unterlagen auch hier chinesische Beamte so jämmerlich der Bestechung, daß Kommandanten der Zollkreuzer das Opium selbst auf ihren Kreuzern nach Kanton und Macao einschmuggelten. Im ganzen war aber der eigentliche Schmuggel und das ständig frechere und gewalttätigere Benehmen der Schmuggler den chinesischen Behörden ein schweres Ärgernis, auch abgesehen davon, daß ihnen persönlich durch den Schmuggel die Einkünfte entzogen wurden, die ihnen aus dem kontrollierten Opiumhandel zufielen. Die Schmuggler standen zudem mit dem Auswurf der chinesischen Bevölkerung im Bündnis und brachten mit deren Hilfe 1837 in kleinen Booten das Opium bis nach Whampoa hinauf und trotzten vor den Augen des Volkes dem kaiserlichen Zollbeamten mit bewaffneter Hand.

---

[1]) Die Zahl der bei Lintin liegenden Opiumhulks betrug 5 im Jahre 1830, 1837 waren es 25, die meisten davon englisch.

Die Behörden machten die Fremden als solche für diese Zustände verantwortlich und verlangten von den Engländern,
daß sie ihre Landsleute in Zucht halten sollten. Capt.
Elliot erkannte vollständig klar den schweren Mißstand und
die Gefahr, die dieses Treiben in sich schloß. Dringend
bat er seine Regierung um deutlich begrenzte und aus-
reichende Amtsgewalt zur Zügelung einer Menschenklasse,
deren freches und unbesonnenes Handeln nicht ohne große
Übelstände dem chinesischen Gerichtsverfahren preisgegeben
werden könne, deren Straflosigkeit aber den Ruf und das
Wohlergehen der englischen Untertanen schädige. Aber die
englische Regierung wagte ebenso wenig wie die chinesische,
nach der einen oder anderen Seite hin etwas Energisches
zu tun. Sie beteuerte ihren Abscheu vor dem Opium und
verurteilte die Schmuggler, aber das Übel ganz auszurotten,
fühlte sie sich nicht imstande, man würde mit dem Unkraut
auch den Weizen, d. h. den übrigen Handel ausreißen. Denn
schon machte das Opium $^3/_6$ aller englischen Einfuhr aus;
aller übrige Handel war mit dem Opiumhandel finanziell
verknüpft. Zugleich wirkte die Opiumeinfuhr äußerst günstig
auf die Ausfuhr von Tee und Seide. Man sagte sich in
England: das Opium ist nun einmal ein notwendiges Übel
geworden; für uns um des Gewinns und der Ausbreitung
des Gesamthandels willen, für China, weil dort die Opium-
sucht durch die strengsten Gesetze nicht mehr zu dämmen
ist, so daß ein Verbot der englischen Einfuhr des Opiums
nur die Folge haben würde, daß andere Nationen den Gewinn des Opiumhandels in China einheimsen. So ließ man
auf beiden Seiten energielos das Übel immer weiter um
sich greifen[8]). Denn auch die chinesische Haltung der
Opiumfrage gegenüber schwankte zwischen Strenge und
Nachgiebigkeit in der Handhabung der bestehenden Gesetze

---

[8]) Morse gibt zu bedenken, daß die Ansprüche der Moralität und
Zivilisation damals überhaupt geringer gewesen seien als heutzutage, daß
z. B. in den britischen Besitzungen der Handel mit Sklaven erst 1807
und das Halten von Sklaven erst 1833 aufgehoben worden sei, zu
schweigen von Amerika.

hin und her. Inzwischen tat Capt. Elliot sein Möglichstes, um den aus dem Schmuggel drohenden Gefahren zu begegnen. Doch scheiterten seine Bemühungen immer wieder daran, daß ihm seine eigene Behörde nicht die nötige Machtbefugnis den englischen Untertanen gegenüber gewährte, und daß der Standpunkt des Vizekönigs, nicht direkt, sondern nur durch Vermittlung der Hong-Kaufleute mit dem englischen Handelsvorsteher verkehren zu wollen, immer wieder Reibung und Ärger erzeugte. Elliot hatte anfangs, um nur überhaupt mit der chinesischen Behörde in Verkehr zu kommen, den von Napier unbeugsam, wenn auch fruchtlos geltend gemachten nationalen Ehrenpunkt preisgegeben und jenes Wörtchen „bing" auf das Schreiben gesetzt, in dem er um seinen Paß für Kanton einkam, doch wurde ihm dies von Lord Palmerston verwiesen, ohne daß ihm gleichzeitig eine Anweisung gegeben wurde, wie er es denn machen solle, um zu positiven Resultaten zu kommen.

Am 3. Dezember 1838 beschlagnahmte die Zollbehörde unmittelbar vor den Faktoreien einige Kisten Opium, die für einen englischen Kaufmann eingeschmuggelt werden sollten. Der betreffende Kaufmann wurde daraufhin vom Vizekönig ausgewiesen. Wenige Tage später wurde ein Chinese wegen Opiumschmuggels zum Tode durch den Strang verurteilt. Um dessen Hinrichtung zugleich den Fremden recht deutlich zum Bewußtsein zu bringen, machte man Anstalten, diese unmittelbar vor den Fenstern der Faktorei stattfinden zu lassen. Die Fremden betrachteten dies als eine Beleidigung, rissen den schon aufgerichteten Galgen nieder und verjagten mit Stöcken die Henker. Dabei trafen die Schläge auch einige aus dem Volk, das zu Tausenden herumstand. Auf einmal erhob sich die Wut der Menge. Ein Steinhagel zwang die Fremden in ihre Häuser zurück, die schnell gegen den Ansturm der Volksmenge verbarrikadiert wurden. Im letzten Augenblick kam noch chinesisches Militär und stellte die Ordnung wieder her. „Solchen Gefahren" — schrieb darauf Elliot an seine Regierung — „setzt man sich aus wegen des unredlich zusammengescharrten Gewinns ruchloser Menschen, welche sowohl den englischen als den chinesischen Gesetzen trotzen zu dürfen glauben." Capt. Elliot gab dieser Vorfall Anlaß, wenige Tage darauf an alle britischen Untertanen, die an dem Schmuggel beteiligt waren, den Befehl zu richten, daß sie mit ihren Booten aus dem Kanton-Fluß sich entfernen sollten, widrigenfalls er sie als außerhalb des Gesetzes stehend betrachten würde. Trotzdem gehorchten die Schmuggler nicht und zogen sich erst dann zurück, als Capt. Elliot die Macht des Vizekönigs gegen sie anrief[9]).

Zu diesem Zeitpunkt entschloß sich Kaiser Dau-guang endlich zu einem energischen Schritt. Lange hatte man am Hofe geschwankt, wie man sich zu der Opiumfrage stellen solle. Es handelte sich dabei nicht nur um moralische, sondern ebenso um finanzielle Erwägungen; denn mit Besorgnis sah man den durch die Opiumeinfuhr verursachten starken Abfluß baren Silbers in das Ausland. Dieser war so stark, daß der Wert des Taels von 1000 auf 1200—1300 Käsch gestiegen war[10]). Deshalb forderten die einen völlige Ausrottung des Opiumhandels, die andere Partei empfahl, den Opiumhandel gegen eine kleine Steuer gesetzlich zu machen; dann würde das Opium billiger werden und dann könne man es außerdem im eigenen Lande bauen. 1836 schien die letztere Partei schon dem Siege nahe zu sein, worauf Capt. Elliot und die englische Regierung stets hoffte. Aber am ersten Januar 1839 wurde in Kanton bekannt, daß der Kaiser sich für völlige Austilgung des Opiumhandels entschieden habe und zur Ausführung dieses Befehls einen besonderen Kommissar schicken werde mit einer dem Vizekönig gleichstehenden Amtsbefugnis. Dieser Kommissar

---

[9]) Hierbei setzte Elliot wieder das Wörtchen „bing" auf sein Schreiben. Er brachte dieses nationale und persönliche Opfer lediglich aus begründeter Besorgnis, daß der Ungehorsam jener Schmuggler sonst noch zu schlimmen Katastrophen auch für den rechtmäßigen Handel und das Leben seiner Landsleute führen müsse.

[10]) So stellten es wenigstens die Gegner des Opiums in ihren Denkschriften an den Kaiser dar.

war Lin-dse-sü, ein Mann von unbeugsamem Charakter, ein echter Vertreter chinesischer Weltanschauung mit allen ihren Vorzügen und Härten. Sofort bei seiner Ankunft in Kanton (10. März 1839) erließ Lin an die Fremden den streng abgefaßten Befehl, bei Todesstrafe alles auf Schiffen in chinesischen Gewässern befindliche Opium herauszugeben und einen Revers zu unterschreiben, daß sie auch in Zukunft nie wieder Opium einführen wollten, und daß, wenn es doch geschehe, die Schuldigen zur Todesstrafe ausgeliefert werden sollten. Gleichzeitig ließ er die Faktoreien durch starke Truppenmassen umstellen und durch Kriegsdschunken auf dem Fluß den Weg versperren (21. März). Einen der Kaufleute, Dent, von dem es hieß, er habe 6000 Kisten Opium auf Lager, forderte er auf, persönlich vor ihm zu erscheinen. Diese Zumutung wurde einmütig zurückgewiesen. Darauf erhielten alle chinesischen Diener den Befehl, die Faktoreien zu verlassen, und alle Zufuhr von Wasser und frischem Proviant wurde abgeschnitten. In diesem kritischen Augenblick (24. März) traf Elliot ein, der von Macao kommend, auf der nur von vier Matrosen bemannten Gig eines englischen Kriegsschiffes glücklich durch die Bocca Tigris und den Ring der Kriegsdschunken hindurchgekommen war. Elliot richtete an den Vizekönig die Aufforderung, ihm für alle englischen Schiffe und Untertanen zwecks ungehinderter Abfahrt Pässe auszustellen, ferner die Zufuhr von Wasser und Lebensmitteln sofort frei zu geben und die chinesische Dienerschaft wieder zurückzuschicken, widrigenfalls ein Bruch des Friedens zwischen beiden Nationen drohe. Der Vizekönig antwortete: Erst solle Herr Dent sich selbst ausliefern und sämtliches Opium herausgegeben werden, ehe weiter verhandelt werden könne. Sarkastisch fügte er hinzu, was Elliot mit den zwei Nationen meine, verstehe er nicht; doch nicht etwa China und England; das würde ja ganz widersinnig sein, da dem Chinesischen Reich alle anderen Ländern unterworfen seien, er spreche also wohl von England und Amerika. Die Engländer waren somit regelrecht belagert und sahen dem

Schlimmsten entgegen, zumal Brennmaterialien herbeige-
schafft wurden. Da richtete Elliot an alle Kaufleute die Aufforderung, sämtliches Opium ihm persönlich zu übergeben,
wogegen er ihnen im Namen der englischen Regierung
Bürgschaft leiste für den Ersatz des vollen Wertes. Zwei
Tage darauf machte er Lin die Mitteilung, daß er bereit
sei, alles in britischem Besitz befindliche Opium, 20 283
Kisten, herauszugeben. Entsprechend der allmählich erfol-
genden Übergabe des Opiums — sie nahm im ganzen fast
sechs Wochen in Anspruch — wurden die Absperrungs-
maßregeln nach und nach zurückgenommen. Das Opium
wurde mit Kalk vermischt in das Wasser geschüttet. Als
alles Opium abgeliefert war, erhielten die Engländer die Erlaubnis, nach Macao abzufahren, was sie sämtlich taten
(24. Mai 1839). Sechzehn der ersten Kaufleute, die als
Opiumhändler besonders bekannt waren, wurden für immer
von China verbannt. Als letzter verließ Elliot Kanton. Auch
die Kaufleute anderer Nationen in Kanton erlebten eine
ähnliche Belagerung wie die Engländer, aber sie fügten sich
den Forderungen und blieben, so daß sie, vor allem die
Amerikaner, den Vorteil von dem Abzug der Engländer
genossen. Die gesamte englische Handelsflotte ankerte
einstweilen auf der sicheren Reede von Hongkong, einer
damals fast unbewohnten, kahlen Felseninsel.

Der Opiumhandel war übrigens durch die strengen
Maßregeln des Kommissars Lin keineswegs vernichtet. Im
Gegenteil, die Nachfrage und die Preise stiegen. Gerade
während Lin jene 20 283 Kisten vernichtete, war die neue
Ernte von Indien eingetroffen, und sie wurde vollständig ver-
kauft. Der Schmuggel zog sich nur in das Labyrinth von
Inseln und Buchten östlich von Kanton zurück, wo jede
wirksame Beaufsichtigung unmöglich war. Der Kommissar
Lin hatte die Instruktion, den Opiumhandel mit der Wurzel
auszurotten, aber zugleich für den Fortbestand des übrigen
Handels zu sorgen. Er wünschte deshalb die Fortsetzung
des Handels und machte mehrere Versuche, die englischen
Kaufleute zur Rückkehr nach Kanton zu veranlassen, wo

der Ausfall des bisherigen Handelsgewinns stark empfunden wurde. Aber die Engländer waren fest entschlossen, sich in Zukunft den drückenden, national erniedrigenden Bedingungen nicht mehr zu fügen, unter die sie dort gestellt waren, während die Angehörigen anderer Nationen, vor allem die Amerikaner, aufs Neue und ausdrücklich ihre Unterwerfung unter die chinesischen Gesetze anerkannten. Als nun noch in dieser gespannten Lage vorkam, daß ein Chinese bei einer Schlägerei mit englischen Matrosen getötet wurde, und Elliot die geforderte Herausgabe eines Engländers verweigerte, ging Lin darauf aus, die Engländer mit Gewalt zu nötigen, entweder nach Kanton zurückzukehren oder die chinesischen Gewässer überhaupt zu verlassen. Er übte zunächst einen Druck auf den Gouverneur von Macao aus, den englischen Gästen seinen weiteren Schutz zu versagen, so daß diese genötigt waren, am 26. August 1839 allesamt mit Frauen und Kindern in fluchtähnlicher Weise sich auf die Handelsschiffe vor Hongkong zu begeben. Dort mußten sie wochenlang unter drückenden Bedingungen auf dem engen Schiffsraum aushalten, zur See umringt von Kriegsdschunken, während gleichzeitig gegenüber auf Kowloon immer mehr Befestigungen sich erhoben, die ihre Geschütze gegen diie englische Handelsflotte richteten.

2. Der englisch-chinesische Krieg (Opiumkrieg) 1840—1842.

Trotzdem sich hiermit bereits eine Art Kriegszustand herausgebildet hatte, schienen die Zustände im November sich noch einmal zu bessern. Lin hatte neue Regulative für den Handel aufgestellt, welche annehmbar erschienen. Unglücklicherweise aber lief in diesen Tagen ein einzelnes englisches Schiff, direkt von Singapore kommend, in den Kanton-Fluß ein, und ohne von den schwebenden Verwickelungen etwas zu wissen, unterzeichnete sein Kapitän den von Lin gewünschten Revers. Hierauf fußend verlangte Lin auch von Elliot von neuem die ausdrückliche Unterwerfung aller Engländer unter die chinesische Gerichtsbarkeit, widrigenfalls sie sämtlich binnen drei Tagen China verlassen müßten. Daraufhin drängten zwei englische Kriegsschiffe (am 3. November 1839) 29 Kriegsdschunken, durch deren Nähe sie die englische Handelsflotte bedroht glaubten, in einem kurzen Gefecht zurück, und nun war eine friedliche Verständigung ausgeschlossen. Lin kaufte 200 neue Kanonen in Macao, setzte einen Preis auf den Kopf eines jeden Engländers und verbot auch Schiffen anderer Nationalität die Einfuhr englischer Waren.

Im englischen Parlament wurde im März 1840 eine Expedition nach China beschlossen. Im Juni 1840 sammelte sich allmählich die von England und Indien kommende Streitmacht vor Hongkong. Sie bestand aus 17 Kriegsschiffen, darunter waren drei Linienschiffe, vier flachgehende armierte Dampfer, die späterhin besonders wertvoll wurden, und 27 Transportschiffe mit etwa 4000 Mann. Die Höchstkommandierenden waren Capt. Elliot und sein Vetter Kontreadmiral Elliot. Am 28. Juni begann die Blockade des Kanton-Flusses; ihr folgte die der Hangtschou-Bucht und der Yangtse-Mündung. Ding-hai, die Hauptstadt im Dschouschan (Chusan) Archipel, wurde mit leichter Mühe genommen und diente zunächst als Operationsbasis. Es gelang den Engländern nicht, weder in Amoy noch in Ningpo, ein Schreiben ihrer Regierung an den Hof in Peking abzugeben. Erst als sie vor Taku an der Peiho-Mündung erschienen (15. August), wurde von Peking ein hoher Beamter, der Mandschu Ki-schan, geschickt, um es entgegenzunehmen und zu verhandeln. Dieser, ein gewandter Diplomat, brachte es fertig, die Engländer zur Rückkehr nach dem Süden zu bewegen; Kanton, wo der Streit entstanden war, sei der gegebene Platz zum Verhandeln. Aber die auf friedliche Beilegung des Streites hinzielenden Absichten Ki-schan's wurden in Kanton selbst durch die kriegslustige Partei, an deren Spitze jetzt der zum Vizekönig ernannte Lin stand, vereitelt. So nahm der Kampf seinen Fortgang. Am 7. Januar 1841 legte die englische Flotte die Außenforts bei der Bocca

Tigris in Trümmer und vernichtete die dortigen Kriegsdschunken. Am Ufer standen dichte Volkshaufen, um den
sicheren Untergang der Engländer mitanzusehen. Umso
größer war die Ratlosigkeit der Chinesen, und Ki-schan begann seine Verhandlungen von neuem. Am 20. Januar 1841
wurde von ihm und Elliot eine Konvention unterzeichnet,
der zufolge Hongkong an die englische Regierung abgetreten, sechs Millionen Dollar Entschädigung für das
zerstörte Opium gezahlt, der Handel binnen zehn Tagen
nach Chinesisch-Neujahr wieder eröffnet und den englischen
Beamten der direkte Verkehr mit den chinesischen auf dem
Boden der Gleichberechtigung zugestanden werden sollte.
Am 26. Januar 1841 nahmen die Engländer daraufhin Hongkong in Besitz. Aber diese Konvention Elliot's wurde weder
von der englischen noch von der chinesischen Regierung
gebilligt. Lord Palmerston fand, daß sie der englischen
Ehre zu wenig Genugtuung gebe, und daß die Entschädigungssumme zu gering sei, vor allem wurde die Räumung
der Dschou-schan-Inseln gemißbilligt. Elliot wurde durch
Kabinettsbeschluß vom 30. April 1841 abgesetzt und Sir
H. Pottinger zu seinem Nachfolger ernannt. Doch lange
bevor der englische Protest gegen die Konvention eintraf,
machte sich der chinesische geltend. Kaiser Dau-guang war
in maßlosem Zorn über die Vorfälle im Süden. Er entsetzte Ki-schan aller Würden, ließ ihn in Ketten zur Verantwortung nach Peking bringen und befahl (bereits am
6. Januar) die Vertreibung der Engländer von der gesamten Küste, dieser „ruchlosen Geschöpfe, über die
Götter und Menschen gleicherweise entrüstet sind". Die
Folge davon war, daß die englischen Schiffe am 26. Februar
die Festungswerke der Bocca Tigris selbst zusammen-
schossen. Doch ließ Elliot sofort wieder eine Waffenruhe
eintreten, da er immer die Wiedereröffnung des Handels
als wichtigstes Ziel im Auge hatte. Seit März begannen
die englischen Kaufleute sich wieder in Kanton einzurichten,
aber die Chinesen setzten gleichzeitig ihre Rüstungen fort.
Am 21. Mai ließen sie plötzlich Brander auf die vor Anker

liegenden Schiffe los und steckten die Faktoreien in Brand. Die Engländer bombardierten darauf die inneren Forts, wobei auch viele Kugeln in die Stadt flogen, und besetzten die Höhen nördlich von Kanton. In der Stadt herrschte die wildeste Verwirrung durch Brand, Raubgesindel und meuternde Soldaten. Nachdem die Geschütze auf die Höhen gebracht waren, lag Kanton völlig in der Gewalt der Engländer, die am 27. Mai zum Sturm sich fertig machten. Da traf sie zu ihrem Bedauern die Nachricht von einer neuen Konvention, die Elliot eben abgeschlossen hatte, des Inhalts: die chinesischen Truppen räumen Kanton, die englischen den Perlfluß, der Handel wird wieder eröffnet, und China zahlt sofort 6 Millionen Dollars. Die Engländer zogen sich nach Hongkong zurück, wo sie schwer durch die Sommerseuchen und ihre Schiffe durch einen furchtbaren Taifum litten. Dem Kaiser, der stets die lügnerischsten und prahlerischsten Berichte von seinen Beamten erhielt, wurde auch dies als ein völliger Sieg über die Barbaren gemeldet.

Nunmehr traf der neue Generalbevollmächtigte über die englischen Streitkräfte Sir H. Pottinger in Hongkong ein (10. August 1841) mit den neuen Instruktionen Palmerstons, welche eine dem zögernden Auftreten Elliots entgegengesetzte Politik verlangten. Sir H. Pottinger gab dann auch sofort nach seiner Ankunft dèn britischen Kaufleuten kund, daß jetzt der Tag gekommen sei, an dem die Unterordnung der nationalen Interessen unter die des Handels ihr Ende habe. Vor allem wurde nun der Kriegsschauplatz von Kanton weg nach dem Norden verlegt. Am 26. August 1841 wurde Amoy genommen, am 1. Oktober von neuem die Dschou-schan-Inseln (wo bis 1847 eine englische Besatzung blieb), am 10. Oktober Dschen-hai vor Ningpo, am 13. Oktober Ningpo selbst. Hier bezog man Winterquartiere, da der eintretende Nordostmonsun den Operationen ungünstig war und man erst weitere beträchtliche Verstärkungen der See- und Landtruppen von Indien her abwarten wollte. Am 7. Mai 1842 gingen die Operationen weiter. In Dscha-pu (Chapu), dem Außenhafen von Hangtschou, stand eine aus

1600 Mann bestehende Mandschugarnison und hier fanden die Engländer zum erstenmal ernstlichen Widerstand (18. Mai). Als sie schließlich in das Lager der Mandschus eindrangen, bot sich ihnen ein schrecklicher Anblick. Denn sobald diese die Hoffnungslosigkeit ihrer Lage erkannt hatten, töteten sie ihre Frauen und Kinder, sofern die Frauen nicht schon Selbstmord begangen hatten, und schnitten sich zum Schluß selbst den Hals durch. Am 13. Juni ankerte die Flotte in der Yangtse-Mündung, am 16. wurden die Wusungforts mit ihren 253 Kanonen genommen und die Dschunkenflotte vernichtet, am 19. Juni fiel Schanghai, daß man nahezu leer fand. Mit Staunen entdeckten dann die Engländer die Breite und Tiefe des Yangtse, die für ihre größten Schiffe ausreichend war; 15 Kriegsschiffe, 5 Dampfer, 50 Truppen- und Transportschiffe mit insgesamt 12 000 Mann fuhren den Strom hinauf. Am 21. Juli erfolgte der Sturm auf Dschen-giang (Chinkiang), die wichtige Festung an der Kreuzung des Yangtse mit dem Kaiserkanal. Auch hier stand eine Mandschugarnison, die sich tapfer wehrte und nach der Erstürmung der Mauern noch in den Straßen und Häusern weiter kämpfte[11]). Als alles verloren war, verbrannte sich der Mandschugeneral auf einem in seinem Haus errichteten Scheiterhaufen, und wie in Dscha-pu töteten die Mandschufrauen fast ausnahmslos sich selbst und ihre Kinder oder wurden von den Männern getötet. Im Gegensatz zu diesem tapferen Widerstand stand das Betragen der im freien Feld aufgestellten chinesischen Truppen, die auch diesmal davonliefen. Mit dem Fall von Dschen-giang war der Krieg entschieden; denn mit diesem Platz hatten die Engländer den Schlüssel zum Kaiserkanal, der wichtigsten Lebensader für den Hof. Das Reich war in zwei Hälften zerschnitten. Während der Hof auf diese Schreckensnachricht hin sich in Eile zur Flucht nach dem Norden rüstete, ankerte

---

[11]) Die Engländer erlitten bei dem Gefecht stärkere Verluste als je vorher, nämlich 37 Tote und 129 Verwundete. — Die Schußwaffen ihrer Feinde bestanden damals noch lediglich aus Bogen und einigen alten Luntenflinten.

die englische Flotte am 9. August vor Nanking, von dessen
Mauern überall die weiße Flagge wehte. Nun gab es keinen
anderen Ausweg mehr, wollte man nicht des Reiches zweite
Hauptstadt mit den Schätzen des alten Kaiserpalastes in die
Hand der Barbaren fallen lassen. Die Kommissare I-li-bu
und Ki-ying — beide Mandschus — unterzeichneten zunächst
auf eigene Verantwortung, an Bord der „Cornwallis" am
29. August 1842 den Frieden von Nanking, der folgende Bedingungen enthielt:

1. Die Insel Hongkong wird für ewige Zeiten an Groß-
britannien abgetreten[12]). 2. Kanton, Amoy, Futschou, Ningpo
und Schanghai werden als Vertragshäfen dem Handel geöffnet. Dort werden Konsuln zugelassen, welche über die
Einhaltung eines noch zu vereinbarenden, angemessenen Tarifs
für Ein- und Ausfuhr zu sorgen haben. Das bisherige System,
nur einzelnen Kaufleuten das Monopol des Handels mit den
Fremden zu übertragen, hört auf. 3. China zahlt 21 Millionen
Dollars (6 Millionen für das im März 1839 zerstörte Opium,
3 Millionen für nichtbezahlte Schulden chinesischer an englische Kaufleute, 12 Millionen als Kriegsentschädigung).
4. Die amtlichen Korrespondenzen haben auf dem Boden der
Gleichberechtigung zu geschehen. 5. Alle gefangenen Engländer werden frei gelassen, und allen Chinesen, welche dem
Feind im Kriege Dienste geleistet haben, wird volle Amnestie zuteil. 6. Die von den Engländern besetzten Plätze
werden nach Zahlung der Entschädigung geräumt.

Am 15. September traf die Kaiserliche Bestätigung des
Friedens ein; die Flotte segelte den Yangtse hinunter und
lief Ende Oktober in Hongkong ein, zu dessen erstem Gouverneur Sir Henry Pottinger ernannt wurde.

3. Nach dem Opiumkrieg (1842—1850).

Die im Frieden von Nanking vorgesehenen näheren
Handels- und Zollbestimmungen für die fünf offenen Häfen

---

[12]) Die Absichten der englischen Regierung waren eigentlich mehr
auf die Dschou-schan-Inseln gerichtet wegen deren zentraler Lage, dem
Yangtse gerade gegenüber.

wurden im Juli 1843 unterzeichnet. Eine weitere Ergänzung zum Nankinger Frieden — vereinbart an der Bocca Tigris am 8. Oktober 1843 — bestimmte unter anderem, daß alle Rechte, welche China jemals anderen Nationen gewähren würde, ohne weiteres auch England zufallen sollten. Diese sogenannte „Meistbegünstigungsklausel" für die vertragschließende Macht hat in allen Handelsverträgen Aufnahme gefunden, welche späterhin andere Nationen mit China abgeschlossen haben.

Die ersten, welche die Früchte des Vorgehens und des Sieges der Engländer auch für sich auszunutzen wußten, waren die Amerikaner. Der amerikanische Handelsvertrag von Wang-hia, abgeschlossen am 3. Juli 1844, war ganz nach dem Muster des englischen aufgesetzt; desgleichen der französische Vertrag von Whampoa, am 24. Oktober 1844. Die Belgier erhielten durch ein Kaiserliches Edikt (Juli 1845) dieselben Rechte wie die anderen Nationen zugesichert, während die Krone Schweden und Norwegen auch einen förmlichen Vertrag — den von Kanton, 20. März 1847 — durchsetzte, wiederum nach dem englischen Muster. Portugal hatte bald nach der Gründung Hongkong's den Einfluß des aufstrebenden Freihafens zu Ungunsten Macao's zu spüren und erstrebte deshalb, auch Macao in einen Freihafen umzuwandeln. Da das natürlich nicht zugestanden wurde, proklamierte die portugiesische Regierung ihrerseits durch Dekret vom 5. März 1849 Macao als portugiesischen Freihafen und ließ das dortige chinesische Zollamt schließen. China protestierte; alle chinesischen Kaufleute verließen Macao. Die grausame Ermordung des portugiesischen Gouverneurs (August 1849) brachte China in dieser Angelegenheit um die Sympathien Englands und anderer Nationen, die es sonst wohl gehabt hätte. Erst im Jahre 1887 ist die Unabhängigkeit Macao's von China aus zugestanden worden.

Im Anschluß an den Vertrag von Whampoa erwirkte der französische Bevollmächtigte de Lagrené durch persönliche Vermittlung Ki-ying's ein Edikt Kaiser Dau-guang's (28. Dezember 1844), welches die Verfolgung der Bekenner des katholischen Glaubens verbot[1]); ein weiteres Edikt — vom 20. Februar 1846 — befahl, allerdings mit starken Einschränkungen, die Rückgabe der alten Kirchen an die Christen. Die Wirkung dieser Edikte blieb zwar einstweilen noch gering, doch wagten sich immerhin an vielen Orten alsbald die kleinen Reste der alten katholischen Gemeinden wieder ans Tageslicht, die seit mehr als 100 Jahren von Missionaren verlassen und harten Drangsalen ausgesetzt sich dennoch heimlich erhalten hatten. Nunmehr erschienen auch wieder — trotz des ausdrücklichen Verbotes — wandernde Missionare bei ihnen. So kamen nach Schantung die Franziskaner und sammelten zunächst die dortigen Gemeinden[2]). Unter den protestantischen Missionaren ist neben dem Engländer Morrison (s. S. 129) vor allem der Deutsche Gützlaff um seiner allgemeinen Bedeutung willen zu nennen. Gleich Morrison stand er anfangs im Dienste der Englisch-Ostindischen Kompagnie als Dolmetscher und Übersetzer. Nach deren Erlöschen leistete er in gleicher Eigenschaft der englischen Regierung wertvolle Dienste, besonders während des Opiumkrieges und später in Hongkong. Schon vor dem Krieg hatte er mehrere Male in einer Dschunke die chinesische Küste bis hinauf nach Tientsin bereist; dabei kam er auch als der erste Europäer im 19. Jahrhundert nach Schanghai (1831)[3]). Die von Gützlaff gegründete „Einheimische Missions Allianz" löste sich bald wieder auf. Seine warme Begeisterung für die Sache gab aber den Anlaß zu

---

[1]) Ausdrücklich wurden dabei aber die Fremden daran erinnert, daß es ihnen nicht zustehe, chinesisches Land außerhalb der 5 Häfen zu betreten, also auch nicht in missionarischer Absicht.

[2]) Sie gründeten späterhin einen Bischofsitz in Tsinanfu für Nord-Schantung und einen in Tschifu für Ost-Schantung. Die bekannte Steyler-Mission von Süd-Schantung (jetziger Bischofsitz Yentschoufu) wurde erst 1882 durch den späteren Bischof v. Anzer eröffnet. Ihr Zentrum war anfangs Puoli im Kreise Yang-gu-hiän, wo man eine alte Christengemeinde vorgefunden hatte.

[3]) Gützlaff-Island heißt jetzt eine um ihres Leuchtfeuers willen wichtige Insel vor Schanghai, bei der die von Süden einlaufenden Schiffe den Lotsen an Bord nehmen.

zahlreichen Missionsvereinen in Deutschland, aus denen dann das Werk der Rheinischen und der Baseler Mission in der Kanton-Provinz hervorging. Gützlaff's „Geschichte des chinesischen Reiches von den ältesten Zeiten bis auf den Frieden von Nanking" blieb bis in die neuste Zeit das einzige selbständige Werk über die Geschichte Chinas[4]).

Die Hoffnungen, welche man auf eine schnelle Ausbreitung des Handels in den Vertragshäfen gesetzt hatte, erfüllten sich zunächst nicht. Nur Schanghai (amtlich eröffnet den 17. November 1843) nahm einen guten Aufschwung und war bald daran, Kanton zu überflügeln[5]). Im Frieden von Nanking war die Opiumfrage unberührt geblieben, und so nahm denn der traurige Handel, an dem die angesehensten Firmen beteiligt blieben, ebenso wie der Opiumschmuggel seinen Fortgang genau so wie vor dem Kriege. Obwohl jetzt das Opium in allen Gassen Kantons feilgeboten wurde, konnte Dau-guang sich nicht dazu entschließen, den Handel gesetzlich zu erlauben.

Für die chinesische Regierung war der Frieden von Nanking nur der Anfang zu neuen, schweren, inneren Gefahren. Im Reich schrie man über Verrat; zahlreiche Denkschriften namhafter Männer gingen in Peking ein, welche den Bruch des geschlossenen Vertrages forderten. Die ältere Generation jener Zeit war noch in den glänzenden Tagen

---

[4]) Es wurde von K. F. Neumann herausgegeben, der seinerseits in seiner Ostasiatischen Geschichte für die Jahre 1840—60 eine Fortsetzung zu der Arbeit Gützlaff's gab.

[5]) Im Jahre 1843 betrug die Gesamtzahl aller erwachsenen männlichen Fremden in China (ausschließlich Macao): 352. Im Jahre 1850 waren es beinahe 1000 (ausschließlich Militär); davon kamen auf Hongkong 404, Kanton 362, Schanghai 141, Amoy 29, Ningpo 19, Futschou 10. Im Jahre 1855 hatte sich die Gesamtzahl gegenüber dem Jahre 1850 nur um 44 vergrößert, doch betrug der Zuwachs in Schanghai — auf Kosten Honkongs und Kantons — 102. In demselben Jahre verteilte sich der Gesamthandel in den 5 Vertragshäfen und in Honkong auf 210 Firmen, die folgenden Nationen angehörten: Engländer 111, Indier 45, Amerikaner 23, Deutsche 7, Portugiesen 6, Franzosen 6, Schweizer 5, Dänen 3, Holländer 2, Peruaner 2. Europäische Frauen gab es im Jahre 1850 in Schanghai nicht mehr als 14, abgesehen von den Missionarsfrauen.

Kiän-lung's aufgewachsen und konnte das Geschehene nicht glauben. Nur sehr wenige waren es, die sich überhaupt die Tatsache des schmählichen Zusammenbruchs der Stützen des Reiches klar machten. Ungeheure, nutzlos vergeudete Summen hatte der Krieg gekostet, und ungeheuer waren — zu des sparsamen Dau-guang bitterem Schmerz — die dabei durch die Beamten betriebenen Unterschleife. Um die leeren Kassen wieder zu füllen, machte die Regierung stärkeren Gebrauch von der üblen Praxis, Stellen durch Kauf zu vergeben, und erregte damit natürlich wieder heftigen Unwillen bei den Gelehrten, die regelrecht ihre Examina bestanden hatten. Die für den Krieg massenhaft angeworbenen Soldaten trieben sich als Banditen im Land umher, und das Piratenwesen an der Südküste behinderte sogar die englische Schiffahrt empfindlich. In Turkestan trat der Sohn jenes Jehangir als Rächer seines Vaters auf und erregte einen neuen Aufstand, 1845—1846. Die religiösen, revolutionären Geheimbünde, unter denen jetzt die Triasgesellschaft in den Vordergrund trat, gewannen neues Wachstum. Der gelbe Fluß „der Kummer Chinas" (der Ausdruck stammt von Dau-guang) zerstörte die Mauern von Kaiföngfu, vernichtete unzählige Menschenleben und machte viele zu Bettlern und zu Räubern, da die Unterstützung der Regierung ausblieb. Am meisten Zündstoff aber sammelte sich in der Kanton-Provinz. In und um Kanton war das Volk durch die Ereignisse des Krieges aufs höchste gegen die Fremden erbittert. Nichts bezeugt besser die damals herrschende Stimmung, als daß die Engländer auf das ihnen nunmehr zustehende Recht, die Tore von Kanton betreten zu dürfen, für Jahre hinaus verzichteten und weiter mit ihren Faktoreien außerhalb der Stadt blieben. Dort war eben das beiderseitige Verhältnis durch die Art der Handelsbeziehungen in den vorhergehenden Jahrzehnten und Jahrhunderten in der Wurzel vergiftet, während an allen übrigen Plätzen, besonders auch in Schanghai, die Beziehungen zwischen den Fremden und der Bevölkerung sich weit besser gestalteten, als man erwartet hatte. In der Umgegend von

Kanton bildeten sich bewaffnete Volksvereine. „Miliz zur Bezähmung der Engländer", stand auf ihren Fahnen. Dieses Treiben wurde von den Behörden nicht nur geduldet, sondern belobt. Die Regierung selbst hatte während des Krieges unter das Volk Waffen verteilt zum Kampf gegen die Fremden (ganz im Gegensatz zu den bisherigen Grundsätzen) und belieb sie ihnen auch jetzt. So kam es schon drei Monate nach dem Friedensschluß zu einem Sturm des Pöbels auf die englischen Faktoreien, die bei der Gelegenheit in Brand aufgingen. Im Jahre 1846 wurden die Wohnungen der Engländer und Amerikaner angegriffen, und im folgenden Jahr entging eine Gesellschaft von sechs Engländern bei Fo-schan (Fatshan), nahe Kanton, mit knapper Not der Ermordung durch den aufgeregten Volkshaufen. Darauf befahl Lord Palmerston eine Strafexpedition; am 1. April 1847 wurden die Forts der Bocca Tigris von neuem besetzt und die Kanonen auf Kanton gerichtet. Das Volk, anstatt erschreckt zu sein, verlangte wütend, gegen den Feind losgelassen zu werden. Aber der Generalgouverneur Ki-ying, der bedeutendste chinesische Staatsmann jener Jahre, war besonnen genug, das erregte Volk niederzuhalten und mit Davis, dem Gouverneur von Hongkong, ein Abkommen zu treffen. Es wurden den Engländern Versprechungen für die Zukunft gemacht und ihnen zugestanden, daß sie auch Ausflüge in das Innere machen dürften, jedoch nur sofern sie an demselben Tag wieder zurückkehrten. Andererseits verstanden diese sich dazu, von neuem für zwei Jahre auf ihr Recht zu verzichten, die Stadt Kanton zu betreten. Doch noch in demselben Jahr wurden sechs junge Engländer, etwa zwei Stunden von Kanton entfernt, von Volkshaufen ermordet, und die Haltung der Stadtbevölkerung blieb andauernd so gereizt, daß nach Ablauf der zwei Jahre die Engländer wiederum sich der Tatsache fügten, daß ihnen die Tore Kantons verschlossen blieben. Das Volk von Kanton jubelte über diesen Sieg, und der Kaiser belohnte die Beamten reichlich wegen ihrer Geschicklichkeit in der Behandlung der Fremden. Lord Palmerston sandte zwar einen zornigen Protest an die chi-

nesische Regierung, in dem er betonte, daß es für die englische Streitmacht eine Kleinigkeit sei, Kanton in Trümmer
zu legen, doch wurde das betreffende Schreiben von der
chinesischen Regierung überhaupt nicht angenommen; die
Fremden hätten sich mit etwaigen Wünschen an die Regierung künftig lediglich an den Generalgouverneur von
Kanton zu wenden, der hiermit zum alleinigen Kommissar
für die auswärtigen Angelegenheiten ernannt wurde (Edikt
vom 4. Juli 1850).

Auch in der Nähe von Schanghai, bei Tsing-pu, kam
es im Jahre 1848 zu einem Zwischenfall, wobei drei englische Missionare von einem Volkshaufen angegriffen wurden.
Doch handelte es sich dabei nicht um Schanghai-Chinesen,
deren Haltung von Anfang an nicht feindlich gegen die Fremden gewesen war[6]), sondern um Schantunger Schiffsleute.
Der britische Konsul Alcock mißbilligte zwar, daß seine
Landsleute sich an einen Ort begeben hatten, wo eine von
den einheimischen Chinesen selbst gefürchtete unruhige
Schiffsbevölkerung sich zu Tausenden herumtrieb, doch trat
er andererseits der chinesischen Behörde gegenüber sehr
energisch auf. Er verlangte, daß keine der 1400 Dschunken,
welche gerade mit Tributreis beladen im Hafen lagen,
Schanghai verlassen dürfe, bevor die Schuldigen bestraft
seien. Diese Maßregel wurde mit Hilfe eines englischen
Kriegsschiffes auch wirklich durchgeführt, bis eine befrie-
digende Erklärung vom Generalgouverneur in Nanking eintraf; der Tautai wurde abgesetzt. Übrigens hatten auch die
fremden Behörden manchen Übergriffen und unnötigen
Reizungen zu wehren, die durch ihre eigenen Landsleute
verübt wurden. Denn in den neueröffneten Plätzen tauchten
auch manche fragwürdigen „Pioniere der Zivilisation" auf,
die es direkt darauf ablegten, sich schädigen zu lassen, um
dann eine große Kostenrechnung für erlittenen Schaden oder
vereitelten Handelsgewinn einzureichen. Und daß die Qua-

---

[6]) In Schanghai hatten die Fremden stets das Recht besessen, Tages-
ausflüge zu machen.

lität der Opiumschmuggler, die ihren Schmuggel allmählich auch auf andere Waren ausdehnten, durch den Krieg sich nicht verbessert hatte, läßt sich denken. Auf den chinesischen Neujahrstag 1850, den 12. Februar, fiel eine Sonnenfinsternis; eine sehr üble Vorbedeutung. Wenige Wochen darauf starb Kaiser Dau-guang. Er hinterließ den Thron seinem 19jährigen Sohn Hiän-föng (Hsien Fêng) (1850—1861). Der neue Kaiser war in keiner Weise den schwierigen und ganz neuen Aufgaben gewachsen, die der Zustand des Reiches im Innern wie nach außen an die Regierung stellte. Er, wie fast die ganze hohe Beamtenschaft und Gelehrtenwelt, sah das Heil in möglichster Absperrung von allem, was mit den Fremden zusammenhing, die sich als so unangenehme Eindringlinge erwiesen hatten[7]). Zunächst aber wuchs im eigenen Land eine Bewegung empor, welche die Mandschu-Dynastie an den Rand der Vernichtung und über die reichsten Provinzen Chinas eine Verheerung brachte, nicht unähnlich der, die Deutschland im 30jährigen Krieg erlebt hat. Das war die Taiping-Rebellion, der keine von den vielen Rebellionen, welche die Dynastie seit Kiän-lung's Tod schon erlebt hatte, an Furchtbarkeit gleichkam.

4. Die Taiping-Rebellion bis 1856.

Die allgemeinen Ursachen dafür, daß das Reich einer großen Rebellion anheim fallen konnte, sind in der durch den Opiumkrieg teils verursachten, teils zutage gekommenen Lage gegeben. Infolge jener Zustände gewann schon gegen Ende der vierziger Jahre die im Süden nie erstorbene Parole „Nieder mit den Mandschus!" immer mehr Anhänger, vor allem genährt durch die Triasgesellschaft. Dazu hatte sich

---

[7]) „Des Reiches Würde", sagt eines der ersten Edikte des Kaisers, „soll wiederhergestellt, die Verträge sollen umgangen werden. Die Barbaren an des Reiches Grenzen müssen zu ihrer früheren Ehrfurcht vor der himmlischen Macht zurückkehren und wie sonst dem Himmelssohn unbedingten Gehorsam leisten." Der verdiente Ki-ying wurde als ein Fremdenfreund und Verräter degradiert.

die Regierung in der Kanton-Provinz selbst die Rebellen groß gezogen durch die schon erwähnte Volksbewaffnung, welche in dem Volk ein Unabhängigkeitsgefühl erzeugte, das auch die Beamten bald unangenehm zu fühlen bekamen. Das bewaffnete und im Gebrauch der Waffen geübte Volk stürmte und verbrannte die Häuser unbeliebter Beamten und weigerte unter Umständen die Steuerzahlung. Rebellen und Räuberhorden zu Land und zu Wasser waren dabei nicht immer zu trennen.

Doch die eigentliche Taiping-Bewegung hatte zunächst mit diesen Rebellen gewöhnlicher Art nichts zu tun, sondern erwuchs als eine religiöse Bewegung, der der Wiedertäufer in ihrem ganzen Verlauf nicht unähnlich. Ihr Urheber war Hung-siu-tsüan, 1813 in der Nähe von Kanton geboren, armer Leute Kind, der zeitweilig das Vieh weiden mußte, zwischendurch aber soviel lernte, um selbst Schulmeister in seinem Dorf zu werden. Seine Familie gehörte zu dem Stamm der Hakka, die in unbekannter Zeit in den Kanton-Provinzen eingewandert, dort eine sprachlich scharf gesonderte Enklave bilden. 20 Jahre alt versuchte Hung in Kanton seine erste Staatsprüfung zu machen, fiel aber durch und nach vier Jahren zum zweitenmal. Körperlich und geistig völlig erschöpft, wurde er schwer krank; seine Verwandten hielten ihn für irrsinnig. In solchem Zustand hatte er einen Traum. Ihm wurde sein Herz aus dem Leibe genommen und durch ein neues ersetzt. Ein ehrwürdiger Greis in glänzender Königshalle gab ihm ein Schwert zur Vertilgung aller bösen Geister. Zugleich sah er einen Mann in mittleren Jahren, den er seinen älteren Bruder nannte, welcher ihm freundlich half. Hung genas, und war jahrelang wieder Schulmeister in seinem Dorf. Erst nach dem Frieden von Nanking las er, durch einen Freund veranlaßt, einen christlichen Traktat genauer, der ihm schon bei seinem ersten Besuch in Kanton zugesteckt war. Jetzt glaubte er mit Erstaunen, den Schlüssel zu seinen ehemaligen Visionen gefunden zu haben. Jener Alte ist der höchste Gott, den alle anbeten sollen; jener freundlich helfende Mann ist Jesus, der Welterlöser; die Dämonen sind die Götzen, und er selbst dazu berufen, diese zu vernichten und die Welt, d. h. China, zur Verehrung des Höchsten zurückzuführen, dessen Erkenntnis im alten China einst vorhanden war, jetzt aber besonders durch die götzendienerischen Mandschus niedergehalten wird. Jahrelang nun wirkte Hung-siu-tsüan lediglich als ein religiöser Eiferer für den wahren Gottesdienst und für Abschaffung der Götzen mit puritanisch strengen sittlichen Grundsätzen. Einer seiner begeistersten Anhänger und Helfer war Föng-yung-san, der Schullehrer eines Nachbardorfes, der auf seinen Predigtreisen eine bedeutende Gemeinde am sogenannten Distelberg in Kuangsi sammelte. 1847 machte Hung eine Reise nach Kanton und wurde dort von einem amerikanischen Missionar Roberts zwei Monate in der christlichen Lehre unterwiesen, ohne jedoch getauft zu werden. Im folgenden Jahr hielt er sich wieder in seiner Heimat auf. Als er von dem Wachstum der Gemeinden der Gottesverehrer am Distelberg hörte, begab er sich dorthin und fand eine Gemeinde von mehr als 2000 Mitgliedern, die ständig wuchs und ihn als ihr geistliches Haupt anerkannte. Im Sommer 1850 setzte er in der Gemeinde den kommunistischen Grundsatz durch, daß jeder sein Hab und Gut zu verkaufen und den Erlöß in eine gemeinschaftliche Kasse zu geben hatte, aus der alle genährt und gekleidet wurden. Bald darauf (Oktober 1850) kam es zum ersten Konflikt mit der Obrigkeit. Ein Verwandter des Hung-siu-tsüan und jener Föng-yung-san sollten verhaftet werden wegen Zerstörung von Götzenbildern in Tempeln. Sie flüchteten sich und wurden in einem Engpaß von den Soldaten der Beamten belagert. Da befreiten sie ihre Freunde mit Gewalt. Von da an wird die religiöse Bewegung zugleich von dem Waffenkampf gegen die Kaiserlichen begleitet, und dieser tritt in den Vordergrund. Die Rebellen schnitten sich den Zopf ab — als äußeres Kennzeichen ihrer Auflehnung gegen die Mandschus — und ließen das Haar des Vorderkopfes frei wachsen; daher ihr Name, unter dem sie in China bekannt sind: „die Langhaarigen Rebellen".

Dezember 1850 besetzten sie die Stadt Lien-dschou-fu (Provinz Kuangtung), räumten sie aber bald wieder und hielten sich überhaupt in der Defensive, dabei ständig an Zahl wachsend und kleinere Städte gewinnend. Jetzt wurde die Regierung in Peking auf sie aufmerksam und sandte den alten Lin-dse-sü gegen sie, der aber unterwegs starb. Ein Beispiel der damals unter ihnen herrschenden Strenge ist dies, daß acht Führer der Triasgesellschaft mit ihrem Anhang sich zum eventuellen Beitritt bereit erklärten. Hung schickte Unterhändler zu ihnen, die mit Geldgeschenken zurückkehrten. Einer von diesen lieferte das Geld nicht an die allgemeine Kasse ab und wurde nach dem Gesetz enthauptet. Diese Strenge schreckte sieben der Triasführer dermaßen ab, daß sie ihren Entschluß, sich den Scharen des Hung-siu-tsüan anzuschließen, wieder aufgaben.

Im Sommer 1851 erreichten die Rebellen, unter ständigen Siegen über die entgegengeschickten mandschurischen und chinesischen Generale die Stadt Yung-an (Kuangsi). Dort blieben sie den Herbst und Winter über, und Hung richtete sich hier zuerst eine förmliche Hofhaltung ein, ließ sich in einem pomphaften Umzug zum Kaiser der neuen Dynastie Tai-ping, d. h. Großer Friede, ausrufen und machte die Gesetze des neuen Reiches bekannt. Vorher schon hatte er sich den Titel „Himmlischer Fürst" und „Jüngerer Bruder Christi" beigelegt. Vier seiner Helfer ernannte er zu Königen des Nordens, des Ostens, des Südens, des Westens, dazu einen Hilfskönig; keiner von diesen war älter als 40 Jahre. Als die kaiserlichen Heere sich seit Februar 1852 immer enger um die neue Residenz sammelten, und die Vorräte den Rebellen ausgingen, durchbrachen diese die feindlichen Linien (April 1852) und rückten auf Kuilin, die Hauptstadt von Kuangsi, die sie vergeblich belagerten. Nun überschritten sie (Mai 1852) die Wasserscheide nach Hunan, fuhren auf Flößen den Siang-Fluß hinab und griffen Tschangscha, die Hauptstadt von Hunan an, die aber unter dem Gouverneur Dsöng-guo-fan tapferen Widerstand leistete. Sie gaben so im Herbst die Belagerung auf, durchkreuzten den Dung-ting-See, besetzten noch im Dezember Hankou und Hanyang und erstürmten am 12. Januar 1853 das feste Wutschang. Keine zwei Monate und die Rebellen ankern, nachdem Kiukiang und Nganking in ihre Hand gefallen sind, vor Nanking, das am 19. März 1863 mit leichter Mühe erstürmt wird. Die etwa 5000 Mandschus, die in Nanking ihre Garnison hatten, flehten um Gnade und leisteten keinen Widerstand. Sie wurden ohne Ausnahme, nebst Frauen und Kindern, zusammen etwa 20 000 Menschen, abgeschlachtet und die Leichen in den Strom geworfen. Am 31. März 1853 eroberten die Rebellen die wichtige Festung Dschen-giang (Chinkiang), deren starke Mandschubesatzung auf die Kunde von dem Schicksal ihrer Brüder in Nanking hin ohne weiteres geflohen war. Damit waren sie Herren ebensowohl des Yangtse wie des Kaiserkanals und machten den Hof in Peking erzittern. Lawinenartig war die Zahl ihrer Anhänger unterwegs gewachsen. Als sie von Yung-an aufbrachen, zählten sie höchstens 10 000 Mann, nach anderen Angaben nur 3000, als sie vor Nanking standen, waren es 80 000. Die außerordentlich schnellen Erfolge, welche die Taiping besonders in dem einen Jahr, Frühjahr 1852—1853, errungen hatten, sind gewiß auf der einen Seite dem unter ihren Scharen herrschenden religiösen Fanatismus verbunden mit strenger Organisation und Zucht zuzuschreiben; auf der anderen Seite aber ebenso dem demoralisierten, zuchtlosen Zustand der kaiserlichen Truppen[1].

Nanking wurde nun die eigentliche Residenz des neuen Reiches. Dort ließ sich Hung-siu-tsüan einen Kaiserpalast bauen, dessen Außentor die Inschrift trug: Das geheiligte Himmelstor des wahren Gottes. Er hat Nanking nicht wieder verlassen, zog sich vielmehr dort immer mehr in die Verborgenheit zurück und wurde von Jahr zu Jahr auch den Nächststehenden unsichtbarer. Er blieb aber zeitlebens seinen

---

[1] Als Grund für diesen Verfall des Heeres gab die Denkschrift eines Generals die von den Barbaren (Engländern) erlittenen Niederlagen an. Die Truppen, sagt er in seiner Denkschrift, sehen Flucht am Vorabend der Schlacht als „alte Gewohnheit", das Aufgeben einer Stellung als „gewöhnlichen Hergang" an.

Anhängern das unbezweifelte Haupt des Reiches, dessen Befehlen, die wiederum stets als Befehle oder Offenbarungen Gottes sich gaben, unbedingter Gehorsam geleistet wurde. Wenige Wochen nach dem Einzug Hung-siu-tsüan's in Nanking machte der Gouverneur von Hongkong Sir G. Bonham dem neuen Hof einen Besuch. Er bekam den „Himmlischen König" selbst nicht zu sehen, aber er sowohl als sein Sekretär Meadows hatten im ganzen einen guten Eindruck von den Taiping. Sie hielten ihren religiösen Glauben über den die Führer sich sehr gern unterhielten, für ehrlich. Die puritanische Zucht, die unter dem Heer herrschte, machte großen Eindruck auf sie, obwohl der Unterschied zwischen dem alten Stamm aus Kuangtung und Kuangsi und der eben erst hinzugekommenen großen Masse deutlich war. Sir G. Bonham empfahl seiner Regierung strenge Neutralität, und ebenso handelten die Bevollmächtigten der amerikanischen und französischen Regierung auf Grund ihrer Besuche im Sommer und im Dezember desselben Jahres. Die amerikanische Regierung war sogar geneigt, die Taiping-Regierung als die eigentliche Regierung anzuerkennen. Auch in Schanghai herrschten bei vielen Sympathien für die Taiping. Protestantische Missionare erwarteten von der Bewegung eine schnelle Bekehrung ganz Chinas zum Christentum, und die Kaufleute hofften auf eine größere Befreiung des Handels. Andererseits traten vielfach desertierte amerikanische und englische Matrosen in den Dienst der Kaiserlichen, welche zur Bekämpfung der Rebellen auf dem Yangtse einige amerikanische Schiffe gekauft hatten. Kurze Zeit nach der Eroberung Nankings durch die Rebellen organisierten die Fremden in Schanghai ein Freiwilligenkorps, um für alle Fälle gerüstet zu sein (April 1853); zugleich zogen sie um die Niederlassung im Westen einen tiefen Graben[2]). Der Nutzen dieser Maßregeln zur Selbstverteidigung wurde bald offenbar.

Am 7. September 1853 fiel die Chinesenstadt Schanghai

---

[2]) Heute noch als Defence Creek bekannt.

in die Hand von Rebellen. Es handelte sich dabei nicht um die Taiping, sondern um etwa 1500 Mann des „kleinen Schwertbundes", der eine Abzweigung der Triasgesellschaft war. Die Rebellen waren meist Schiffer aus Kanton, Futschou und Ningpo und hatten einen Zuckerhändler aus Kanton zum Führer. Ihre Kopfbedeckung bestand in roten Turbanen. Sie proklamierten die Wiederaufrichtung der Ming-Herrschaft und boten den Taiping ein Bündnis an, was diese jedoch mit der Begründung ablehnten, daß die Triasleute die Götzen in den Tempeln stehen ließen und eifrige Opiumraucher seien. Schanghai blieb anderthalb Jahre im Besitz der Rebellen. Während dieser ganzen Zeit wurden sie unausgesetzt von den Kaiserlichen belagert, die auch verschiedene vergebliche Versuche machten, die Stadt wieder zu gewinnen. Bei einer derartigen Bestürmung (Dezember 1853) ging die reiche Ostvorstadt, in der der Sitz des eigentlichen Handelsgeschäftes war, in Flammen auf. Die Fremden hielten sich neutral und erlaubten nicht, daß der Grund und Boden des Settlements zu irgend welchen militärischen Operationen benützt würde[3]). Einmal aber drangen Banden der kaiserlichen Truppen in das Settlement ein. Daraufhin landeten die Engländer und Amerikaner die Besatzungen der drei im Hafen liegenden kleinen Kriegsschiffe, die zusammen mit dem Freiwilligenkorps etwa 400 Mann ausmachten, und verjagten am 4. April 1854 die Kaiserlichen von den Grenzen der Niederlassung, wobei sie von den Rebellen, welche einen Ausfall machten, unterstützt wurden; ihre Verluste betrugen dabei 4 Tote und 11 Verwundete (The battle of muddy Flat.) Die schließliche Vertreibung der Rebellen aus Schanghai wurde nur dadurch möglich, daß die Franzosen sich gegen sie erklärten. Die Franzosen gaben als Grund für ihr Verhalten an, daß ihre Niederlassung der Chinesenstadt am nächsten liege und somit durch den Kampf der streitenden Parteien am meisten gefährdet

---

[3]) Die Konsuln machten auch bekannt, daß weder den Kaiserlichen noch den Rebellen Waffen geliefert werden dürften. In Wahrheit entwickelte sich aber heimlich ein sehr lebhafter Waffenhandel, und zwar mit beiden Parteien.

sei. So unterstützten sie denn seit dem 6. Dezember 1854 die
Kaiserlichen mit Mannschaften und Geschützen und schossen
Bresche⁴). Ein darauf folgender Sturm der Kaiserlichen im
Bunde mit 250 französischen Seeleuten wurde abgeschlagen;
die Franzosen hatten dabei einen Verlust von 64 Toten und
Verwundeten. Als nun aber die Stadt fortwährend bom-
bardiert und ihr alle Zufuhr streng abgeschnitten wurde,
räumten die Rebellen Schanghai, indem sie in der Neujahrsnacht 1855 (17. Februar) die Linien der Belagerer durchbrachen. Etwa 300, die sich ergaben, wurden enthauptet.
Die Kaiserlichen hausten schlimm in der Stadt, die sie 17 Monate lang vergeblich belagert hatten; 1700 Mann wurden
wegen wirklicher oder angeblicher Beziehung zu den Rebellen hingerichtet. Die Franzosen forderten und erhielten
als Lohn für ihre Hilfe eine Erweiterung ihres Settlements
zwischen der Mauer und dem Fluß.

Mit der Festsetzung der Taiping-Rebellen in Nanking
hatte die ungestüme Stoßkraft ihrer Bewegung den Höhepunkt erreicht. Wie so häufig wurde der ungewöhnlich be-
rauschende Erfolg zum Anfang des Rückschrittes. Sollte das
begonnene Werk, die Mandschu-Dynastie zu stürzen, Erfolg
haben, so mußte mit aller Energie der weitere Marsch nach
Peking angetreten werden. Aber nur ein verhältnismäßig
schwaches Korps wurde nach dem Norden entsandt, und
keiner der „Könige" — von dem Rebellenkaiser ganz abgesehen — setzte sich an seine Spitze. Trotzdem gelang es
diesem Korps, das im Mai 1853 von Anhui aufbrach, zunächst
überraschend schnelle Erfolge zu erzielen und den Pekinger
Hof aufs höchste zu ängstigen. Sie rückten zunächst auf
Kaiföngfu, die Hauptstadt Honans, mußten aber die Belagerung infolge eines ungewöhnlichen Steigens des Gelben
Flusses aufgeben (August 1853). Anstatt nun durch die
Ebene Honans und Tschilis direkt nach Norden vorzudringen, wandten sie sich — vielleicht wegen der Über-

---

⁴) Die Engländer und Amerikaner lehnten jegliche Beteiligung
an diesem Bruch der Neutralität ab.

schwemmungen des Gelben Flusses — westwärts und erstiegen die Höhen Schansi's. Von Ping-yang-fu aus, das sie eroberten (6. Oktober 1853), bogen sie wiederum ab nach Osten, und urplötzlich standen sie nur etwa 40 Kilometer von Tientsin entfernt bei Dsing-hai. Der äußerste nördliche Punkt, den sie von hier aus noch erreichten, war Du-liu am Kaiserkanal, 20 Kilometer von Tientsin. Aber Tientsin selbst bestürmten sie nicht, sondern schlugen bei Dsing-hai ein festes Lager auf, um Verstärkungen aus Nanking abzuwarten. Der Hof in Peking war in größter Bestürzung. In seiner Not wandte sich der Kaiser Hän-föng an den tapferen Mongolenfürsten Söng-go-lin-sin, der sich dem Hilferuf nicht verschloß und mit seinen Reitern erschien. Er hielt zunächst die Rebellen während des Winters 1853/54 in ihrer Stellung bei Dsing-hai umlagert, bis diese im Frühjahr 1854 unter stän-· digen Scharmützeln den Rückzug südwärts nach Schantung antraten. Nun wurde vor allem Schantung der Schauplatz zahlreicher Kämpfe, da hier im Frühjahr 1854 gleichzeitig das Ersatzkorps der Rebellen von Süden her eingedrungen war. Diese letzteren eroberten Lin-tsing am Kaiserkanal und hielten es von April 1854 bis März 1855 besetzt. Ebenso fielen Gau-tang und Schï-ping (Bez. Tungtschangfu) und Yün-tscheng (Bez. Tsautschoufu) in ihre Hand. Aber Söng-go-lin-sin, dem es gelang, das ursprüngliche Korps nahezu aufzureiben[5]), trieb auch diese Rebellen allmählich aus den eroberten Plätzen wieder heraus. Bei Gau-tang lockte er durch einen scheinbaren nächtlichen Rückzug die eingeschlossenen Rebellen aus der Stadt heraus in einen Hinterhalt[6]). Im Frühjahr 1855 trafen die kümmerlichen Reste des Nordkorps der Rebellen wieder in Nanking ein[7]).

---

[5]) Ihr Führer wurde gefangen in einem Käfig zur Hinrichtung nach Peking geschickt.

[6]) So nach einer chinesischen Biographie Söng-wang's (unter diesem Namen ist der Mongolen-Fürst im Volk bekannt), anders Morse, S. 447.

[7]) Im Bezirk Tsautschoufu in Schantung erhob sich nach dem Abzug der Rebellen die „Weiße-Lotos-Gesellschaft" von neuem, die

Schon von dem Ende des Jahres 1853 ab ist der Charakter der Taiping-Bewegung gegen früher durchaus verändert. Zwar blieb in den offiziellen Erlassen die überspannte religiöse Sprache bestehen, aber die alte puritanische Zucht verschwand. Die ehrlichen Fanatiker wurden je länger je mehr zu grausamen räuberischen Rebellen, welche die Provinzen am Yangtse in immer neuen Streifzügen entsetzlich verheerten, um immer wieder neuen Raub und Lebensmittel nach Nanking zu bringen. Dem „Himmlischen König" dort fehlte es gänzlich an der Fähigkeit, aus der ihm zugefallenen Eroberung ein gesundes irdisches Staatswesen zu machen. Inzwischen gewann auch die Kaiserliche Partei allmählich neue Kräfte. Die Seele des Widerstandes gegen die Rebellen wurde Dsöng-guo-fan, der tapfere Verteidiger von Tschangscha (s. S. 156). Da das stehende Kaiserliche Heer, Chinesen wie Mandschus, so jämmerlich versagt hatte, begann Dsöng-guo-fan damit, aus der tüchtigen Landbevölkerung Hunans[8]) eine Landwehr heranzubilden, die er allmählich zu Kämpfen und Siegen gegen die räuberischen Rebellen führte. Den ersten Sieg errang er mit dieser Truppe bei Kiukiang, im September 1855. In dieser Zeit trat auch Li-hung-dschang aus Ho-fe in Anhui zum erstenmal hervor[9]), der aus eigenen Mitteln ein Regiment sammelte und dadurch die Aufmerksamkeit Dsöng-guo-fan's auf sich zog. Die Kaiserlichen machten schnelle Fortschritte in der Wiedereroberung der verlorenen Städte. Am 8. Dezember 1856 wurden die Rebellen aus der Dreistadt Wutschang, Hanyang, Hankou, am 27. Dezember aus Dschen-giang am Kaiserkanal verjagt und bald waren es nur noch die Städte Nan-

---

mit den Taiping Verbindung suchten. Gegen sie bildete sich eine freiwillige Volkswehr, der Lanzenbund. Doch bald wurde diese Volkswehr selbst wieder zu Rebellen und Räubern, die dann späterhin mit den Niän-fe sich vermischten (s. daselbst).

[8]) Die schottischen Hochländer Chinas, wie Gu-hung-ming (Ku-hung-ming) sie nennt.

[9]) Die Stadt Ho-fe war 1853—1855 in der Hand der Rebellen.

king und Nganking mit dem zwischen ihnen liegenden Land-
strich, der den Taiping wirklich gehörte.

Doch in demselben Augenblick, in dem die Kaiserliche
Regierung den Rebellen gegenüber im Innern wieder auf-
zuatmen begann, entstand ihr durch die „fremden Barbaren"
ein neuer Krieg und neue Verluste.

5. Der Krieg mit England und Frankreich (1856—1860).

A. Der Lorchakrieg. Die Verträge von Tientsin (1858).

Die Beziehungen zwischen den Chinesen und den Engländern waren durch den ersten Krieg im Vergleich zu früher
eher noch gespannter geworden und hatten schon zu wiederholten Ausbrüchen offener Feindschaft geführt (s. S. 151).
In dem von Kaiser Hiän-fōng proklamierten und allgemein
gut geheißenen Grundsatz, daß die Barbaren zu ihrem
früheren Gehorsam zurückkehren müßten, war mit Notwendigkeit ein neuer Konflikt vorauszusehen, da die Engländer
ihrerseits ihre alten Ansprüche der Handels- und der nationalen Rechte aufrechterhielten und noch steigerten.

Kaiser Hiän-föng hatte den Vizekönig von Kanton als
den alleinigen Kommissar bestimmt, an den sich die Vertreter der fremden Regierungen mit ihren Angelegenheiten
zu wenden hätten. Diesen Posten bekleidete seit 1852 der
Kommissar Yä (Yä-ming-schen), ein Mann von grimmiger
Verachtung gegen die Fremden beseelt. Er brachte den
Gouverneur von Hongkong ebenso wie den amerikanischen und französischen Regierungsbevollmächtigten oftmals
in Wut durch sein kalt abweisendes Betragen, das ganz im
Gegensatz zu dem des früheren Vizekönigs, des gewandten
und freundlichen Ki-ying stand, aber völlig in Übereinstimmung war sowohl mit der Gesinnung des Kaisers
selbst als mit der des Volkes in Kanton, das ja immer noch
eifersüchtig die Tore der Stadt den Fremden verschlossen
hielt. Nie war er zu sprechen, wenn etwa der neuernannte

Vertreter einer der drei Regierungen sich ihm vorzustellen wünschte, oder er schlug ihnen vor, sie außerhalb der Stadt in einem Packraum neben den Faktoreien zu empfangen. Anfragen und Beschwerden ließ er gern überhaupt unberücksichtigt. Die englische Regierung, bei der seit 1852 Lord Malmesbury die Stelle Lord Palmerstons eingenommen hatte, befolgte aber zunächst wieder eine „Politik der Ruhe" und ermahnte Bowring, den Gouverneur von Hongkong, vor allem die Handelsinteressen zu bedenken und es nicht zu einem Konflikt kommen zu lassen; eine Haltung, zu der sie auch durch den drohenden Krimkrieg (1853—56) mitbestimmt wurde, die aber den Anschauungen und dem Temperament Bowring's selbst gar nicht entsprach, ebenso wenig wie dem des Konsuls Parkes in Kanton. Gleichzeitig erstrebte sie aber im Bunde mit der amerikanischen und französischen Regierung eine Revision der Verträge von 1842 und 1844 im Sinne derjenigen Bestimmungen, die späterhin im Frieden von Tientsin durchgesetzt wurden. Das völlige Fehlschlagen der Versuche, die betreffenden Punkte durchzusetzen (1854 und 1856) veranlaßte schon im Juli 1856 Lord Bowring seiner Regierung mitzuteilen, daß nur durch Waffengewalt das Gewünschte zu erreichen sei. Die Verstimmung über den passiven Widerstand, welchen die Chinesen den Fremden entgegensetzten, führte bei vielen von diesen auch wiederum dazu, den Chinesen an Ungerechtigkeit und Verachtung der anderen Rasse zum mindesten nichts nachzugeben[1]).

---

[1]) Ein Beweis dafür ist das, was Lord Elgin in einem Bericht aus Schanghai vom 5. November 1858 an Lord Malmesbury schreibt: „Die Lehre, daß jeder Chinese ein Bube und nur mit Hohn und Trotz zu bändigen sei, wird häufig etwas zu weit getrieben in unserem Verkehr mit diesem Volke."
Zur Unehre des europäischen Namens diente auch der in jener Zeit besonders von den Portugiesen betriebene Kulihandel. Chinesische Kulis wurden vielfach mit List und Gewalt nach Macao geschleppt und, nachdem ihnen ein Vertrag aufgezwungen war, nach Kuba, Kalifornien und anderen Plätzen verschickt. Über die Mißstände im Zusammenhang mit dem Seeräuberunwesen siehe oben im Text.

Die unmittelbare Veranlassung zu dem Ausbruch eines neuen Waffenkampfes stand im Zusammenhang mit dem Seeräuberunwesen, das ohnehin eine besondere Erwähnung verdient. Die Seeräuberei gehört seit langem zu den schweren chronischen Schäden Chinas. Das Maß ihrer Ausbreitung stand naturgemäß immer im Zusammenhang mit der jeweiligen Schwäche der Regierungsgewalt. So ist es nicht verwunderlich, daß auch die Niederlagen der Regierung während des Opiumkrieges ein Erstarken der Seeräuber zur Folge hatten. Diese schädigten auch die europäische Schiffahrt empfindlich, so daß zeitweise die englische Regierung der chinesischen ihre Mithilfe zur Unterdrückung der Piraten anbot. Im September und Oktober 1849 vernichteten englische Kriegsschiffe nicht weniger als 81 Dschunken der Seeräuber, die insgesamt mehr als 5000 Bewaffnete an Bord hatten und mit etwa 1500 Kanonen versehen waren. Einen neuen Aufschwung nahm die Seeräuberei durch den Taiping-Aufstand, der überhaupt in den Provinzen Kuangtung und Kuangsi einen Zustand der Anarchie verursachte, seitdem erst das Heer der Taiping am Yangtse sich festgesetzt hatte. Im Jahre 1854 waren die Piraten wieder so stark geworden, daß sie sogar Kanton selbst bedrohten. Um die Stadt Kowloon, Hongkong gerade gegenüber, — jetzt in englischem Besitz — wogte in demselben Jahr der Kampf zwischen den Kaiserlichen und den Piraten hin und her.

Diese unglaublichen Zustände hatten auch auf europäischer Seite seltsame Auswüchse zur Folge. Handelsschiffe europäischer Flagge, die mit einigen Kanonen versehen waren, übernahmen nämlich für Geld den Schutz chinesischer Dschunken, die sich ihnen anschlossen. Daraus entwickelten manche Reeder ein sehr einträgliches Geschäft. Bald blieb es nicht bei dem einfachen Geschäft, sondern es wurde auf die chinesischen Dschunkenbesitzer ein Druck ausgeübt, daß sie regelmäßige Abgaben, gleich einer Steuer, für den europäischen Schutz zu zahlen hatten; anderenfalls setzten sie sich der Gefahr aus, daß ihre Dschunken selbst von den Schützern als der Piraterei verdächtig festgehalten und vielleicht als gute Prise fortgenommen wurden. An diesem Piratengeschäft waren vor allem die Portugiesen beteiligt, doch auch manche Engländer in Hongkong. Die Portugiesen erpreßten für ihren Schutz von den chinesischen Kaufleuten und Schiffern in Ningpo eine jährliche Zahlung von etwa 500 000 Dollars. Das wurde diesen denn doch zuviel, und sie entschlossen sich, mit einem Piratenführer aus Kanton selbst ein Abkommen betreffend gesicherter Fahrt zu treffen, wobei sie immerhin noch billiger wegkamen. Die Folge davon war, daß im Jahre 1857 zwischen den kantonesischen Seeräubern und den portugiesischen Schützern vor Ningpo ein erbitterter Seekampf stattfand, in dem die Portugiesen unterlagen.

Eine andere Begleiterscheinung der Seeräuberei und der dadurch hervorgerufenen Unsicherheit war die, daß die englische Regierung in Hongkong an chinesische Fahrzeuge gegen bestimmte Abgaben das Recht verlieh, die englische Flagge führen zu dürfen und damit unter englischen Regierungsschutz zu treten[2]). Auch die Konsuln in den offenen Häfen — nicht nur die englischen — verliehen solche Rechte. Dieser Brauch war gerade in Hongkong nicht immer zur Ehre der englischen Flagge, die auf diese Weise auch manchen Opiumschmuggler und sonst anrüchigen Handel schützte.

Im Oktober 1856 wurde die chinesische Bemannung einer in Kanton einlaufenden chinesischen Lorcha (ein Schiff europäischer Bauart, aber mit chinesischer Takelung) namens „Arrow" von chinesischen Beamten festgenommen, weil man unter ihnen einen bekannten Piraten wußte. Das Schiff hatte früher die Erlaubnis besessen, die englische Flagge zu führen, aber die betreffende Frist war bereits elf Tage verstrichen. Trotzdem soll auf dem Schiff die englische Flagge noch geweht haben, und diese von dem chi-

---

[2]) Dies war ein Eingriff in die Rechte der chinesischen Regierung, wenn diese auch offiziell einstweilen nicht dagegen protestierte.

nesischen Beamten niedergeholt worden sein[3]). Der englische Konsul Parkes forderte darauf sofort von dem Generalgouverneur Yä Genugtuung für die Beleidigung der Flagge und die Herausgabe der Schiffsbesatzung, da nach den Zusatzbestimmungen des Jahres 1843 zum Nankinger Frieden für die in englischen Diensten stehenden Chinesen das englische Gericht zuständig sei. Yä verweigerte beides, da man die englische Flagge nicht niedergeholt, sondern im Schiffsraum gefunden habe, und da einer von der Bemannung ein Pirat und zwei andere des Seeraubs verdächtig seien. Es gab lange Verhandlungen hin und her, wobei der Vizekönig auch den prinzipiellen Standpunkt gebührend geltend machte, daß chinesischen Schiffen überhaupt nicht zustehe, eine fremde Flagge zu führen. Am 14. Oktober schickte er indes die ganze Besatzung mit Ausnahme jener drei Angeklagten an Parkes zurück. Doch dieser erklärte sich nur zufrieden geben zu können, wenn alle ohne Ausnahme ihm ausgeliefert würden. Yä tat auch dies am 22. Oktober. Nunmehr bestand Parkes unter Berufung auf sein erstes Schreiben in dieser Angelegenheit darauf, daß die Leute von einem chinesischen Beamten begleitet und mit aller Förmlichkeit ausgeliefert werden müßten, daß ferner eine schriftliche Entschuldigung des Vizekönigs wegen des ganzen Vorfalls unerläßlich sei. Da diese nicht gegeben wurde, begann Bowring am folgenden Tag die Feindseligkeiten. Am 23. Oktober besetzte Admiral Seymour die Forts an der Bocca Tigris; am 27. Oktober begann ein dreitägiges Bombardement auf Kanton, bei dem die südliche Vorstadt verbrannte. Das Yamen des Vizekönigs lag in Trümmern. Es wurde ihm Einstellung des Kampfes angeboten, sobald er allen Konsuln in Kanton freien Verkehr mit allen chinesischen Beamten in Kanton zugestehen würde. Yä aber blieb unerschütterlich und schrieb zurück, es sei der einstimmige

---

[3]) Die „Arrow" gehörte einem chinesischen Kaufmann in Hongkong, wurde aber von einem Irländer geführt. Bei der Verhaftung der Besatzung war dieser nicht an Bord.

Wille der Kantonesen, daß die Fremden die Tore ihrer Stadt nicht betreten sollten. So nahm der Kampf seinen Fortgang, wobei die Engländer unter Verlusten die gewonnenen Positionen teilweise zum zweitenmal erobern mußten. Der Vizekönig setzte 100 Taels auf den Kopf eines jeden Engländers. Am 15. Dezember gelang es den Chinesen, alle Faktoreien vor der Stadt in Brand zu stecken. Admiral Seymour ließ seinerseits den Rest der Vorstädte verbrennen und machte am 14. Januar einen vergeblichen Versuch, die Stadtmauer zu erstürmen. Er mußte sich von Kanton und aus dem Kanton-Fluß zurückziehen, um erst weitere Verstärkungen aus Indien abzuwarten. Es folgten nun vier Monate erbitterten, aber fruchtlosen Kampfes auf beiden Seiten[4]). Die Chinesen fahndeten nach dem Leben eines jeden Engländers, und diese machten Jagd auf Dschunken und verbrannten Küstendörfer. Es bestand ein Komplott, alle Engländer in Hongkong durch Arsenik zu vergiften, das in ihre Morgenbrötchen gemischt war; nur die zu stark genommene Dosis des Giftes verursachte die Entdeckung. Im englischen Parlament kam es wegen des Lorcha-Vorfalles zu den heftigsten Angriffen auf die Regierung. Der Krieg sei auf ungerechte, jedes menschliche Gefühl empörende Weise begonnen und fortgesetzt worden; Bowring's Eitelkeit und das reizbare Temperament des Konsuls Parkes seien vor allem Schuld. Die Opposition dieser Stimmen drang im House of Commons durch (3. März 1857), worauf aber der Premierminister Lord Palmerston das Parlament auflöste. Bei den Neuwahlen siegte die Regierung, und die Fortsetzung des Krieges war entschieden. Mit der englischen Regierung machte Napoleon III. gemeinsame Sache, der es sich nicht nehmen lassen wollte, wegen des in Kuangsi im Februar 1856 ermordeten Missionars Chapdelaine einzugreifen und einen Anteil an dem zukünftigen

---

[4]) Die Feindschaft blieb aber nur auf den Süden beschränkt. In Schanghai verkehrten die Engländer und Chinesen wie bisher miteinander.

Kriegsruhm zu haben[5]). Die Vereinigten Staaten dagegen, auf deren Beteiligung England bei der Gemeinsamkeit der allgemeinen Interessen bestimmt gerechnet hatte, lehnten ein Bündnis zu kriegerischen Unternehmungen ab. Die Engländer sandten nun 5000 Mann ab und ernannten Lord Elgin zum Höchstbevollmächtigten. In Singapore erhielt dieser Kunde von dem in Indien ausgebrochenen großen Aufstand und der bedrängten Lage der Engländer dort. Er schickte darauf seine 5000 Mann nach Indien, wo sie sich als sehr nötig erwiesen, und eine frische Expedition in gleicher Stärke ging für China ab. Das französische Corps betrug 1000 Mann; französischer Bevollmächtigter war Baron Gros. Erst Anfang Dezember 1857 waren die französischen Streitkräfte in Hongkong versammelt, und am Weihnachtstag 1857 wurde dem Vizekönig ein Ultimatum überreicht, das die Räumung Kantons binnen 48 Stunden forderte. Da keine Antwort erfolgte, begann am 28. Dezember 1857 ein 27stündiges ununterbrochenes Bombardement auf Kanton, das große Verwüstungen anrichtete; am 29. wurden die Mauern erstürmt, wobei chinesische Kulis (wahrscheinlich vom Stamm der Hakkas), welche von den Engländern in Hongkong ausgebildet waren, diesen wertvolle Dienste leisteten. Die Engländer hatten 13 Tote und 83 Verwundete; die Franzosen 2 Tote und 30 Verwundete. Yä wurde gefangen und nach Kalkutta geschickt, wo er im Jahre darauf starb. In seinem Archiv fanden sich sehr wertvolle Dokumente vor, die Berichte der Vizekönige an den Kaiserhof vor und nach dem Opiumkrieg und die kaiserlichen Antworten. Kanton wurde entwaffnet; die Verbündeten legten eine Besatzung in die Stadt und hielten sie drei Jahre lang besetzt. Dem chinesischen Gouverneur verblieb die innere Regierung der Stadt und Provinz; jedoch wurde er in allen öffentlichen Maßnahmen

---

[5]) Die wirklichen Handelsinteressen Frankreichs in China waren sehr gering. England hatte im Handel nur Amerika als Konkurrenten.

von einer Kommission, an deren Spitze Konsul Parkes stand, überwacht. Inzwischen hatten Lord Elgin und Baron Gros die chinesische Regierung aufgefordert, Bevollmächtigte nach Schanghai zu schicken, um über die Bedingungen eines neuen Vertrags zu verhandeln. Auch ein amerikanischer und russischer Gesandter waren in Schanghai erschienen, um bei der günstigen politischen Konjunktur auch ihrerseits die Vorteile neuer Verträge zu ernten, und richteten Schreiben ähnlichen Inhalts wie das englische und französische an die Regierung. Die Antwort auf diese Schreiben, welche den Gesandten durch den Vizekönig von Nanking gegeben wurde, war völlig in dem alten Ton gehalten: die Herren möchten sich in ihren Angelegenheiten nach Kanton begeben, da allein der dortige neu ernannte Gouverneur zur Regelung der Barbarensachen ermächtigt sei; der russische solle sich an den Amur verfügen, da den Russen der Handel in den fünf offenen Häfen überhaupt nicht gestattet sei. Die vier Gesandten entschlossen sich daraufhin, nach der Peiho-Mündung aufzubrechen, und verließen während der ersten Hälfte des April 1858 in kurzen Abständen von einander Schanghai. Lord Elgin meldete dem Vizekönig seinen Entschluß, daß er nunmehr mit den Kaiserlichen Ministern in Peking selbst in nähere Beziehung treten wolle, welches Recht ihm im Nankinger Frieden zugestanden sei. Den Gesandten folgte die englische und französische Flotte. Die Amerikaner und Russen hatten die bestimmte Weisung, es auf keinen Fall zu kriegerischen Verwicklungen kommen zu lassen.

Nunmehr, nachdem die englisch-französischen Streitkräfte der Fremden vor dem Peiho versammelt waren, beauftragte der Kaiser den Vizekönig von Tschili mit den Gesandten zu verhandeln. Aber Lord Elgin wollte sich in keine Verhandlungen einlassen, wenn nicht dem Vizekönig als Unterhändler unbeschränkte Vollmacht gegeben sei, so daß er nicht mehr nötig habe, nach Peking zu referieren. Da es dem Vizekönig unmöglich war, eine derartige Vollmacht beizubringen, erstürmten am 20. Mai 1858 die Engländer

und Franzosen mit leichter Mühe die Taku-Forts und brachen
nach Tientsin auf⁶). Dort nun begannen die Verhandlungen mit den Kaiserlichen Bevollmächtigten Gui-liang und
Hua-scha-na. Während die Verhandlungen schon im Gange
waren, erschien auf einmal der alte Ki-ying, der früher der
Regierung in den Verwickelungen mit den Fremden so gute
Dienste geleistet hatte, dann aber wegen „Fremdenfreund-
lichkeit" degradiert worden war. Der alte Mann kämpfte für
sein Leben, wenn er jetzt krampfhaft sich als Fremdenfeind zu
beweisen suchte. Aber es half ihm nichts; da die fremden
Bevollmächtigten überhaupt sich weigerten, mit ihm zu verhandeln, und er weniger als nichts ausrichtete, wurde er
vom Kaiser dazu verurteilt, den Giftbecher zu trinken. Bei
den lebhaften Erörterungen über die Friedensbedingungen,
die vom 6. bis 26. Juni andauerten, sträubten sich die chinesischen Bevollmächtigten vor allem gegen das nur von
dem englischen Gesandten beanspruchte Recht, daß britischen Untertanen zustehen solle, überall im Innern des Landes zu reisen, am meisten aber gegen den ebenfalls nur
von England gestellten Anspruch, einen Gesandten dauernd
in Peking wohnen zu lassen. Die Bevollmächtigten flehten
Lord Elgin an davon abzustehen, da ihnen sonst dasselbe
Schicksal wie Ki-ying drohe. Doch Lord Elgin blieb unerbittlich, und so kam am 26. Juni 1858 in einem Tempel
außerhalb der Stadt der Vertrag von Tientsin zustande
in 56 Artikeln, deren wichtigste folgende sind: 1. Die englische Regierung hat das Recht, einen Gesandten beim Kaiserlichen Hof in Peking zu ernennen, der dauernd dort
seinen Wohnsitz hat. Die chinesische Regierung kann ebenso
einen Gesandten für London ernennen. 2. Handelsrecht auf
dem Yangtse, weitere Öffnung von folgenden Plätzen als
Vertragshäfen: Niu-tschuang, Swatow, Kiungtschou (auf der

---

⁶) Der amerikanische Gesandte Mr. Reed machte vor der
Peiho-Mündung nicht mehr gemeinsame Sache mit den anderen und
suchte durch Herabsetzung seiner Forderungen auf friedliche Weise
zu einem Vertrag zu kommen. Die Eroberung der Taku-Forts unter-
brach jedoch seine Verhandlungen.

Insel ,Hainan), Taiwan (Formosa), Töngtschoufu (Schantung), Dschen-giang und drei weitere Yangtse-Häfen, die
nach Beendigung der Taiping-Rebellion zu bestimmen seien[7]).
3. Die englischen Untertanen dürfen mit Pässen im Innern
Chinas reisen. 4. Der Handelstarif des Nankinger Friedens
wird revidiert. Die Inlandzölle (Likin) können durch eine
einmalige Abgabe von $2^1/_2$ Prozent für die Waren des Im-
ports und Exports ersetzt werden. 5. Die Chinesen zahlen
2 Millionen Taels für die Verluste in Kanton und 2 Millionen
Taels als Kriegskosten. Kanton bleibt bis zur Zahlung dieser Summe besetzt. 6. Der Verbreitung der christlichen
Lehre und dem Bekenntnis zum Christentume darf kein
Hindernis in den Weg gelegt werden. 7. Der Ausdruck
„Barbaren" darf für keinen englischen Untertan mehr gebraucht werden.

Unter ganz ähnlichen Bedingungen, was die allgemeinen
Rechte anbetrifft, hatten schon am 14. Juni der russische
und am 18. Juni der amerikanische Bevollmächtigte zu
Tientsin einen Vertrag für ihre Regierungen abgeschlossen,
noch eher also als die Engländer selbst den Vorteil von
ihren kriegerischen Erfolgen erntend. Diese Verträge enthielten jedoch ,noch nicht das Gesandtschaftsrecht. Der
amerikanische Vertrag beschränkte sich darauf, daß bei drin-
genden Angelegenheiten nach vorher eingeholter Erlaubnis ein diplomatischer Agent Peking besuchen dürfe, jedoch
nicht mehr als einmal im Jahr, und ohne dabei ein Kriegsschiff an die Peiho-Mündung mitzubringen. Beide Verträge
enthielten aber die Meistbegünstigungsklausel. Der französische Vertrag wurde einen Tag später als der englische
unterzeichnet. In ihm war das Recht einer dauernden Gesandtschaft in Peking nur für den Fall beantragt, daß es
irgend einer anderen Macht zugestanden würde. Er forderte außerdem 2 Millionen Taels.

Rußland hatte kurz vorher schon einen anderen Gewinn von größter Bedeutung davongetragen. Seit 1858 hatte

---

[7]) Die Wahl fiel auf Nanking, Kiukiang, Hankou.

nämlich Rußland die durch den Vertrag von Nertschinsk (1689) gesetzten Grenzen überschritten und war bis zum Amur vorgerückt (Graf Muravieff Amurski, Gouverneur von Ost-Sibirien). China protestierte lebhaft gegen diese Besetzung, auch dann, als Rußland sich erbot, als Gegendienst an der Unterdrückung der Taiping-Rebellion zu helfen. Unter dem Druck der gegenwärtigen Lage erkannte es jedoch im Vertrag zu Aigun vom 16. Mai 1858 das Geschehene an. Der Amur wurde als Grenze festgesetzt; das Gebiet zwischen dem Ussuri und dem Meere sollte China und Rußland gemeinsam gehören und die Schiffahrt auf dem Amur, Sungari und Ussuri nur den Russen und Chinesen mit Ausschluß aller anderen Nationen zustehen. Rußland stand nunmehr an den Toren der Mandschurei.

Unter allen Punkten der Verträge von Tientsin war keiner für den chinesischen Kaiser so empfindlich wie der, der die englische Gesandtschaft in Peking betraf. Er sollte also künftig ganz in der Nähe seines Hofes diese Barbaren dulden, die ihm nicht einmal dieselbe Ehre erwiesen wie die seinen Hof besuchenden asiatischen Fürsten! Er sollte durch die Art des von diesen geforderten Verkehrs sich dauernd erniedrigen lassen, von seinem Himmelsthron herabsteigen und sich in eine Reihe neben jene Barbarenhäupter setzen, von denen das englische sogar ein Weib war! Man wird begreifen, daß es dem Kaiser so zu Mute sein mußte, als gerieten die Ordnungen des Himmels selbst in Verwirrung. Einstweilen suchte denn Hiän-föng die Verwirklichung des so peinlichen Zugeständnisses hinauszuschieben, und als seine Kommissare im Oktober 1858 in Schanghai mit Lord Elgin wegen der Revision des Handelstarifs verhandelten, beschworen sie diesen dringend, von dem Recht der Gesandtschaft in Peking keinen Gebrauch zu machen, sondern diese etwa in Tientsin zu errichten. Ein englischer Gesandter in Peking würde gerade in der augenblicklichen schwierigen Lage den Taiping gegenüber das Ansehen der Regierung außerordentlich herabsetzen, die Rebellen stärken und womöglich in Peking selbst eine Rebellion verursachen.

Lord Elgin hatte Verständnis für die Zwangslage, in der der Kaiser sich befand und befürwortete es erfolgreich, daß seine Regierung unter Festhaltung des Rechtes einer stehenden Gesandtschaft in Peking ihre Zustimmung dazu gab, daß ihr Vertreter einstweilen in Tientsin wohne und nur gelegentlich, wenn die Geschäfte es erforderten, die Hauptstadt selbst aufsuche; alles aber unter der ausdrücklichen Voraussetzung, daß die Auswechselung der Ratifikationen des Vertrages in angemessener Weise erfolge und dieser in allen übrigen Stücken gehalten würde. Am 8. November 1858 wurden in Schanghai die revidierten Handelsbestimmungen, Tarife usw. unterzeichnet. Der auf Opium gesetzte Zoll war sehr gering. Lord Elgin machte nach Erledigung dieser Geschäfte mit mehreren Kriegsschiffen im November und Dezember 1858 eine Reise den Yangtse hinauf bis Hankou, um die neuen Vertragshäfen zu besichtigen und kehrte im März 1859 nach England zurück.

Inzwischen hatte sich im Süden der Kriegszustand fortgesetzt, als ob überhaupt kein Vertrag von Tientsin geschlossen worden wäre. Es bildeten sich unter der Bevölkerung wieder Gesellschaften zur Vertilgung der Fremden, die von der Provinzialregierung indirekt unterstützt wurden. Hongkong selbst und die Garnison in Kanton waren durch diese Verschwörer, die heimlich und öffentlich zu Werke gingen, gefährdet; über Kanton wurde das Kriegsrecht verhängt. Die Abberufung des damaligen Generalgouverneurs von Kanton und die zwangsweise Auflösung des unter der Bevölkerung gebildeten Kriegsausschusses brachte dann aber nebst dem von der Besatzung in Kanton ausgehenden guten Einfluß allmählich wieder Ruhe und Sicherheit an die Kanton-Küste. Aber ein ernsterer Zusammenstoß erfolgte bald darauf mit der Zentralregierung, als durch die Auswechslung der Ratifikationen der Vertrag von Tientsin endgültig festgemacht werden sollte.

B. Die Abweisung der englischen und französischen Gesandten an der Peiho-Mündung (1859). — Die Kämpfe bis zur Eroberung und zum Vertrage von Peking (1860).

Im Mai 1859 kam F. W. Bruce, der als erster Gesandter für China ausersehen war, mit der von der Königin Viktoria unterzeichneten Ratifikation in Hongkong an, zugleich mit Bourboulon, dem französischen Bevollmächtigten. Sie machten sofort den chinesischen Kommissaren Mitteilung, daß sie auf dem Wege nach Peking seien, und ersuchten um angemessene Vorbereitungen. In Schanghai fanden sie Briefe der kaiserlichen Kommissare vor, welche ihnen vorschlugen, die wichtigsten Fragen mit ihnen in Schanghai zu erörtern, und welche sie zugleich dringend von der Weiterreise nach Peking abzuhalten suchten. Man könne die Verträge doch in Schanghai ganz ebenso gut wie in Peking auswechseln, wo sie zudem gerade in der größten Hitze ankommen würden. Aber die Gesandten, zu denen sich jetzt auch Ward, der amerikanische Bevollmächtigte, gesellt hatte, wiesen dieses Ansinnen durchaus zurück und brachen, ohne eine Zusammenkunft mit den Kommissaren zu veranstalten, sofort nach dem Norden auf (20. Juni 1859). An der Peiho-Mündung bemerkten sie, daß der Eingang durch Balken und eiserne Ketten versperrt und die Taku-Forts inzwischen stark befestigt waren. Jedesmal, wenn die Engländer an den folgenden Tagen ein Boot an Land schickten, versperrte ihnen ein bewaffneter Haufen das weitere Vorgehen. Die Bewaffneten erklärten, sie seien Milizen, nicht reguläre Truppen, ebenso bestehe die Garnison der Forts aus Milizen. Als die Engländer sich am Morgen des 25. Juni schon anschikten, mit Gewalt den Eingang zu erzwingen, überbrachte ein Abgesandter des Generalgouverneurs von Tientsin die Mitteilung, daß Peitang nördlich von Taku als Platz der Landung vorgesehen sei; von da aus würden die Gesandten auf dem Landweg durch eine Eskorte sicher nach Peking geleitet werden. Der englische und französische Gesandte lehnten diesen Vorschlag ab; da die betreffende

Route die für Tributgesandtschaften übliche sei, würden sie durch deren Benutzung auch ihre Länder als tributbringende und abhängige Staaten erscheinen lassen. Der amerikanische Gesandte jedoch folgte der Einladung nach Peitang. Inzwischen hatte der englische Admiral Hope elf Dampfer und Kanonenboote über die Barre gebracht und begann die Hindernisse vor dem Fluß zu entfernen. Plötzlich eröffneten die Forts, auf denen man bisher nichts gemerkt hatte, ein wohlgezieltes, mörderisches Feuer. Nach mehrstündigem Kampf waren vier englische Kanonenboote gesunken; fast alle anderen waren übel zugerichtet und konnten, zumal Ebbe eintrat, nur mit Mühe außer Schußweite gebracht werden. Gleichzeitig wurde der Landangriff, wobei die 600 Marinesoldaten mühsam durch den Schlamm zu waten hatten[8]), ebenso gründlich abgeschlagen. Der Kommandant der Taku-Forts war jener Mongole Söng-wang, der vorher den Taiping besonders in Schantung so energisch zugesetzt hatte. Die Gesamtstreitkraft der Verbündeten bei dem Sturm auf Taku betrug 1300 Mann (60 davon Franzosen, welche hier nur mit einer Fregatte vertreten waren, die vor der Barre blieb). Die englischen Verluste beliefen sich auf 464 Tote und Verwundete, die französischen auf 4 Tote und 10 Verwundete. Hope selbst war schwer verwundet und sein Schiff gesunken. Nach solcher Niederlage blieb nichts übrig, als nach Schanghai zurückzukehren.

Ward, der in Peitang gelandet war, wurde von einer chinesischen Wache wenige Wochen nach diesem Vorfall nach Peking geleitet zwecks Auslieferung der Ratifikation des Vertrags von Tientsin. Die Reise (20.—28. Juli) wurde teils auf dem Peiho teils in dem zweiräderigen chinesischen Karren zurückgelegt, was für Ward und seine Begleiter eine ziemliche Qual war. In Peking hielt man die Amerikaner gleich Gefangenen streng interniert; es wurde ihnen nicht

---

[8]) Tatnall, der Kapitän der amerikanischen Fregatte, hatte den Verbündeten bei der Landung der Marinetruppen geholfen und begründete sein für einen Neutralen völkerrechtlich unkorrektes Verhalten mit dem Wort: „Blut ist dicker als Wasser".

erlaubt, in irgend welchen Verkehr mit den Mitgliedern der russischen Gesandtschaft zu treten, welche damals gleichzeitig sich noch in Peking aufhielt[9]). Ward sollte eine Audienz vor dem Kaiser haben; doch da er sich weigerte, den Kotu zu vollziehen, wurde nichts daraus. Man fragte ihn, warum er dann überhaupt gekommen sei. Er mußte auf demselben Wege nach Peitang zurückkehren, wo ihm jedoch durch den Vizekönig von Tschili der ratifizierte Vertrag am 16. August richtig zugestellt wurde[10]).

Jener Mongolenfürst Söng-wang, der bei Taku den Sieg über die Fremden erfocht, war auch schon vorher die Haupttriebfeder für den bewaffneten Widerstand gewesen. Sein ehrlicher Haß gegen die Engländer gründete sich vor allem auf das brutal hochmütige Auftreten des englischen Dolmetschers Lay dem alten Gui-liang gegenüber bei den Verhandlungen des vorhergehenden Jahres in Tientsin. Söngwang machte jetzt dem Kaiser den Vorschlag, „den erfochtenen Sieg gegen die englischen und französischen Barbaren auszunutzen und ihre Verstockung und Frechheit mit Strenge zu bändigen". Doch wies Hiän-föng diesen Vorschlag zurück. Seine Kommissare redeten vielmehr in schriftlichen Mitteilungen dem französischen und indirekt dem englischen Gesandten zu, doch ihre Ratifikationen nunmehr ebenso wie Herr Ward an der Küste auszutauschen. Den Generalgouverneur von Kanton ermahnte Hiän-föng „die Engländer und Franzosen ruhig und ehrerbietig zu halten, wie früher und ihnen keinen Anlaß zum Verdacht zu geben ... Wenn sie Reue zeigten, könnten auch jetzt

---

[9]) Der russische Gesandte, General Ignatieff, hatte im Mai die Ratifizierung des Vertrages von Aigun bewerkstelligt.

[10]) Der erste Sekretär und Dolmetscher des amerikanischen Gesandten bei dieser Reise war — ebenso wie schon im Jahre vorher — Wells Williams, der sich durch seine Werke über China einen hervorragenden Namen gemacht hat; vor allem durch sein „Middle Kingdom", ein Buch, das bis vor kurzem als d a s Werk über China bekannt war und auch heute noch sehr wertvoll ist, sowie durch sein Lexikon der chinesischen Sprache. — Zweiter Dolmetscher war der ebenfalls durch seine Schriften bekannte W. A. P. Martin.

noch die freundschaftlichen Beziehungen wiederhergestellt
werden".

Indes, die Reue der Engländer und Franzosen bestand
darin, daß sie von neuem eine starke Expedition ausrüsteten:
die englische bestehend aus 13000 Mann, überwiegend
indische Truppen unter dem Befehl von Sir Hope Grant;
die französische 7000 Mann stark unter General Cousin-
Montauban[11]). Als Höchstbevollmächtigte wurden von
neuem Lord Elgin und Baron Gros ernannt. Die englischen Dolmetscher waren Wade, der bereits bei den Verhandlungen in Tientsin mitgewirkt hatte, und Parkes, der
frühere Konsul von Kanton. Von Schanghai aus wurden
wie beim Opiumkrieg die Dschou-schan-Inseln besetzt, dann
sammelte sich im Laufe des Juli die englische Flotte (14
Kriegsschiffe, unter denen es Segel-, Räder- und Schrauben-
fregatten gab und 126 Transporter) in Talienwan (Dalny),
die französische Flotte mit 29 Schiffen in Tschifu. Vom
1. August ab begann die Landung in Peitang; man hatte
diesmal beschlossen, die Takuforts, in denen wieder Söng-
wang kommandierte, von der Landseite zu nehmen. Sie
waren von Wassergräben umschlossen und die Dämme da-
zwischen mit zugespitzten Bambuspfählen gespickt. Am
21. August begann nach einem zweistündigem Artillerie-
feuer der Sturm auf das innere Nordfort. Die Besatzung
wehrte sich tapfer. Die Engländer hatten 200 Tote und
Verwundete, die Franzosen 130, die Chinesen schätzungs-
weise 2000. Nach der Eroberung des ersten Forts begegnete man bei den anderen überhaupt keinem Widerstand
mehr. Am 24. August fuhr die Flotte den Peiho nach
Tientsin hinauf. Jetzt erschienen wieder Gui-liang zusammen mit dem Generalgouverneur von Tschili als kaiserliche Bevollmächtigte zwecks Unterhandlungen. Eine Konvention wurde aufgestellt; als sie aber am 8. September

---

[11]) Während des deutsch-französischen Krieges war er vom
10. August bis 4. September 1870 Ministerpräsident und Kriegsminister.

zur Unterzeichnung kommen sollte, erklärten die Kommissare, erst die kaiserliche Genehmigung einholen zu müssen. Sie hatten in Wahrheit einen verzweifelten Stand „zwischen dem europäischen Völkerrecht und der chinesischen Staatsidee, zwischen den Mündungen englischer Kanonen und dem tötlichen Zorn des Himmelssohnes". Die Verbündeten indes beschlossen, nunmehr auf Peking selbst loszumarschieren. Am 17. September hatten sie ihr Hauptquartier in Hosiwu. Hier einigte man sich von neuem mit Prinz Tsai über eine Konvention. Diese sollte in dem Hauptquartier des Prinzen in Tungtschou am Peiho (von wo aus ein Kanal nach Peking führt) unterzeichnet werden. Während dann die Gesandten mit einer 1000 Mann starken Eskorte in Peking den endgültigen Abschluß vollziehen würden, sollte die Armee der Verbündeten bei Dschang-gia-wan, etwa 12 Kilometer von Tungtschou entfernt, sich lagern. Konsul Parkes hatte am 17. September mit dem Prinzen Tsai in Tungtschou diese vorläufigen Abmachungen getroffen und alles schien geregelt; nur war die von Lord Elgin beanspruchte Audienz zur Überreichung des Schreibens seiner Königin noch nicht gebilligt. An demselben Tage war die Armee der Verbündeten bis nahe an den verabredeten Lagerplatz bei Dschang-gia-wan vorgerückt. Als nun Parkes mit einer kleinen Eskorte am anderen Morgen zum englischen Hauptquartier zurückritt, bemerkte er jenseits Dschang-gia-wan maskierte Batterien und Truppenmassen, die in Schlachtordnung einrückten. Sofort kehrte Parkes nach Tungtschou um, nur von einem Dragoner begleitet, die Kommissare darüber zur Rede zu stellen, was das zu bedeuten habe, und um seine übrigen Gefährten zu holen. Er fand die Situation in Tungtschou völlig verändert. Seine Anfragen wurden in so barschem Ton zurückgewiesen, daß er schleunigst mit den noch in der Stadt vorhandenen Engländern und Franzosen die Stadt verließ. Als sie im Weiterreiten bemerkten, daß im chinesischen Lager das Schießen begann, ließen sie eine weiße Parlamentärflagge wehen. Bei Dschang-gia-wan verlegten ihnen mandschurische Reiter den

12*

Weg. Sie mußten absteigen und wurden zu dem Höchstkommandierenden, Söng-wang, geführt, vor dem sie mit Gewalt zur Erde gezwungen wurden. Der Mongolen-Fürst fuhr
Parkes scharf an und machte ihm heftige Vorwürfe. „Es
ist Zeit, daß Euch Fremden Respekt gelehrt werde vor chinesischen Edlen und Ministern." Parkes, sein Begleiter
Loch, der Privatsekretär Lord Elgin's, und drei andere wurden darauf in einen Karren verladen, in schneller Fahrt nach
Peking gebracht und dort in einem schauderhaften Gefängnis
in Ketten gelegt, zusammen mit etwa 70 schweren Verbrechern
in einem Raum. Parkes wurde mehrfach verhört, wobei er
jedesmal auf die Knie gezwungen, gehörig gepufft und
schlecht behandelt wurde. Diese Behandlung wurde einige
Male von schmeichelhafter Freundlichkeit unterbrochen, um
ihn auf diese oder jene Weise zu bewegen, daß er eine sofortige Verständigung zwischen den streitenden Parteien her-
beiführe und den Weitermarsch der Verbündeten verhindere.
Man hatte auf chinesischer Seite von Parkes, dessen Name
von dem Anfang des Lorchakrieges her wohl bekannt war,
die Vorstellung, daß er die eigentlich entscheidende Persönlichkeit im feindlichen Lager sei. Außer Parkes und
seinen vier Begleitern waren noch 18 indische Reiter (Sikhs)
und 13 Franzosen auf dem Rückweg von Tungtschou ab-
gefangen worden. Diese wurden weit schlimmer behandelt
als Parkes; mehrere erlagen ihren Qualen im Gefängnis.
 Während Parkes und die anderen gefangen wurden,
was zum Teil vom Lager der Verbündeten aus beobachtet
werden konnte, brach auf der ganzen Linie der Kampf aus.
(Schlacht bei Dschang-gia-wan am 18. September 1860). Die
Chinesen hatten 20 000 Mann, wurden aber nach vierstün-
digem Kampf, hauptsächlich durch das überlegene Artillerie-
feuer der Verbündeten, aus allen Stellungen geworfen. Am
21. September hielt Söng-wan noch einmal Stand bei der
Marmorbrücke Ba-likiau[12]), die über den Peking-Tungtschou-

---

[12]) Acht-Meilen-Brücke, d. h. acht chinesische Meilen (etwa vier
Kilometer) von Peking entfernt.

Kanal führt. Die Erstürmung dieser Brücke brachte dem General Montauban die Ernennung zum Herzog von Palikao ein. Hier bezog man ein Lager, um erst das schwere Geschütz zur eventuellen Bestürmung der Hauptstadt und Ersatz der Munition abzuwarten. Die folgenden Tage konnte man nur mit diplomatischen Verhandlungen ausfüllen, die auf chinesischer Seite jetzt von des Kaisers Bruder, Prinz Sung, geführt wurden. Hiän-föng selbst hatte sich nach dem Schloß Jehol[13]) zurückgezogen. Elgin machte die Herausgabe der widerrechtlich gefangenen Parlamentäre zur ersten Bedingung dafür, wenn das Schicksal der Erstürmung Pekings abgewandt werden sollte. Prinz Gung erwiderte, daß die Gefangenen in guter Behandlung seien, aber vor dem Friedensschluß nicht ausgeliefert werden könnten. Nach Eintreffen der schweren Geschütze gingen die Verbündeten am 5. und 6. Oktober auf die Tartarenstadt los. Endlich am 8. Oktober wurden Parkes und sieben andere Gefangene vor das Tor gesetzt, das sich sofort wieder hinter ihnen schloß. Die Auslieferung der übrigen Gefangenen, welche an anderen Plätzen eingekerkert waren, erfolgte erst später. Inzwischen hatten am 6. Oktober abends die Franzosen nebst der englischen Kavallerie den Sommerpalast Yüanming-yüan, etwa neun Kilometer nordwestlich von Peking, erreicht und fielen sofort über die märchenhaften Schätze her, die dieser Palast barg[14]); die Plünderung dauerte mehrere Tage und war gründlich; was nicht mitgenommen werden konnte, wurde zerschlagen, den Rest stahlen die Chinesen. Der Hauptteil der englischen Armee, die ein Lager zwischen Peking und dem Sommerpalast bezogen hatte, durfte sich mit Ausnahme der Offiziere, die Urlaub erhielten, nicht an der Plünderung beteiligen. Doch wurde ein Teil der Beute im englischen Lager versteigert und unter die

---

[13]) Nordöstlich von Peking, jenseits der großen Mauer.
[14]) „In ganz Europa gibt es nichts, was eine Idee von solcher Pracht geben könnte; es ist mir unmöglich, diese Herrlichkeit zu beschreiben, zumal ich noch ganz starr bin über den Anblick solcher Wunder", so schrieb General Montauban am 8. Oktober.

gemeinen Soldaten verteilt. Andere von den Kostbarkeiten sind im britischen Museum zu sehen. Der französische Senat mißbilligte diese schamlose Plünderung scharf und verweigerte aus dem Grund dem General Montauban die von Napoleon ihm zugedachte jährliche Dotation von 50 000 Francs, da er sich selbst bereits genügend dotiert habe. Am 13. Oktober öffneten sich wenige Minuten vor dem gestellten Ultimatum, mittags 12 Uhr, die Tore Pekings; zur großen Erleichterung des englischen Kommandanten, der sich darüber klar war, daß es mit den zur Verfügung stehenden Mitteln keine kleine Aufgabe gewesen wäre, in die riesigen, innen mit Lehm gefüllten Mauern Pekings (12 Meter hoch und im Durchschnitt 16 Meter dick) Bresche zu schießen. Jetzt erst wurden die letzten überlebenden Gefangenen mit stinkenden Wunden und die halb verwesten Leichen der Übrigen ausgeliefert. Nur 20 im ganzen hatten die Qualen überstanden. Im Heere gährte eine wilde Erbitterung, und Lord Elgin, dieser Stimmung nachgebend, beschloß einen Akt der Vergeltung, der speziell den Kaiser, nicht das Volk treffen sollte. So wurde am 18. Oktober die gesamte Sommerresidenz mit ihren mehr als 200 Palästen, Tempeln usw. in Brand gesteckt, einschließlich der kostbaren Bibliothek[15]). Während der Wind die schwarzen Rauchwolken über die Hauptstadt trieb, bewilligte Prinz Gung alle Forderungen. Am 24. Oktober 1860 wurde in der Zeremonienhalle im Beisein von Prinz Gung, die Auswechslung der Ratifikationen des Tientsiner Vertrags von 1858 vollzogen und die Pekinger Konvention unterzeichnet, welche noch folgende Zusätze zum Tientsiner Vertrag enthielt: 1. Zahlung

---

[15]) Baron Gros hatte dafür gestimmt, den Kaiser-Palast in Peking zu zerstören. Doch fürchtete man, daß dann auch Prinz Gung Peking verlassen und niemand da sein würde, mit dem man den Frieden schließen könne, an dessen baldigem Zustandekommen auch den Engländern sehr viel gelegen war. Die Zerstörung des von ihnen hauptsächlich ausgeplünderten Sommer-Palastes bezeichneten die Franzosen als einen Vandalismus, an dem sie keine Verantwortung tragen wollten.

von 8 Millionen Taels. 2. Erlaubnis für die chinesischen Untertanen, sich als Arbeiter ins Ausland zu verdingen. 3. Abtretung von Kowloon gegenüber Hongkong. 4. Eröffnung von Tientsin als Vertragshafen. Das Gesandtschaftsrecht wurde nun ausdrücklich geltend gemacht, und der Kaiser mußte seinem Bedauern Ausdruck geben wegen des Bruches der freundschaftlichen Beziehungen im Juni 1859 vor Taku. Der französische Vertrag, abgeschlossen am 25. Oktober, war im wesentlichen mit dem englischen identisch. Er enthielt jedoch noch einen besonderen Absatz zugunsten der katholischen Mission; daß nämlich alles Eigentum, welches früher im Besitz der religiösen Gesellschaften gewesen, dann aber den Christen während der Verfolgungszeiten genommen war, diesen durch Vermittlung des französischen Gesandten wieder zurückerstattet werden sollte. Die Ausführung dieser Bestimmung erregte in der Folgezeit eine Menge lokaler Streitigkeiten, zumal da die in Betracht kommenden Besitztümer vielfach inzwischen an Privatpersonen übergegangen waren, die sie durchaus rechtmäßig erworben hatten. In den chinesischen Text des betreffenden Paragraphen wurde ferner jene Klausel eingeschmuggelt, welche den französischen Missionaren das Recht zuerkannte „in allen Provinzen Land zu pachten und zu kaufen und beliebig Gebäude darauf zu errichten." Wie diese Bestimmung in den Paragraphen hineingeraten ist, ist nicht wirklich aufgeklärt worden[16]). Obwohl nicht der chinesische, sondern der französische Text der maßgebende ist, so wurden doch bald auf Grund jener Klausel Forderungen erhoben, und die chinesische Regierung wagte nicht sie mit Entschiedenheit zurückzuweisen. Dem französischen Gesandten Barthémy gelang es 1865 nach langen Verhandlungen, die Regierung zur Anerkennung dieses eingeschobenen Zusatzes zu bewegen mit der Beschränkung, daß nicht die einzelnen Missionare, sondern nur die Gesellschaften Grundstücke im

---

[16]) Der Dolmetscher des französischen Gesandten war der Abbé Delamarre.

Innern erwerben dürften. (Barthémy Konvention). Doch auch so gab diese Bestimmung in der Folgezeit zu unendlichen Schwierigkeiten Anlaß[17]).

In unmittelbarem Anschluß an die englische und französische Konvention von Peking ließ sich auch Rußland, vertreten durch General Ignatieff, den Vertrag von Aigun nicht nur bestätigen, sondern setzte darüber hinaus jetzt die völlige Abtretung des Gebietes östlich des Ussuri durch. (Vertrag von Peking, 14. November 1860). Die Russen gründeten noch in demselben Jahr in dem abgetretenen Gebiet Wladiwostok, „die Beherrscherin des Ostens", als Endpunkt der geplanten Ussuribahn, seit 1862 Freihafen und bald eine der stärksten Seefestungen.

Anfang November verließen die letzten englischen Truppen Peking. Tientsin, Taku, die Dschou-schan-Inseln, Kanton und Tschifu blieben besetzt bis zur Zahlung der Kriegsschuld. Im März 1861 nahmen Bruce und Bourboulon als die ersten Gesandten in Peking Wohnung; ungefähr zu gleicher Zeit ließ sich die russische Gesandtschaft dauernd in Peking nieder . . .

Der Staatsstreich (1861).

Die preußische Gesandtschaft nach Ostasien.

Am 22. August 1861 starb Hiän-föng, 30 Jahre alt, zu Jehol; sein ausschweifendes Leben hatte seine Gesundheit früh verwüstet. Eine der Gemahlinnen Hiän-föng's und zwar die dem Range nach an zweiter Stelle stehende war

----

[17]) M. v. Brandt bemerkt in seinen „Dreiunddreißig Jahre in China", daß er 1887 den protestantischen Missionaren ausdrücklich dasselbe Recht erworben habe wie den katholischen; ein Recht, dessen Vorteile sie jedenfalls auch schon früher in vielen einzelnen Fällen sich zugewendet hatten.

Tsï-hi[1]). Diese Frau, deren Persönlichkeit ein halbes Jahrhundert lang auf die Geschicke ihres Volkes bestimmend
werden sollte, trat jetzt zum erstenmal entscheidend hervor
und zwar in einer Weise, die sofort ihre ungewöhnliche Ent-
schlossenheit deutlich offenbarte. Sie allein unter allen Frauen
Hiän-föng's besaß einen Sohn — damals vier Jahre alt —,
der darum in erster Linie als Thronfolger in Betracht kam.
Kurz vor dem Tode Hiän-föng's war es nun drei Mandschu-Prinzen, Dsai-yuän (Prinz Yi), Duan-hua und Su-schun,
gelungen, den sterbenden Kaiser zu überreden, ihnen die
Regentschaft an Stelle des unmündigen Thronfolgers mit
Ausschaltung von dessen Mutter zu übertragen, und sofort
nach dem Tode Hiän-föng's gaben die drei Prinzen in einer
Proklamation dem Lande den Kaiserlichen Willen kund, der
sie zu Regenten einsetzte. Obwohl es Tsï-hi nicht erlaubt
gewesen war, das Sterbezimmer ihres Gemahls zu betreten,
war es ihr doch gelungen, das Kaiserliche Siegel zu entwen-
den, und ohne dieses war die Proklamation der drei Verschworenen von vornherein in ihrer Wirkungskraft geschädigt. Die Verschwörer hatten außerdem beschlossen, sowohl
Tsï-hi als auch Tsï-an bei Gelegenheit der feierlichen Über-

---

[1]) Sie entstammte, wie alle Frauen des Kaisers, mandschu-
rischem Adelsgeschlecht. Auf den besonderen Stamm, dem sie angehörte, bezieht sich der Name Scho-nala. Ihr Vater, den sie früh
verlor, war Tautai in Anhui gewesen. Schon als 16jähriges Mädchen
besaß sie eine gediegene Kenntnis in den chinesischen Klassikern und
in chinesischer Geschichte. Nach der Thronbesteigung Hiän-föng's
wurde sie als eine der 28 Nebenfrauen des Kaisers erwählt und bald
gelang es ihr, nächst Tsï-an, der eigentlichen Kaiserin, an die erste
Stelle unter den Frauen aufzurücken und einen entscheidenden Einfluß
auf den schwachen und lasterhaften Kaiser auszuüben. Auf ihre
Veranlassung geschah es, daß Dsöng-guo-fan zum Oberbefehlshaber
gegen die Taiping-Rebellen ernannt wurde. Während des Krieges
mit den Engländern und Franzosen stimmte sie stets für energischen
Widerstand gegen die Fremden und war mit der Flucht nach Jehol
durchaus nicht einverstanden. — Als erste unter den Nebenfrauen
wohnte sie im westlichen Teil des Palastes und wird daher auch die
„Westliche Kaiserin" genannt, während Tsï-an die „Östliche Kaiserin"
war.

führung der Leiche Hiän-föng's nach Peking ermorden zu lassen. Dieser Plan wurde Tsï-hi durch ihren intimen gleichaltrigen Freund Yung-lu, den tatkräftigen Führer der Kaiserlichen Leibgarde, verraten. Die Leibgarde selbst ließ sich auch leicht für die junge und schöne Mutter des Thronfolgers begeistern. Ehe nun die Verschwörer mit dem Sarge Hiän-föng's in Peking ankamen, war Tsï-hi unter Yung-lu's Schutz dort eingetroffen. Sofort hielt sie eine geheime Sitzung ab, bei der die beiden verwitweten Kaiserinnen, Prinz Gung und die übrigen Brüder Hiän-föng's sowie verschiedene andere Mitglieder des Kaiserlichen Hauses anwesend waren, und in der sie sich der Zustimmung der Versammlung zu ihrem Plane versicherte. Als nun die drei Prinzen mit dem Sarge Hiän-föng's eintrafen, dankte ihnen Tsï-hi für ihre Dienste und teilte ihnen mit, daß sie nunmehr entlassen seien. Alle Straßen und Palastzugänge waren inzwischen durch ihr ergebene Truppen besetzt worden. Als die Verschworenen sich auflehnten gegen solche Sprache und ihr eigenes Recht als Regenten geltend machten, ließ Tsï-hi sie verhaften. Sogleich folgte ein Edikt, in dem sie die Zeitlage schilderte, das verruchte Benehmen der drei Prinzen bloßstellte und ihre eigene Regentschaft in Vertretung ihres unmündigen Sohnes ankündigte²). Ein weiteres Edikt verurteilte zwei der Prinzen dazu, sich selbst das Leben zu nehmen, Su-schun dagegen zu sofortiger Enthauptung. Su-schun war sprichwörtlich wegen seines fabelhaften Reichtums, und sein ganzes Vermögen wurde eingezogen. Tsï-hi führte nun die Regentschaft nominell mit Tsï-an zusammen, die jedoch in Wahrheit kaum einen Einfluß besaß³). Auch

---

²) In diesem Edikt findet sich folgender für sie bemerkenswerter Satz: „Es ist wahr, es gibt in der Geschichte unserer Dynastie keinen vorhergehenden Fall, daß eine Kaiserin-Witwe als Regentin aufgetreten wäre. Indes, unser erstes Anliegen ist das Interesse des Staates, und es ist sicherlich weiser, in Übereinstimmung mit den Erfordernissen der Zeit zu handeln als auf einer peinlich genauen Beobachtung der Vergangenheit zu bestehen."
³) Ein Vorfall im Jahre 1869 machte den Riß zwischen den beiden Kaiserinnen noch größer. In diesem Jahre hatte Tsï-hi ihren

Tsï-hi selbst hielt sich in diesen Jahren ihrer ersten Regentschaft im ganzen weise zurück; alle Edikte gingen unter dem Namen ihres Sohnes aus, der — bezw. dessen Regierungszeit — den Namen Tung-dschi führte (1861—1874). Nächst Tsï-hi besaß Prinz Gung als „Berater des Thrones" den entscheidenden Einfluß; sehr zum Wohl der Regierung. Denn Prinz Gung gehörte nicht zu den unversöhnlichen Konservativen, sondern sah ein, daß nichts anderes übrig bleibe, als sich in die schmerzliche Tatsache der neuen durch die Verträge geschaffenen Verhältnisse zu fügen. Ein Zeichen der veränderten Sachlage war die Errichtung des Tsungli- (Dsung-li) Yamen, einer besonderen Behörde für die auswärtigen Angelegenheiten, dessen Vorsitzender Prinz Gung selbst war.

Das letzte amtliche Schriftstück, welches Hiän-föng unterzeichnete, war seine Genehmigung zu dem Vertrage mit Preußen. Die Befürchtung, daß nach den Verträgen von 1858, welche England, Frankreich, Amerika und Rußland durchgesetzt hatten, die Bedingungen für den deutschen Handel und die Angehörigen deutscher Staaten im fernen Osten sich in Zukunft verschlechtern könnten, hatte Preußen veranlaßt, eine Expedition nach Ostasien zu entsenden. Die Gesandtschaft wurde geleitet von dem Grafen Friedrich zu Eulenburg⁴) und hatte den Auftrag, für Preußen und alle Staaten des deutschen Zollvereins einen „Freundschafts-, Schiffahrts- und Handelsvertrag" mit Japan, China und Siam abzuschließen. Das betreffende Geschwader bestand aus der Schraubenkorvette „Arkona", der Segelfregatta „Thetis",

---

Ober-Eunuchen nach Schantung gesandt, um Geld für sie zu sammeln. Dieser betrug sich dort so unverschämt, daß der Gouverneur von Schantung darüber an den Prinzen Gung berichtete. Dieser veranlaßte Tsï-an zu einem Edikt, das die sofortige Enthauptung des Eunuchen befahl; denn es war den Eunuchen nach dem Gesetz aufs strengste verboten, die Hauptstadt zu verlassen. Die Hinrichtung wurde dann auch sofort vollzogen. Tsï-hi war wegen dieser Tat aufs höchste gegen ihre Kollegin aufgebracht und riß seitdem die Zügel der Regierung ausschließlich an sich.
⁴) 1862—1878 war er Minister des Innern.

dem Schoner „Frauenlob" (untergegangen im Taifun an der japanischen Küste, den 2. September 1860) und dem Transportschiff „Elbe"; es verließ Preußen von Danzig aus im Winter 1859. Die Ergebnisse dieser Expedition sind in einem wertvollen Werk „Die preußische Expedition nach Ostasien; nach amtlichen Quellen; 4 Bände" niedergelegt. Die Unterhandlungen mit China fanden in Tientsin im Sommer 1861 statt. Die chinesischen Unterhändler, welche im Auftrage des Prinzen Gung gekommen waren, hatten zunächst wenig Lust auf die Wünsche der Gesandtschaft einzugehen[5]). Wochenlang zogen sich die Verhandlungen nutzlos hin. Auch die zeitweise Entsendung des damaligen Attaché's M. v. Brandt nach Peking mit der Drohung, daß Graf Eulenburg selbst dorthin kommen würde, blieb ohne direkten Erfolg. Man hatte außerdem keinen deutschen Dolmetscher zur Verfügung, sondern mußte anfangs einen alten Portugiesen zu Hilfe nehmen; als dieser in Tientsin starb, erfüllte der französische Gesandte Bourboulon freundlichst die Bitte Graf Eulenburg's und gestattete seinem Dolmetscher, die preußischen Anliegen den chinesischen Unterhändlern gegenüber zu vertreten. Diese sträubten sich besonders gegen das auch von Preußen beanspruchte Gesandtschaftsrecht. In diesem Punkt gab Graf Eulenburg schließlich in der Weise nach, daß Preußen zwar ebenfalls das Recht erhielt, einen Gesandten dauernd in Peking wohnen zu lassen, daß er aber in einer Separat-Konvention erklärte, mit Rücksicht auf die gegenwärtige schwierige innere Lage Chinas von diesem Rechte fünf Jahre lang keinen Gebrauch machen zu wollen[6]). So kam die Unterzeichnung des Vertrages schließlich am

---

[5]) Man wußte damals in Peking kaum etwas von Preußen. Im Tsungli-Yamen holte man sich erst bei der englischen Gesandtschaft Auskunft, was für Leute die Preußen wären und welche Absichten sie haben könnten. Der englische Gesandte versicherte, daß Preußen jedenfalls keine politischen Rechte erstrebe und empfahl im übrigen den preußischen König als einen Verwandten des englischen Königshauses.

[6]) Die Gesandtschaft wurde späterhin zunächst in einem gemieteten chinesischen Hause neben der englischen eingerichtet; das

2. September 1861 in Tientsin zustande. Dem Beispiele Preußens folgend erwirkten sich in den sechziger Jahren auch eine Reihe anderer Staaten Verträge mit China[7]), die sämtlich, ebenso wie der preußische, den englischen Verträgen von 1858 und 1860 nachgebildet sind.

Unter den Mitgliedern der preußischen Gesandtschaft befand sich zu wissenschaftlichen Zwecken auch Ferdinand Freiherr v. Richthofen, der im Anschluß an die Expedition 1862—1868 Kalifornien und 1868—1872 China bereiste. Das Ergebnis seiner Forschungen während der letzten vier Jahre hat er in dem monumentalen Werk „China, Ergebnisse eigener Reisen", in vier Bänden niedergelegt[8]). Auch über Schantung, das er 1869 besuchte, hat er als einer der ersten uns neue Kunde gegeben. Denn seit dem großen Werk des Jesuiten Martin Martini (Atlas Sinensis 1655) war nichts mehr erschienen, was aus eigener Anschauung den Angaben der alten Jesuiten Neues hinzugefügt hätte. Schantung gehörte damals zu den unbekanntesten Provinzen. Erst der mit Richthofen etwa gleichzeitig reisende Missionar Williamson veröffentlichte 1870 eine wieder auf eigenen Erlebnissen beruhende Beschreibung des Landes (Journeys in North China).

Während der von Anfang bis zuletzt unter dem Zeichen der Revolution stehenden Regierung Hiän-föng's erlebte Nordchina auch eine geographische Revolution von gewaltiger Größe. Der Gelbe Fluß, der seit etwa 600 Jahren ausschließlich seine Fluten nach Osten in der Provinz Kiangsu in das Meer ergossen hatte, nahm nach furchtbaren Überschwemmungen seit dem Jahre 1855 etwa von Kaiföngfu

---

jetzige deutsche Gesandtschaftsgebäude stammt erst aus den Jahren 1877—1879.

[7]) Portugal 1862, Holland 1863, Dänemark und Spanien 1864, Belgien 1865, Italien 1866, Österreich-Ungarn 1869.

[8]) Zu seiner letzten Reise durch Nord-China hat auch die Handelskammer zu Schanghai einen Teil der Kosten beigetragen. 1888—1905 war er Professor der Geographie an der Universität Berlin; er starb dort am 6. Oktober 1905.

ab seinen Lauf wieder wie in alter Zeit nach Norden (s. S. 45)⁹). Seitdem durchströmte er auch Schantung wieder. Tsinanfu kam dabei in seine unmittelbare Nähe zu liegen, da der Tatsing-ho, dessen Bett der Gelbe Fluß benutzte, nicht weit von Tsinanfu bei Lo-kou vorbeifloß.

Der weitere Verlauf und das Ende der Taiping-Rebellion.

Die Kaiserlichen hatten auch während des Krieges mit den Engländern und Franzosen ihre Operationen gegen die Taipings fortgesetzt, deren eigentliches Herrschaftsgebiet schon 1856 im wesentlichen auf die Strecke zwischen Nanking und Nganking zusammengeschmolzen war. Im Herbst 1859 begannen sie den Rebellen die Zufuhr auch auf dem Yangtse abzuschneiden, so daß Anfang 1860 der Hunger in Nanking empfindlich zu werden anfing und man den baldigen Fall der Stadt erwartete. Aber gerade in dieser Zeit erwachte in den verschiedenen Taiping-Corps, welche noch außerhalb der kaiserlichen Umschließungsarmee das Land

⁹) Seit dem Jahre 1851 hatte der Gelbe Fluß seine Dämme durchbrochen und unsägliches Unheil über die Provinzen Kiangsu (besonders den Bezirk Sütschoufu), Süd-Schantung und Honan gebracht. Dabei schob er immer mehr Sandmassen vor sich her, so daß diese ihm schließlich selbst den Weg versperrten und ihn nach Norden drängten. Das Verlassen des alten Bettes brachte für die Schiffahrt auf dem Kaiser-Kanal und für einen großen Teil der Provinz Kiangsu, der nun das Wasser in den zahllosen Kanälen für die Bestellung der Reisfelder fehlte, sehr nachteilige Folgen. Die Regierung, die gerade in jener Zeit durch die Taiping-Rebellion am stärksten bedrängt war, hatte nicht die Energie, um rechtzeitig dem Unheil der entsetzlichen Überschwemmung zu wehren. Vergebens versuchte sie nachträglich mit militärischem Aufgebot den Fluß in seine alten Wege zurückzuleiten.
Eine ausführliche Darstellung der Wandlungen des Gelben Flusses ist von P. A. Tschepe zu erwarten, als eine Ergänzung zu

räubernd durchzogen, von neuem eine ungestüme Erobe-
rungskraft wie in den ersten Tagen der Bewegung. Der
hervorragendste Führer bei diesem neuen Vorstoß der Taiping war Dschung-wang, der „treue König"[1]). Neben ihm
trat Gan-wang, der „Schildkönig" hervor, ein Vetter des
Taiping-Kaisers; er war früher drei Jahre lang Katechist
und Prediger bei der Londoner Missionsgesellschaft in Hongkong gewesen. Es gelang den Taiping unter diesen Führern
im Frühjahr 1860 in schneller Folge mehrere Städte in Anhui
und Tschekiang zu erobern. Am 19. März 1860 gewannen
sie Hangtschoufu selbst mit Ausnahme der Tartarenstadt;
zwar mußten sie es bald wieder aufgeben vor dem von Nanking her anrückenden kaiserlichen Heere. Doch nun mar-
schierten sie in Eilmärschen auf Nanking selbst los und
machten durch die Schlacht am 3. Mai 1860 ihre Hauptstadt
wieder frei von der Umzingelung der Kaiserlichen. Danach
wandte sich Dschung-wang auf Sutschou, die glänzende,
reiche . Kaufmannsstadt am Kaiser-Kanal und Sitz des
Gouverneurs. Das kaiserliche Heer dort war in völliger
Demoralisation und leistete kaum einen Widerstand. Während die Rebellen durch das eine Tor einrückten, entflohen
die Kaiserlichen beutebeladen durch das entgegengesetzte
(2. Juni 1860). Bald darauf war die ganze Schanghai-Halb-
insel, welche durch den Yangtse und die Hangtschou-Bucht
gebildet wird, in der Hand der Rebellen, mit Ausnahme von
Schanghai selbst. Die Engländer und Franzosen sammelten
gerade damals in Schanghai ihre Streitkräfte zum Feldzug
nach dem Norden und wurden von dem aus Sutschou ge-
flohenen Gouverneur und vom Schanghaier Tautai dringend

---

seiner „Geschichte des Kaiser-Kanals". Über das Jahr, seit welchem
der Gelbe Fluß seinen Lauf wieder nach Norden gewandt hat, herrschen in europäischen Büchern sehr verschiedene Angaben. Ich
verdanke die meinigen den freundlichen Mitteilungen, die mir Herr
Pater Tschepe brieflich hat zugehen lassen, und die sich mit
den privaten Aufzeichnungen eines chinesischen Gelehrten decken,
die mir übermittelt wurden.
    [1]) Er stammte aus der Provinz Kuangsi und hatte den Zug der
Taiping als gemeiner Soldat von Anfang an mitgemacht.

bestürmt, gegen die Rebellen zu helfen, da es im eigenen Interesse der Fremden sei, daß der Handel nicht länger gestört werde, und da ungeachtet des jetzigen Kriegszustandes im Norden, hier in Schanghai die Chinesen und die Fremden stets freundschaftlich zueinander gestanden hätten. Doch beschränkten sich diese darauf, die Niederlassung und die Stadt Schanghai zu schützen und die Ordnung in ihr aufrechtzuerhalten²). Da es dem Gouverneur nicht gelang, die Verbündeten zu aktivem Vorgehen gegen die Rebellen zu bewegen, die seine Provinz besetzt hielten, traf ihn das zu erwartende Schicksal: er mußte nach Peking zur Verantwortung und wurde enthauptet. Noch ehe die Vertreter von Frankreich und England den Schutz der Stadt Schanghai zugesagt hatten, war es den chinesischen Kaufleuten dort mit Unterstützung Li-hung-dschang's gelungen, ein eigenartiges Freikorps aufzubringen. Zwei Amerikaner, Ward und Burgevine, warben eine Schar von etwa 100 Mann, meist desertierte Seeleute aus aller Herren Ländern, zu denen noch etwa ebenso viel Manila-Leute kamen (Juli 1860). Mit diesen Abenteurern gelang es Ward, die Stadt Sungkiang-fu den Rebellen zu entreißen. Die Schar vermehrte sich schnell, da der reiche Sold aus der Tasche der Schanghaier Kaufleute lockte, und sie wagten jetzt im Bunde mit 10 000 Mann kaiserlicher Truppen einen Angriff auf Tsing-pu. Doch dieser mißlang, Ward selbst wurde verwundet.

Die protestantischen Missionare hatten damals noch immer großes Zutrauen zu der Bewegung der Taiping³). Diese wiederum setzten ihre Hoffnung darauf, daß die Fremden einerseits als Religionsverwandte, andererseits weil sie

---

²) In der Chinesenstadt wimmelte es von dem Raubgesindel geflohener und desertierter kaiserlicher Soldaten. Diese pflegten die besten Verbündeten der Rebellen zu sein, und wenn diese eine Stadt berannten, gleichzeitig innerhalb der Mauern eine Erhebung zu verursachen, die den Feinden leichtes Spiel machte.

³) Von Sutschou aus richteten Dschung-wang und Gang-wang gemeinsam an die Missionare Griffith John und Edkins in Schanghai eine Einladung „zur Besprechung religiöser Angelegenheiten", der

mit der Mandschu-Dynastie im Kriege lagen, mit ihnen gemeinsame Sache gegen diese machen würden. Sie wurden in diesem Glauben durch mancherlei private Sympathiekundgebungen aus Schanghai unterstützt, die teils religiösen, teils geschäftlichen Gründen entsprangen. Dazu kämpfte in den Reihen der Taiping selbst eine ganze Anzahl von Fremden, meist desertierte Matrosen, die indes in Wahrheit nur aus Abenteuer- und Beutelust sich diesen angeschlossen hatten. Alles dies veranlaßte Dschung-wang zu dem Glauben, daß er bei einem Angriff auf Schanghai von den Fremden selbst keinen Widerstand erfahren würde. Er kündete diesen Angriff im Voraus den Konsuln in Schanghai an und forderte sie auf, gelbe Flaggen an ihren Häusern wehen zu lassen, was für seine Soldaten das Zeichen sein solle, die betreffenden Gebäude zu schonen. Am 17. August kündeten dichte Rauchwolken vom Westen her den Anmarsch der Rebellen an. Sie besetzten Siccawei, die Niederlassung der Jesuiten bei Schanghai, wobei einer der Patres erschlagen wurde. Dann warfen sie am 18. August die kaiserlichen Truppen aus ihrem verschanzten Lager vor dem Westtor und jagten sie auf die Stadt zurück. Indische Infanterie (Sikhs) und englische Seesoldaten hielten die Tore besetzt; die Flußfront beherrschten englische Kanonenboote, alle Zugänge zu der Fremdenniederlassung waren durch Barrikaden gesperrt, bei welchen die Freiwilligen standen. Man ließ die Rebellen, deren gewöhnliche Taktik darin bestand, mit den Fliehenden zugleich in die Stadttore einzudringen, bis dicht an die Mauern herankommen und eröffnete dann ein vernichtendes Feuer. Sie schlichen sich nun im Bogen, die Deckung von Gräben und Häusern benutzend, um die Stadt herum und tauchten plötzlich vor dem Südtor auf, wo sie jedoch ebenso empfangen wurden. Man bemerkte übrigens mehrere Fremde

diese auch Anfang August folgten. Sie fanden den ehemaligen Katechisten in reichem Gewande mit goldgestickter Krone, umgeben von vielen Offizieren, die alle in gelber und roter Seide gekleidet waren. Er schilderte seinen Bruder in Nanking als einen sehr frommen Mann, der am liebsten die Bibel und „The Pilgrims Progreß" läse.

unter ihnen, von denen zwei fielen. Die Vorstädte gingen in Flammen auf und wurden in der Nacht der Schauplatz eines wüsten Raubens und Mordens. Am 20. August kamen die Rebellen mit Verstärkungen wieder und pflanzten ihre Fahnen bei dem Rennplatz auf. Dort wurden sie von der Fremderniederlassung aus beschossen; in der Nacht ging das englische Kanonenboot „Pioneer" den Fluß hinauf und warf Granaten in ihr Lager. Da brachen sie es ab und zogen sich am 21. August auf Siccawei zurück[4]). Bald darauf mußte Dschung-wang nach Nangking zurückkehren, an das die Truppen Dsöng-guo-fan's[5]) jetzt wieder heranzudrängen begannen. In Nanking fand ein Kriegsrat der Taiping-Führer statt, infolgedessen gingen im Oktober 1860 vier Heere der Taiping von Nanking aus vor. Der Plan war, daß sich alle nach Verjagung der Kaiserlichen im Frühjahr 1861 in Hankou wieder treffen und dann gemeinsam das stark belagerte Nganking, den Schlüssel für die Stellung der Taiping im Yangtse, entsetzen sollten.

Im Februar 1861 fuhr der englische Admiral Hope mit neun Schiffen den Yangtse hinauf, um entsprechend dem Tientsiner und Pekinger Vertrag einen weiteren Yangtse-Platz als Vertragshafen auszusuchen; die Wahl fiel auf Kiukiang. Bei dieser Gelegenheit traf Hope in Nanking Abmachungen mit den Taiping, in welchen diese Leben und Eigentum der Engländer überall zu schützen versprechen und außerdem das Versprechen leisteten, im Laufe eines Jahres Schanghai und eine Zone von 50 Kilometer um Schanghai herum nicht anzugreifen. Die Engländer sicherten dafür ihrerseits Neutralität zu. Auch wurden eine Anzahl der zu

---

[4]) Dschung-wang sandte am 21. August ein Schreiben an die Konsuln, in dem er die Fremden und zwar in erster Linie die Franzosen bitter der Treulosigkeit beschuldigte. Sie hätten sich, entgegen ihren Freundschaftsversicherungen, von den Kreaturen Hiän-föng's bestechen lassen und sollten sich doch wohl überlegen, wo sie den größeren Vorteil finden würden, ob bei den Mandschus oder den Taipings. Das Schreiben blieb unbeantwortet.

[5]) Er war im Sommer 1860 zum Generalgouverneur von Kiangsu, Kiangsi, Anhui ernannt worden.

den Taipings desertierten englischen Seeleute bei dieser Gelegenheit ausgeliefert⁶).
Jener Feldzugsplan der Taiping für den Winter 1860/61
mißlang zum größten Teil. Nganking blieb ohne Entsatz und
öffnete gänzlich ausgehungert am 5. September 1861 die
Tore. Zu gleicher Zeit aber machte Dschung-wang in Kiangsu neue Fortschritte. Hangtschoufu war schon im Sommer
1861 mehrmals, wenn auch vergeblich, bestürmt worden und
blieb seitdem belagert. Im Herbst wurde Dscha-pu, sein
Außenhafen, und Ningpo genommen, und am 29. Dezember
1861 mußte Hangtschoufu selbst kapitulieren, wobei in den
Straßen der reichen Stadt wieder ein greuliches Morden
erfolgte. Nun fehlte in dem ganzen reichen Küstenland südlich des Yangtse den Rebellen nur noch Schanghai. Was sie
sich von dessen Eroberung vor allem versprachen, war dies,
daß dann die Beaufsichtigung der Fremden durch die Konsuln aufhören würde, daß sie Waffen, Munition, auch kleine
Dampfer beliebig von den fremden Händlern kaufen und
fremde Abenteurer in Menge an ihre Fahnen ziehen könnten,
mit deren Hilfe sie gegen die Kaiserlichen gewonnenes Spiel
gehabt hätten. — Im Januar 1862 zog Dschung-wang von
Sutschou aus verwüstend auf Schanghai los, und tausende von
frierenden, hungernden Landbewohnern suchten Schutz hinter den Mauern der Stadt. Die englischen und französischen
Behörden waren jetzt noch entschiedener in ihrem Vorsatz
Schanghai zu schützen. Der völlige Stillstand des Handels
in Ningpo, seitdem es in der Hand der Rebellen war, und ein
zweiter Besuch Hope's in Nanking (Dezember 1861) erweckte
schlimme Aussichten für den Fall, daß die Taiping zur Herr-

---

⁶) Nachdem Sutschou in den Händen der Taiping war, wurde
auch Nanking selbst von verschiedenen protestantischen Missionaren
wieder besucht. Ihre Urteile lauten verschieden; am günstigsten
sprach sich Griffith John aus. Auch der Baptistenmissionar Roberts
aus Kanton suchte 1860 seinen alten Zögling auf, der ihn gern zu
seinem Minister des Auswärtigen gemacht hätte und ihn mit vier
Frauen beglücken wollte. Roberts blieb zwei Jahre am Hofe des
„Himmlischen Königs", kehrte dann aber zurück, entsetzt über die
Greuel, die er zu sehen bekam.

schaft kämen. Andererseits hatte der Staatsstreich, welcher den Prinzen Gung an die Spitze brachte, das Vertrauen auf die Zuverlässigkeit der Mandschu-Dynastie erheblich gestärkt. Die Befehlshaber der englischen und französischen Truppen beschlossen daher, die 50-Kilometerzone um Schanghai von den Rebellen zu säubern. Sie verbanden sich zu dem Zweck mit Ward. Diesem war nach Admiral Hope's Abmachung betreffs beiderseitiger Neutralität verboten worden, weiter gegen die Taipings zu kämpfen. Er nahm darauf chinesische Nationalität an und warb — wieder mit dem reichlich gespendeten Gelde Schanghaier Kaufleute — eine neue Truppe, die aus 1000 Chinesen bestand und die von ihm europäisch uniformiert, einexerziert und mit alten preußischen Perkussionsgewehren bewaffnet wurde. Nur die Offiziere waren Ausländer. Diese Truppe Ward's wurde berühmt unter dem Namen der „Immer siegreichen Schar". So vereinigten sich denn im Februar 1862 die Engländer mit 900, die Franzosen mit 1000 Mann, die Kaiserlichen unter Li-hung-dschang, der in demselben Jahr zum Gouverneur von Kiangsu ernannt wurde, und die Truppe Ward's zum gemeinsamen Kampf gegen die Taiping. Aber die Verbündeten errangen keineswegs einen schnellen Sieg. Der französische Admiral Protet fiel in einem der ersten Kämpfe, der englische Admiral Hope wurde verwundet. Bei Tai-tsang schlug Dschung-wang am 15. und 16. Mai mit großer Übermacht die Verbündeten dermaßen, daß von 7000 kaum 2000 zurückkehrten. Die Lage wurde noch ernster, als das von Ward besetzt gehaltene Tsing-pu fiel, und der andere Teil der Truppe Ward's in Sungkiang eingeschlossen wurde. Schanghai selbst war bei der Übermacht Dschung-wang's aufs höchste gefährdet. Im August schwärmten die Rebellen bis dicht an die Mauern heran. Da wurde Dschung-wang plötzlich nach dem bedrängten Nanking abberufen, das Dsöng-guo-fan's Armee jetzt fester einschloß. Ward vereinigte sich nun mit Kapitän Dew, welcher am 10. Mai den Rebellen Ningpo entrissen und sie weiter landeinwärts getrieben hatte. Bei der Erstürmung von Tsï-ki (Bez. Ning-po) am 21. September durch Dew und Ward wurde letzterer tödlich getroffen. Seine Leiche wurde in Sungkiang mit größten Ehren empfangen und dort beigesetzt[7]). Nach Ward's Tode erhielt Burgevine das Kommando der „Siegreichen Schar"; er war ein aufgeblasener, gewalttätiger Phantast und kam bald in Konflikt mit Li-hung-dschang, so daß er entlassen wurde. Auch Ward's zweiter Nachfolger, Kapitän Holland, war keine geeignete Persönlichkeit; die „Siegreiche Schar" erlitt unter ihm bei Tai-tsang sogar eine empfindliche Niederlage (Februar 1863). Zu dieser Zeit traf gerade die Erlaubnis für englische Linienoffiziere ein, sich beurlauben zu lassen, um in die chinesische Armee einzutreten. Nun übernahm Major Gordon das Kommando der „Siegreichen Schar", die damals etwa 4000 Mann zählte (24. März 1863). Kein anderer war für diese schwierige Aufgabe so geeignet als Gordon, ein ebenso tüchtiger, im Krimkrieg und Chinakrieg erprobter Offizier wie vorzüglicher Charakter. Den ersten Erfolg errang er durch die Eroberung von Fu-schan, einem kleinen Hafen am Yangtse, von dem aus die Rebellen hauptsächlich die Waffen bezogen, die ihnen fremde Waffenspekulanten auch jetzt noch verschafften. Tai-tsang kündigte daraufhin Li-hung-dschang die Unterwerfung an. Als aber die kaiserlichen Truppen durch die geöffneten Tore einrückten, wurde es plötzlich zugeschlagen und 1500 Mann waren in der Falle (26. Mai). Auf die Nachricht davon brach Gordon seinen Marsch gegen Kun-schan ab und rückte gegen Tai-tsang. Nur unter schweren Verlusten gewann er die von etwa 10.000 Mann besetzte Stadt. Die Kanonen der Rebellen wurden zum Teil von Amerikanern und andern Ausländern bedient, die bei der schließlichen Eroberung sämtlich niedergeschossen wurden. Nach Tai-tsang gewann Gordon Kun-schan und damit eine Operationsbasis gegen Sutschou, sein Hauptziel. Unter Gordons Offizieren

---

[7]) Auf Veranlassung Li-hung-dschang's wurde neben seinem Grabe, das ganz in chinesischer Weise gehalten ist, ein kleiner Tempel errichtet; in dem Tempel wird heute noch vor dem Tablet, welches die Gegenwart des Toten versinnbildlicht, Weihrauch geopfert.

— eine bunt zusammengewürfelte Schar alter Seeleute und Soldaten — waren viele mit seinem Regiment nicht zufrieden und sehnten sich nach den ungebundenen beuterreichen Tagen zurück, die sie unter Burgevine und auch schon unter Ward gehabt hatten*). Sie verweigerten eines Tages, als gerade ausgerückt werden sollte, den Gehorsam. Aber. Gordons persönlicher Einfluß bewog die Truppe trotzdem zum Ausmarsch, und die Offiziere baten ihn noch an demselben Abend um Verzeihung. — Bei der Eroberung von Kun-schan machte Gordon 1500 Mann Gefangene, welche im kaiserlichen Heer Dienste nehmen wollten. Er überließ sie dem mit ihm gemeinsam operierenden chinesischen General unter der Bedingung, daß sie dementsprechend aufgenommen würden. Gleich darauf hörte er, daß der General mehrere habe köpfen lassen. Dies empörte Gordon aufs höchste, und da er außerdem mit Li-hung-dschang wegen rückständigem Sold für seine Truppe Differenzen hatte, beschloß er, sein Kommando niederzulegen und ritt nach Schanghai zurück (8. August), wo er abends eintraf. Dort erfuhr er, daß Burgevine wiedergekommen und mit 150 Abenteurern zu den Rebellen in Sutschou übergegangen sei. Das bedeutete eine außerordentliche Gefahr bei dem Anhang, den Burgevine unter der „Siegreichen Schar" hatte, und auf deren Abfall dieser jedenfalls hoffte. Sofort änderte Gordon seinen Entschluß und ritt noch in derselben Nacht nach Kun-schan zurück. Mehrere Wochen hielt er sich in der Defensive, weil er seiner Truppe nicht trauen konnte. Burgevine machte Gordon selbst das Anerbieten, mit ihm zusammen ein Heer zu organisieren, von beiden Parteien sich loszusagen, Peking und den Kaiserthron zu erobern. Burgevine verließ die Rebellen bald wieder. Der amerikanische Konsul bemächtigte sich seiner; doch ließ er ihn auf Gordons Verwendung wieder frei gegen das Versprechen, China nie wieder zu betreten. Gordon nahm nun eine feste Stellung, nach der andern

---

*) Gordon gestattete seinen Leuten das Plündern nicht mehr; statt dessen erhielten sie bei besonderen Gelegenheiten Geldgeschenke.

und ließ sie von den Kaiserlichen besetzen. In der Nacht zum 27. November suchte er das Osttor von Sutschou zu erstürmen, wurde aber mit schwerem Verlust zurückgeschlagen. Daß trotzdem die Stadt schon am 5. Dezember sich ergab, kommt vor allem auf Rechnung der Zwistigkeiten unter den Rebellenführern in der Stadt. Sie begannen heimliche Unterhandlungen sowohl mit dem chinesischen General als mit Gordon und erhielten durch Li-hung-dschang für den Fall der Unterwerfung Begnadigung zugesichert. Am Tage nach der Übergabe der Stadt wurden sie alle geköpft! Gordons Entrüstung über diesen Verrat kannte keine Grenzen. Er erklärte es mit seiner Ehre als englischer Offizier unvereinbar, weiter mit Li-hung-dschang zusammen zu wirken, wenn dieser nicht exemplarisch bestraft würde. Am liebsten hätte er die „Siegreiche Schar" aufgelöst; aber dann wäre ein großer Teil zu den Taiping gegangen, die ohnedies wieder Zuzug von europäischen und amerikanischen Abenteurern und Gesindel hatten. Die Regierung entschuldigte Li's Tat mit dem trotzigen Benehmen der Führer und suchte Gordon durch hohe Ehren und durch ein Geschenk von 10 000 Taels zu versöhnen, was er beharrlich abwies. Zwei Monate blieb Gordon untätig. Aber die Rücksicht darauf, daß sein Rückgang das Morden und Brennen in Kiangsu noch unbestimmt lange fortgesetzt und die errungenen Erfolge wieder hinfällig gemacht hätte, ließ ihn, wenn auch ohne Freude, doch wieder zu den Waffen greifen. Aber es bedurfte immer noch schwerer Kämpfe, bis die Rebellen wirklich zurückgetrieben waren. Gordon selbst wurde bei dem erfolglosen Sturm auf Tschang-tschou (nördlich des Tai-hu) verwundet. Am 21. März 1864 gelang es den Kaiserlichen endlich Hangschoufu zu nehmen mit Hilfe einer französischen, der „Siegreichen Schar" nachgebildeten Truppe. Nun fielen auch die noch übrigen festen Plätze um den Tai-hu herum bald. Gleichzeitig wurde der Ring um Nanking immer fester. Die letzte Waffentat der „Siegreichen Schar", war ihre Beteiligung an der Eroberung von Tschang-tschou (11. Mai 1864), das wiederholt schon vergeblich bestürmt worden war. Un-

mittelbar darauf führte Gordon seine Truppe nach Kun-
schan zurück und löste sie auf. Ein Befehl der englischen
Regierung verbot englischen Offizieren die weitere Beteiligung an dem Kampfe. Die Truppe unter einem weniger bewährten Führer fortbestehen zu lassen, schien bedenklich.
Aber ihr Werk war getan. Ungesäumt bewilligte die chinesische Regierung die hohen Summen, welche Gordon zur
Belohnung seiner Offiziere und Soldaten beantragte[9]). Er
selbst nahm nichts von Geldeswert. Die Regierung verlieh
ihm nebst einem Banner den höchsten Generalsrang, ferner
die nur von Prinzen des Kaiserhauses getragene gelbseidene
Jacke als Zeichen höchster Gunst. Gordon gehört zu den
wenigen Europäern, die in China in weiteren Kreisen des
Volkes gekannt und geachtet sind[10]).

Während die Lage in Nanking immer verzweifelter
wurde, stieg das irrsinnige Selbstbewußtsein des „Himmlischen Königs" zugleich mit seiner Sinnlichkeit und Grau-
samkeit immer höher. Zucht und Ordnung lösten sich auf.
Der einzige, der treu bei der einmal übernommenen Sache
blieb, war Dschung-wang, „der treue König", der sich noch
in Nanking eingeschlichen hatte, als dessen Schicksal schon
so gut wie besiegelt war. Das furchtbare Getöse einer von
den Kaiserlichen gelegten, platzenden Mine scheint Hung-
siu-tsüan doch über seine wahre Lage aufgeklärt zu haben; er
nahm Gift (30. Juni). Sein junger Sohn, seinem Vater ähnlich, bestieg den Thron. Am 19. Juli 1864 rissen die Minen
ein langes Stück der Stadtmauer ein, und die Kaiserlichen
stürmten die Bresche. Die noch vorhandenen fliehenden
Führer wurden alle eingeholt und niedergemacht, 7000 von

---

[9]) Am Eingang zum Public Garden in Schanghai steht ein Denkmal für die im Kampf gegen die Taiping in den Jahren 1862—1864
in der Provinz Kiangsu gefallenen Offiziere der „Siegreichen Schar",
48 Namen sind darauf verzeichnet.

[10]) Gordon endete seine ruhmreiche Laufbahn in Chartum im
Sudan, wo er, von dem Madhi eingeschlossen und ohne Hilfe gelassen,
nach heldenmütiger Verteidigung der Stadt bei deren Fall am 26. Januar 1885 umkam.

der Besatzung hingerichtet. Dschung-wang schrieb in den
acht Tagen seiner Kerkerhaft seine Lebensgeschichte auf.
Dann wurde er geköpft und entging damit dem kaiserlichen
Urteilsspruch „langsame, schimpfliche Hinrichtung". Gordon urteilte über ihn: „Er war der tapferste und begabteste
Führer der Rebellen; der einzige, dessen Tod zu beklagen
ist." — Drei Tage wütete die Feuersbrunst in Nanking,
der Palast des Rebellenführers und seine weitere Umgebung
wurden dem Erdboden gleichgemacht.

Ein Teil der aus Kiangsu vertriebenen Rebellen hatte
sich durch Kiangsi nach Fukien durchgeschlagen und die
Stadt Dschang-tschou bei Amoy besetzt. Noch im Januar
1865 erließen sie von da ein Schreiben an die Vertreter der
westlichen Völker im alten Taiping-Stil; sie möchten „ver-
trauend auf die Allmacht des himmlischen Vaters und Jesus
und nach den Vorschriften des Christentums handelnd" mit
ihnen gemeinsam die Mandschus vertreiben. — Vor der anrückenden kaiserlichen Übermacht zogen sich jedoch die
Rebellen auch hier zurück, lösten sich in mehrere Banden
auf, die in Fukien und Kuangtung noch jahrelang das Land
plünderten.

Die Niän-fe im Norden.
Die Muhammedaner-Rebellion.

Nicht eigentliche Taiping der Lehre nach, aber doch
mit diesen zusammen operierend und darum meist zu ihnen
gerechnet, sind die Niän-fe (d. h. Raubbrenner). Ihr Ope-
rations- und Plünderungsgebiet lag nördlich des Yangtse,
dem Kaiserkanal und Gelben Fluß entlang. Honan, das
nördliche Kiangsu, Tschili und besonders auch Schantung
hatten sehr von ihnen zu leiden. Während die verbündeten
Truppen 1860 Peking umlagerten, stand ein Heer der Niän-fe
kaum 20 englische Meilen entfernt. 1861 bedrohten sie

Tientsin und ergossen sich dann über Schantung. Viele
Städte waren lange Zeit in ihrer Hand, so in Schantung
Tsinigtschou, Dse-tschuan (Bezirk Tsinanfu) und Ho-dse
(Bezirk Tsautschoufu). Ostwärts drangen sie 1861 bis in den
Kreis Kaumi bei Tsingtau. Sie überschwemmten fast ganz
Schantung; kaum ein Bezirk dieser Provinz, der von ihnen
nicht zu leiden hatte oder in Schrecken gesetzt wurde. Ein
Denkmal dessen sind nicht nur die Lehmwälle um die Dörfer,
denen man in Schantung so häufig begegnet, und die fast
alle erst in jener Zeit errichtet wurden, sondern auch die
Ringmauern auf den Bergesspitzen, hinter denen beim An-
rücken der Rebellen die Männer sich verschanzten und
Weiber und Kinder sich bergen konnten.

In den Jahren 1861—1865 kämpften die Kaiserlichen
unter Söng-wang's eigener Führung gegen die Räuber und
entrissen ihnen allmählich die besetzten Städte. Wie Söng-
wang gegen die Rebellen in Schantung seine ersten Lorbeeren
sich erworben hatte, so fand er hier auch das Ende seiner
kriegerischen Laufbahn; er fiel im Bezirk Tsautschoufu, Mai
1865. Als sein Nachfolger im Kampfe gegen die Niän-fe wurde
Dsöng-guo-fan ernannt, der wiederum im folgenden Sommer
1866 durch Li-hung-dschang abgelöst wurde. Das Volk in
Schantung betrachtete Söng-wang als den eigentlichen Befreier von der Rebellenplage und hat dem mongolischen
Kriegshelden, der ja zugleich der einzige ist, der sich eines
wirklichen Sieges über Fremde rühmen konnte, mehrfach
Tempel errichtet[1]). Nach Söng-wang's Tode dauerte es

[1]) Der hervorragendste dieser Tempel steht in Tsautschoufu
selbst; er wurde auf Staatskosten errichtet. Ein großes Steindenkmal
im Vorhof ist mit Inschriften bedeckt, die von den Taten des Helden
erzählen.

Im Römermuseum in Hildesheim befindet sich ein sehr inter-
essantes aus dem Kaiser-Palast in Peking stammendes Schlachten-
bild, welches Söng-wang als Sieger über die Rebellen in Schantung
(1853) darstellt. (Dasselbe Museum enthält eine gute Sammlung
chinesischer Porzellane, Herrn von Hannecken und Herrn Ohlmer
gehörig. Letzterer, Seezolldirektor in Tsingtau seit 1898, hat nun
bereits 47 Jahre chinesischer Geschichte in China selbst miterlebt.)

aber immerhin noch mehrere Jahre — auch in Schantung — bis die Räuberbanden vernichtet waren. Im Jahre 1867 suchte das kaiserliche Heer, vom Gelben Fluß aus in einer langen Linie nach Osten marschierend, sie in den Winkel der Halbinsel einzuschließen und in das Meer zu drängen. Es gelang auch, sie über die Linie Kiautschou—Laitschoufu zurückzutreiben. Infolgedessen wurden in dieser Zeit gerade die bisher noch verschonten Kreise der Bezirke Laitschoufu, Kiautschou, Töngtschoufu schwer von ihnen heimgesucht. Die reichen Vorstädte in Kiautschou plünderten die Räuber völlig aus und brachten dadurch dem blühenden Handel dieser Stadt einen dauernden Schaden; die Kreisstadt Tsimo berannten sie wiederholt, wenn auch erfolglos. Damals, im Sommer (1867), wurden auch die Ringmauern auf den Bergen erbaut und gebraucht, die man im deutschen Schutzgebiet hinter Litsun, auf der sogenannten Schanze und auf anderen Vorbergen des Lauschan sehen kann. Der kaiserliche Feldherr Liu-ming-tschuan (vom Volk Liu-örl-madsï wegen seiner Pockennarben genannt) ließ längs des alten Kiau-Lai-Kanals einen Wall aufwerfen, um die Rebellen ganz sicher in der Falle zu haben. Sie brachen aber doch zum Teil wieder durch und trieben ihr Rauben und Morden besonders in den Kreisen Dschu-tscheng und Itschou weiter, bis sie von Liu-ming-tschuan zwischen dem Huai- und Mi-Fluß noch einmal gefaßt wurden. Andere Teile wurden von Söng-wang's Sohn und Dsöng-guo-fan aus Schantung nach Schansi gedrängt und dort allmählich aufgerieben. Wieder andere wurden von Dso-dsung-tang, einen um das Ende der Taiping-Rebellion ebenfalls sehr verdienten General, von Hankou aus nach Schensi getrieben und dort vernichtet.

Noch während die kaiserlichen Heere im Feld gegen die Taiping standen, erhob sich eine andere Rebellion großen Stils, die ebenfalls über ein Jahrzehnt andauerte und Millionen von Menschenleben kostete: die Muhammedaner-Rebellion. Sie hatte vier Zentren. Das eine war die Provinz Yünnan. Dort empörte sich der muhammedanische Stamm der Panthay unter Führung von Tu-wen-siu. Ganz Yünnan fiel ihm

zu. Als Sultan Suleiman gründete er 1867 das Reich Panthay
mit der Hauptstadt Talifu und suchte die Anerkennung der
Engländer in Indien zu gewinnen. — Der zweite Herd der
Rebellion waren die Provinzen Schensi und Kansu, deren
Bevölkerung gleich Yünnan zum überwiegenden Teil aus
Muhammedanern besteht²). 1867 waren beide Provinzen
in der Hand der Rebellen. Das dritte und wichtigste Zentrum bildete Turkestan. Dort war es Yakub Beg, der zunächst die fast unabhängigen, muhammedanischen Stämme
um Kokand unter seiner Fahne einte, dann 1864 Kaschgar
eroberte und es zu seiner Hauptstadt machte. Danach riß
er das ganze übrige Ost-Turkestan von der chinesischen
Herrschaft los und gewann die Anerkennung Englands und
Rußlands. In Ili drangen bei dieser Gelegenheit die Russen
ein und besetzten es (1871). Eine vierte muhammedanische
Erhebung entstand Anfang der sechziger Jahre unter den
mongolischen Dunganen im Süden der Wüste Gobi. Von
dort aus verbreiteten sie sich einerseits nach Westen, den
Tiän-schan überschreitend, und veranlaßten dadurch die Vor-
stöße Yakub Begs ihnen entgegen, andererseits nach Osten, wo
sie in Kansu und Schensi eindrangen und dadurch zu einer direkten Gefahr für die chinesische Regierung wurden. Diese
war, solange die Taiping und Niän-fe noch ihr Haupt erhoben, unfähig, gegen die muhammedanische Bewegung ein-
zuschreiten. Doch sobald jene Rebellen vernichtet waren,
wandte sie alles daran, die verlorenen Gebiete unter ihre
Oberhoheit zurückzuzwingen, um derentwegen die Dynastie
schon so schwere Kämpfe geführt hatte. Sie übertrug jetzt
den schwierigsten Teil der Aufgabe dem bewährten Dso-
dsung-tang, der 1866 zum Generalgouverneur von Schensi
und Kansu ernannt wurde. Mit bewundernswerter, zäher

---

²) Auch Schantung hat eine größere Muhammedaneransiedelung
in der Stadt Tsining-tschou (20—25 000), ferner in Tsinanfu, Tschingtschoufu u. a. Die Moschee in Tsining datiert aus Kanghi's Zeit.
An dem Aufstand waren die Mohammedaner in Schantung nicht beteiligt.

Beharrlichkeit gelang es Dso-dsung-tang in einem zehn-
jährigen Feldzuge sein Ziel zu erreichen. In den Jahren
1868—1870 stellte er zunächst in Schensi die Ruhe wieder
her und trieb die eingefallenen Dunganen 1870 über die große
Mauer zurück. 1871 schloß er Sutschou in Kansu ein, das
1873 fiel. 1874 erreichte er die Oase Hami. Um durch den
Mangel an heimischer Zufuhr nicht den ganzen weiteren
Feldzug zu gefährden, machte er hier Rast, ließ seine Soldaten das Schwert mit dem Pflug vertauschen, ließ säen und
im nächsten Jahre ernten. Dann ging der Kriegszug weiter.
1876 und 1877 wurden alle wichtigen Plätze in Turkestan
zurückerobert, so Urmuts, Turfan, Yarkand, und Kaschgar.
Yakub Beg war geflohen und starb (1877), wahrscheinlich
durch Gift. Am 2. Januar 1878 fiel Khotan, das letzte muhammedanische Bollwerk und von neuem war die Regierung,
wenn auch mit schweren Opfern, mit einem gefährlichen
Feinde fertig geworden. — Die Rebellion in Yünnan war
1872 durch Rückeroberung von Talifu gebrochen worden.
Überall wurde ein furchtbares Blutbad unter den Muhammedanern angerichtet — im ganzen sollen 10 Millionen gefallen sein — und die Bevölkerung von Kansu und Schensi
hat sich bis heute von dieser Dezimierung ihres Volksbestan-
des noch nicht wieder erholt.

Dazu wurden wenige Jahre später Schensi, ferner
Schansi, Tschili, Honan und West-Schantung von einer entsetzlichen drei Jahre andauernden Hungersnot heimgesucht
(1876—1878), bei der nach geringster Schätzung acht Millionen Menschen starben. — Als sehr allmählich die Kunde
von diesem Elend nach Europa drang, wurden von dort,
namentlich von London, beträchtliche Unterstützungen gesandt, die meistens durch Missionare vermittelt wurden,
welchen in dieser Zeit sich ein großes Feld für wahrhafte
Hilfe bot. In Schantung faßten bei dieser Gelegenheit die
englischen Baptisten festen Fuß (Hauptort Tschingtschoufu).
Die amerikanische, prespyterianische Mission (Hauptort zunächst Töngtschoufu, dann Weihsien) hatte schon bald nach
dem Frieden von Tientsin begonnen. Sie ist bei weitem

die größte unter den protestantischen Missionen Schantungs und hat besonders in der Schularbeit großen Einfluß gewonnen.

Innerstaatliche Wirkungen der Taiping-Rebellion. Beziehungen zum Ausland während der Regierung Tung-dschi.

Der Taiping-Rebellion war es nicht geglückt, die Mandschu-Dynastie zu stürzen. Aber sie hatte die Wirkung, deren Schwäche klar an den Tag zu bringen. Denn einerseits mit Unterstützung der Fremden, andererseits mit chinesischer Hilfe (Dsöng-guo-fan; Li-hung-dschang; Dso-dsung-tang) war der Aufstand niedergeschlagen worden, welcher den Sturz der mandschurischen Fremdherrschaft und die Wiederaufrichtung einer nationalen chinesischen Dynastie auf seine Fahne geschrieben hatte. Das eigentliche Rückgrat der Dynastie, das in der mandschurischen Armee bestand, war gebrochen. Im Opiumkrieg war deren Unfähigkeit dem so sehr überlegenen Feinde gegenüber immerhin verständlich, und die Selbstvernichtung der Mandschu-Garnisonen in Dschapu und Dschen-giang rettete für diese wenigstens den alten Namen. Im Taiping-Krieg aber wurde der moralische und physische Bankrott der alten Eroberer völlig offenbar; dazu kam die Demütigung, welche die Dynastie in derselben Zeit durch den Einzug der Fremden in ihre Hauptstadt und durch die Zerstörung der Sommerresidenz erlitt. —

Dsön-guo-fan, der schließliche Sieger in der Taiping-Rebellion, und die Männer, die unter ihm wirkten, dachten nicht daran, übermütig auf ihre Erfolge zu werden oder etwa den Gedanken zu erwägen, nun ihrerseits mit ihrer Armee in Peking einzuziehen. Dsöng-guo-fan, auch in seinem persönlichen Leben ein vorzüglicher Charakter, gehört zu jenen Vertretern echt chinesischer Bildung, für die der Konfuzianismus die Religion der Loyalität, der Treue und Pflicht ist. Aber eine starke Verschiebung in dem inneren Gleichgewicht des Staates war doch die unausbleibliche Folge des Taiping-Aufstandes. Die wirkliche Macht war jetzt nicht mehr bei den Mandschus in Peking, sondern bei den chinesischen Vizekönigen in den Provinzen, zuerst bei Dsöng-guo-fan, dann bei Li-hung-dschang. Die Landwehr, welche diese Männer sich herangebildet hatten, welche von Haus ja Gelehrte und nicht Soldaten waren, wurde der Grundstein einer neuen chinesischen Armee. Besaßen in China die Gouverneure und Vizekönige stets eine große Selbständigkeit, so vollzog sich doch jetzt ein zweifelloser Prozeß der Dezentralisation in der Regierungsgewalt. Der Einfluß, den ein Mann wie Li-hung-dschang in der Folgezeit ausübte, war um so größer, als er zu den ersten gehörte, welche den Gedanken erfaßten, daß man mit dem Ausland sich auseinandersetzen und von den Fremden lernen müsse, um ihren Ansprüchen entgegentreten zu können. Li-hung-dschang erfaßte die große Aufgabe zwar noch nicht tief, welche China durch den Zwang der Auseinandersetzung mit der fremden Kultur und Macht gesetzt war. Er glaubte, daß es genüge, wenn sich China das überlegene Waffeninstrument aneigne, das die Fremden besaßen. So wurde er der erste, welcher seine Armee nach europäischem Muster umzuwandeln suchte und zu dem Zwecke schon vom Ende des Taiping-Krieges an planmäßig damit begann, von den Europäern Gewehre, Geschütze, Schiffe und sonstiges Kriegsmaterial zu kaufen und im eigenen Lande Arsenale und Militärschulen zu errichten, zu denen ausländische Instrukteure berufen wurden.

Diese „Periode Li-hung-dschang", welche sich durch drei Jahrzehnte hindurchzog, brachte zugleich den europäischen Lieferanten steigenden Gewinn. Auch die an den Lieferungen beteiligten Beamten wußten ihren Vorteil sehr dabei zu finden. Li-hung-dschang und seine Günstlinge zogen sich auch aus diesem Grunde viele Anfeindungen seitens der übrigen Beamten des Reiches zu und bestärkten diese nur in ihrer Abneigung und in ihrem Widerspruch gegen die in den chinesischen Organismus eingedrungenen Fremdkörper.

Das Seezollamt. — H. N. Lay; Sir Robert Hart. Hatte sich im Taiping-Krieg die Überlegenheit der europäischen Waffen zugleich in den Dienst der Dynastie gestellt, so erfuhr diese gleichzeitig noch eine andere wertvolle Hilfe durch eine Organisation, welche China nicht nur großen finanziellen Gewinn brachte, sondern zugleich einen stillen Einfluß ausübte, um europäischer Art und Arbeitsweise in China Achtung zu verschaffen. Diese Organisation ist das unter europäische Leitung gestellte „Neue Seezollamt". Ursprünglich waren es natürlich chinesische Beamte, welche in den Vertragshäfen den chinesischen Zoll auf fremde Waren erhoben. Als Schanghai 1853 von den Trias-Rebellen besetzt war, hörte mit allen übrigen kaiserlichen Behörden auch die Zollbehörde auf. Da geschah es auf Veranlassung des auch sonst hochverdienten britischen Konsuls Alcock, daß die Fremden selbst die Erhebung des Zolles für China in die Hand nahmen. Es wurde zu dem Zwecke ein Komitee gebildet, bestehend aus T. Wade, dem späteren britischen Gesandten in Peking, und aus einem Vertreter Frankreichs und der Vereinigten Staaten. Aus diesem Provisorium entwickelte sich als dauernde Einrichtung das „Neue Seezollamt", zu dessen erstem „Inspektor-General of Maritime Customs" im Jahre 1854 H. N. Lay ernannt wurde. Dieser erste Generalinspektor zwar machte sich in China keinen guten Namen. Er ist derselbe, der bei den Verhandlungen in Tientsin 1858 durch sein hochmütiges Benehmen die Chinesen so erbitterte. Bei seiner Auffassung von dem ungeheuren Abstand, der ihn als Gentleman von den „asiatischen Barbaren" trenne, war es nicht anders zu erwarten, als daß er in einen neuen Konflikt mit den Chinesen kommen würde. Der Anlaß dazu war folgender. Lay kaufte während der Taiping-Rebellion im Auftrage der chinesischen Regierung

einige kleine Kanonenboote in England. Englische Offiziere
sollten sie herausbringen und Chinesen als Kriegsschiff-
matrosen einexerzieren. Als die Schiffe in China ankamen,
machte die chinesische Regierung den Vorschlag, daß ein
chinesischer Admiral gemeinsam mit dem englischen Kommandanten Osborne diese ihre Schiffe befehligen solle, und daß
sie der Provinzialbehörde (Li-hung-dschang) unterstellt sein
müßten. Lay verweigerte beides; das Kommando müsse
Kapitän Osborne allein behalten, und nur direkt von der Regierung in Peking könne dieser Anweisungen sich gefallen
lassen, welche aber durch ihn (Lay) zu vermitteln seien. Da
man sich nicht einigen konnte, blieben die Schiffe untätig
liegen, in einer Zeit, wo man sie gerade am besten gegen
die Rebellen hätte gebrauchen können und fuhren schließlich ungekauft nach England zurück. Die chinesische Regierung verzichtete aber nunmehr auf Lay's Dienste. Lay's
Nachfolger wurde 1863 Robert Hart[1]). Er ist der Mann,
welcher das Seezollamt zu der großartigen, von Jahr zu
Jahr wachsenden gewinnbringenden Organisation gemacht
hat, als welche es heute jedermann in China bekannt ist. Als
Hart die Leitung des Seezollamtes übernahm, betrugen die
jährlichen Einnahmen 8 Millionen Taels, im Jahre 1909 waren
es 35 539 917 Taels. Das Seezollamt blieb nicht auf die
Häfen beschränkt, sondern wurde auch in den Vertrags-
plätzen des Inlandes eingerichtet. Dem Seezollamt ver-
dankt auch die chinesische Post ihre Entstehung, die von
1896 bis zum Mai 1911 ein Zweig seiner Verwaltung blieb
und dabei ihren Dienst sogar auf Tibet, die Mongolei und
Chinesisch-Turkestan erstreckte. Dem Seezollamt untersteht
ferner die Verwaltung der Häfen mit ihren Leuchtfeuern
und Seezeichen; wieder ein anderer Zweig ist das Statistische

---

[1]) R. Hart, von Haus aus Theologe, seit 1854 als Konsulats-
dolmetscher in Hongkong und Kanton tätig, seit 1859 im Dienst des
Seezollamtes in Kanton, seit 1863 an der Spitze der gesamten Verwaltung. Sir Robert — seine Regierung erhob ihn in den Adelsstand
— blieb in dieser Stellung bis zu seinem Tode, September 1911. Sein
Nachfolger wurde Aglen.

Amt in Schanghai. Lediglich der Inspektor-General ist von der chinesischen Regierung angestellt, alle anderen Beamten werden von ihm ernannt und besoldet. Die Auswahl der ausländischen Beamten richtet sich hinsichtlich ihrer Nationalität nach dem Prozentsatz, in welchem die einzelnen Länder an dem chinesischen Handel beteiligt sind. Das ganze Zollgebiet und seine Verwaltung gleicht einem Staat im Staate.

Die Burlingame-Gesandtschaft. Die ersten Anzeichen davon, daß in China die Erkenntnis für die Notwendigkeit aufging, mit dem Ausland in nähere Fühlung zu treten, fanden einen enthusiastischen Anklang bei dem amerikanischen Gesandten in Peking, Burlingame. Er war begeistert von dem Gedanken, China die Kenntnis des Abendlandes und diesem die Kenntnis des sich verjüngenden China zu vermitteln, und es gelang ihm, die chinesische Regierung zur Entsendung einer Gesandtschaft an die Höfe der auswärtigen Staaten zu veranlassen, durch die der Welt gezeigt werden sollte, wie nahe schon das große Ziel der Verständigung und des Ausgleichs zwischen der Welt des fernen Ostens und des Westens sei. Die Gesandtschaft bestand aus drei hohen Beamten und wurde von Burlingame selbst geleitet. Sie besuchte zunächst die Vereinigten Staaten, dann England und die Höfe des Kontinents. Der gute Eindruck, den sie in Europa machen sollte, wurde 1868 durch die Kunde von fremdenfeindlichen Unruhen in Yangtschou (Kiangsu) erheblich beeinträchtigt. Burlingames Tod in Petersburg 1870 machte der Gesandtschaft vorzeitig ein Ende.

Der Aufruhr in Tientsin 1870. In demselben Jahr ereignete sich in Tientsin ein Vorfall, der im Gegensatz zu Burlingame's Versicherungen offenbar machte, daß man beiderseits im Verständnis und in verständiger Behandlung des anderen Teils noch weit zurück sei. In Tientsin hatte die französisch-katholische Mission ein Waisenhaus erbaut, in dem barmherzige Schwestern arbeiteten. Gelegentlich zahlreicher Todesfälle unter den Waisen entstand im Volke das Gerücht, daß den Kindern von Fremden das Herz und die

Augen ausgerissen würden, um Arzeneien daraus zu bereiten; eine Anklage, die im römischen Reich so oft gegen die Christen und im christlichen Mittelalter gegen die Juden erhoben worden war. Ein Komitee chinesischer Honoratioren machte den verständigen Vorschlag, daß sie das Waisenhaus besuchen und sich von der Wahrheit oder Unwahrheit der Volksgerüchte überzeugen wollten, und die Verwaltung des Waisenhauses gab verständigerweise die Erlaubnis hierzu. Aber der gerade dort anwesende französische Konsul wies die chinesischen Besucher in schroffer und beleidigender Form zurück. Das Volk auf die Nachricht davon tobte in Wut. Der Konsul flüchtete in das Yamen des Handelsvorstehers für den Norden, des Tautai Tschung-hou. Dieser erklärte ihm, daß er in seiner Beamtenstellung keine Befugnis habe, das Militär gegen den Volkshaufen aufzubieten, und riet ihm, im Yamen zu bleiben, bis der Sturm sich gelegt habe. Der Konsul wagte sich aber doch hinaus und wurde auf dem Wege zum Waisenhause erschlagen; das Waisenhaus und das französische Konsulat wurden erstürmt und nebst der Kathedrale verbrannt. Die Schwestern und viele chinesische Angehörige des Waisenhauses wurden ermordet (21. Juni 1870). Die Konsuln in Peking forderten energische Bestrafung. Die Gesamtzahl der europäischen Opfer betrug 20; darunter auch 3 Russen. Der Präfekt von Tientsin und der Kreisbeamte wurden in die Verbannung geschickt und 17 angebliche Führer des Volkshaufens enthauptet[2]); eine Entschädigung von 400 000 Taels wurde gezahlt und Tschung-hou nach Paris gesandt, im Namen der chinesischen Regierung um Entschuldigung zu bitten. Die chinesische Regierung machte im Anschluß an diesen Vorfall den Versuch, den Artikel des französischen Vertrages von Tientsin, welcher die katholische Mission betraf, zu verändern. Wen-siang, ein Mandschu, Mitglied des Tsungli-

---

[2]) Entsprechend der Zahl der ermordeten Franzosen. — Der russische Vertreter lehnte die angebotene Hinrichtung von drei Chinesen ab, da er sich nicht überzeugen konnte, daß sie wirklich die Mörder der drei Russen gewesen seien.

Yamens und später Großsekretär, ein Mann, der sich großer
Achtung auch bei den Fremden erfreute, setzte verschiedene
Regeln auf, durch deren Annahme den ewigen Zwistigkeiten
zwischen getauften und ungetauften Chinesen vorgebeugt
werden könnte. Die wichtigsten davon sind folgende:
Waisenhäuser sind als eine Quelle ständiger Gerüchte und
Beunruhigungen am besten überhaupt aufzuheben; auf jeden
Fall sollen sie sich möglichst auf die Aufnahme katholischer
Kinder beschränken und eine Liste der betreffenden Kinder
der Lokalbehörde einreichen. — Schwesterorden sollen China
fern bleiben, und chinesische Frauen sollen nicht die Kirchen
besuchen. Die Missionare sollen ihre Chinesen nicht in
Prozessen schützen und sich nicht widerspenstig zeigen
gegen die Autorität der Behörden. Sie sollen die Lehre des
Konfuzius nicht schlecht machen. Sie sollen nicht zollpflich-
tige Artikel einschmuggeln und Missionarspässe nicht an chinesische Christen geben. Sie sollen nicht in ungebührlicher
Form an die Behörden schreiben und ihnen gegenüber die
gebräuchlichen Zeremonien beobachten. Sie sollen sich bei
Taufbewerbern zuvor erkundigen, ob diese nicht bestraft sind
oder ein Verbrechen begangen haben und in dem Fall sie
nicht aufnehmen. Beim Kauf von Grundstücken sollen sie
sich zuvor mit dem Beamten ins Einvernehmen setzen, damit
dieser darüber entscheide, ob die geplante Missionsanlage
nicht etwa nach der Lehre vom Föng-schui³) (Wind-Wasser)
die guten Einflüsse (den guten Genius) des betreffenden
Ortes schädige⁴). Diese Vorschläge wurden leider sämtlich
zurückgewiesen, und die chinesische Regierung sah darum
mit um so größerem Unwillen zu, wie von Jahr zu Jahr das

---

³) Das „Föng-schui" spielte in China bei der Anlage von
Gräbern und Gebäuden eine sehr große Rolle. Kundige haben beobachtet, wie sich dabei ein vorzüglicher Instinkt für die Anpassung
der Gebäude an das Landschaftsbild offenbart.
⁴) In Tientsin waren es die hochragenden Türme der katholischen Kathedrale — errichtet an einem Platze, auf dem früher ein
kaiserliches Gebäude gestanden hatte — welche den Unwillen und
die Befürchtung des Volkes erregt hatten.

Netz der katholischen und protestantischen Missionsanstalten sich immer dichter über alle Provinzen des Reiches verbreitete. Sie erblickte in den Missionaren lediglich ein den Frieden gefährdendes Element und die Agenten politischer Machtansprüche; denn so oft das Leben oder Eigentum eines Missionars geschädigt worden war, machte die betreffende Regierung unter dem Druck der Waffen auf jeden Fall beträchtlichen Schadenersatz — und oft genug auch politische Forderungen geltend[5]). Unter den chinesischen Beamten wiederum gab es auch nur wenige, welche den ungewöhnlichen Ansprüchen an Unparteilichkeit gerecht zu werden vermochten, die an sie gerade bei den zahlreichen Streitfällen zwischen Christen und Nichtchristen gestellt wurden; oder auch, sie ließen gleichgiltig den Volksleidenschaften einfach ihren Weg, bis dann plötzlich wieder aus einer anfangs kleinen Sache ein großer „Fall" geworden war, den das Tsungli-Yamen mit dem betreffenden Gesandten ausfechten mußte. Deutsche protestantische Missionen gab es damals nur wenig und zwar in den Kanton-Provinzen. Die vorhandenen Missionsarbeiter, Männer und Frauen, kamen aus Amerika und England[6]).

Drohende Verwickelung mit Japan. Nachdem jahrhundertelang die Beziehungen Chinas zu Japan überhaupt aufgehört hatten, kam es während der Regierung Tung-dschï's

---

[5]) In diesem Zusammenhange steht jener Ausspruch Prinz Gung's, den er schon 1869 dem britischen Gesandten gegenüber tat: „Wenn ihr uns nur von eurem Opium und euren Missionaren befreien könntet, dann brauchte es keine Unruhen mehr in China zu geben." — Die chinesische Regierung trat 1902 bei Gelegenheit der Neuregelung des englisch-chinesischen Handelsvertrags von neuem mit Vorschlägen hervor, die Missionarsfrage zu regeln „damit man, wenn möglich, Mittel findet, einen dauernden Frieden zwischen Christen und Nichtchristen herzustellen". Eine internationale Kommission wurde zu diesem Zwecke vorgesehen.

[6]) Im Jahre 1899 verteilten sich die protestantischen Missionsarbeiter ihrer Herkunft nach etwa folgendermaßen: 1200 Amerikaner, 800 Engländer, 100 Deutschsprechende (einschließlich der Schweizer und einschließlich der in fremden Gesellschaften Arbeitenden).

zum erstenmal wieder zu einem Zusammentreffen, wenn auch zunächst ohne Blutvergießen. Von den Liukiu-Inseln stammende Seeleute hatten an der Küste von Formosa Schiffbruch erlitten und waren von den wilden Eingeborenen der Insel ermordet worden. Japan forderte darauf Sühne von China. Aber die chinesische Regierung weigerte diese, weil die Liukiu-Inseln nicht zu Japan gehörten, sondern seit 1372 im Vasallenverhältnis zu China stünden. Die Japaner, im Vollbewußtsein einer nach europäischem Muster aufstrebenden Nation, gaben sich nicht zufrieden und landeten 1874 Truppen auf Formosa. Nur durch die Vermittelung des englischen Gesandten T. Wade gelang es einstweilen einen Krieg zu verhüten. China verstand sich zur Zahlung von 500 000 Taels, konnte es aber dadurch nicht verhindern, daß wenige Jahre später, 1880, die Liukiu-Inseln von den Japanern tatsächlich besetzt wurden.

Übernahme der Regierung durch Tung-dschï persönlich (1873). Audienz der Gesandten.

Tung-dschï hatte sich 17jährig verheiratet (1872) und zu Beginn des folgenden Jahres übernahm er selbst die Regierung. Tsï-hi, seine Mutter, legte zwar jetzt die Regentschaft nieder, an der dem Namen nach auch die Kaiserinwitwe Tsï-an bisher noch Anteil gehabt hatte, doch konnte auch ferner nichts in der Regierung gegen ihren Willen geschehen. Das zeigte sich besonders deutlich, als Tung-dschï den hochverdienten Prinzen Gung, den eigentlichen Arbeiter in den Staatsgeschäften seit 1860, in Ungnade fallen ließ. Er degradierte ihn im Rang durch ein eigenhändig geschriebenes Edikt. Doch bereits am folgenden Tag wurde dieses durch das Dazwischentreten Tsï-hi's wieder rückgängig gemacht. Tung-dschï ließ sich diese Bevormundung ruhig gefallen. Er überbot noch seinen Vater in der Pflichtvergessen-

heit und Sittenlosigkeit seines Lebenswandels. Nicht selten
verbrachte er die Nächte — wie allgemein erzählt wird —
in den verrufenen Lokalen der chinesischen Vorstädte und
gab seinen Ministern das Ärgernis, daß er, von solchen Orgien
manchmal erst nach Tagesanbruch zurückkehrend, die Früh-
audienzen versäumte oder in schlimmem Zustande ver-
spätet zu ihnen erschien.

Beim Regierungsantritt Tung-dschï's erhoben die fremden Gesandten in Peking die Forderung, von dem Kaiser
in Audienz empfangen zu werden. Es gab lange Verhandlungen über das dabei zu beobachtende Zeremoniell. Der
Kaiser verlangte den Kotu der Gesandten, wenn auch in
milderer Form, drang aber damit nicht durch[1]). Die Audienz
kam schließlich dank der Bemühungen des Prinzen Gung
am 29. Juni 1873 in der „Halle des purpurnen Glanzes" zustande. Zuerst wurde der japanische Vertreter allein, dann
die Gesandten von England, Frankreich, Rußland, den Vereinigten Staaten und den Niederlanden gemeinsam empfangen[2]). Die Gesandten hatten ihre Beglaubigungsschreiben
auf einen Tisch vor dem Kaiser niederzulegen. Diese
Audienz ist damals und später viel erörtert worden. Die
einen begrüßten sie als einen Sieg der fremden Mächte über
die bisherigen Ansprüche des chinesischen Kaisers, andere
betrachteten sie als eine Niederlage. Auf jeden Fall geschah es zum ersten Male, daß die fremden Gesandten überhaupt eine Audienz beim Kaiser erhielten und zwar ohne
Kotu.

---

[1]) Der Zensor Wu-ko-du bemerkte zu dem Fall, daß weder der
Kotu noch der Nicht-Kotu solcher Geschöpfe, die nicht einmal die
fünf menschlichen Beziehungen verstehen (s. S. 11), die Majestät des
Thrones irgendwie berühren könne.
[2]) Der deutsche Gesandte von Rehfues, der sich an den Vor-
verhandlungen beteiligt hatte, war kurz vorher abberufen worden.
Er war jedoch bei der Audienz durch M. Bismarck vertreten, welcher
als ältester Dolmetscher die Gesandten begleitete.

Die Regierung Guang-sü bis zum Jahre 1900.

Der Staatsstreich 1875. Tung-dschï starb am 13. Januar 1875, noch nicht 20jährig, an den Pocken; seine Gesundheit war durch seine Lebensweise schon vorher schwer zerrüttet. Er hinterließ keinen Sohn, aber seine Gemahlin Alute erwartete bald ein Kind. Für die Thronfolge kam am meisten entweder der junge Prinz Pu-lun in Betracht, ein Urenkel Kaiser Dau-guang's oder eben jenes Kind Tung-dschï's, das noch zur Welt kommen sollte, falls es ein Sohn würde. In beiden Fällen würde die weitere Stellung Tsï-hi's unmöglich geworden sein, die sie bisher als Mutter des verstorbenen Kaisers innegehabt hatte. Sie war indes keineswegs gewillt, die Macht aus den Händen zu geben, und so vollzog sie den zweiten Staatsstreich, indem sie die Einsetzung eines Thronfolgers durchsetzte, für den nichts anderes sprach als ihr Wille. Es war dies der dreijährige Dsai-diän, Sohn ihrer Schwester und des Prinzen Tschun, eines Bruders Hiänföng's. Noch am Abend des Tages, an dem Tung-dschï gestorben war, berief Tsï-hi eine Staatsratssitzung. Es waren in ihr etwa 20 Mitglieder des kaiserlichen Hauses vertreten, darunter Tsï-an, und außerdem fünf chinesische Minister. Die Gemahlin Tung-dschï's war ausdrücklich ferngehalten worden. Yung-lu's Bannertruppen — und zwar die des Jehonala-Stammes, dazu ergebene Mannschaften von Li-hung-dschang's Regimentern[1]) — hielten den Palast umringt. Tsï-hi teilte dem Staatsrat ihre Absichten mit und wußte diejenigen einzuschüchtern, welche — wie Tsï-an und Prinz Gung — ihre Bedenken äußerten. Noch vor Mitternacht, bei strenger Kälte, wurde das bitterlich weinende Kind der Schwester Tsï-hi's in den Palast geholt und unter dem Titel

---

[1]) Über den geheimnisvollen Einmarsch der Soldaten Li-hung-dschang's in die Verbotene Stadt und über seine angebliche persönliche Beteiligung an dem Staatsstreiche sind viele unbegründete ausschmückende Erzählungen verbreitet.

Guang-sü²) als Kaiser proklamiert. Gleichzeitig verkündete
Tsï-hi mit Tsï-an gemeinsam, daß sie von neuem die Re-
gentschaft übernommen hätten. Indes blieb Tsï-an's Anteil
an der Regierung jetzt noch mehr als früher ausgeschieden.
In der von Tsï-hi getroffenen Kaiserwahl lag eine schwere
Verletzung einer altheiligen Ordnung: daß nämlich der neue
Herrscher nicht derselben Generation angehören darf wie
sein Vorgänger, sondern eine Generation tiefer stehen muß.
Können doch sonst dem verstorbenen Kaiser keine richtigen
Opfer dargebracht werden, und das ganze heilige Gefüge der
Ahnenverehrung wird erschüttert. Das Befremden über die
Regelung der Thronfolge war darum groß. Als nun Alute,
die Gemahlin Tung-dschï's, wegen der ihr angetanen Schmach
Selbstmord beging³), liefen zahlreiche Denkschriften seitens
der Zensoren am Hofe und aus den Provinzen bei Tsï-hi ein,
die alle gegen die von ihr durchgesetzte Thronfolge pro-
testierten. Diese Proteste fanden ihre größte Steigerung
durch den Selbstmord, welchen der Zensor Wu-ko-du gelegentlich der Begräbnisfeierlichkeiten für Kaiser Tung-dschï
an dessen Grab beging (1879), um dadurch der Regentin den
Ernst ihrer Verletzung heiliger Ordnungen recht zum Bewußtsein zu bringen. — Indes, Tsï-hi blieb trotzdem die herrschende Persönlichkeit, und der öffentliche Widerspruch
gegen sie verstummte allmählich wieder.

Die Tschifu-Konvention 1876. Im zweiten Jahr
Guang-sü's kam eine mit England schwebende Differenz zum
Abschluß. Bei einem Zug, den die Engländer unter dem
Obersten Brown von Birma aus unternommen hatten, war
der Dolmetscher Margary von den Eingeborenen an der
Grenze, nicht weit von Bhamo, ermordet und die Expedition
zur Umkehr gezwungen worden (Februar 1875). Die Eng-
länder verlangten Bestrafung des Gouverneurs von Yünnan.

---

²) „Fortsetzung des Glanzes“, womit zugleich eine Anspielung
auf Kaiser Dau-guang beabsichtigt war.
³) Über diesen Punkt finden sich zahlreiche Widersprüche in
den vorhandenen Darstellungen; z. B. zwischen M. v. Brandt und
Bland and Blackhouse.

Die chinesische Regierung suchte diesen zu schützen und schob die Schuld auf die rohen, halb unabhängigen Eingeborenen, welche von dem geplanten Handelsweg der Engländer Schaden fürchteten. Eine Kommission aus drei chinesischen und drei englischen Beamten wurde an den Ort der Tat geschickt, vermochte aber den Vorfall nicht aufzuklären. Nach vergeblichen Verhandlungen mit dem Tsungli-Yamen drohte der britische Gesandte, Sir Thomas Wade, daß er Peking verlassen würde. Daraufhin wurde Li-hungdschang beauftragt, die Unterhandlungen zu führen. Ihr Ergebnis ist die Tschifu-Konvention vom 13. September 1876. England erhielt 200 000 Taels Sühnegeld und die Genugtuung einer Sühnegesandtschaft. Es wurden ferner neue Abmachungen wegen der Transitzölle (Likin) getroffen, welche aber die hier liegenden großen Schwierigkeiten für den Handel auch nicht befriedigend lösten[4]). Als neue Vertragshäfen wurden durch diese Konvention eröffnet: Itschang und Wuhu am Yangtse, Wentschou (Tschekiang) Pakhoi (Kuangtung); an sechs anderen Yangtse-Häfen durften Güter gelandet werden (Ports of call). Die Eröffnung des Handels mit den Provinzen Yünnan und Setschuan wurde in Aussicht gestellt. Englische Beamte sollten einstweilen in Talifu und Tschungkiang die Verhältnisse untersuchen.

Deutsch chinesischer Zwischenfall. In den Jahren 1875—1876 hatte auch Deutschland Auseinandersetzungen mit China und zwar wegen eines Verbrechens, das auf dem deutschen Schoner „Anna" verübt worden war. Der Schoner war im September 1875 von Amoy nach Tientsin abgegangen. Unterwegs wurde der deutsche Kapitän und

---

[4]) Der Likin-Zoll trifft alle Waren, einerlei welchen Ursprungs, die innerhalb Chinas befördert werden. Sie sind nicht wie der Seezoll eine Einrichtung des Reiches, sondern der einzelnen Gouverneure und werden von diesen an den wichtigsten Durchgangspunkten des Handels erhoben und zwar in willkürlicher Höhe und Menge. Diese Praxis ist durch die Erschöpfung in den Kassen verursacht, welche der Taiping-Krieg gebracht hatte. Die Likin-Zölle sind gerade wegen ihrer Willkür ein starkes Hemmnis des Handels und erschweren dem europäischen Kaufmann das Importgeschäft erheblich.

der Steuermann, welche die einzigen Europäer an Bord
waren, von der chinesischen Schiffsmannschaft ermordet und
das Schiff ausgeplündert. Deutschland hielt ein „Fliegen-
des Geschwader" von sechs Schiffen unter dem Kommodore
Grafen von Monts bereit, um mit Nachdruck Genugtuung
zu fordern. Diese wurde völlig gewährt[5]), indem die Schuldigen hingerichtet und die Hinterbliebenen der Ermordeten
durch Geldsummen entschädigt wurden. Auch wurde die
chinesische Regierung durch Deutschland und England gemeinsam zur Aufstellung einer Strandordnung genötigt, auf
Grund deren künftig energischer gegen die See- und Strand-
räuber vorgegangen werden sollte. Indes kamen ähnliche
Vorfälle wie der auf der „Anna" auch späterhin noch manchmal vor, besonders an der buchten- und inselreichen Küste
in der Nähe von Hongkong.

Ein anderer Punkt, der eine Art von Raubsystem betraf, das an Chinesen verübt wurde, hatte noch unter der
Regierung Tung-dschi's seine Erledigung gefunden, nämlich der Kulihandel. Dieser hatte sich, nachdem in dem
Pekinger Vertrag von 1860 die Auswanderung von chinesischen Arbeitern prinzipiell zugestanden war, zu einem
wahren Sklavenhandel entwickelt, so daß die Beschwerden
darüber schließlich nicht mehr zu überhören waren, und
eine Kommission von drei Europäern und zwei Chinesen eingesetzt wurde, die Sache zu untersuchen. Das Ergebnis
war, daß in den letzten 25 Jahren eine halbe Million Kulis
größtenteils gegen ihren Willen aus Macao verschickt worden
waren. Es wurden Bestimmungen getroffen, welche künftig
die volle Freiwilligkeit der in das Ausland gehenden Kulis
garantieren sollten, und die portugiesische Regierung mußte
sich verpflichten, ihrerseits den Kulihandel in Macao überhaupt zu untersagen (November 1873). — In den siebziger
Jahren entwickelte sich andererseits die freiwillige Auswanderung chinesischer Arbeiter, besonders nach Amerika hin, in

---

[5]) M. v. Brandt, 1875—1893 deutscher Gesandter in Peking,
führte die Verhandlungen.

solchem Maße, daß die Vereinigten Staaten 1884 die chinesische Einwanderung für zehn Jahre verboten und 1892 dies Verbot verschärften.

Im Anschluß an die Tschifu-Konvention richtete China auch seinerseits die ersten dauernden Gesandtschaften im Auslande ein; zuerst in London und Paris, dann in Berlin, Petersburg, Washington, Birma, Japan. Unter den ersten Gesandten machte der Marquis Dsöng (Marquis Tseng), Sohn von Dsöng-guo-fan, wegen seiner gesellschaftlichen und sonstigen Gewandtheit in europäischen Kreisen viel von sich reden. Er wurde 1878 als Gesandter für England und Frankreich, 1880 als Gesandter für Rußland ernannt.

Vertrag von St. Petersburg 1881. In letzter Eigenschaft erwarb sich Marquis Dsöng großen diplomatischen Ruhm. Rußland verweigerte nämlich die Herausgabe des 1871 besetzten Ili-Gebietes (Kuldja), auch nachdem China das übrige Turkestan wieder völlig in seine Gewalt gebracht und die Ordnung wiederhergestellt hatte. Der chinesische Gesandte Tschung-hou verstand sich in Petersburg zu einem Abkommen (Vertrag von Livadia 1878), wonach Rußland zwar Ili selbst herausgab, aber den wichtigsten Teil des Ili-Gebietes nebst Yarkand und den Pässen des Tiänschan behielt, dazu fünf Millionen Rubel Entschädigung forderte und das Recht beanspruchte, verschiedene Konsulate in Chinesisch-Turkestan zu errichten. Aber die chinesische Regierung verweigerte die Anerkennung dieses Vertrages[6]). Tschung-hou wurde zum Tode verurteilt[7]) und Dsöng beauftragt, die Verhandlungen mit Rußland von neuem zu eröffnen. Dsöng erreichte im Vertrag von St. Petersburg (Februar 1881), daß Ili mit Ausnahme eines westlichen Streifens

---

[6]) Besonders scharf gegen den Vertrag sprach sich ein Bericht von Dschang-dschï-dung (Chang-chi-tung) aus, der damals nur als ein vorzüglicher Gelehrter und Stilist bekannt war. 1882 wurde er zum Gouverneur von Schansi ernannt.

[7]) Er wurde späterhin begnadigt. Alle Gesandten, bei denen er sehr beliebt war, baten für ihn, und die Königin Viktoria von England schrieb eigenhändig einen Brief zu seinen Gunsten.

zurückgegeben wurde, wogegen die Russen neun Millionen Rubel für die seit 1871 gemachten Ausgaben erhielten. Es wurde ihnen ferner das Zugeständnis gemacht, in verschiedenen Städten von Chinesisch-Turkestan Handel zu treiben und, falls der Handel es nötig machen sollte, auch in Kob-do und Hami nach vorheriger Verständigung mit China Konsulate zu errichten. — Rußland hatte sich übrigens für das wieder herausgegebene Gebiet schon anderweit in Zentral-Asien schadlos gehalten, indem es 1876 Kokand — das bisher verhältnismäßig unabhängige Nachbarland von Chinesisch-Turkestan — besetzt und unter dem Namen Ferghana dem russischen Reich einverleibt hatte.

Verwicklungen mit Japan wegen Korea (1875—85).

Nachdem die Japaner am Ende der Ming-Zeit (1592 bis 1598) durch chinesische und koreanische Truppen aus Korea vertrieben worden waren, hatten sie während der folgenden Jahrhunderte keinen Versuch mehr gemacht, das Nachbarland in ihre Gewalt zu bekommen. Nur in Fusan, an der Südspitze der Halbinsel, besaßen sie eine kleine Niederlassung und wurden dort unter harten und demütigenden Bedingungen von den Koreanern geduldet. Korea stand zu China im Vasallenverhältnis; einmal im Jahre ging die Tributgesellschaft nach Peking ab. Im übrigen blieb es von dem Verkehr mit der Außenwelt fast gänzlich abgeschlossen. Der Strom europäischer Einflüsse, der auf China seit dem Opiumkrieg und auf Japan seit 1854 bezw. 1868 immer stärker eindrang, vermochte Korea nicht zu berühren. Nur einzelnen katholischen Missionaren war es gelungen, während des 19. Jahrhunderts in das „Verschlossene Königreich" einzudringen und dort, wenn auch unter blutigen Verfolgungen, sich zu halten. Die Franzosen machten 1866, die Amerikaner 1871 den Versuch, mit Waffengewalt in Korea einzudringen;

den ersteren bot die Ermordung von neun Missionaren, den letzteren die Ermordung der Mannschaft eines amerikanischen Schoners den Anlaß dazu. Doch zogen sich sowohl die Franzosen als auch die Amerikaner nach kurzem Kampfe, in dem sich die Koreaner als Sieger betrachteten, wieder zurück. Bald darauf aber tat das erneuerte Japan den ersten Schritt, um seine alten auf das Nachbarland gerichteten Absichten wieder aufzunehmen. Im September 1875 wurde ein japanisches mit Vermessungen beschäftigtes Kanonenboot angegriffen. Darauf zwang Japan im Vertrag von Kang-hua (Februar 1876) die koreanische Regierung zur Zahlung einer Sühne und zur sofortigen Eröffnung von Fusan für den japanischen Handel; 1879 wurde Gensan, 1881 Chemulpo den Japanern eröffnet und eine japanische Gesandtschaft in Seoul errichtet. Mit Besorgnis sah China dem wachsenden Einfluß Japans in Korea zu. Um diesen nicht zu stark werden zu lassen, hielt es Li-hung-dschang für das Beste, daß Korea, unbeschadet seines Vasallenverhältnisses zu China, nunmehr auch anderen Nationen sich öffne. Darum unterstützte Li-hung-dschang eine amerikanische Gesandtschaft, unter Führung des Kommodore Schufeldt in ihrer Absicht, einen Handelsvertrag mit Korea durchzusetzen. Dieser Vertrag kam im Mai 1882 zustande und unmittelbar danach sicherten sich auch England und Deutschland vertragsmäßig die den Amerikanern gewährten Rechte. Der deutsche Gesandte M. von Brandt begab sich zu dem Zweck im Juni 1882 mit S. M. S. „Stosch" und dem Kanonenboot „Wolf" nach Korea, wo der Vertrag am 30. Juni unterzeichnet, aber späterhin nicht ratifiziert wurde[1]. Gleich danach (Juli 1882) entstand in Seoul ein Aufstand, der sich hauptsächlich gegen die Japaner richtete und durch den Vater des jungen, schwachen Regenten angestiftet war. Die japanische Gesandtschaft wurde vom Volkshaufen erstürmt;

---

[1] Ein neuer Vertrag wurde 1883 zu Seoul durch den deutschen Gesandten in Tokio aufgesetzt und 1884 ratifiziert, ebenso wie der englische und russische.

nur mit knapper Not gelang. es den Japanern, sich auf ein englisches Kriegsschiff zu flüchten. Li-hung-dschang ließ sofort unter dem Befehl des Generals Wu-tschang-king Truppen einrücken und schlug die Verschwörer nieder. In der Gefolgschaft des Generals Wu befand sich auch der damals 23jährige Yüan-schï-kai²). Der König von Korea wurde wiedereingesetzt, sein Vater nach China gefangen geführt. Die Japaner erhielten Entschädigungen und die Erlaubnis, eine Gesandtschaftswache in Seoul zu belassen. Andererseits blieben dort hinfort chinesische Truppen stationiert. Yüanschï-kai wurde chinesischer Bevollmächtigter (Ministerresident) in Korea und behielt diesen Posten bis 1894. Ein Seezollamt wurde errichtet und andere Reformen geplant. Dies veranlaßte September 1884 von neuem eine Revolution der konservativen Partei. Wieder wurde dabei die japanische Gesandtschaft erstürmt, geplündert und verbrannt, wobei auch chinesische Soldaten sich beteiligten. Yüan-schï-kai warf die Japaner aus dem Kaiserpalast heraus, den sie besetzt hatten. Nunmehr landete Japan in Chemulpo eine be-

---

²) Yüan-schï-kai stammt aus dem Kreise Hiang-tscheng in Hanan, wo er 1859 geboren ist. Sein Vater Yüan-gia-san war Vizepräsident eines Ministeriums, danach Generalgouverneur von Yünnan und Kuitschou. Auch dessen Vater, Großvater und Urgroßvater bekleideten hohe Beamtenstellen, sodaß der Familie bei Lebzeiten Yüan-giasan's auf kaiserlichen Befehl in Hiang-tscheng ein steinerner Ehrenbogen errichtet wurde, dessen Inschrift die Beamtentreue der vier Generationen preist. Yüan-schï-kai erhielt den Ehrentitel Yin-scheng, der nur den Söhnen hochverdienter Staatsmänner verliehen wird. Er wurde seinerseits in altchinesischer Weise erzogen und bestand die erste Staatsprüfung. Sein Interesse war jedoch mehr andern Dingen als dem Bücherstudium zugewandt, so daß seine Mutter, die Witwe geworden war, und andere Verwandte ihn davon zurückzuhalten suchten, in die Beamtenlaufbahn einzutreten, damit er nicht den guten Namen seiner Väter verderbe. Als 1882 der General Wu-tschangking nach Korea geschickt wurde, bat ihn Yüan-schï-kai an der Expedition teilnehmen zu dürfen. Wu war Yüan-schï-kai's Vater sehr zu Dank verpflichtet, erfüllte daher die Bitte des Sohnes, nahm ihn in sein Gefolge und verschaffte ihm einen hohen Offiziersrang.

trächtliche Streitmacht, andererseits verstärkten die Chinesen ihre Truppen in Seoul. Der drohende Zusammenstoß beider Mächte wurde einstweilen noch einmal durch den Vertrag beseitigt, den Li-hung-dschang mit Graf Ito im April 1885 in Tientsin schloß. Beide Mächte verpflichteten sich durch diesen Vertrag, ihre Truppen binnen vier Monaten aus Korea zurückzuziehen, und falls je infolge etwaiger Unruhen eine Landung von Truppen beabsichtigt sei, dem anderen Hof rechtzeitig Mitteilung zu machen.

Währenddessen aber machte sich auch schon ein anderer Bewerber um Korea bemerkbar. Rußland schob seine Einflußsphäre von Norden her immer weiter vor. Das wiederum hatte zur Folge, daß auch England sich eine Stellung zu sichern suchte und zu dem Zweck 1885 Port Hamilton, eine Insel südlich Korea's, besetzte. Doch wurde die Insel 1887 wieder zurückgegeben, nachdem der russische Gesandte Li-hung-dschang die Versicherung gegeben hatte, daß auch Rußland keinen Platz in Korea besetzen würde, falls die Engländer Port Hamilton wieder räumten.

Der Krieg mit Frankreich (1884—85).

Die Auseinandersetzung mit Japan wegen Korea war noch nicht erledigt, als China wegen eines anderen Vasallenstaates mit den Franzosen in Krieg geriet. In Annam hatte schon seit dem Anfang des 18. Jahrhunderts die französisch-katholische Mission der französischen Regierung gute Dienste geleistet, um Einfluß im Lande zu gewinnen. Ein französischer Missionsbischof in Saigon, dem jetzt dort ein Denkmal errichtet ist, brachte es 1787 zuwege, daß ein von Rebellen vertriebener Prinz die Hilfe Frankreichs anrief. Die damals gefaßten Pläne wurden jedoch erst durch Napoleon III. mit Energie wiederaufgenommen. Mehrere Ermordungen von französischen Missionaren mußte die annamitische Regierung durch politische Zugeständnisse sühnen.

Im Jahre 1862 kam der Vertrag von Saigon zwischen Frankreich, dem sich Spanien anschloß, und Annam zustande, in
welchem Frankreich die Abtretung des südlichen Teils von
Cochin-China³) durchsetzte und wichtige politische Zugeständnisse erhielt; 1867 annektierte Napoleon ganz Cochin-
China und bildete daraus die Kolonie gleichen Namens mit
der Hauptstadt Saigon. Nach dem Kriege von 1870—1871
war das Ziel der Franzosen bekanntlich noch stärker als
vorher auf koloniale Ausbreitung gerichtet und so strebten
sie auch in Annam immer mehr danach, sich zu Herren des
Landes zu machen. Sie setzten 1874 einen Handelsvertrag
mit dem König von Annam durch, der zwar die Unabhängigkeit Annams anerkannte, aber zugleich dessen Politik eng an
die französische anschloß. Besonders war es den Franzosen
darum zu tun, Tongking und damit den Zugang nach Yünnan
in die Hand zu bekommen. Für diese Absicht gaben die
ungeordneten Verhältnisse in Tongking den Vorwand ab.
Das Land war nicht nur voll von Räubern, sondern es bestanden auch wohlausgerüstete, organisierte Freischaren,
meist Chinesen, die nach der Niederwerfung des Taiping-
Aufstandes über die Grenze gekommen waren und teils im
Bunde mit der Regierung von Tongking, teils auch gegen
sie operierten. Unter diesen Freischaren machten sich besonders die „Schwarzflaggen" einen Namen. Die Franzosen
betrachteten es als ihre Aufgabe, die beunruhigenden Elemente in ihrer Nachbarschaft zu unterdrücken und besetzten
zu dem Zweck 1882 Hanoi, die Hauptstadt Tongkings. Die
chinesische Regierung machte daraufhin die französische
darauf aufmerksam, daß Annam ein Vasallenstaat Chinas
sei, wie denn auch noch 1880 eine annamitische Tributgesandt-
schaft nach Peking entsandt worden war. Gleichzeitig wurden die chinesischen Truppen in Tongking verstärkt. Die Franzosen aber besetzten inzwischen auch die Forts vor Hué, der

---

³) Annam zerfällt in Tongking im Norden, das eigentliche Annam
in der Mitte, Cochin-China im Süden; ebenso wie Annam wird jedoch
auch Tongking als Bezeichnung für das ganze Land gebraucht.

Hauptstadt Annams, und zwangen den König zu dem Vertrag von Hué (August 1883), in welchem er das Protektorat Frankreichs über Annam anerkannte und versprach, seine Truppen aus Tongking zurückzuziehen. Dort aber wurden die Verhältnisse für die Franzosen jetzt erst recht schwierig infolge des heftigen Widerstandes, den sie seitens der „Schwarzflaggen" fanden. Im Kampf gegen diese eroberten sie im Dezember 1883 Sontay und im März 1884 Bacninh. Inzwischen fanden fortwährend auch Verhandlungen mit China statt. Li-hung-dschang besaß dabei an dem deutschen Seezolldirektor Detring einen politischen Beirat. Das Ergebnis dieser Verhandlungen war das Abkommen von Tientsin (am 11. Mai 1884) zwischen Kapitän Fournier und Li-hung-dschang, in welchem China versprach, die Verträge anzuerkennen, welche zwischen Frankreich und Annam geschlossen waren oder später noch geschlossen würden, und seine Truppen aus Tongking zurückzuziehen.

Frankreich verpflichtete sich dagegen, die Südgrenze Chinas zu respektieren. Sofort eilten die Franzosen, um die festen Plätze in Tongking, unter anderen auch Langson an der Grenze von Kuangsi, zu besetzen. Dort aber war die Nachricht von dem Abkommen in Tientsin noch nicht eingetroffen, und vielleicht wären auch die „Schwarzflaggen" nicht geneigt gewesen, es anzuerkennen. Auf jeden Fall weigerten sie sich, Langson herauszugeben, und als die Franzosen es im Sturm zu nehmen suchten, wurden sie mit schwerem Verlust abgeschlagen. Die entrüsteten Franzosen verlangten eine große Summe als Schadenersatz. Die chinesische Regierung klärte den Fall auf, entschuldigte sich, verweigerte aber die geforderte Zahlung. Nun begannen die Franzosen ohne weiteres den Krieg gegen China. Sie griffen zunächst Gi-lung im Norden von Formosa an, wurden aber nach Eroberung der ersten Batterien wieder zurückgeschlagen. Inzwischen war Admiral Courbet den Min-Fluß bei Futschou hinaufgefahren — noch bevor der Ausbruch des Krieges dort bekannt sein konnte — sodaß er hinter die Kriegsschiffe und Forts der Chinesen zu liegen kam. Von dort

eröffnete er plötzlich das Feuer und schoß die fast wehr-
losen Forts und Schiffe gänzlich zusammen. Nunmehr gelang es
ihm auch Gi-lung auf Formosa zu nehmen, aber seinem
weiteren Vorgehen in das Innere der Insel leistete Liu-ming-
tschuan tapferen Widerstand, jener General, der in Schantung
die Niän-fe aufgerieben hatte (s. S. 203). Die Franzosen
mußten auf Formosa verzichten und sich mit der Besetzung
der Pescadores-Inseln begnügen. In Fukien übernahm jetzt
der alte Kriegsheld Dso-dsung-tang, 72jährig, den Oberbefehl, starb aber noch während des Krieges. Auch in
Tongking selbst hatten die Franzosen wenig Erfolg. Die
„Schwarzflaggen" und die einheimische Bevölkerung führten
einen erbitterten Guerillakrieg gegen sie, und es gelang
ihnen auch jetzt nicht, Langson zu gewinnen. So zog sich
der Krieg ein Jahr lang im ganzen unentschieden hin, und
beide Staaten wünschten ein Ende. Am 9. Juli 1885 kam es
zum Friedensschluß, der die Bestimmungen des vorigen
Jahres wiederholte, wonach China auf fernere Einmischung
in die Beziehungen zwischen Annam und Frankreich verzichtete[4]), und außerdem jetzt zehn Millionen Taels Kriegsschuld zu zahlen hatte.

Ein Jahr später mußte China noch einen anderen Vasallenstaat abgeben, indem Birma durch den Vertrag am
24. Juli 1886 tatsächlich in britischen Besitz überging, wenn
auch zugestanden wurde, daß Birma weiterhin alle zehn Jahre
eine Gesandtschaft nach Peking senden könne, um die Produkte des Landes als Geschenk darzubringen[5]).

---

[4]) Ganz Annam ging damit in Wahrheit in den Besitz der
Franzosen über, wenn sie auch dem König weiterhin seinen Thron
ließen. Der durch seine tropischen Produkte äußerst wertvolle Ko-
lonialbesitz dieses französischen Indochinas ist an Umfang mehr als
anderthalbmal so groß wie Frankreich selbst.

[5]) In einem weiteren Vertrage, abgeschlossen zu Kalkutta (März
1890) erkannte China das Protektorat Englands über den Himalaya-
staat Sikkim an.

Militärische Reorganisation. — Reform und Reaktion.

Dieser Krieg mit Frankreich bestärkte die chinesische Regierung nur in dem Streben, so schnell wie möglich sich eine mit europäischen Waffen versehene und nach europäischer Methode ausgebildete Armee und Marine zu verschaffen. Es war dies ja das Ziel, welches Li-hung-dschang ständig ins Auge gefaßt und für das er bereits erhebliche Summen ausgegeben hatte. Schon in den Jahren 1866—1876 waren auf seine Veranlassung die Arsenale in Schanghai, Nanking, Futschou und Tientsin gebaut worden. Jetzt schuf er in Lü-schun-kou (Port Arthur) und Weihaiwei zwei Kriegshäfen, die mit modernen Festungswerken — gebaut durch den früheren preußischen Offizier von Hannecken — wohl versehen waren. Andere alte Festungswerke wurden neu hergerichtet und eine ausgedehnte Küstenverteidigung organisiert. Auch Tsingtau an der Kiautschou-Bucht wurde in jenen Jahren zu einem maritimen Stützpunkt gemacht⁶). Die Organisation der Marine lag seit 1882 in der Hand des englischen Kapitäns Lang, der mit dem Admiral Ding gemeinsam das Nordgeschwader befehligte. Eine Menge anderer englischer und

---

⁶) Tsingtau war bisher nichts als ein ärmliches Fischerdorf gewesen; doch besaß es seit dem Ende der Regierungszeit Kiänlung's ein kleines Zollamt und einen der Himmelskönigin geweihten Tempel, auch einen viereckigen steinernen Turm bei dem heutigen Offizierkasino, auf dem einige Kanonen zum Schutze gegen Seeräuber standen. Im Jahre 1891 wurden nun dort auf Befehl Li-hungdschang's vier umwallte Lager mit einer Garnison von etwa 3000 Mann errichtet und für den Kommandanten, den General Dschang, der auf Formosa gegen die Franzosen gefochten hatte, ein Yamen erbaut. Dem Ufer entlang, etwa bis zu der jetzigen Deutsch-Chinesischen Hochschule, wurde ein Wall aufgeworfen und eine Verbindung zwischen der „Leuchtturm-Insel" und dem Festland hergestellt. Lihung-dschang kam 1892 persönlich auf einem Kriegsschiff für ein paar Stunden nach Tsingtau, um die neuen Anlagen zu besichtigen. Eine Folge seines Besuches war der Bau der Landungsbrücke, deren Eisenkonstruktion in den chinesischen Werkstätten von Port Arthur hergestellt worden war; sie besteht jetzt noch, wenn auch inzwischen weiter ausgebaut, als Tsingtau-Brücke.

deutscher Marine- und Militär-Instrukteure zog die Regierung in ihren Dienst. In den achtziger Jahren wurden die wichtigsten Plätze Chinas mit Telegraphenlinien verbunden[7]). In derselben Zeit ließ die Regierung die ersten Schienenwege bauen[8]). Den Anfang machte auch hier Li-hung-dschang, indem er 1887 unter Hervorhebung strategischer Gründe die kaiserliche Erlaubnis erwirkte, eine Bahn zu bauen, die Tangku (gegenüber Taku an der Peiho-Mündung) mit Tientsin verbinden sollte. Diese Linie wiederum entstand als Fortsetzung einer Art Trambahn, welche schon 1881 von Kaiping aus (zwischen Tangku und Schanhaikuan) begonnen war, um die Beförderung der Kohlen von dem dortigen Kohlenlager zu erleichtern. Die Bahn Tangku—Tientsin wurde im Herbst 1887 vollendet[9]). Die zweite chinesische Bahn entstand auf Formosa (1887—1891) durch Liu-ming-tschuan, der dort Gouverneur geworden war.

Bei Hofe trat seit 1884 Prinz Tschun, der Vater des Herrschers, an die Stelle des während des französischen Krieges in Ungnade gefallenen Prinzen Gung. Prinz Tschun übernahm die Leitung des neu geschaffenen Marineamtes

---

[7]) Die erste Strecke der K. Chinesischen Telegraphenlinie ist die zwischen Schanghai und Tientsin, eröffnet im Dezember 1881. Noch früher bestand eine Verbindung zwischen der kurzen Strecke Schanghai—Wusung, die jedoch von einer Privatgesellschaft ausgeführt war.

[8]) Zwischen Schanghai und Wusung (16 Kilometer) war allerdings schon 1876 mit Überlistung der chinesischen Behörde eine Bahn gebaut worden. Die englische Firma Jardine Matheson hatte die Erlaubnis zum Bau einer Fahrstraße erhalten; statt dessen legte sie einen Schienenweg. Die chinesische Regierung setzte es im Anschluß an die Tschifu-Konvention 1876 durch, daß die Bahn wiedereingestellt und an sie verkauft wurde. Die Schienen wurden abgebrochen. — Die jetzige Linie Schanghai-Wusung ist erst 1897 bis 1898 auf chinesische Rechnung von deutschen Ingenieuren gebaut worden.

[9]) Aus ihr hat sich die große „Bahn für Nordchina" entwickelt, indem sie einerseits nach Peking (1897), andererseits nach Schanhaikuan (1893), Tsinwangtau, Niutschuang (1900) und noch später (1903) bis Mukden verlängert wurde.

und machte in dieser Eigenschaft 1886 eine Reise nach Tientsin, Tschifu, Port Arthur, um sich von dem Stand der bisherigen Rüstungen zu überzeugen.

Aber während so China sich mit den Instrumenten europäischer Macht auszurüsten begann, fehlte es nicht an der Reaktion des konservativen Geistes gegen die immer stärker einströmenden fremden Einflüsse. Ein Ausdruck dessen waren die Unruhen im Yangtse-Tal, welche im Mai bis September 1891, besonders in den Provinzen Hupe, Anhui, Kiangsu ausbrachen. An ihnen war in erster Linie ein Geheimbund beteiligt, namens Go-lau-hui, der „Bund alter Kameraden", frühere Soldaten aus dem Taiping-Krieg. Unter den Gebildeten war Dschou-han der Führer der Bewegung, der den Titel eines Tautai besaß. Er stammte aus Hunan, in welcher Provinz der Geist des alten Literatentums die unbestrittene Herrschaft hatte. Dschou-han war der Verfasser vieler wilden Schmähschriften gegen die christliche Mission, welche lange vor Ausbruch der Unruhen in Tausenden von Exemplaren unter dem Volke verbreitet wurden. Die Ausschreitungen gegen Leben und Eigentum der Fremden waren sehr beträchtlich und können als ein Vorspiel zu den großen Unruhen von 1900 gelten. Sie richteten sich zwar in erster Linie gegen die Missionsstationen, doch auch Kaufleute, Konsulats- und Zollbeamte wurden schwer davon betroffen. Die Gesandten in Peking erließen ein gemeinsames geharnischtes Schreiben an die chinesische Regierung, in der sie Genugtuung und strenge Maßregeln gegen die Aufrührer forderten. Da aber die amerikanische Regierung, ihrer stets China gegenüber befolgten Haltung entsprechend, ihren Gesandten anwies, sich an weiteren gemeinsamen Maßregeln gegen China nicht zu beteiligen, und da daraufhin auch England sich zurückzog, so blieb der Protest der Gesandten ohne starke Wirkung; indes zahlte die Regierung die geforderten Geldentschädigungen und erließ auch ein Edikt, in dem die Behörden angewiesen wurden, Leben und Eigentum der fremden Kaufleute und Missionare besser zu schützen.

Eine andere Form von Reaktion gegen die beginnende Modernisierung Chinas war mehr geistiger Art. Sie ging aus von der Stätte vornehmster Bildung in China, der Hanlin-Akademie. Zu den Männern dieser Richtung, welche China vor dem drohenden Einbruch europäischer Ideen zu schützen suchten, gehörte der feingebildete Dschang-dschï-dung. Was ihnen an den Ausländern als Gesamterscheinung entgegentrat, war — nur zu begreiflich — das Verlangen nach Macht und Gewinn; gegen diesen „materialistischen" Geist des Auslandes wollten sie die besten Ideale des Konfuzianismus wachrufen und mobil machen und damit zugleich den nationalen Bestand Chinas retten[10]). Indes auch Dschang-dschï-dung mußte erkennen, daß man im Interesse der Erhaltung Chinas einen Kompromiß mit dem Ausland schließen, daß China die Arbeits- und Machtmittel der Fremden annehmen und von ihnen lernen müsse, um sich gegen sie zu behaupten. Diese Erkenntnis festigte sich ihm, während er Generalgouverneur in Kanton war (1884—89). Sein Grundsatz wurde nun der, daß der chinesische Staat als solcher sich der Nötigung nicht entziehen könne, sich nach europäischem Muster einzurichten, daß aber der Einzelne in seinen Idealen nur um so treuer bei dem heiligen Erbe seiner Väter bleiben solle, nicht jedoch in stumpfer Verehrung des Althergebrachten, sondern in tätiger, den Zeiterfordernissen entsprechender Entfaltung des Echten. Er hat seine Ideen ausgesprochen in einem vielgenannten Buch mit dem bezeichnenden Titel „Lerne"; in englischer Übersetzung als „Chinas only hope" erschienen. Als Generalgouverneur von Wutschang, welchen Posten er von 1889 ab mit kurzen Unterbrechungen in Nanking und Peking fast 30 Jahre bekleidete, hat Dschang-dschï-dung dann selbst seine Grundsätze zu verwirklichen gesucht. Was ihm dabei vor allem einen

---

[10]) Ku-hung-ming erzählt die Geschichte dieser Bewegung, an der er selbst lebhaft beteiligt war, in dem Büchlein „The story af a Chinese Oxford Movement"; es liegt übersetzt und erweitert vor unter dem Titel „Chinas Verteidigung gegen europäische Ideen" (Eugen Diederichs, Jena 1911).

großen Namen geschaffen hat, sind seine Leistungen als Reformer[11]). Mit großer Energie suchte er vor allem eine chinesische Industrie zu schaffen. Unter seinen Unternehmungen dieser Art sind die hervorragendsten die Eisen- und Stahlwerke in Hanyang (seit 1893), die Eisengruben in Tayeh (Da-yä) und die Kohlenbergwerke von Pinghsiang (Pinghiang), an der Grenze von Hupe und Kiangsi. An die Spitze dieser Betriebe stellte er europäische Fachleute, darunter viele Deutsche. Bei den Werken von Ping-hiang arbeiten nur Deutsche (1911 waren es 24; dazu Frauen und Kinder) unter dem Betriebsleiter Leinung, dessen hervorragender Tüchtigkeit die Schaffung dieses ganzen Betriebes zu danken ist (seit 1898)[12]). Von Dschang-dschï-dung stammt die Idee, eine Bahn längs durch China von Peking über Hankou nach Kanton zu führen[13]). Daneben vernachlässigte Dschang-dchï-dung auch die militärische Ausbildung nicht. Er berief besonders deutsche Offiziere als militärische Lehrer und gründete mit ihrer Hilfe 1896 in Wutschang eine Militärschule, die bis 1910 bestand; auch ein Musterregiment in Wusung wurde

---

[11]) Wie einseitig es aber ist, Männer wie Dschang-dschï-dung und andere seiner Art als „fremdenfreundlich" zu bezeichnen, erhellt aus dem oben Gesagten. Die sogenannten „Fremdenfreundlichen" und die „Fremdenfeindlichen" unterschieden sich nur durch die Methode, mit der sie als nationalempfindende Chinesen ihre Kultur und ihr Land gegen die Ansprüche der Fremden zu behaupten suchten.

[12]) Die „Han-Yeh-Ping Kohlen- und Eisenwerke" sind heute Eigentum einer chinesischen Privatgesellschaft. Sie sind bei weitem das hervorragendste und aussichtsreichste Werk chinesischer Industrie. Aus Tayeh beziehen die japanischen Arsenale den größten Teil ihres Bedarfs an Eisen; desgleichen wird nach Amerika exportiert.

[13]) Der Bau der Bahn begann freilich erst 1897 — und zwar nur der der Nordhälfte — weil die Finanzierung Schwierigkeit machte. Chinesisches Privatkapital war damals für solche Unternehmungen noch nicht zu gewinnen. Wenn man aber das Kapital von Fremden heranzog, mußte man ihnen das peinliche Zugeständnis machen, auch irgend welche Rechte an der Bahn zu haben. Diese Sachlage blieb auch in der Folgezeit der wunde Punkt der gesamten chinesischen Eisenbahnpolitik. Schließlich schloß Dschang-dschï-dung mit einem belgischen Syndikat einem Anleihevertrag ab, weil ihm dies politisch am wenigsten gefährlich schien.

von deutschen Offizieren befehligt. Gleichzeitig aber schuf
er, gewissermaßen als Gegengewicht gegen die verderblichen
Einflüsse europäischen Maschinengeistes, Schulen und Aka-
demien und gab dafür den größten Teil seines Privatver-
mögens her; denn diesen Bestrebungen gehörte eigentlich
sein Herz.

Kaiser Guang-sü vermählte sich 17jährig 1887 mit Lung-
yü, einer Nichte der Kaiserin-Witwe Tsï-hi. Diese zog sich
seit 1889 von der Regierung zurück und widmete sich in den
folgenden Jahren (1889—1894) besonders dem Wiederaufbau des von den Engländern 1860 zerstörten Sommerpalastes.
Doch behielt sie auch in ihrer Zurückgezogenheit ein wach-
sames Auge für die Vorgänge in der Regierung und übte
besonders auf die Besetzung der hohen Beamtenposten ihren
Einfluß aus. Im Jahre 1891 gewährte der Kaiser den Gesandten der fremden Mächte die erste Audienz. Sie fand in
demselben Raume statt wie die vom Jahre 1873 und befrie-
digte infolgedessen die europäische Presse wenig. Daß Gesandte innerhalb der Verbotenen Stadt selbst in Audienz
empfangen wurden, geschah zum ersten Male am 12. November 1894.

Der japanisch-chinesische Krieg (1894—1895).

Die Hoffnungen, welche die chinesische Regierung und
auch das Ausland auf die mit so großen Ausgaben beschaffte
moderne Rüstung gesetzt hatten, erlitten einen jähen Zusammenbruch durch den japanisch-chinesischen Krieg. Die
tiefste Ursache dieses Krieges liegt darin, daß die Japaner
Korea für sich als alleinige Einflußsphäre erstrebten und
dabei weder die Chinesen als Konkurrenten ertragen konnten,
noch die Russen, mit denen sie 10 Jahre später um derselben Ursache willen aneinander gerieten. Dazu kamen
zahlreiche nationale Verstimmungen gegen den großen
Nachbarn, den alten Feind von der Ming-Zeit her, von dem

man sich hochmütig behandelt fühlte. Eine besondere Kriegs-
ursache lag ferner in einer Japan damals bedrohenden Revolution durch die bisher herrschende militärische Klasse,
welche mit der Umwandlung Japans in einen Verfassungs-
staat nicht zufrieden war. Ein auswärtiger Krieg erschien
der Regierung als die beste Gelegenheit zur Ablenkung der
im eigenen Lande vorhandenen Unzufriedenheit und Kampfes-
lust nach außen, womit zugleich der ganzen Welt der Beweis
geliefert werden konnte, daß Japan eine moderne Macht
gleich den europäischen geworden sei. So war der Krieg
eine beschlossene Sache, lange bevor die besondere Veranlassung hinzutrat. Der alte Dso-dsung-tang hatte kurz vor
seinem Tode (1885) noch einen Thronbericht eingereicht,
in dem er schon damals auf die ungeheure Gefahr hinwies,
die von Japan drohe: „Japan wartet im geheimen auf die
Gelegenheit, uns zu überfallen. Die verschiedenen fremden
Nationen werden sich dann wie Raubtiere an der Beute zu
beteiligen suchen". Die Veranlassung ergab sich im Mai
1894. Es hatte sich in Korea eine religiös-nationale Partei
gebildet, welche die Regierung ernstlich bedrohte. Der
König wandte sich an China um Hilfe. Li-hung-dschang entsandte 1600 Mann und benachrichtigte gleichzeitig, entsprechend der Abmachung von 1885, die japanische Regierung. Die Japaner schickten darauf die dreifache Macht
und besetzten Seoul „zum Schutz der japanischen Untertanen". Nachdem die Rebellion schnell erstickt war, wollten
die Chinesen ihre Truppen zurückziehen, doch Japan erklärte, daß man sich erst über die in Korea vorzunehmenden
Reformen verständigen müsse. Inzwischen landeten immer
mehr japanische Truppen mit allem Zubehör für einen
längeren Aufenthalt; Anfang Juli waren es schon 9000. Auch
Li-hung-dschang glaubte unter diesen Umständen Verstärkung schicken zu müssen[1]) und sandte diese auf dem unter

---

[1]) Yüan-schï-kai, damals noch Chinas Vertreter in Seoul, stellte
Li-hung-dschang in Aussicht, daß er englische Hilfe bekommen würde,
falls Japan den Krieg erkläre. Die tatsächliche Haltung Englands

englischer Flagge und englischem Kommando stehenden Dampfer „Kowshing" hinüber; an Bord befand sich v. Hannecken, der militärische Ratgeber und Freund des Vize-königs. Ein japanisches Kriegsschiff begegnete dem Dampfer und erklärte ihn trotz seiner englischen Flagge als Ge-fangenen. Die chinesischen Soldaten, aufs höchste aufge-bracht, drohten den Kapitän zu ermorden, wenn er der Auf-forderung der Japaner folge, desgleichen jeden, der Miene mache, das Schiff zu verlassen. Der Kapitän signalisierte darauf, daß der Befehl, dem japanischen Schiff zu folgen, unausführbar sei. Darauf kam das japanische Kriegsschiff bis auf etwa 240 Meter heran und bohrte die „Kowshing" durch einen Torpedo und einen Hagel von Geschossen in den Grund. Nur wenige, an Schiffstrümmer sich anklam-mernde Menschen, wurden an das Land getrieben, unter ihnen v. Hannecken, der dann auf dem Kanonenboot „Iltis"[2]) Aufnahme fand. Durch dieses Ereignis (am 25. Juli 1894) war der Krieg erklärt. Das erste Gefecht fand am 29. Juli bei Ya-schan statt, südwestlich von Seoul. Die Chinesen hatten eine feste Stellung, wurden aber völlig geschlagen; sie verloren etwa 500, die Japaner 88 Mann. Gleich bei diesem ersten Gefecht kamen schwere Schäden der chine-sischen Armee zu Tage, besonders der Mangel an einheit-licher Leitung. Das Mißverhältnis zwischen der auf dem Papier stehenden Truppenmacht, für welche das Geld von der Regierung gezahlt worden war und der wirklich vor-

---

war wohl geeignet, Yüan-schï-kai zu solchem Glauben Anlaß zu geben. Englische Matrosen beschützten ihn, als er schließlich bei dem Anrücken der Japaner genötigt wurde, nach Chemulpo zu entfliehen.

[2]) Das Kanonenboot „Iltis" (490 Tonnen), Kommandant Kapitän-leutnant Braun, strandete am 23. Juli 1896 bei einem Taifun am süd-östlichen Vorgebirge von Schantung, wobei 72 Mann den Tod fanden und nur 11 gerettet wurden. Ein Denkmal der Unerschrockenheit, mit der die Besatzung, wie bekannt, mit einem Hoch auf den Kaiser und das Flaggenlied singend, in den Tod ging, ist der unfern vom Unglücksort geschaffene Iltis-Friedhof und das Iltis-Denkmal in Schanghai.

handenen Zahl an Soldaten, die Überlastung mit Dienern
und Kulis, die sorglose militärische Ausrüstung (Patronen,
die nicht paßten, Geschosse aus dem Tientsiner Arsenal, von
denen 40 % versagten, andere in den Rohren krepierten und
dergl.). Die Offiziere hatten meist im Taiping-Krieg gedient
und ruhten auf den dort geholten Lorbeeren. Nur 20 junge
Fähnriche aus der Tientsiner Kriegsschule bewährten sich
in vollem Maße; sie sollten mit 160 Mann den Rückzug
decken und befolgten den Befehl, sich bis auf den letzten
Mann zu verteidigen, buchstäblich.

Der geschlagene General Yä marschierte nun in einem
Bogen um Seoul herum, um sich in Ping-yang mit General
We zu treffen, der vom Yalu-Fluß her marschierte, und mit
General Dso, der von Mukden her kam. Die drei Korps
zusammen zählten 15 000 Mann. Der einzige tüchtige und
eifrige unter den drei Generälen war Dso, ein Muhamme-
daner, ein Findelkind aus dem Taiping-Krieg. Aber er drang
gegen seine beiden Kollegen, welche ruhig im Schutz der
Mauer Ping-yangs den Angriff abwarten wollten, nicht durch.
So kam es am 15. September zu einer furchtbaren Katastrophe. Am Abend vorher feierte man im chinesischen
Lager das Mondfest und vergnügte sich mit koreanischen
Schauspielerinnen die ganze Nacht hindurch, bis am frühen
Morgen der Donner der japanischen Geschütze von den
umliegenden Höhen die Sorglosen aufschreckte. Die chi-
nesischen Truppen, welche vor den Mauern ihr Lager
hatten, drängten bald flüchtend in die Stadt, wo der nieder-
sausende Hagel der Schrapnels und Granaten entsetzliche
Zustände der Verwirrung und Auflösung jeder menschlichen
Ordnung hervorrief. Gegen Mittag war die Stadt ein großer
Trümmerhaufen. General Dso allein hatte mit seiner
Truppe draußen tapfer Stand gehalten; er fiel durch einen
Granatschuß. Das chinesische Heer wurde zum größten Teil
gefangen genommen; nur ein kleiner Teil entkam nach dem
Yalu-Fluß. Das chinesische Nordgeschwader hatte bisher sich
an den Operationen nicht beteiligen können, weil es in einem

gänzlich unfertigen Zustande war³), vor allem hinsichtlich der Munition. Dazu kamen starke Zwistigkeiten zwischen den Südchinesen und Nordchinesen, auch Differenzen zwischen den Offizieren und dem Admiral, der von Haus aus nicht Seemann war. Die Südgeschwader von Tschekiang, Fukien, Kuangtung, welche einzeln den betreffenden Gouverneuren unterstanden, erschienen überhaupt nicht auf dem Kriegsschauplatze. Nach chinesischem Grundsatz hatte ja jeder Gouverneur zunächst nur von seinem Gebiete die Feinde abzuhalten, und so ließen sie ihren so mächtig gewordenen Kollegen ruhig in der Klemme. Dieser wußte sich bei dem unfertigen Zustande seiner Flotte keinen anderen Rat, als Herrn v. Hannecken dringend zu bitten, die Führung der Flotte zu übernehmen. Dieser, nicht zum wenigsten aus persönlicher Freundschaft für Li-hung-dschang, übernahm die schwierige Aufgabe und tat in der Zeit vom 20. August bis 14. September das menschenmögliche, um den Zustand der Flotte noch zu verbessern. Im Schiffsmaterial war die chinesische Flotte der japanischen insofern überlegen, als sie zwei große auf der Stettiner Werft „Vulkan" gebaute Panzer besaß, die den Japanern fehlten. Dazu kamen fünf Panzerkreuzer und drei ältere Schiffe. An Bord des Flaggschiffs befand sich außer v. Hannecken ein Deutscher als Maschinist und zwei englische Offiziere. Die Flotte lag am 17. September vor der Yalu-Mündung, wohin sie zur Begleitung chinesischer Truppentransportschiffe gegangen war, als die japanische Flotte erschien und der Kampf begann. Er dauerte mehrere Stunden. Von den chinesischen Schiffen sanken fünf, aber auch die zwölf japanischen Schiffe waren stark mitgenommen und zogen sich zurück. Den chinesischen

---

³) Daran hatte der Umstand nicht wenig Schuld, daß von den für die Marine bestimmten Mitteln ungeheure Summen für den Wiederaufbau des Sommer-Palastes bei Seite gebracht waren. Es geschah dies durch den ersten Eunuchen der Kaiserin-Witwe, Lilän-ying, aber schwerlich ohne deren Wissen. Kapitän Lang hatte, entrüstet über diese und ähnliche Zustände, bereits 1890 seinen Posten als Organisator der Marine niedergelegt.

Panzern, welche schließlich allein kampffähig blieben, fehlte es nur an passender Munition (die Granaten hatten keine Zünder), um ihre Überlegenheit auszunutzen. Inzwischen war Marschall Yamagata, ohne ernstlichen Widerstand zu finden, mit der japanischen Armee über den Yalu gesetzt (25. Oktober) und in der Mandschurei eingerückt. Ein anderes japanisches Korps unter Oyama landete bei Kintschou (Gin-tschou), das ebenso wie das stark befestigte Da-liän-wan (Dalny) fast ohne Kampf preisgegeben wurde (2. Nov. 1894). Damit war die Basis zum Sturm auf Port Arthur gewonnen. Diese Festung mit ihren neu angelegten Forts, schweren Kruppschen Geschützen und zahlreichen Minen galt schon damals als uneinnehmbar; Millionen und Millionen waren dafür in den letzten Jahren verausgabt worden. Aber, war Verrat im Spiele oder handelte es sich um unglaubliche Entmutigung und Kopflosigkeit auf chinesischer Seite, jedenfalls war, als der Sturm am 21. November morgens begann, bereits nach wenigen Stunden die Festung in den Händen der Japaner. Jetzt riet Li-hung-dschang seiner bestürzten Regierung zum Frieden. In deren Auftrage ging Herr Detring, damals Seezolldirektor in Tientsin, mit zwei chinesischen Beamten nach Japan, um zu verhandeln, wurde aber dort wegen nicht genügender Vollmachten zurückgewiesen. So nahm der Krieg seinen Fortgang. Den Winter über hatten die Japaner in der Mandschurei sehr durch die Kälte zu leiden und machten nur langsam Fortschritte. Auch hielten die chinesischen Truppen in den kleinen Gefechten jetzt immerhin besser Stand, so bei Kaiping, das am 10. Januar von den Japanern erobert wurde. Noch fehlte den Japanern der andere Flügel des Tores von Nord-China: Weihaiwei. Im Hafen lagen die zwei großen Panzer und sieben andere Kriegsschiffe, dazu Kanonen- und Torpedoboote. Die Japaner landeten südlich des Schantung-Vorgebirges in der Bucht von Yung-tscheng bei starkem Schneefall, nahmen spielend die Stadt in Besitz und brachten auf den schlechten Gebirgswegen ihre Kanonen vor Weihaiwei. Am 30. Januar 1895 begann der erfolgreiche Sturm, unterstützt

durch das Feuer der japanischen Kriegsschiffe unter Admiral
Ito. Bevor die West-Forts fielen, gelang es noch Admiral
Ding mit Freiwilligen aus der Marine, die großen Geschütze
auf diesen unbrauchbar zu machen. Nun sprengten die Japaner in heimlichem Nachtangriff die Hafensperre, Torpedoboote fuhren ein und brachten ein Panzerschiff zum Sinken.
Die Angriffe wiederholten sich und ein Schiff nach dem andern sank dahin. Trotzdem wollte Admiral Ding nichts von
Übergabe wissen. Es folgte noch ein zweitägiger Geschütz-
kampf zwischen seinem Schiffe und den Japanern. Erst als
jenes an der Wasserlinie getroffen war, trat er in Verhandlungen mit Admiral Ito ein, wonach die Stadt und die noch
vorhandenen Schiffe übergeben wurden, die Soldaten und
Matrosen aber freien Abzug erhielten (12. Februar). Danach ging Admiral Ding in seine Kammer und nahm sich
das Leben durch Opium; desgleichen sein zweiter und dritter
Offizier. Damit war der Krieg völlig entschieden, wenn auch
in der Mandschurei die Operationen sich noch langsam fortsetzten (am 4. März verlustreiche Erstürmung von Niu-
tschuang, am 9. März letztes Gefecht). Nun mußte Li-hung-
dschang selbst hinüber nach Japan (15. März), um zu jedem
Preis Frieden zu schließen. Während der Verhandlungen
wurde von einem Japaner ein Attentat auf ihn ausgeübt, wobei
er einen Schuß in die Backe erhielt[4]). Die Bedingungen des
am 17. April 1895 abgeschlossenen Friedens von Shimonoseki
waren folgende: Korea wird als unabhängig erklärt; die
Liautung-Halbinsel einschließlich Port Arthur, Formosa und
die Pescadores-Inseln werden an Japan abgetreten; China
zahlt an Japan 200 Millionen Taels Kriegskosten; die Häfen
Shasi (Scha-schï), Tschung-king, Sutschou, Hangtschou werden dem fremden Handel eröffnet.

---

[4]) Li-hung-dschang mußte nach dem unglücklichen Ausgange
des Krieges wegen angeblichen Verrats die schlimmsten Schmähungen
über sich ergehen lassen. Aber Tsï-hi, die wohl wußte, wie unschuldig er im Grunde war, schützte ihn, und das auf ihn verübte
Attentat trug auch dazu bei, die Stimmung gegen ihn wieder günstiger zu machen.

Nicht alle Punkte dieses Vertrages kamen zur wirklichen Ausführung. Rußland, das mit Besorgnis dem gewaltigen Wachstum der neuen Großmacht zusah, legte sich ins Mittel und protestierte im Verein mit Frankreich und Deutschland gegen die Abtretung der Liautung-Halbinsel. Grollend gab Japan in diesem Augenblick nach; es erhielt dafür 30 Millionen Taels mehr. Rußland suchte nun in Korea an die bisherige Stelle Chinas zu treten und war auf dem besten Wege, auch den japanischen Einfluß zu überflügeln[5]). Auch des Besitzes von Formosa konnte sich Japan nicht sogleich erfreuen, denn die Insel erklärte sich als unabhängige Republik; ihr Widerstand gegen die einrückenden Japaner wurde im Süden von den „Schwarzflaggen" unterstützt. Erst Ende Oktober war die Insel unterworfen.

China nach dem japanischen Krieg bis zum Jahr 190°

Es war ein furchtbarer Schlag, den China durch den japanischen Krieg erlitten hatte. Schwerer als die einzelnen Niederlagen wog der Verlust an Achtung bei allen übrigen Nationen. Hatte man vorher vielfach übertriebene Auffassungen von der Umwandlung Chinas zu einem, von modernem Geist erfüllten, kraftvollen Staate gehabt, so redete man nun umsomehr von Chinas völligem militärischen und

[5]) Der russische Gesandte weigerte sich, das Kabinett anzuerkennen, welches die Japaner nach dem Kriege dem Könige auf gedrungen hatten. Dieser floh in die russische Gesandtschaft, während das Volk wütend gegen die japanfreundliche Partei losbrach (Februar 1896) und regierte ein ganzes Jahr von dort aus sein Land. Rußland schloß mit Japan ein Abkommen, wonach es beiden Teilen gestattet sein sollte, 1000 Mann zum Schutz ihrer Interessen in Korea zu unterhalten. Der König nahm 1897 den Kaisertitel an. Die folgenden Jahre sind ein unaufhörlicher Kampf zwischen japanischen und russischen Intrigen.

moralischen Bankrott. Angesichts der Art, wie sich der
Süden in dem Krieg benommen hatte, glaubte man zugleich
berechtigt zu sein, den Chinesen jedes Nationalgefühl ab-
zusprechen und man rechnete mit der Möglichkeit, daß der
morsche Riesenkörper in einzelne Stücke zerfallen würde.
Man sprach in den europäischen Zeitungen offen von einer
bevorstehenden Aufteilung Chinas unter die Mächte und
es erschien als eine Vorstufe dazu, wenn man China nach
Interessensphären einzuteilen begann, wie die Karten aus
jener Zeit z. T. anschaulich zeigen.

Es ist aus dieser Lage der Dinge verständlich, daß
Deutschland gerade damals sein Auge darauf richtete, sich
auch seinerseits in Ostasien einen Stützpunkt für seine Flotte
und seinen ständig zunehmenden Handel zu sichern, wie
ihn die übrigen Großmächte bereits dort besaßen. Ein
solcher Platz mußte zugleich von der größten Wichtigkeit
bei etwaigen internationalen Zwischenfällen in China erscheinen. Als Li-hung-dschang 1896 auf der Rückreise von
den Krönungsfeierlichkeiten in Moskau auch nach Deutschland kam[1]), gewann man in Berlin die Überzeugung, daß er
in Moskau der russischen Regierung wichtige Zugeständnisse
gemacht habe[2]). Seitdem traf man deutscherseits direkte
Vorbereitungen für den genannten Zweck, in dem man den
Platz an der chinesischen Küste zu erkunden suchte, welcher
für die deutschen Interessen am besten geeignet sei. Daß
die Wahl dabei schließlich auf die Kiautschou-Bucht fiel,
ging in letzter Linie auf die wissenschaftlichen Arbeiten
des großen Geographen Freiherrn v. Richthofen zurück, der
bei seinen Reisen in Schantung (s. S. 189) die Bedeutung
von Kiautschou als der wirtschaftlichen Einfallspforte für
Schantung früh erkannt hatte, obwohl er die Bucht selbst

---

[1]) Bei dieser Gelegenheit fand die Zusammenkunft Li-hung-
dschang's mit Bismarck in Friedrichsruh statt. Seine Reise ging
dann weiter nach Belgien, Holland, Frankreich, England, Amerika, wo
der 74jährige Staatsmann überall sehr gefeiert wurde.
[2]) Es handelte sich um die Konzession für die Verlängerung
der sibirischen Bahn, die sogenannte chinesische Ostbahn.

niemals gesehen hatte. Untersuchungen des Hafenbaudirektors O. Franzius im Frühjahr und Sommer 1897 ließen die Bucht und das Hinterland auch in technischer Hinsicht für Hafenbauten und Eisenbahnen geeignet erscheinen. Am 1. November 1897 wurden in Dschang-gia-dschuang (Kreis Gü-yä, Bez. Tsautschoufu) die katholischen Missionare Nies und Henle ermordet. Dieser Umstand verkürzte den Weg zu dem ins Auge gefaßten Ziel. Denn Bischof von Anzer hatte seit 1890 seine Mission unter den Schutz des deutschen Reiches gestellt. Am 14. November 1897 besetzte der Chef des Kreuzergeschwaders Admiral von Diderichs, Tsingtau als Bürgschaft für die Erfüllung der zu stellenden Sühneforderungen[3]).

Die diplomatischen Verhandlungen, von dem damaligen Gesandten in Peking, Baron v. Heyking, mit großer Entschiedenheit betrieben, führten am 6. März 1898 zum dem Abschluß des Kiautschou-Vertrages, der auf chinesischer Seite von Li-hung-dschang und Wöng-tung-ho unterzeichnet wurde[4]). Die wichtigsten Punkte dieses Vertrages sind fol-

---

[3]) Von Wusung kommend traf der Admiral mit den Schiffen „Kaiser", „Prinzeß Wilhelm" und „Cormoran" am 13. November auf der Rhede von Tsingtau ein, um den befohlenen Handstreich auszuführen. Am 14. November lagen „Kaiser" und „Prinzeß Wilhelm" gefechtsbereit bei der Arkona-Insel, der „Cormoran" im Innern der Bucht, um die chinesischen Militärlager, wenn es nötig sein sollte, unter Feuer zu nehmen. Dann landeten 700 Mann mit den Bootsgeschützen. Die ahnungslosen Chinesen sahen dem ruhig zu, da sie glaubten, es handele sich um friedliche militärische Übungen. Rasch waren die umliegenden Höhen, die Lager und Munitionshäuser besetzt. Währenddem wurde dem überrumpelten chinesischen General ein Schreiben des Admirals eingehändigt, in dem binnen drei Stunden die Räumung Tsingtaus gegen freien Abzug gefordert wurde. Er fügte sich der Übermacht, seine Truppen zogen ab. Er selbst wurde noch eine Zeit lang gefangen gehalten. Eine Proklamation des Admirals versprach der friedlichen Bevölkerung Sicherheit und Ordnung.

[4]) Der Mission als solcher war schon vorher Sühne erwirkt worden, nämlich: Bestrafung der Schuldigen, Geldzahlungen für die Angehörigen der Ermordeten und für den Bau von Kirchen, an denen Kaiserliche Schutztafeln angebracht werden sollten. Die große Kirche in Yentschoufu ist eine solche Sühnekirche.

gende: 1. Pachtweise Überlassung des heutigen Kiautschou-Gebietes, vorläufig für 99 Jahre; Abtretung aller Hoheits-rechte an Deutschland innerhalb desselben. 2. Abgrenzung einer 50-Kilometerzone um die Bucht herum, in welcher China die Hoheitsrechte ausübt, aber deutschen Truppen der Durchgang jederzeit gestattet ist, und in der China keine Maßnahmen ohne vorhergehende Zustimmung der deutschen Regierung treffen wird. 3. Konzession an eine noch zu bildende Eisenbahngesellschaft für den Bau einer Bahnlinie, welche durch das Dreieck Kiautschou-Tsinanfu-Itschoufu be-schrieben wird. Die Verlängerung der Eisenbahnlinie Kiau-tschou-Tsinanfu bis an die Grenze Schantungs wird einem späteren Vertrag vorbehalten. 4. Das Recht für deutsche Unternehmer zur Ausbeutung von Kohlenlagern und son-stigen Unternehmungen in einem Abstand von 30 Li (15 Kilo-meter) jener Bahnlinie entlang, insbesondere in Poschan, Weihsien, Itschoufu, Laiwuhsien. 5. Vorrechte für deutsche Industrielle und Handeltreibende, falls China in Schantung irgendwie fremde Hilfe braucht.

Kurz vor und während der Besitzergreifung von Tsing-tau schien es, als ob Rußland der deutschen Regierung Schwierigkeiten machen werde[5]). Doch ließ es die deutsche Besitzergreifung geschehen, indem es seinerseits einen für seine Interessen viel wichtigeren Platz in Aussicht nahm: Port Arthur und Dalny. Rußland forderte diese Plätze am 27. März 1898 und erhielt sie für 25 Jahre im Mai desselben Jahres; kurz darauf auch die Bahnbaukonzession in der Man-dschurei mit Port Arthur und Dalny als Endpunkt. Port Arthur wurde nun in der Hand der Russen noch eine ge-waltigere Festung als früher und als erst die 1891 begonnene sibirische Bahn Wladiwostok und — am 3. November 1901 — Port Arthur erreicht hatte, schien Rußland seinem er-sehnten Ziele, der Hegemonie in Ostasien, nahe zu sein[6]).

---

[5]) Ein russisches Geschwader hatte früher bereits längere Zeit in der Bucht von Kiautschou sich aufgehalten und damit kundgegeben, daß auch Rußland für den Platz interessiert sei.
[6]) Rußlands Hand über ganz Asien war das Wort, mit dem

Nun trat auch die dritte Macht auf, welche China im Frieden von Shimonoseki unterstützt hatte und dafür eine Gegenleistung erwartete: Frankreich. Nachdem schon im Juni 1897 ein diesbezüglicher Notenaustausch stattgefunden hatte, erhielt Frankreich am 12. April 1898 folgende Zugeständnisse: 1. Die Überlassung der Bucht von Kuangschou (Kantonprovinz) nebst den anliegenden Inseln und entsprechendem Landbezirk für 99 Jahre. 2.: Das Recht, eine Eisenbahn von der Nordgrenze Tongkings aus nach Yünnanfu zu bauen[7]). 3. Das Versprechen, daß China in den Provinzen Kuangtung, Kuangsi, Yünnan kein Gebiet an andere Mächte abgeben werde.

Als die Russen sich in Port Arthur festsetzten, sammelte sich ein starkes englisches Geschwader drohend in Tschifu. Aber die englische Diplomatie mochte von kriegerischem Auftreten in Ostasien durch den bereits drohenden Burenkrieg abgehalten worden sein und entschied sich dafür, Weihaiwei von China als Stützpunkt zu fordern, solange wie Port Arthur in russischer Hand bleiben würde (1. Juli 1898). Unmittelbar vorher hatte England bereits eine Erweiterung seines Gebietes auf Kowloon bei Hongkong durchgesetzt (Vertrag vom 9. Juni 1898). Es hatte ferner die Forderung gestellt, daß China keiner anderen Macht außer England Gebietsabtretungen in den Yangtseprovinzen gewähren solle. (Februar 1898).

Die Reformbewegung und der Staatsstreich des Jahres 1898.

China müßte erstorben gewesen sein, wenn eine solche Kette von Demütigungen und Verlusten wie sie in den schnell aufeinanderfolgenden Gebietsabtretungen an Deutschland,

---

Fürst Uchtomski und sein Kreis den jungen Kaiser Nikolaus II. zu begeistern verstand. Dieser hatte als Großfürst selbst Ostasien besucht und in Wladiwostok den ersten Spatenstich zu der sibirischen Bahn getan.

[7]) Hierzu wurde später noch eine Konzession für die Strecke Langson-Lungtschou (Kuangsi) hinzugefügt.

Rußland, Frankreich, England 1897/98 gipfelten, nicht eine spürbare Gegenwirkung hervorgerufen hätte, um dem drohenden Prozeß der Auflösung Chinas Einhalt zu tun. Die eine Form dieser Gegenwirkung ist bekannt als die Reformbewegung von 1898, die andere als die Boxererhebung des Jahres 1900.

Der Führer der Reformbewegung von 1898 war Kang-yu-we aus Kanton. Er hat seine Gedanken in einer Reihe von Thronberichten ausgesprochen, die voll tiefer Leidenschaft geschrieben sind und einen flammenden Weckruf vor allem an die Regierung und die Beamten enthalten[1]). Er geht aus von der Schmach und Vergewaltigung Chinas durch die Ausländer, welche ihm dasselbe Schicksal wie Indien und Afrika bereiten wollen. Eine Schmach, die darum besonders empörend sei, weil die sittliche Kultur Chinas hoch über dem rohen und gewinnsüchtigem Geist der Barbaren stehe. Der Grund für Chinas Niedergang liege darin, daß man die echten Grundsätze der Alten mißachtet und nicht den Zeitbedürfnissen entsprechend sinngemäß angewandt habe. Was man jetzt für Einrichtung der Alten halte, das seien in Wahrheit nur die Mißbräuche, die sich von Geschlecht zu Geschlecht festgesetzt haben. Dem gegenüber fordert Kang-yu-we eine völlige Änderung des Regierungssystems, der Beamtenlaufbahn, der Gesetzgebung, des Unterrichts, der Volksfürsorge, wobei überall von den Einrichtungen der Fremden zu lernen sei. Dschang-dschï-dung's „Lerne" (s. S. 231) atmet durchaus den gleichen Geist. Kang-yu-we's erste politische Abhandlung stammt schon aus dem Jahre 1888. Er war damals in Peking als Mitglied der literarischen Akademie, aber keiner der Direktoren wagte, die Denkschrift an ihre Adresse, den Thron, weiterzugeben. Er ging darauf-

---

[1]) Die verschiedenen Stufen der Reformbewegung in China hat am zuverlässigsten O. Franke dargestellt. Die betreffenden Aufsätze sind jetzt in seinem Werk „Ostasiatische Neubildungen" vereinigt, welches auch im übrigen ein reiches Material für das Verständnis der politischen und kulturellen Entwicklungsvorgänge im Fernen Osten enthält.

hin einstweilen nach Kanton. Während des japanischen Krieges aber kam er wieder und verfaßte eine zweite Denkschrift, welche am 3. Juni 1895 sowohl dem Kaiser als der Kaiserin vorgelegt wurde. Diese Denkschrift, welche besonders gegen die Unwissenheit und Unfähigkeit der Beamten eiferte, die zum großen Teil aus Schmarotzern beständen, hatte den überraschenden Erfolg, daß sie allen Gouverneuren und Generalgouverneuren zugesandt wurde mit dem Befehl, über die Einführung von Reformen zu berichten. Von jetzt an aber erhob sich zugleich deutlich die Feindschaft der Altkonservativen gegen die Neuerer. Immer schroffer standen sich vor allem in der Pekinger Beamtenschaft die beiden Parteien gegenüber. Zu der „neuen Lehre" gehörten fast ausschließlich Südchinesen, besonders aus den Provinzen Kuangtung und Kiangsu; zu den Schützern des Alten vor allem die Nordchinesen und die Mandschus. Die Reformer fanden ihren begeisterten Anhänger in dem jungen Kaiser selbst, während die anderen mit der Zeit immer mehr in der Kaiserin-Witwe ihr Haupt erblickten. Kang-yu-we mußte, trotzdem ihm der Kaiser eine Anstellung in einem Ministerium gegeben hatte, vor dem Einfluß der Konservativen sich bald wieder aus Peking zurückziehen; er entfaltete statt dessen im Süden eine um so eifrigere Propaganda. Auf die Kunde von der Katastrophe in Kiautschou hin kam er von neuem nach Peking (Dezember 1897) und verfaßte von neuem eine flammende Denkschrift, welche durch den Druck verbreitet wurde. Im Januar 1898 wurde er auf das Tsungli-Yamen geladen, um einem größeren Beamtenkreis seine Grundzüge zur Reorganisation des Reiches mündlich vorzutragen. Den immer tieferen Riß in den leitenden Beamtenkreisen zwischen der Partei der Alten und der Jungen hatte der vermittelnde Prinz Gung bisher nach Kräften zu mildern gesucht; er hatte auch ständig den Kaiser davon abgehalten, Kang-yu-we persönlich zu empfangen, was bei dessen geringem Rang ein schwerer Verstoß gegen die Hofordnung gewesen wäre. Als aber Prinz Gung am 29. Mai 1898 starb, war kein Halten mehr; am 16. Juni hatte Kang-yu-we seine erste Audienz²) vor dem Kaiser und rückhaltlos gab sich dieser nunmehr seinem Einflusse hin³). Kang-yu-we und einige seiner jugendlichen Freunde, die zu Ministerial-sekretären ernannt waren, bildeten jetzt mit dem Kaiser zu-sammen die eigentliche Regierung, während die bisher maß-gebenden älteren Persönlichkeiten gänzlich übersehen wur-den. Es folgten nun schnell aufeinander jene Reformedikte, in denen das alte Staatssystem radikal niedergerissen wurde, um einem neuen Platz zu machen, für das vornehmlich Japan das Muster lieferte. Unter anderem wurde die völlige Ab-schaffung des bisherigen Examensystems verfügt; jeder, der ein Amt bekleiden wolle, solle den Befähigungsnachweis durch die Kenntnis des modernen, staatlichen und wirt-schaftlichen Lebens der Völker erbringen. Dementsprechend wurde die Gründung moderner Schulen und Hochschulen befohlen und die Umwandlung der vielen überflüssigen Tempel in Stadt und Land zu Schullokalen geplant. Zeitungen mit staatlicher Unterstützung sollten überall im Land dazu helfen, das neue Wissen unter dem Volk zu verbreiten. Jedem Kreisbeamten wurde das Recht gegeben, direkte Ein-gaben an den Thron zu machen und die herrschende Klasse, die Mandschus, wurde ganz besonders von dem Kaiser an-gewiesen, sich in das Ausland zu begeben und dort zu stu-dieren; er selbst plante eine Reise nach Japan.

Die konservativen Kreise, d. h. der überwiegende Teil

---

²) Genau 100 Tage von diesem Datum ab gerechnet dauerte der entscheidende Einfluß Kang-yu-we's.

³) Noch vor den „100 Tagen", aber bereits mitten in diese innerlich so aufgeregte Zeit fällt der Besuch des Prinzen Heinrich in Peking (Mai 1898), der seit dem Beginn des Jahres als Chef des Kreuzergeschwaders in Ostasien weilte. Sein Besuch bei Hofe ist dadurch geschichtlich so außerordentlich bemerkenswert, daß der Kaiser ganz unter dem Einfluß der ihn so stark bewegenden neuen Ideen zum ersten Male öffentlich mit der altchinesischen Auffassung brach, welche neben dem Himmelssohn keine gleichberechtigten an-deren Fürsten kennt, sondern nur Vasallen. Es kam dies dadurch zum Ausdruck, daß Guang-sü den Prinzen Heinrich neben sich auf seinem Thron sitzen ließ und ihm seinen Besuch — allerdings inner-halb der Mauern der Verbotenen Stadt — erwiderte.

des Beamtentums und die Mandschus, waren anfangs wie
gelähmt über den neuen Kurs. Sie mochten wohl zum ersten
Male fühlen, daß wirklich eine neue Zeit vor den Toren stehe.
Alle, die durch die plötzlichen Reformen aus ihrer Stellung
herausgeworfen wurden oder diese bedroht fühlten, suchten
nur um so engeren Anschluß an Tsï-hi. Sorgfältig hielt sich
diese vom Sommerpalast aus über alle Vorfälle unterrichtet.
Sie war an sich den Reformgedanken durchaus nicht ab-
geneigt; ja das erste Reformedikt, das schon vom 9. Juni 1898
datiert war, hatte Guang-sü noch mit ihr durchgesprochen.
Aber das oft genug unnötig pietätlose und immer radikaler
werdende Vorgehen der jungen Reformer erweckte in ihr be-
rechtigte Besorgnisse. Auf der anderen Seite wurde Kang-
yu-we nicht müde, sie dem Kaiser gegenüber zu verdächtigen, ihre rechtswidrigen Regierungshandlungen und ihren
Lebenswandel zu kritisieren und sie als die eigentliche Ursache dessen zu schildern, daß das ganze Mandschu-Regiment
im Süden, besonders in Kanton so verhaßt sei. Während
die Reformer in den Kaiserlichen Edikten den neuen Staat
entstehen ließen, hielt Tsï-hi die realen Machtmittel des alten
in ihrer Hand fest. Rechtzeitig — einen Tag, vor dem die
100 Tage begannen — hatte sie ihren Vertrauten Jung-lu
auf den wichtigen Posten des Generalgouverneurs von
Tschili gebracht und ihm zugleich die gesamte Nordarmee
einschließlich der Kansu-Truppen unterstellt. Als nun gegen
Mitte September der Gegensatz zwischen der neuen und der
alten Partei immer schärfer wurde, entstand bei den Refor-
mern der Plan, mit einem Schlag Tsï-hi und Jung-lu zu beseitigen. Der Mann, der dies ausführen sollte, war Yüan-
schï-kai*). Er galt als ein energischer Mann und ein Freund

---

*) Yüan-schï-kai war beim Ausbruch des japanischen Krieges
nach Tientsin zurückgekehrt. Dort wurde ihm die Ausbildung einer
Brigade nach europäischem Muster übertragen. Er widmete sich
dieser Aufgabe mit großem Eifer und Erfolg. Er besoldete und behandelte seine Soldaten gut, hielt aber strenge Zucht und duldete
keinen Opiumraucher; auch sah er darauf, daß die Offiziere aus
guter Familie stammten. Er hatte seine Truppen in einem Lager bei

der Reformer. Der Kaiser berief ihn nach Peking und gab ihm eine Stellung als Reformator der Armee, in der er unabhängig von Jung-lu wurde. Yüan-schï-kai folgte dem Ruf. Am 15. September traf er in Peking ein. Aber während er in die Verschwörung eingeweiht wurde, stand er gleichzeitig in Verbindung mit Tsï-hi, welche ihn persönlich zu sich in den Sommerpalast berufen hatte. Am Morgen des 20. September vor Tagesgrauen erhielt er von dem Kaiser in geheimer Audienz den entscheidenden Auftrag. Er solle sich noch am gleichen Tage nach Tientsin begeben, Jung-lu in seinem Yamen verhaften und sofort hinrichten lassen, danach so schnell wie möglich mit 10000 Mann nach Peking kommen, den Sommerpalast umstellen und Tsï-hi gefangen setzen. Yüan-schï-kai, dem der Kaiser die Ernennung zum Nachfolger Jung-lu's gleich einhändigte, gelobte pünktliche Erfüllung des Auftrages, bestieg den ersten Zug nach Tientsin, trat vor Jung-lu hin und — verriet ihm alles[5]). Am anderen Tage stand Jung-lu vor der Kaiserin-Witwe, zu der er sich, alle Regeln der Etikette durchbrechend, Zugang verschafft hatte und enthüllte ihr die Verschwörung. Sofort berief diese die ihr ergebenen Mitglieder des Staatsrates und die führenden Häupter der Mandschus, die sich um Mitternacht im Sommerpalast versammelten und die Regentin anflehten, die Regierung von neuem zu übernehmen. Am anderen Morgen, den 22. September 1898, wurde der Kaiser von den

---

Siau-dschan nahe Tientsin vereinigt, wo er auch eine Kadettenschule gründete. In dieser Schule wurde auch Deutsch unterrichtet, wie er überhaupt die militärische Ausbildung wesentlich nach deutschem Muster vornehmen ließ. Seine Truppe galt bald als die beste in ganz China.

[5]) So werden die Begebenheiten des 20. September in chinesischen Beamtenkreisen erzählt und so sind sie auch in dem Werk von Bland und Blackhouse über die Kaiserin-Witwe dargestellt, leider ohne Quellenangabe. Wie sie sich auch im einzelnen verhalten haben mag, in der Hauptsache selbst besteht kein Zweifel: Yüan-schï-kai, den die Reformer als ihren Parteigenossen betrachteten und den Guang-sü in sein Vertrauen einweihte, hielt es für klüger, im entscheidenden Augenblick auf die Seite der alten Partei sich zu stellen.

Wachen und Eunuchen im Palast umringt und gefangen auf eine Insel im See der Kaiserlichen Gärten gebracht. Tsï-hi verkündete ihm dort persönlich sein Urteil. Er mußte ein Edikt unterzeichnen, in dem es hieß, daß er in Anbetracht der ungewöhnlich schwierigen Lage des Reiches die Kaiserin-Witwe angefleht habe, die Regierung wieder in ihre bewährte Hand zu übernehmen und daß sie die Gnade habe, zum Heil aller seiner Untertanen, diese seine Bitte zu erfüllen. Die hervorragendsten Männer, die es mit Guang-sü gehalten hatten, wurden verhaftet und meistens hingerichtet oder verbannt. Kang-yu-we selbst indes war rechtzeitig entflohen[6]); ebenso entkam der nächst ihm geistig bedeutendste der Reformer, Liang-ki-tschan, Vorsteher des Übersetzungsamtes[7]). Ein weiteres Edikt vom 26. September, angeblich auch vom Kaiser selbst ausgehend, widerrief die sämtlichen bisher veröffentlichten Reformedikte. Männer streng konservativer und ausgesprochen fremdenfeindlicher Richtung kamen nun ans Ruder[8]). Im Süden, besonders in Kanton und Schanghai erregte der Staatsstreich große Entrüstung. Eine Flut von Protesten lief in Peking ein und diese hatten wenigstens den Erfolg, daß Neujahr herankam, ohne

---

[6]) Tsï-hi hatte bereits einige Tage vorher als sie von der eigentlichen Verschwörung noch nichts wußte — von Guang-sü seine Verhaftung verlangt wegen der Schmähungen, die er gegen sie ausspreche. Guang-sü gab ihm statt dessen den Befehl, sich nach Schanghai zu begeben, welchen Wink Kang-yu-we wohl verstand. Von Tientsin aus entkam er unter englischem Schutz. Vergebens wurde das Torpedoboot Fe-ying (das jetzige deutsche Torpedoboot „Taku") hinter ihm her gejagt. Kang-yu-we wandte sich zunächst nach Singapore. Als er sich dort nicht mehr sicher fühlte, ging er nach Amerika und lebt jetzt in Japan.

[7]) Auch Liang-ki-tschan lebt in Japan. Er wurde der Verfasser vieler staatspolitischer Schriften, die heimlich in China große Verbreitung fanden und die Reformideen nicht schlafen ließen.

[8]) Damals schon hielten die Gesandtschaften in Peking die Lage infolge des Staatsstreiches für gefährdet und versahen sich mit Schutzwachen. So ging Ende 1898 von Tsingtau aus eine Wache, bestehend aus 1 Offizier, 3 Unteroffizieren und 30 Mann nach Peking ab, die im Juni 1899 zurückkehrte.

daß der Kaiser, wie bereits in den Pekinger Kreisen als
sicher prophezeit wurde, starb. Aber er blieb dauernd ein
Gefangener im eigenen Palast, der nur an den festgesetzten
Opferzeiten unter militärischer Begleitung zu den verschiedenen Altären geleitet wurde, um die vorgeschriebenen Zeremonien zu vollziehen. Nachdem Tsï-hi die Stimmung im
Volke genügend beruhigt glaubte, ging sie von neuem daran,
den Staatsstreich von 1898 zu vollenden. Ein Edikt am folgenden chinesischen Neujahrstag (er fiel 1900 auf den 31. Januar) verkündete die völlige Abdankung des Kaisers und
übertrug die Regierung einem Kinde, Pu-gün, dem ältesten
Sohne des Prinzen Duan, des energischsten Fremdenhassers
in Peking. Aber von neuem regte sich der Widerspruch im
Volk. Wieder ging von Schanghai aus eine Petition an den
Kaiser ab mit der Bitte, nicht abzudanken. Dies trug dem
Veranstalter der Petition, dem Direktor des Telegraphen-
amtes, zwar die höchste Ungnade der Regentin ein; er mußte
fliehen und wurde in Macao noch gefangen gesetzt. Da
aber auch die Vertreter der fremden Mächte Widerspruch
erhoben, wurde das Dekret selbst wieder umgewandelt.
Guang-sü blieb dem Namen nach Kaiser und Pu-gün wurde
lediglich zum Erben des Thrones bestimmt. Daß die Wiederaufnahme der Regentschaft durch Tsï-hi zugleich eine ener-
gischere Haltung den Ansprüchen der Fremden gegenüber
bedeutete, erfuhr Italien als es im Frühjahr 1899 nach dem
Muster von Deutschland, Rußland, England und Frankreich
auch eine Gebietsabtretung verlangte (die San-men-Bucht in
Tschekiang) und gründlich abgewiesen wurde.

Der Boxeraufstand und das internationale Vorgehen der Mächte in China.

Aber während so die Regentin in abwehrender Haltung
gegen fremde Einflüsse das Mandschu-Regiment und ihre
eigene Herrschaft von neuem zu festigen dachte, entstand im

Volk selbst ein Brand, in dessen Flammen der Thron der
Mandschus beinahe ganz zusammen gestürzt wäre; der
Boxeraufstand des Jahres 1900. Verschiedene Einflüsse
haben zu seiner Entstehung und Ausbreitung über den ganzen
Norden Chinas mitgewirkt. Sein Ursprungsort ist die Pro-
vinz Schantung, die ja von jeher ein günstiger Boden für
religiös-politische Bewegungen gewesen war. Hier machte
sich, schon seit dem Jahre 1896[1]), und zwar zuerst in den
Präfekturen Yentschoufu und Itschoufu der „patriotische
Faustbund" bemerkbar, mit dem ein anderer, der „große
Schwertbund" im Zusammenhang stand, dessen Mitglieder
später durch rote Turbane und Gürtel kenntlich waren[2]). Ursprünglich scheint die Bewegung, wie das bei den meisten
Geheimbünden in China der Fall ist, etwas Dynastiefeindliches
gehabt zu haben. Einer ihrer Führer, Namens Dschu, gab
sich als einen Nachkommen der Ming aus, und es fehlte
unter den Lokalbeamten, welche zuerst auf sie aufmerksam
wurden, nicht an Stimmen, welche in ihr einfach ein Wie-
deraufleben der berüchtigten „weißen Lotosgesellschaft" erblickten (s. S. 120f und S. 56). Auch buddhistische Mönche
waren mit ihnen im Bund. Die Mitglieder des Bundes versammelten sich nachts zu Kultushandlungen und liturgischen
Gesängen. Ihr Glaube an die Hilfe, die ihnen im Falle der Gefahr
durch Geistersoldaten vom Himmel zuteil werden würde, und
an die Unverwundbarkeit ihrer Leiber auch gegen Kanonen
und Gewehrkugeln gab nicht zum wenigstens späterhin der Bewegung ihren fanatisch ungestümen Charakter. Was nun
aber diesen „Faustbund" bald von allen früheren derartigen
Vereinigungen unterschied, war der Haß gegen die Fremden. Seine Anhänger fühlten sich vom Himmel berufen, alle
die Demütigungen und Verluste zu rächen, welche China
von den Fremden erduldet hatte. In erster Linie entlud sich
dieser ihr Haß wieder gegen die Missionen und die Christen;

---

[1]) So nach amtlicher Aussage Yüan-schï-kai's.
[2]) Gewissermaßen ein weiblicher Zweig dieses Bundes war der
des „roten Lampenlichts", dem nur Frauen angehörten.

denn die Missionare wurden als nichts anders aufgefaßt als die Agenten für die politisch-militärischen Ausdehnungsgelüste ihrer Staaten, und die Christen waren verhaßt um der Anlehnung willen, die sie in den zahlreichen gerichtlichen Streitigkeiten mit ihren ungetauften Volksgenossen bei den Missionaren suchten und oft genug fanden. Dieser ausgesprochene fremdenfeindliche Charakter der Bewegung war nun der Grund, warum die Regierung ganz im Gegensatz zu ihrer sonstigen Haltung diesen Volksbund nicht unterdrückte, sondern ihn gewähren ließ und bald ganz offen unterstützte. Damit verstand die Dynastie zugleich den Volksunwillen, der sich sonst gegen sie selbst entladen hätte (da in China letztlich immer die Dynastie für alles verantwortlich ist), lediglich nach außen hin abzulenken.

Schon bei Li-bing-höng (Gouverneur von Schantung seit 1895) konnten die Boxerbanden merken, daß er ihren Bestrebungen nicht im Wege sei. Es ist nicht zufällig, daß unter diesem Gouverneur gerade die Ermordung der katholischen Missionare Nies und Henle vorkam[s]). Noch bedeutend weiter als Li-bing-höng in der Duldung der Boxer ging sein zweiter Nachfolger, der rücksichtslose, fanatische Mandschu Yü-hiän (seit Juni 1899). Von entscheidender Bedeutung für das Erstarken und die Ausbreitung des Bundes wurde der nach dem Staatsstreich 1898 erlassene Aufruf zur Bildung von freiwilligen Kompagnien in Städten und Dörfern, die zur örtlichen Selbstverteidigung dienen sollten, und „für jede Art von schwierigen Lagen" zu verwenden

---

[s]) Wegen Beleidigungen, die katholische Missionsmitglieder im Bezirk Itschoufu erfahren hatten, ging Ende März 1899 von Tsingtau aus eine Kompagnie des dritten Seebataillons nach Itschoufu ab, um einen Druck auf die Behörden auszuüben; sie kehrte im Mai zurück. Die chinesische Regierung hatte schon vorher an Bischof von Anzer 28 Tausend Taels Entschädigung gezahlt. Im Juni desselben Jahres rückten zwei Kompagnien mit vier Geschützen und zwei Maschinengewehren nach Kaumi, wo die Bahnbauten der Schantung-Eisenbahn-Gesellschaft auf Widerstand gestoßen waren. Eine Reiterpatrouille blieb bis zum August in Kiautschou. Am 31. Januar 1899 wurde der Engländer Brooks bei Tsinanfu ermordet.

seien. Damit war, wenn es auch wohl nicht von Anfang an
so gemeint war, für die Boxerbewegung ein gesetzmäßiger
Rahmen geschaffen; denn die sich nun bald besonders in
Schantung und Tschili bildenden freiwilligen Kompagnien
waren von den Boxern kaum unterschieden. Die Fahnen dieser
Freiwilligen trugen Inschriften wie diese: „Schutz der Dynastie, Tod den Fremden!" — „Die Götter sind mit uns zur
Vernichtung aller Fremden!" — „Tretet ein in den Bund
der Freiwilligen für das Vaterland!" — Immer mehr machte
sich bei Beamten und Volk die Meinung geltend, daß die
Regierung mit dem Aufruf zur Bildung dieser Milizen eine
stillschweigende Aufforderung zu Gewalttätigkeiten gegen
die Fremden habe geben wollen.

Unter diesen Umständen war es von entscheidender Bedeutung, daß Yüan-schï-kai, der Nachfolger Yü-hiäns, in
Schantung seit Februar 1900, kein Freund der Boxer war,
sondern ebenso wie Jung-lu, in einem Thronbericht offen
aussprach, daß er ihre Banden für ungeeignet halte, in irgend
einer Form dem Kaiserlichen Heere angehören zu können.
Aber der offene Ausbruch der Bewegung war nicht mehr
zu hemmen. Eine Dürre, welche über den Norden Chinas
1899 viel Hungersnot brachte, verstärkte die Unzufriedenheit, und 1900 brach der Sturm los. In Schantung begannen
die Unruhen damit, daß im Februar dieses Jahres deutsche
Eisenbahningenieure, die in Nanliu bei Weihsien mit den Vorarbeiten zum Bahnbau beschäftigt waren, von den Aufständischen überfallen wurden; ihre Wohnungen und Geräte
wurden zerstört und sie selbst gezwungen, sich auf Kaumi
und Kiautschou zurückzuziehen. Solche Überfälle, sowohl
auf Angestellte der Bahn- und Bergbaugesellschaft als auch auf
die Missionsstationen wiederholten sich immer häufiger und im
Laufe des Mai und Juni mußten fast alle im Innern Schantungs wohnenden Fremden ihre Plätze verlassen und zogen
sich meist nach Tsingtau zurück. Gouverneur Jäschke schickte
eine Kompagnie nach Kiautschou. Aber in weiser Zurück-
haltung gab er den Stimmen nicht nach, welche ihm rieten,
noch darüber hinaus aktiv gegen die Boxer vorzugehen.

Dadurch erleichterte er dem Gouverneur Yüan-schï-kai sehr erheblich die Durchführung des Zieles, in seiner Provinz die Boxerbewegung niederzuhalten⁴).

Die Boxer wurden durch diese Haltung Yüan-schï-kai's aus Schantung hinausgedrängt, und nunmehr wurde die Provinz Tschili der eigentliche Schauplatz ihrer Betätigung. Sie waren bald die Herren der Situation; die Beamten mußten sich ihnen fügen, sofern sie es nicht schon freiwillig getan, hatten. Im April 1900 besetzten die Boxer Pautingfu und bedrohten bereits Peking und Tientsin. Die Regierung entsandte jetzt Truppen gegen sie, deren Haltung aber so war, daß sie die Bewegung nur förderten, anstatt sie zu hemmen. Die Gesandtschaften in Peking blieben, mit Ausnahme des deutschen Vertreters Baron von Ketteler, merkwürdig sorglos gegen die nahe Gefahr. Erst Ende Mai riefen sie, sofern ihre Regierungen Kriegsschiffe an der Küste hatten, telegraphisch Schutzwachen für die Gesandtschaften herbei, die bald darauf in einer Gesamtstärke von 450 Mann in Peking einrückten. Deutscherseits gingen 50 Mann des dritten Seebataillons unter Führung des Oberleutnants Graf von Soden an Bord S. M. S. „Irene" am 30. Mai von Tsingtau nach dem Norden ab und trafen am 3. Juni in Peking ein. Es war der letzte Zug, mit dem sie Peking erreichten; hinter ihnen her besetzten und zerstörten die Boxer den Bahndamm. Die Regierung entsandte zwar auf die wiederholten Vorstellungen der Gesandten hin von neuem Truppen gegen sie, doch zugleich mit dem Befehl, Blutvergießen zu vermeiden. Anderseits ließ sie als besondere Kaiserliche Leibgarde Regimenter aus Kansu in Peking einrücken; diese wurden geführt von Dung-fu-siang, einem rohen Soldaten, der im Mohammedaner-Aufstand sich einen gefürchteten Namen gemacht hatte, und vor Begier brannte, nun auch gegen die verhaßten Fremden Lorbeeren zu erwerben. Am 9. Juni

---

⁴) Doch herrschte natürlich den ganzen Sommer über auch in Schantung eine große Spannung, und die wenigen katholischen Missionare, welche nicht geflohen waren, hielten sich möglichst versteckt.

ermordeten seine Soldaten den japanischen Gesandtschafts-
Attaché, der auf dem Weg zum Bahnhof ihr Lager berühren
mußte. An demselben Tag telegraphierten sämtliche Gesandte an die auf der Rhede vor Taku liegenden Kriegsschiffe um Verstärkung der Detachements. Am 10. Juni ging
infolgedessen von Tientsin eine Expedition unter dem Oberbefehl des englischen Admirals Seymour ab, der schon 1857
bis 1860 als junger Offizier den Krieg gegen China mitgemacht hatte. Sie bestand aus 850 Mann Engländern, 489
Deutschen mit 21 Offizieren von den Schiffen „Hertha",
„Hansa", „Kaiserin Augusta" und „Gefion" unter Führung
des Kapitäns zur See von Usedom, 200 Russen und kleineren
Abeitungen Amerikaner, Franzosen, Italiener, Österreicher,
insgesamt 2117 Mann. Am gleichen Tage wurde in Peking
Prinz Duan, der Vater des Thronfolgers, zum Präsidenten
des Tsungli-Yamens berufen, ein Zeichen des wachsenden
Einflusses der Kriegspartei bei Hofe; denn dieser Prinz ist
derjenige, welcher für den Bund der Regierung mit den
Boxern in erster Linie verantwortlich ist. Am 12. Juni
drangen die Boxer in Peking ein, zerstörten und verbrannten
alles, was irgendwie mit Christen oder Fremden zusammen
hing — unter anderem die französische Kathedrale — und
drangen auch schon gegen das Gesandtschaftsviertel vor.
Alle in Peking lebenden Fremden und zahlreiche chinesische
Christen hatten sich dahin geflüchtet.

Die zum Entsatz aller Gesandtschaften abgegangene Expedition Seymour erreichte ihr Ziel nicht. Sie konnte zunächst zwar die Bahn benutzen und gelangte ohne große
Hemmnisse am 12. Juni bis zur Station Langfang, 45 Kilometer vor Peking, dort aber häuften sich die Schwierigkeiten. Der Bahnkörper nach Peking zu war gründlich zerstört, die Boxer drängten immer stärker heran und schnitten
die rückwärtige Verbindung nach Tientsin ab; aus dem durch
Leichen überall verseuchten Brunnen war kein Wasser zu
bekommen. Die ganze Expedition war ungenügend vorbereitet, und nunmehr fürchtete man, daß nicht nur die Pro-
viantierung, sondern auch die Munition bei einer längeren

Fortsetzung des Wagnisses zu knapp werden möchte. So entschied sich Admiral Seymour dafür, unverrichteter Sache den Marsch abzubrechen und zurückzukehren. Der Befehl zum Rückzug wurde schon am 16. Juni gegeben, aber erst nach einem Gefecht bei Langfang am 18. Juni tatsächlich ausgeführt.

Inzwischen hatten die Kommandanten der vor Taku liegenden Schiffe und Geschwader es für nötig gehalten, die Taku-Forts an der Mündung des Peiho in ihre Gewalt zu bekommen, um den Weg nach Tientsin und Peking frei zu haben. Am 15. Juni wurde von ihnen allen mit Ausnahme des amerikanischen Vertreters dem Kommandanten der Taku-Forts ein Ultimatum überreicht, daß er diese bis zum 17. Juni 2 Uhr morgens zu räumen habe. Zur Beschießung der Forts kamen wegen der Barre nur die Kanonenboote und kleinen Kreuzer in Betracht. Ein Landungskorps von 120 Mann von den Schiffen „Hansa", „Hertha", „Gefion" hatte der deutsche Geschwaderchef, Admiral von Bendemann, schon vorher nach Tungku geschickt, wo es sich mit noch stärkeren Abteilungen von Japanern, Russen, Engländern verband. In der Nacht vom 16. zum 17. Juni, etwa eine Stunde vor Ablauf des Ultimatums, kam das Feuer aus den Taku-Forts dem Angriff der Verbündeten zuvor. Ein heftiger Artilleriekampf entspann sich in der hellen Mondscheinnacht, wobei das deutsche Kanonenboot „Iltis"[5]), das in erster Linie stand, mehrere Treffer erhielt und seinen Ankerplatz wechseln mußte. Der Kommandant, Kapitän Lans, wurde schwer verwundet. Um $1/_2$4 Uhr morgens war das Feuer des Nordwestforts zum Schweigen gebracht; der „Iltis" gab ein verabredetes Zeichen und eine Stunde später begannen die Sturmkolonnen von Land her die Forts zu erstürmen, wobei die Deutschen und Japaner zuerst auf den Wällen waren. Nun wurden auch die anderen Forts unter meist tapferer Gegenwehr der Chinesen genommen. Kurz vor 7 Uhr mor-

---

[5]) Der 1896 untergegangene „Iltis" war durch einen neuen, aber von fast doppelter Größe ersetzt worden.

gens war das Werk getan. Die Verbündeten hatten 118 Tote und Verwundete, die Chinesen etwa 700.

In Tientsin waren, nachdem die Lage kritisch zu werden anfing, ebenfalls Abteilungen von den verschiedenen Nationen zum Schutz der Fremdenniederlassung eingerückt; ihre Gesamtstärke betrug damals etwa 850 Mann, unter ihnen 150 Deutsche; dazu kam noch die Tientsiner Freiwilligen-Kompagnie. Die Chinesen-Stadt war in den Händen der Aufständischen, und nachdem die Eroberung der Taku-Forts durch die Fremden bekannt geworden war, wurde noch am Nachmittag des 17. Juni auch die Fremdenniederlassung von dem West-Fort aus beschossen und von den vereinigten Boxern und Truppen vollständig umzingelt⁶). Sie zu entsetzen, wurde nun die nächste Aufgabe der bei Taku versammelten Marinetruppen. Sie erhielten am 21. Juni noch zwei Kompagnien des dritten Seebataillons aus Tsingtau unter Führung des Majors Christ zur Verstärkung, und unmittelbar nach deren Eintreffen begann der Vormarsch. Das Landungskorps, etwa 1000 Mann stark, bestand hauptsächlich aus Russen, geführt von General Stoeßel (dem späteren Kommandanten von Port Arthur), dem sich auch die zwei deutschen Kompagnien (von Knobelsdorf und Gené) unterstellten. Es gelang am 23. Juni nachmittags, die Verbindung mit der Fremdenniederlassung in Tientsin herzustellen und sie somit einstweilen zu entsetzen. Am Morgen dieses Tages waren bei einem Vorstoß der Kompagnie Gené auf das Ostarsenal Leutnant Friedrich und 8 Mann gefallen, 25 Mann verwundet. Auf die Kunde von der bedrängten Lage des Seymourschen Korps rückte Stoeßel zunächst diesem entgegen, mit der 1. Kompagnie des deutschen Seebataillons in der Avantgarde, und vermochte am Abend des 24. Juni nach einem erfolgreichen Angriff auf das Fort Hsiku sich mit diesen zu vereinigen. Das Seymour-Korps hatte in den letzten

---

⁶) Auch das Seymour-Korps bemerkte erst nach dem Fall der Taku-Forts zum erstenmal, daß auch reguläre chinesische Truppen unter seinen Feinden waren.

fünf Tagen einen sehr beschwerlichen, aufreibenden Rück-
marsch längst des Peiho ausgeführt, unter ständigen Scharmützeln mit den rechts und links beunruhigenden Feinden
und gehemmt durch die Rücksicht auf die Verwundeten,
welche auf Dschunken untergebracht waren. Der Sey-
moursche Entsatzversuch Pekings war also gescheitert und
hatte allein den Deutschen, welche an den Rückzugkämpfen
hervorragend beteiligt waren[7]), 11 Tote und 57 Verwundete
gekostet.

In Tientsin fing aber der Kampf jetzt erst an recht heiß
zu werden, da der Ring der vereinten Boxer und Kaiserlichen Truppen sich wieder fester zuzog, obwohl am 27. Juni
noch das Ost-Arsenal genommen war. Der Gedanke wurde
erwogen, Tientsin überhaupt preiszugeben und sich auf Taku
zurückzuziehen. Am 3. Juli erstürmten die Chinesen den
von den Russen besetzt gehaltenen Bahnhof und besetzten
die zur französischen Niederlassung führende Schiffsbrücke.
Die am 2. Juli erfolgte Abberufung der Tsingtauer Kompagnien zum Schutz der eigenen Kolonie war deshalb für
die Tientsiner Besatzung recht empfindlich. Trotzdem statt

---

[7]) „Germans to the front!" Die nähere Situation, in der dieses
Wort gesprochen wurde, wird durch folgenden Auszug aus dem
Kriegstagebuch von Usedoms deutlich: „20. Juni, zur Nacht: Ver-
einigung sämtlicher Truppen auf dem linken Peiho-Ufer; Kriegsrat:
Weitermarsch bei Tage unmöglich, daher Nachtmarsch zu versuchen.
22. Juni: Ein Uhr Nachts Weitermarsch. 2 Uhr Nachts während
Marschpause: „Germans to the front" auf Seymours Befehl. Tages-
anbruch gegenüber von Hsiku-Arsenal, dessen Wälle stark besetzt".

Das vom Admiralstab der Marine herausgegebene Werk über
„Die K. Marine während der Wirren in China" gibt dazu folgende
nähere Ausführung: „Kapitän von Usedom rückte unverzüglich (nach
dem erhaltenen Befehl) mit allen vier deutschen Kompagnien nach
vorne und meldete sich bei dem Admiral. Dieser befand sich bei den
die Spitze bildenden Engländern und bat den deutschen Führer, mit
seinen Leuten in der Vorhut zu bleiben, weil er einen ernsten Widerstand bei dem Hsiku-Arsenal, das bald passiert werden müsse, be-
fürchtete. Gleichzeitig stellte er an Kapitän von Usedom das Ersuchen,
falls er selbst verwundet werden oder fallen sollte, als nächstältester
Offizier den Oberbefehl zu übernehmen; er habe seinen Offizieren
bereits entsprechende Anweisungen gegeben."

ihrer 800 Japaner und 1200 Amerikaner zur Verstärkung kamen, wurde die Lage immer schlechter, wozu auch der Mangel einer energischen Oberleitung viel beitrug. Die Chinesen hatten im Nordosten zwei vorzüglich feuernde Batterien in Stellung gebracht, welche die Russen zweimal — am 4. Juli im Bund mit den Japanern — vergeblich zu nehmen suchten. Endlich, nachdem inzwischen die Oberleitung von Seymour an den russischen Admiral Alexejeff übergegangen war, glückte am 13. Juli ein umfassender Angriff auf die feindlichen Stellungen. Die Russen und die deutschen Matrosen-Kompagnien gingen im Nordosten vor; die Amerikaner, Japaner, Franzosen, Engländer und Österreicher im Westen. Auf beiden Seiten gelang es in heißem Kampfe vom frühen Morgen bis späten Abend, die chinesischen Stellungen zu nehmen und den Feind auf die innere Chinesenstadt zurückzuwerfen. Am anderen Morgen sprengten die Japaner ein Tor, und am 15. Juli fluteten die Massen der chinesischen Streitkräfte nach Norden zurück. Einen weiteren Vormarsch auf Peking wagten die Verbündeten einstweilen nicht, bis Verstärkungen eingetroffen waren. Erst Anfang August rückte das neue Entsatzkorps, Russen, Japaner, Engländer, Amerikaner unter dem Oberkommando des russischen Generalleutnants Linewitsch ab, die Engländer unter Gaselee. Deutsche Truppen waren nicht dabei, da man erst die noch bevorstehende Ankunft des ersten und zweiten Seebataillons abwarten wollte.

Während dieser Zeit waren aus dem Gesandtschaftsviertel Pekings keine direkten Nachrichten mehr in die Außenwelt gedrungen. Man hielt es für unmöglich, daß die Eingeschlossenen hätten verschont bleiben können, und es klang wie eine Sage, als die erste noch zweifelhafte Kunde von amtlicher chinesischer Seite kam, daß die in den Gesandtschaften umzingelten Europäer zum überwiegenden Teil noch am Leben seien. Während der Belagerung, die im ganzen 56 Tage dauerte, konnten die Eingeschlossenen selbst sich kein Bild von dem widerspruchsvollen Verhalten der Belagerer machen; bald wurden sie wütend beschossen, bald tagelang völlig in Ruhe gelassen. Sie sahen reguläre kaiserliche Truppen unter ihren Angreifern, dann wieder schickte der Hof ihnen Botschaft und versicherte sie seines Schutzes. Sie wurden auf das heftigste bestürmt und doch wieder hatten sie den Eindruck, daß irgend ein Umstand hemmend darauf wirke, daß nicht voller Ernst mit ihrer Vernichtung gemacht würde. Die Zusammenhänge dieser Ereignisse mit der bei Hofe herrschenden Verschiedenheit der Ansichten und der schwankenden Haltung der Regentin selbst sind erst kürzlich durch das später aufgefundene Tagebuch des chinesischen Ministers a. D. Ging-schan aufgedeckt worden, welches in dem Werk von Bland und Blackhouse über die verstorbene Kaiserin-Witwe mitgeteilt ist[8]). — Als am 19. Juni nachmittags die Nachricht von dem Verlust der Taku-Forts in Peking eintraf, bestürmten Prinz Duan und seine Anhänger die Regentin, nunmehr offen den Krieg gegen die Fremden zu erklären. Prinz Duan zeigte ihr ein (von ihm gefälschtes) Schreiben der Gesandten, in dem sie die Abdankung der Regentin und die Wiedereinsetzung Guangsü's verlangten. Dies brachte Tsï-hi in die äußerste Wut; trotzdem wollte sie die Entscheidung bis zur feierlichen Sitzung des Staatsrats am folgenden Tage verschieben. An demselben Nachmittag aber noch stellte Prinz Duan an die Gesandten die Forderung, daß sie samt ihren Wachen binnen 24 Stunden Peking verlassen sollten; eine chinesische Eskorte würde sie geleiten; falls sie sich weigerten, könne die Regierung keine Verantwortung für ihr Leben übernehmen. Am 20. Juni früh morgens 3 Uhr fand die entscheidende Staatsratssitzung statt. Jung-lu warnte dabei die Regentin inständigst, sich nicht auf eine Verbindung mit den Boxern einzulassen und die Gesandtschaften nicht anzugreifen, wie

---

8) Ging-schan, ein Mandschu, der schon die Eroberung Pekings durch die Engländer und Franzosen 1860 erlebt hatte, gehörte zu der näheren Familie der Regentin; er hatte selbst hohe Ämter bei Hofe bekleidet und stand in nahen Beziehungen zu den damals einflußreichsten Männern, von denen er über alles unterrichtet wurde, was bei Hofe vorging.

es Prinz Duan wolle; es würde einen vollständigen Ruin zur Folge haben. Aber er blieb völlig allein mit dieser Ansicht und verließ die Sitzung. Die Regentin war wie benebelt von dem Gedanken, daß die Boxer doch vielleicht wirklich im Besitz übernatürlicher Kräfte seien. Einige Stunden später trat der erweiterte Staatsrat zusammen, wobei auch der Kaiser, sämtliche Minister, die Generäle der Bannertruppen und die hervorragendsten Mandschu-Prinzen mit anwesend waren. Die Regentin hielt dabei mit erregter Stimme eine Ansprache an die Versammelten, in der sie erklärte, bisher sei es immer noch ihre Absicht gewesen, die Boxer zu unterdrücken; aber angesichts der unverschämten Forderung der Gesandten vom gestrigen Tage sei es klar, daß keine friedliche Lösung mit ihnen möglich sei. Jetzt sei es Zeit, um dem gewalttätigen Eindringen der Fremden ein für allemal ein Ende zu machen; jetzt verfüge China, anders als im Jahre 1860 über Millionen von Freiwilligen. Der Tag der Rache sei nun endlich nahe. Dann fragte sie zuerst den Kaiser um seine Meinung, der nach einer langen Pause zögernd sich für Jung-lu's Ansicht erklärte, und riet, die Gesandtschaften nicht anzugreifen. Außer ihm sprach sich noch ein Mandschu und von den Chinesen der Minister Sü-ging-tscheng und besonders Yüan-tschang gegen die Kriegserklärung aus; ja letzterer wagte die Echtheit des vom Prinzen Duan übermittelten Schreibens der Gesandten zu bezweifeln. Tsï-hi ließ ihn wegen dieser Beschuldigung Prinz Duan's die Audienzhalle verlassen. Nun wagte niemand weiter ein Wort zu sagen. Der Krieg war entschieden. Tsï-hi befahl, daß das entsprechende, schon vorher aufgesetzte Edikt im ganzen Reich verbreitet würde und teilte zugleich mit, daß sie vor Ausbruch des offenen Krieges an den Altären ihrer Vorfahren ein besonderes Opfer darbringen wolle.

Am Vormittag dieses Tages begab sich der deutsche Gesandte, Freiherr Clemens von Ketteler, der anerkannt energischste unter seinen Kollegen, mit seinem Dolmetscher Cordes zum Tsungli-Yamen, um persönlich betreffs der unannehmbaren Forderungen vom gestrigen Tage zu verhandeln.

Sie nahmen nur zwei chinesische Reitknechte und keine Waffen mit, um Aufsehen zu vermeiden. Der Vorhang der Sänften blieb auf Kettelers Befehl offen. Als sie auf der Hatamen-Straße waren, traten plötzlich aus einer Polizeistation Mandschu-Soldaten, das Gewehr schußbereit, heraus. Ein Sergeant schritt, von dem Gesandten unbemerkt, schnell an die Sänfte heran, und ehe der entsetzte Cordes „Halt" rufen konnte, schoß er aus einem Meter Entfernung von hinten dem Gesandten eine Kugel in den Kopf, die sofort tötete. Die Reitknechte jagten davon, Cordes erhielt ebenfalls zwei Schüsse, entkam aber trotz Wunden und Blutverlust glücklich der Verfolgung auf Seitenwegen in eine Mission[9]). Auf die Kunde von der entsetzlichen Tat eilte der deutsche Detachementsführer, Graf v. Soden, an der Spitze seiner Seesoldaten mit aufgepflanztem Bajonett an die Mordstätte, doch fand er die Leiche des Gesandten nicht mehr und mußte vor der drohenden Übermacht den Rückzug antreten[10]). Gleich darauf wurden die Gesandtschaften zum erstenmal regelrecht beschossen; die eigentliche Belagerung begann. Am 22. Juni mußten die Österreicher, Italiener und Franzosen sich vor den heftigen Angriffen der Boxer und der Truppen Dung-fu-siang's aus ihren Gesandtschaften zurückziehen. Bei den Bränden um die Gesandtschaften herum ging auch die alte Hanlin-Akademie mit ihrer einzigartigen Bibliothek in Flammen auf. Die Boxer traten inzwischen immer gewalttätiger hervor; auf bloße Anschuldigung hin, mit den Fremden im Bund zu stehen, wurden Hunderte von Chinesen hin-

---

[9]) Cordes erholte sich von seinen Wunden und ist heute Direktor der Deutsch-Asiatischen Bank in Peking. Er ist seinerseits überzeugt, daß die Auftraggeber des Mörders es ausdrücklich auf den deutschen Gesandten abgesehen hatten. Der Sergeant berief sich für seine Tat auf den Befehl Prinz Duan's, daß jeder Fremde, einerlei wo er angetroffen würde, erschossen werden solle. Er wurde später an der Stätte des Mordes enthauptet.

[10]) Es ist jenem Yüan-tschang, der in der Staatsratssitzung sich für den Schutz der Gesandtschaften aussprach, zu danken, daß die Leiche Baron v. Kettelers vor Verstümmelung bewahrt blieb und eingesargt wurde.

geschlachtet. Sie quartierten sich selbst in die Häuser der Reichen und Beamten ein, so daß es letzteren bald unheimlich wurde vor den Geistern, die sie herauf beschworen hatten. Ihre Frechheit ging so weit, daß sie am 25. Juni mit Prinz Duan und anderen Mandschu-Prinzen zusammen in das Innere des Palastes eindrangen und den Kaiser als einen Fremdenfreund herausforderten. Ihr wüster Lärm: „Schlagt die Teufelsbrut tot!" drang bis zu dem Gemach der Regentin; da kam diese in eigener Person hervor, und von den Stufen der Treppe aus verwies sie Prinz Duan die unerhörte Anmaßung, ungerufen im Palast zu erscheinen. Er solle nicht vergessen, daß dieselbe Macht, die seinen Sohn zum Thronfolger bestimmt habe, ihn auch wieder absetzen könne. Duan und alle anderen Prinzen mußten sich auf der Stelle vor ihr niederwerfen, um ihre Verzeihung zu erflehen; die betreffenden Boxerhäuptlinge aber, welche es gewagt hatten, den Palast zu betreten, wurden ohne weiteres zur Enthauptung abgeführt. Dieses Erlebnis stellte der Regentin selbst recht vor Augen, mit welchen Bunndesgenossen sie sich eingelassen hatte. Sie befahl deshalb an demselben Tage, daß das Schießen auf die Gesandtschaften eingestellt werden solle, und erlaubte Jung-lu, Verhandlungen mit ihnen anzuknüpfen. Indes bald darauf traf die Nachricht ein, daß das Seymour-Korps den Rückzug habe antreten müssen, und das Feuer auf die Gesandtschaften begann von neuem. Die Deutschen und die Amerikaner hatten Barrikaden auf der 16 Meter breiten Stadtmauer der Tartaren-Stadt errichtet[11]), aber am 30. Juni und 1. Juli wurden sie ihnen wieder entrissen. Damit wurde die Lage für die Gesandtschaften aufs äußerste gefährdet.

---

[11]) Die Gesandtschaften liegen zwischen der Tartarenmauer und der Kaiserstadt. Der Mittelpunkt der Verteidigung war die englische Gesandtschaft. Die Munition genügte zur Not; die Artillerie bestand nur aus einem Maschinengewehr und einer kleinen Kanone. Eingeschlossen waren etwa 700 Europäer und 2000 Chinesen, die zuletzt von Pferde- und Eselfleisch lebten.

Was sie vor völliger Vernichtung in diesen Tagen bewahrte, ist nächst ihrer eigenen beharrlichen Tapferkeit der Umstand, daß Jung-lu nicht nur seine Truppen (und er verfügte über die besten) von jeder Feindseligkeit gegen das Gesandtschaftsviertel fern hielt, sondern auch standhaft dem wütenden Dung-fu-siang die Benutzung seiner schweren Geschütze verweigerte. Doch auch so blieb die Lage der Belagerten ernst genug. Am 13. Juli besetzten die Chinesen die Klubhäuser neben der deutschen Gesandtschaft und brachen Schießscharten in deren Gartenmauern. Der kühnen Offensive Graf v. Soden's gelang es mit dem Bajonette die Angreifer aus dieser Stellung wieder herauszuwerfen. Am 16. Juli mußte Prinz Duan der Regentin die Nachricht bringen, daß Tientsin von den Fremden erobert sei, „weil die Boxer nachlässig in der Erfüllung ihrer religiösen Riten gewesen wären" und mußte an demselben Tag von Jung-lu sich überführen lassen, daß jenes Schreiben, durch welches Tsï-hi's Wut gegen die Gesandten so sehr erregt worden war, eine Fälschung gewesen sei. Unter dem Eindruck dieser Kunde und dieser Enthüllung ließ die Regentin am 16. Juli nicht nur das Schießen auf die Gesandtschaften wiederum einstellen, sondern sandte ihnen als persönliches Geschenk Körbe voll Melonen, Weintrauben und anderen Früchten. Die nächsten drei Wochen über hatten die Gesandtschaften verhältnismäßig Ruhe. Aber immer noch hoffte Tsï-hi im Stillen auf einen Sieg über die Fremden, in solcher Aussicht jetzt vor allem durch den von Hankou eingetroffenen Li-bing-höng bestärkt, den sie dem anrückenden internationalen Entsatzkorps entgegen schickte. Aber dessen Untergebene wagten nicht, diesem Stand zu halten, und Li-binghöng nahm sich deshalb das Leben. Während vom 12. August ab erneute Angriffe auf die Gesandtschaften erfolgten, rückte das Entsatzkorps, das nirgends einem Widerstand begegnet war, immer näher. Am Abend des 13. August erlebten die so lange Belagerten die letzte Beschießung. In der folgenden Nacht vernahmen sie das ratternde Maschinengewehrfeuer ihrer Freunde und am Nachmittag des 14. August waren sie endlich befreit[12]). — In einem Gewühl von Flüchtigen, Fußgängern, Wagen und Reitern, die in der folgenden Nacht Peking eiligst verließen, befand sich auch ein einzelner Karren, in dem Tsï-hi als chinesische Bäuerin verkleidet saß, während ein anderer den Kaiser trug. Im Sommerpalast wurde kurze Rast gemacht, dann ging der Zug der Flüchtigen, dem sich je länger je mehr Beamte anschlossen, über Taiyuanfu weiter nach Sianfu (Schensi) der alten Reichshauptstadt.

Während so im Norden Chinas das Kriegsfeuer schon seit zwei Monaten loderte, und die Dynastie selbst aus anfänglicher Duldung der Feindseligkeiten gegen die Fremden im Laufe der Ereignisse immer stärker sich aktiv an ihnen beteiligte, blieb das ganze übrige China von dem Krieg verschont. Dies war der Besonnenheit und Energie der Männer zu danken, welche damals die wichtigsten Posten des Reiches bekleideten, nämlich außer Yüan-schï-kai die Generalgouverneure Liu-kun-i in Nanking, Li-hung-dschang in Kanton, Dschang-dschï-dung in Wutschang[13]). Zugleich kommt auch hier Jung-lu ein hervorragendes Verdienst zu, der ungeachtet der schiefen Stellung, in die er dadurch zum Hofe geriet, die Schritte tat, die er für richtig erkannte[14]). Er

---

[12]) Englands indische Reiter waren die ersten, welche eindrangen; danach die Japaner. Die deutsche Matrosen-Abteilung, die am 9. August von Tientsin aus nachgeeilt war, traf erst am 18. August in Peking ein. Der Verlust der deutschen Gesandtschaftswache während der 55tägigen Einschließung betrug 12 Tote, 14 Verwundete. Außerhalb des Gesandtschaftsviertels hatte der französische Bischof Favier mit einigen Europäern und einer kleinen Anzahl chinesischer Christen seine Missionsgebäude tapfer gegen stürmende Boxer ebensolange wie die Gesandtschaften verteidigt.

[13]) Dschang-dschï-dung hat allerdings dem oben erwähnten Tagebuch Ging-schan's zufolge seine Haltung durchaus nach den jeweiligen Umständen eingerichtet; denn er hatte sich anfangs telegraphisch erboten, mit seinen Truppen nach dem Norden zu kommen, um bei der Vernichtung der Fremden zu helfen.

[14]) Er hat sie, wie er selbst später sagte, nicht aus Liebe zu den Fremden getan, sondern aus Treue gegen die wahren Interessen der Regentin und der Mandschu-Dynastie. Da er aber damit zu-

sandte am 22. Juni, an demselben Tag, an dem Tsï-hi einen Preis auf den Kopf jedes Fremden setzte, ein Rundschreiben an jene obengenannten Männer, in dem er ihnen die große Gefahr schilderte, die dadurch entstanden sei, daß die Regentin sich von den Boxern blenden lasse, und ermahnte sie, das Äußerste zu tun, um ihre Provinzen in Ruhe zu halten. Yüan-schï-kai war, wie bereits erwähnt, der erste, welcher solcher Erkenntnis in seiner Provinz auch tatsächlich Geltung verschaffte. In ähnlicher Weise wie er mit Gouverneur Jäschke in Tsingtau, führten dann auch jene drei Generalgouverneure eine Verständigung mit den Vertretern der fremden Mächte herbei. Sie übernahmen die Garantie für die Aufrechterhaltung der Ordnung in ihren Provinzen, während die Fremden versprachen, sich nicht einzumischen. Infolgedessen konnte der Handel seinen ungestörten Fortgang nehmen; der Krieg der Mächte galt allein der Dynastie und blieb auf den Norden beschränkt[15]). In Tschili, Schansi und in der Mandschurei dagegen wurde der Vernichtungskampf gegen die im Lande lebenden Europäer von der Regierung selbst aus geleitet. Am schlimmsten in Schansi, das damals Yü-hiän, der frühere Gouverneur von Schantung, verwaltete. Sein Verhalten wäre wohl dasselbe gewesen, auch wenn er nicht den ausdrücklichen Befehl der Regentin erhalten hätte, alle Fremden in seiner Provinz zu erschlagen; er tat jedenfalls sein Möglichstes, um diesen Befehl zu erfüllen. Mehrere Missionare mit Frauen und Kindern, im ganzen 45 Personen, hatte er in sein Yamen nach Taiyuanfu bringen lassen; dort ließ er sie sämtlich vor seinen Augen niedermetzeln und half dabei mit eigener Hand (9. Juli). Denselben Befehl,

---

gleich das Leben und die Interessen der Fremden schützte, verdiente er später die unfreundliche Behandlung der Gesandten nicht. In Unkenntnis über seine wahre Haltung sahen sie in ihm nur den Vertrauten der Regentin und glaubten ihn darum mit verantwortlich für deren Haltung machen zu müssen. Erst nach seinem Tode (1903) ist der wahre Sachverhalt bekannt geworden.

15) Einzelne Ausschreitungen der Volksmasse gegen Missionsstationen kamen freilich auch in den Yangtse- und Südprovinzen vor; die meisten Missionare hatten ihre Stationen verlassen.

alle Fremden zu erschlagen, hatte Tsï-hi an den Gouverneur von Honan und an Duan-fang, Generalgouverneur von Schensi und Kansu, gesandt. Als aber diese das kaiserliche Schreiben öffneten, lasen sie die Aufforderung, alle Fremden zu beschützen. Es waren jene beiden Minister Yüan-tschang und Sü-ging-tscheng, welche diese Korrektur in dem kaiserlichen Schreiben vorgenommen hatten. Als Tsï-hi die Fälschung entdeckte (am 27. Juli) ließ sie die beiden, deren unausgesetzte Warnung gegen die von ihr verfolgte Politik ihr ohnehin ärgerlich war, auf der Stelle enthaupten[16]). Aber die Provinzen Honan, Schensi und Kansu hatten sie damit vor solchen Greueln, wie sie in Schansi vorkamen, gerettet. Die Gesamtzahl der Missionare, Katholiken wie Protestanten, die in jenen Sommermonaten zum Teil unter schrecklichen Qualen gemordet sind, ist immerhin groß genug. Einschließlich der Frauen und Kinder verloren mehrere Hundert ihr Leben, ebenso mehrere Tausende von chinesischen Christen.

Die verbündeten Truppen veranstalteten am 28. August zum Zeichen ihres Sieges einen Durchmarsch durch die verbotene Stadt und den Kaiserpalast, dessen Inneres seit den Zeiten der Jesuitenväter kein Europäer mehr gesehen hatte. Das deutsche Marine-Detachement besetzte dabei den nordwestlichen Stadtteil und den Kohlenhügel. Peking blieb nun fast ein Jahr lang von den Truppenteilen der verschiedenen Nationen besetzt. Auf die Kunde von dem Ernst der Lage in Peking und bei Tientsin hatte der deutsche Kaiser zunächst das erste und zweite Seebataillon (Generalmajor von Höpfner), ergänzt durch Freiwillige aus der ganzen Armee,

---

[16]) Bevor sein Haupt fiel, sprach Yüan noch in einem Gleichnis die Hoffnung aus, daß die Regentin von dem falschen Weg, den sie eingeschlagen, bald wieder abgehen würde. Dann rief er dem die Hinrichtung überwachenden Herzog Lan zu: „Ich sterbe unschuldig; in späteren Jahren wird mein Name noch mit Dankbarkeit und Achtung genannt werden, lange nachdem ihr Prinzen mit euern üblen Anschlägen euer wohlverdientes Urteil erhalten habt." Und zu seinem Kollegen Sü gewandt: „In kurzem werden wir uns bei den gelben Quellen wieder begegnen. Sterben heißt nur nach Hause kommen."

abgehen lassen (3. Juli), begleitet von dem eben in Dienst gestellten Panzerkreuzer „Fürst Bismark" (Kapitän Graf von Moltke). Auch andere kleine Kreuzer und Kanonenboote von der Südsee und von Afrika waren an die Küste von China berufen worden. Am 9. Juli ging ein binnen wenigen Tagen kriegsbereit ausgerüstetes Panzergeschwader, bestehend aus den Schiffen „Brandenburg", „Weißenburg", „Wörth" und dem Flaggschiff „Kurfürst Friedrich Wilhelm" ab, das dem Kontreadmiral Geißler unterstellt wurde. Am 7. Juli war die Bildung des „Ostasiatischen Expeditionskorps" erfolgt, das ganz aus Freiwilligen bestand und unter dem Kommando des Generalleutnant von Lessel in der Zeit vom 27. Juli bis 7. September in 18 großen Dampfern des Norddeutschen Lloyd und der Hamburg-Amerika-Linie in Bremerhaven eingeschifft wurde, zusammen mit späteren Verstärkungen etwa 20 000 Mann. Auch die anderen Staaten rüsteten im Juli und Anfang August weitere Expeditionskorps aus, wenn auch abgesehen von den Russen nicht in der Stärke der Deutschen. Auf eine Anregung des Zaren hin wurde als Oberbefehlshaber über sämtliche Streitkräfte — es waren zusammen etwa 60 000 Mann — Feldmarschall Graf Waldersee vom deutschen Kaiser ernannt. Er traf am 21. September in Schanghai ein, nahm zuerst sein Hauptquartier in Tientsin, von Mitte Oktober ab in Peking[17]). Die Truppen besetzten während des Herbstes alle wichtigen Plätze der Provinz Tschili. Am 20. September wurden von den Russen, Deutschen (Haubitzbatterie) und Österreichern die Peitang-Forts nahe Taku genommen und wenige Tage später Schan-haiguan. Pautingfu öffnete am 19. Oktober ohne Widerstand

---

[17]) Unbedingt anerkannt wurde Graf Waldersee als Oberbefehlshaber nur von den Österreichern und Italienern; von den Japanern, Engländern und Russen nur für Operationen in der Provinz Tschili; von den Amerikanern nur für gemeinsame Operationen, an denen sie beteiligt seien. Der französische General sagte lediglich zu, daß er die Autorität des Feldmarschalls im Kriegsrat der Generäle anerkennen würde; indes kam nie ein Kriegsrat zustande. Der internationale Befehlshaber hatte somit eine recht schwierige Aufgabe, die viel Takt und Geduld verlangte.

die Tore. Den ganzen Winter und das Frühjahr 1901 über wurden, hauptsächlich von den Deutschen, Expeditionen durch alle Teile der Provinz unternommen, Boxernester aufgestöbert und jeder Rest chinesischer Truppen ausgetrieben, wobei es zu mancherlei kleinen Gefechten kam. Nachhaltiger Widerstand wurde von den Boxern oder regulären Truppen fast nie geleistet, doch hatten die Truppen der Verbündeten mit vielen Schwierigkeiten des Geländes und des Klimas zu kämpfen. Die Streifzüge erstreckten sich bis zur großen Mauer, bis Kalgan und nach Schansi hinein. Die Gesamtverluste der deutschen Landtruppen in China betrugen dabei 60 Tote, 134 Verwundete; an Krankheiten und infolge von Unglücksfällen starben 252. Besonders beklagenswerte Verluste waren der Tod des Obersten Grafen Yorck von Wartenburg, der auch als Schriftsteller einen Namen besitzt, und des Generalmajors von Schwarzhoff, Chef des Generalstabs[18]).

Inzwischen wurde in Peking unter manchen Schwierigkeiten über Friedensbedingungen verhandelt. Der alte Li-hung-dschang, 79jährig, erschien noch einmal auf dem Plan und vertrat zugleich mit Prinz King[19]) seine Regierung. Das Ergebnis ist niedergelegt in dem „Internationalen Protokoll" vom 7. September 1901 (abgeschlossen mit Deutschland, Österreich-Ungarn, Belgien, Spanien, den Vereinigten Staaten von Amerika, Frankreich, England, Italien, Japan,

---

[18]) Graf Yorck von Wartenburg befehligte ein aus Deutschen, Italienern und Östreichern bestehendes Korps, das im November 1900 von Peking aus einen Vorstoß auf Kalgan machte. Er starb während dieser Expedition am 27. November nachts infolge von Kohlenoxydgasvergiftung. Generalmajor von Schwarzhoff fand seinen Tod in Peking in der Nacht vom 17. zum 18. April 1901 beim Brand des angeblich feuerfesten Asbesthauses im Winterpalast, in dem Graf Waldersee sein Quartier bezogen hatte; auch dieser geriet dabei in schwere Lebensgefahr.

[19]) Prinz King, ein Mandschu, geboren 1839, war durch Adoption Mitglied des Kaiserlichen Hauses geworden. Er wurde 1884 an Stelle des in Ungnade gefallenen Prinzen Gung zum Präsidenten des Tsungli-Yamen ernannt.

Holland, Rußland) in 12 Artikeln, deren wichtiger Inhalt folgender ist:

1) Als Abgesandter des chinesischen Kaisers spricht Prinz Tschun dem Deutschen Kaiser persönlich das Bedauern wegen der Ermordung des deutschen Gesandten aus[20]). An dem Platz der Ermordung errichtet die chinesische Regierung ein Monument, das in lateinischer, deutscher und chinesischer Sprache ebenfalls dieses Bedauern ausdrückt.

2) Elf Prinzen und hohe Beamte, welche die Hauptschuldigen an den Ausschreitungen gegen die Fremden im Sommer 1900 waren, werden nach bereits im Februar erlassenen Edikten um deswillen schwer bestraft. (Prinz Duan wurde zu ewiger Verbannung nach Ili verurteilt; andere dazu, sich selbst das Leben zu nehmen; Yü-hiän wurde enthauptet, der bereits tote Li-bing-höng nachträglich degradiert.) Die schuldigen Beamten niederen Grades werden ebenfalls entsprechend bestraft. In den Städten, wo Ermordungen und Ausschreitungen gegen Fremde vorgekommen sind, werden die üblichen Examina fünf Jahre suspendiert.

3) Wegen der Ermordung des japanischen Gesandtschafts-attaché's läßt der chinesische Kaiser dem japanischen in Tokio sein Bedauern aussprechen; (geschehen durch Na-tung).

4) Die chinesische Regierung verpflichtet sich, Sühnemonumente auf den fremden oder internationalen Friedhöfen zu errichten, wo Entweihungen der Gräber vorgekommen sind.

5) China verbietet für zwei Jahre (welche Frist eventuell zu verlängern ist), die Einfuhr von Waffen und Munition.

6) China zahlt den fremden Mächten innerhalb 40 Jahren eine Entschädigung von 450 Millionen Taels, verzinslich zu 4 %. In dieser Summe sind Entschädigungen für Gesellschaften und Private mit enthalten. Als Garantie für die Zahlung stehen in erster Linie die Einkäufe der Seezollverwaltung[21]) und der Salzsteuer zur Verfügung.

---

[20]) Prinz Tschun, der Bruder Guang-sü's, Vater des späteren Kaisers Süan-tung, wurde in dieser Mission vom Deutschen Kaiser am 4. September im Neuen Palais in Potsdam empfangen. Das Monument wurde 1903 in der Form eines chinesischen Ehrenbogens errichtet.

[21]) Um China die Zahlung der Summe etwas zu erleichtern, wurde eine Erhöhung des Zolls auf 5 % für alle eingeführten und ausgeführten Waren gutgeheißen. Die Zolleinnahmen beliefen sich in dem folgenden Jahrzehnt auf durchschnittlich 33 Millionen Taels, gegenüber 22 Millionen Taels in den vorhergehenden 10 Jahren. Doch ist an dieser Erhöhung der Einnahme zugleich der gesteigerte Handelsumsatz beteiligt.

7) Das Gesandtschaftsviertel in Peking, dessen Grenzen neu festgesetzt werden, bleibt ausschließlich Eigentum der Fremden, in welcher sie allein Polizeirechte ausüben. Jede Macht hat das Recht, eine ständige Gesandtschaftswache dort zu halten.

8) Die Taku-Forts und alle Befestigungen, welche die freie Verbindung zwischen Peking und dem Meer hindern könnten, werden geschleift.

9) Die fremden Mächte erhalten aus demselben Grunde das Recht, 12 namhaft gemachte Plätze besetzt zu halten, unter ihnen Tientsin und Schan-hai-guan.

10) Die Regierung verpflichtet sich, zwei Jahre lang in allen Städten folgende kaiserliche Edikte durch Maueranschlag bekannt zu machen: a) ein Edikt, welches bei Todesstrafe verbietet, einer fremdenfeindlichen Vereinigung beizutreten, b) das Edikt, betreffend die Strafen der Rädelsführer von 1900 (s. No. 2), c) das Edikt, betreffend die Aufhebungg der Examina, d) das Edikt, wonach alle Beamten bis zum Generalgouverneur für immer abgesetzt werden, in deren Bezirk je wieder fremdenfeindliche Unruhen sich erheben sollten, sofern diese nicht sofort unterdrückt und die Schuldigen bestraft werden.

11) Die Regierung verpflichtet sich, in näher geregelter Weise zur Regulierung der Flüsse Peiho und Huangpu (im Interesse des Handels von Tientsin und Schanghai).

12) Das bisherige Tsungli-Yamen wird zum Ministerium des Auswärtigen umgewandelt, welches vor den sechs anderen Ministerien rangiert[22]). Das Hofzeremoniell beim Empfang der Vertreter fremder Staaten ist so umzuwandeln, wie es der Gleichberechtigung der fremden Staaten mit China entspricht.

Schon vor dem Schlußprotokoll waren die meisten Truppen aus China zurückgezogen worden. Das deutsche Ostasiatische Expeditionskorps wurde im Mai 1901 aufgelöst; Graf Waldersee verließ am 3. Juni 1901 Peking. Es blieb jedoch eine Ostasiatische Besatzungsbrigade zurück, entsprechend Artikel 9 des Protokolls[23]).

Die Russen benutzten die Gelegenheit der Boxerunruhen, um in der Mandschurei ihre eigenen Wege zu gehen. Sie schlossen am 12. November 1900 mit dem dort kommandierenden Mandschu-General ein provisorisches Abkommen, wonach die chinesischen Truppen sich gänzlich

---

[22]) Minister des auswärtigen wurde Prinz King; er behielt diesen Posten bis zur Abdankung der Mandschu-Dynastie.

[23]) Diese ist 1906 zurückgezogen worden.

zurückziehen sollten und den Russen die Mandschurei militärisch völlig überlassen wurde. Im entgegengesetzten Sinn hatte Deutschland mit England[24]) am 16. Oktober 1900 das Yangtse-Abkommen getroffen, worin sich die beiden Mächte zu dem Grundsatz der „Offenen Tür" in China bekannten, und sich darüber verständigten, daß keine Macht sich chinesisches Territorium aneignen solle. Rußland stimmte diesem Abkommen ebenso wie alle übrigen Mächte zu, bearbeitete aber gleichzeitig Li-hung-dschang, jenes provisorische Abkommen wegen der Mandschurei zu einem förmlichen Vertrag umzuwandeln. Doch unter dem Druck des von anderen Mächten, besonders von Japan erhobenen Widerspruchs mußte Rußland teilweise nachgeben und verpflichtete sich im Vertrag zu Peking vom 8. April 1902, seine Truppen im Verlauf von anderthalb Jahren (alle 6 Monate ein Drittel) aus der Mandschurei zurückzuziehen.

Die letzten Jahre der Regierung Guang-sü (1901—1908).

Chinas beginnende Umwandlung in einen modernen Verfassungsstaat.

Nachdem Peking völlig von den fremden Truppen geräumt war, kehrte am 6. Januar 1902 der Hof in seinen leeren

---

[24]) England hatte am 18. August 1900 eine Besatzung nach Schanghai gelegt, doch sofort folgte Deutschland, Frankreich und andere seinem Beispiel. Schanghai behielt diese Besatzungen bis zum Dezember 1902; der letzte Rest deutscher Truppen zog von dort am 3. Januar 1903 ab. Daß England während des Internationalen Feldzuges gegen die Dynastie nicht stärker hervortrat, ganz im Gegensatz zu seinem früheren Vorgehen, war einerseits ein Zeichen der veränderten Weltlage, indem inzwischen auch die anderen Mächte viel stärker in die Weltpolitik hineingekommen waren, andererseits war England gerade damals durch den Burenkrieg stark gebunden.

Palast zurück[1]). Eine Geschichte von 60 Jahren war — wenn auch noch nicht zum Abschluß — so doch zu einem entscheidenden Einschnitt gekommen. Denn der Boxeraufstand des Jahres 1900 ist in seiner Gesamtheit als eine — hoffentlich letzte — fieberhafte Reaktion Chinas gegen die schmerzhaft eingedrungenen Fremdkörper zu verstehen. Hatte aber die Regierung wirklich ernstlich geglaubt, mit den Mitteln der Gewalt und unter Benutzung der Volksleidenschaft die unangenehmen Fremden los zu werden und den alten Zustand unbedingter Oberhoheit über jedes Stück und jeden Bewohner chinesischen Landes wiederherzustellen, so war dieser Versuch völlig mißglückt. Diese Art der Auseinandersetzung mit der überlegenen fremden Macht war nicht gelungen. Was blieb da übrig, als der von Einzelnen bereits gewonnenen Erkenntnis sich zu fügen, daß der Gang der Geschichte für China gebieterisch ein gründliches Umlernen erfordere, wenn es weiter in seiner Selbständigkeit bestehen bleiben wolle? Es konnte nun keinem Zweifel mehr unterliegen, daß die alte Staatsidee (die durch so viele Jahrhunderte hindurch von der Wirklichkeit nicht widerlegt worden war) von China als dem Universalstaat, nunmehr endgiltig zu Gunsten der Idee des Nationalstaates neben anderen Nationalstaaten aufgegeben werden müsse, und daß zu einer gründlicheren Umformung des Staates mehr gehöre, als daß man sich moderne Maschinen und Geschütze kaufe und gewisse Einrichtungen der fremden Staaten mechanisch nachmache. So wurde von neuem „Reform" das Schlagwort in Peking, und die Ideen und Ziele, auf die man nun zurückkam,

---

[1]) Man war von Sianfu am 20. Oktober 1901 aufgebrochen und kehrte über Kaiföngfu zurück. Für das letzte Stück des Weges benutzte Tsï-hi die Eisenbahn. Li-hung-dschang erlebte den Einzug des Hofes nicht mehr; er starb am 7. November 1901. Die Regentin ehrte ihn außerordentlich, indem sie ihm in der Hauptstadt selbst einen Ahnentempel errichten ließ. Diese Tempel entstanden außerdem in allen Provinzen, in welchen er gewirkt hatte; auch Tsinanfu hat einen solchen. Bei dem betreffenden Tempel in Schanghai; nahe bei Siccawei, ist ihm außerdem eine in Kruppscher Werkstatt verfertigte bronzene, teilweise vergoldete Statue errichtet worden.

waren im Grunde die, welche Kang-yu-we und seine Freunde
schon als richtig erkannt, aber damals in hastig unbesonnener
Weise durchzusetzen gesucht hatten. Und wie sehr auch
1900 die Regentin von ihren innersten Wünschen und von
dem fanatischen Glauben der Boxer an die Kraft ihrer Fäuste
und die Hilfe der Götter sich hatte blenden lassen, so war
doch nunmehr sie es, welche trotz ihres Alters das Werk
einer planmäßigen, allmählich vorschreitenden Reform selbst
in die Hand nahm und durch die Kraft ihres Willens die etwa
noch widerstrebenden Beamten auf diese Bahn drängte. Im
Frühjahr 1902 wurde eine besondere Zentralbehörde für
Fragen der Staatsregierung geschaffen, deren Aufgabe es
sein sollte, Reformentwürfe zu machen, zu sichten und dem
Thron vorzulegen. Dieses Reformamt setzte sich zusammen
aus Mitgliedern des Staatsrats, des Großsekretariats und
einigen Generalgouverneuren. Der Mann, welcher nunmehr
immer stärker in den Vordergrund trat, war neben dem schon
alternden Dschang-dschï-dung der in vollster Manneskraft
stehende Yüan-schï-kai. Tsï-hi hatte ihn im November 1901
zum Generalgouverneur von Tschili erhoben, und es gelang
ihm in dieser Eigenschaft nicht uur eine starke militärische
Macht in seiner Hand zu vereinigen[2]), sondern in allen wichtigen Fragen der chinesischen äußeren und inneren Politik
immer mehr den wichtigsten Einfluß zu bekommen. Die
Regentin bezeugte ihr Vertrauen zu ihm auch darin, daß sie
verschiedene andere Gouverneursposten mit Männern seines
Anhangs besetzte.

Der nunmehr von Peking selbst ausgehende Reform-
geist wurde bald über das ganze Land hin durch ein Ereignis
gewaltig entfacht, das zwar einerseits die augenblickliche politische Ohnmacht Chinas grell offenbarte, anderseits aber
diesem große Hoffnungen erweckte. Das war der Russisch-
Japanische Krieg. Rußland hatte sein Versprechen von Pe-

---

[2]) Yüan-schï-kai hatte seine ihm ergebenen, von ihm ausgebil-
deten Regimenter von Schantung nach Tschili mitgenommen. Dort
wurden es bald 60 000 Mann, die seinem Oberbefehl unterstanden,
bei weitem die besten Truppen Chinas.

king nicht erfüllt. Es hatte nicht nur seine Truppen unter immer neuen Vorwänden in der Mandschurei belassen, sondern schob auch seinen Einfluß immer weiter nach Süden vor, auch nach Korea hinein. Die Japaner sahen dem mit Erbitterung zu, zumal sie Korea als die Beute betrachteten, die ihnen zufallen müsse. Da Rußland in hochmütiger Verachtung der kleinen Japaner deren Vorschläge zu gegenseitiger Abgrenzung der Interessensphären zurückwies, war der Krieg plötzlich da, und in der Nacht vom 8. zum 9. Februar 1904 erlebten die russischen Panzer vor Port Arthur die erste Überraschung durch die kühnen Angreifer. Der Verlauf des Krieges gehört in die chinesische Geschichte nur insofern, als die Schlachten zum größten Teil auf chinesischem Boden ausgefochten wurden[3]). Aber der Krieg als Ganzes mit seinem Endresultat der Niederlage Rußlands gehört aufs stärkste zur chinesischen Geschichte, um der Wirkung willen, die er auf das gesamte chinesische Volk ausgeübt hat. Das Ungeahnte war geschehen: eine europäische Großmacht, und gerade die, welche in der letzten Zeit China am rücksichtslosesten behandelt hatte, war völlig besiegt worden, zwar nicht von Chinesen selbst, aber von Stammesgenossen, die

---

[3]) Die wichtigsten Ereignisse sind: 13. April vergeblicher Versuch der Flotte in Port Arthur, die japanische Linie zu durchbrechen; der „Petropawlowsk" mit Admiral Makarow in die Luft gesprengt. Im Mai Schlacht am Yalu-Fluß; Erstürmung von Kintschou und und Besetzung von Dalny (30. Mai). Anfangs Juni Beginn der Einschließung Port Arthur's. 10. August: Neuer Versuch der russischen Flotte, aus Port Arthur zu entkommen. 29. August bis 3. September die Schlachten bei Liau-yang. 2. Januar 1905 Übergabe von Port Arthur. 24. Februar bis 10. März die Schlachten bei Mukden. 28./29. Mai: Vernichtung der baltischen Flotte in der Tsushima-Straße. Juli: Landung in Sachalin. 5. September 1905: Frieden von Portsmouth (New Hampshire, Ver. Staaten), von dessen Bedingungen folgende China betreffen: Die Mandschurei wird China zurückgegeben, und der Grundsatz der „Offenen Tür" in ihr anerkannt. Truppen bleiben nur zur Bewachung der Bahnlinien zurück. Japan hat die Kontrolle über die südliche Bahnlinie, Rußland über die nördliche. Port Arthur und Dalny (Dairen) gehen an Japan über in derselben Weise wie vorher an Rußland.

ja vor kurzem auch erst in die abendländischen Methoden sich eingearbeitet hatten. Diese Tatsache stärkte den Chinesen außerordentlich das Kraftgefühl und das Zutrauen zu sich selbst. Was dem kleinen Japan möglich ist — so sagte man sich allenthalben — kann China auch nicht unerreichbar sein. Jetzt wachte wirklich ein durch das ganze Land gehendes Nationalgefühl auf, wie es wenige Jahre zuvor noch für unmöglich gehalten wurde. Ein Ausdruck dessen war die Einmütigkeit, mit der im August 1905 die Kaufmannsgilden von Tientsin bis Kanton, einen geschlossenen Boykott gegen amerikanische Waren durchführten wegen der unwürdigen Behandlung, die chinesische Arbeiter und auch einzelne Gebildete in den Vereinigten Staaten erfahren hatten. In den zahlreich jetzt auftauchenden chinesischen Zeitungen wurden alle nationalen Angelegenheiten aufs eifrigste erörtert, und ungeduldig nach einem schnelleren Tempo der Reform verlangt. Und doch war es schon erstaunlich genug, was alles die Regierung jetzt mit wenigen Federstrichen von dem alten Bestand ihrer bisherigen Geschichte aufgab. Dahin gehört in erster Linie die durch Edikt vom 2. September 1905 erfolgte Abschaffung der Examina alten Stils, bei denen nur die Kenntnis der klassischen Bücher gefordert wurde und dies in einer Weise, daß der lebendige Geist derselben, zu Gunsten einer bloß formellen Geschicklichkeit im Verfertigen von Aufsätzen und Gedichten, fast völlig verloren gegangen war. Statt dessen wurde nun ein staatliches Schulsystem verfügt, das die Reihenfolge des Lehrgangs von der Volksschule bis zur Universität bekannt machte, Lehrpläne nach japanisch-europäischem Muster, Lehrbücher über alle modernen Wissenszweige einführte, und das Durchlaufen dieses amtlichen Lehrkursus in staatlichen oder staatlich anerkannten Schulen zur Bedingung für die zu erteilenden literarischen Grade und für die Anstellungsfähigkeit im Beamtendienst machte. Indes, auch jetzt sollte damit der Konfuzianismus als Weltanschauung durchaus nicht bei Seite gesetzt werden. Wenn auch auf der einen Seite die Regierung selbst eine tiefgreifende Neuerung nach der anderen wachrief, so hielt sie

sich doch zugleich krampfhaft am alten Stamm fest. Das
fand darin seinen Ausdruck, daß in den Edikten jener Jahre
fast alle modernen Einrichtungen auf Vorbilder der ältesten
Zeit zurückgeführt wurden. Die Reformen erschienen danach nicht als Neuerungen, sondern als eine Wiederbelebung
des bewährten Alten. Und was auch immer im langen Lauf
der chinesischen Geschichte für Ehren auf Konfuzius gehäuft
worden waren, so überbot die Regierung alles Vorhergehende
durch das Edikt vom 2. Februar 1907, indem sie ihn in der
ihm zustehenden Verehrung dem Himmel selbst gleichsetzte,
damit freilich dem Geiste des Meisters selbst ins Gesicht
schlagend und den Zwiespalt zwischen Altem und Neuem
nicht ausgleichend, sondern in unwahrer Weise verschär-
fend⁴). Eine nicht minder ehrwürdige Einrichtung wie die
der Examina reformierte das Edikt vom 6. November 1906,
nämlich die sechs Ministerien, wie sie seit den ältesten Zeiten
der Dschou-Zeit her gleichmäßig sich erhalten hatten⁵). Die
meisten erfuhren jetzt eine Veränderung ihrer Benennung und
Befugnisse und andere wie das Unterrichtsministerium, das
Verkehrsministerium, das Ministerium für Landwirtschaft,
Industrie und Handel wurden neu hinzugefügt. Das stärkste

---

⁴) Aus demselben Grunde versagte sie den Missionsschulen die
staatliche Anerkennung, obwohl bei vielen auf der Hand lag, daß sie
als Unterrichtsanstalten die staatlich-chinesischen weit übertrafen und
obwohl gerade die besten ihre Lehrpläne den staatlichen ganz oder
möglichst anpaßten. Der Konfuzianismus sollte Staatsreligion bleiben
unter ausdrücklichem Ausschluß des Christentums, dessen Bekenner
in China damit gewissermaßen auf die Stufe von Bürgern zweiter
Klasse gestellt wurden. Im Widerspruch zu diesem Verhalten standen die gelegentlichen persönlichen Ehrungen, welche die Regierung
den hervorragendsten Direktoren der Missionsanstalten zuteil werden
ließ; auch übertrug sie früheren Missionsschülern den Unterricht in
den westlichen Wissenschaften, weil sie nicht genügend andere Kräfte
zur Verfügung hatte.
⁵) Es sind dies: Li-bu = Zivilministerium; Hu-bu = Finanzministerium; Li-bu = M. der Riten. Bing-bu = M. der soldatischen Angelegenheiten; Hing-bu = Justizministerium; Gung-bu =
M. der öffentlichen Arbeiten. Zu diesen Ministerien war seit 1901
das Ministerium der auswärtigen Angelegenheiten hinzugekommen.

Zeichen aber, daß die Regierung der neuen Zeit sich ernstlich öffnen wollte unter starker Hingabe eigener Rechte, war
die beginnende Umwandlung Chinas in einen Verfassungs-
staat. Nach dem russisch-japanischen Kriege entsandte die
Regierung eine Kommission ins Ausland zum Studium der
dort bestehenden Verfassungen; eine Abteilung unter Prinz
Dsai-dse ging nach Japan, England und Frankreich, eine
andere, unter dem jugendlichen Generalgouverneur Duan-
fang, nach Amerika, Deutschland und den übrigen Groß-
staaten Europas. Duan-fang widmete sich dabei ganz besonders dem Studium der deutschen Einrichtungen. Nach
Rückkehr der Kommission verkündigte das Edikt vom 1. September 1906, daß zwar einstweilen das Volk für den Par-
lamentarismus noch nicht reif sei, und erst andere Reformen,
vor allem im Unterrichtswesen, im Heer und in den Finanzen
vorangehen müßten, daß aber doch die Vorarbeiten für die
Verfassung sofort beginnen sollten. Im folgenden Jahre ging
zum zweitenmal eine Kommission ins Ausland, wobei aber
nur noch England, Frankreich und Deutschland besucht
wurden. Im September 1907 wurde eine Zentralbehörde für
Verfassungsreformen eingesetzt, welche alles von den Kommissaren eingeliefertes Material zu sichten und hinsichtlich
seiner Anpassungsfähigkeit für China zu prüfen hatte. Als
den Ertrag von diesen Arbeiten entwickelte das Edikt vom
27. August 1908 das Programm zur stufenweisen Einführung
der Verfassung, die im Jahre 1916 durch die erste Einberufung des Parlaments gekrönt werden solle. Der erste bedeutende Schritt auf diesem Wege waren die Provinziallandtage, die nach oben und nach unten hin die Grundlage für
die Selbstverwaltung bilden sollten. Die Bestimmungen hierüber erschienen 1908[6]). Für die örtliche Selbstverwaltung

---

[6]) Die Provinziallandtage nahmen in den folgenden Jahren über
den Sturz der Dynastie hinaus eine bedeutende Rolle im politischen
Leben ein. Über ihre Zusammensetzung und Befugnis enthalten die
betreffenden Regulationen folgendes: Die Zahl der Abgeordneten
richtet sich nach der Zahl der Wahlberechtigten; Schantung steht dabei
mit hundert Abgeordneten an vierter Stelle. Die Wahlen sind in-

der Städte, Märkte und Marktflecken hatte Yüan-schï-kai das erste praktische Beispiel geschaffen durch den von ihm im August 1907 berufenen Kreisrat von Tientsin. Die betreffenden Regulationen erschienen 1909.

Abgesehen von der Verfassung, die sie dem Volke gewährte, trug die Dynastie auch der Volksstimmung dadadurch Rechnung, daß sie die Abschaffung bezw. Beschränkung der Ausnahmestellung ankündigte, welche die Mandschus bisher eingenommen hatten. Die Bevölkerung in den Mandschu-Garnisonen sollte nicht mehr wie bisher lediglich durch kaiserlichen Sold ernährt werden; dieser Zustand war freilich sinnlos geworden, nachdem durch die Einführung eines modernen Heeres die Kriegskaste der Mandschus als solche abgetan war⁷). Bei der Beamtenlaufbahn sollten Chinesen und Mandschus prinzipiell gleichgestellt sein und in den Ministerien fiel die bisherige gesetzliche Doppelbesetzung der Posten des Präsidenten und der Vizepräsidenten durch

---

direkt und gelten für drei Jahre. Wähler sind diejenigen, welche eine Mittelschule absolviert haben oder einen literarischen Grad besitzen, die Beamten von der siebenten (bezw. beim Militär fünften) Rangstufe an aufwärts und die Vermögenden mit mindestens 5000 Dollars Besitz. Altersstufe ist das 25. Lebensjahr. Ausgeschlossen vom aktiven und passiven Wahlrecht sind unter anderen: Vorbestrafte Personen, solche, welche unehrenhafte Gewerbe betreiben und Opiumraucher. Das Wahlrecht ruht bei den in der Provinz tätigen Beamten und ihren Sekretären, bei aktiven Militärpersonen und Polizisten, bei Priestern und Religionslehrern jeder Art, bei Schülern. Die Zuständigkeit des Landtages bezieht sich im wesentlichen auf folgende Punkte: Voranschlag der Einnahmen und Ausgaben des Jahres, Steuerwesen und Anleihen; Beschlußfassung, welche Rechte und Vorteile der Provinz zu behaupten sind und welche aufgegeben werden können; Wahl der Abgeordneten zum Reichsparlament. Der Landtag wählt aus seinen Mitgliedern einen ständigen Ausschuß, Die vom Landtag beschlossenen Maßregeln werden vom Gouverneur veröffentlicht und ausgeführt.

⁷) Die Lage der Mandschus in den Provinzen wurde dadurch noch kümmerlicher als sie schon in den letzten Jahren gewesen war. Die staatlichen Bezüge reichten kaum zum Leben und von den bürgerlichen Beschäftigungen ihrer chinesischen Umgebung waren sie teils ausgeschlossen, teils hatten sie nicht die Energie, sich selbst unter erschwerenden Umständen neue Wege zu suchen.

die gleiche Anzahl von Chinesen und Mandschus in Fortfall.
Auch das bisherige Verbot der Heiraten zwischen Mandschus und Chinesen wurde aufgehoben und die Regentin
brachte selbst einige solche Verbindungen zustande[8]).
Unter den Reformen im Gerichtswesen verdient die Abschaffung
der grausamen Strafen der Verstümmelung und Zerstückelung erwähnt zu werden und die Einschränkung der Folter,
welche nur bei todeswürdigen Verbrechen in milder Form
noch erlaubt sein sollte (Edikt vom April 1905)[9]). Den besten
Eindruck unter allen Neuerungen machte auf die Ausländer
die Energie mit der die Regierung das so tief eingewurzelte
Laster des Opiumrauchens auszurotten suchte. Bekannte
Opiumraucher wurden aus den Beamtenstellen entfernt und
durch ein Edikt von 1907 der Anbau des Opiums nach festem
Plan von Jahr zu Jahr mehr eingeschränkt, so daß nach Verlauf von 10 Jahren das Opium überhaupt von chinesischen
Feldern verschwunden sein sollte. Dem entsprechend verpflichtete sich die englische Regierung die Einfuhr von
Opium aus Indien stufenweise einzuschränken. Trotzdem
natürlich mancherlei Übertretungen und Umgehungen der
Gesetze vorkamen, so waren doch in den folgenden Jahren
die Fortschritte in der Befreiung des Volkes von dem Opium-
gift ganz offenkundig.

Der neue Geist, welcher ganz China seit dem japanisch-
russischen Kriege beherrschte, machte sich auch besonders
in der Eisenbahnfrage bemerkbar. Alle früheren Vorurteile
über die schädlichen Einflüsse, die der „Feuerwagen" für
die Ruhe der Toten sowohl als für das Erwerbsleben haben
könne, wurden gänzlich abgetan. Und wenn man sich früher
besonders zwischen 1895 und 1899, die Eisenbahn - Konzessionen gleich allen anderen Verträgen lediglich hatte auf-

---

[8]) Die erste derartige Heirat war die zwischen einem Enkel
des Prinzen King mit einer Tochter Sun-bau-ki's, des späteren Gouverneurs der Provinz Schantung.

[9]) Indes wurden immer wieder Klagen laut, daß die Beamten
sich nicht um das kaiserliche Edikt kümmerten und die Folter in alter
Weise handhabten.

zwingen lassen, so tauchten nunmehr überall in den Provinzen von chinesischer Seite aus die Eisenbahnprojekte in Menge auf. Und zwar standen sie jetzt unter der Parole: „Selbst bauen, keine Konzessionen an die Fremden; die schon erteilten möglichst wieder ungiltig machen!" Indes wie laut und agitatorisch auch diese Parole ausgegeben wurde, so konnte sie wegen des Mangels an Kapital und geeignetem Personal doch nur sehr beschränkt zur Ausführung kommen. Die Bautätigkeit im ganzen war aber im Vergleich zu dem vorhergehenden Jahrzehnt recht bedeutend. Unter anderem wurde die 13 Kilometer lange Peking—Hankou-Bahn (begonnen 1898) im Herbst 1905 dem Verkehr übergeben[10]). Von ihr aus führt seit 1907 eine Zweigbahn nach Taiyüanfu (Schansi). Ein englisches Syndikat baute 1905—1908 (April) die Strecke Schanghai—Sutschou—Nanking. Ebenfalls mit einer englischen Kapitalgesellschaft war seitens der Regierung eine Abmachung betreffend den Bau der Strecke Schanghai— Hangtschou (Kiangsu—Tschekiang-Bahn) gemacht worden. Als aber der Bau beginnen sollte, entfachten die Notabeln in Kiangsu und Tschekiang einen wütenden Protest dagegen und erklärten die Bahn selbst bauen zu wollen, was sie auch taten; vollendet August 1908. Für den Bau der Strecke Tientsin bis Pukou (am Yangtse gegenüber Nanking) hatte sich ein deutsch-englisches Syndikat schon 1899 die Konzession geben lassen. Nach langen Verhandlungen kam es 1908 zu einem endgiltigen Vertrag, wonach die Deutschen den nördlichen Teil (von Tientsin

---

[10]) Die Fortsetzung dieser Bahn (Hankou-Kanton) erfolgte nicht, weil wegen der zu machenden Anleihe Schwierigkeiten entstanden. Die Konzession war ursprünglich den Amerikanern erteilt worden. Dem Protest des Volkes dagegen nachgebend kaufte Dschang-dschidung die Konzession mit englischem Geld zurück, 1908 wurde eine Anleihe mit der Deutsch-Asiatischen Bank abgeschlossen; dagegen protestierte England und nicht nur die englische, sondern auch die französische und amerikanische Finanz mischte sich ein; die vier Konkurrenten führten dann unter sich zwar eine Verständigung herbei, aber die chinesische Regierung nicht mit ihnen. — Von Kanton aus führt seit 1904 eine Zweigbahn nach Sanshui.

bis zur Südgrenze Schantungs), die Engländer den südlichen
Teil zu bauen unternahmen. Den deutschen Ingenieuren
fiel dabei die schwierige Aufgabe der Überbrückung des Gelben Flusses bei Lokou zu. Die erste chinesische Bahn, welche
von Chinesen ohne fremde technische Hilfe gebaut wurde,
ist die, welche Peking mit Kalgan, dem großen Handelsplatz
am Südrand der Mongolei, verbindet; sie wurde eröffnet im
September 1909.

Indem die Regentin dem Volke stufenweise die Rechte
der Selbstverwaltung und Verfassung gewährte, zeigte sie
ihr Verständnis für die Forderungen der Zeit und ihre Energie
nicht minder darin, daß sie darauf bedacht war, gleichzeitig
die Einheitlichkeit der Reichsgewalt gegenüber den Provinzen
zu stärken, die seit der Taiping-Zeit noch unabhängiger
geworden waren als vorher. Die Mittel zur Durchführung
dieses Zieles waren einerseits die Ministerien, deren Befugnisse stärker als bisher in die Verwaltung der Provinzen ein-
griffen[11]), vor allem aber die gleichmäßige auszubildende und
unter einheitlichen Oberbefehl zu stellende Armee. Dieser
Aufgabe widmete sich wiederum Yüan-schï-kai in besonderem Maße. Schon 1903 war ein Zentralamt für die militärische Ausbildung geschaffen, das dann später (1906) in
dem neuen Kriegsministerium aufging. Ein Edikt von 1904
sieht für das ganze Reich die Bildung von 36 Divisionen zu
je 10000 Mann vor; ihr Vorbild sollten die unter Yüan-schï-
kai's Oberbefehl stehenden sechs Divisionen der Nord-Armee
sein. An der inneren Reform der Armee wurde eifrig gear-
beitet und das Resultat davon in den großen Herbstma-
növern, die Yüan-schï-kai 1905 zum erstenmal einführte, auch
den Offizieren der fremden Mächte gezeigt.

Die gesamte Politik, wie sie die Regentin seit 1901 verfolgte, hatte die Wirkung, das Ansehen Chinas dem vorhergehenden Jahrzehnt gegenüber ganz außerordentlich zu stär-

---

[11]) Auch die Verstaatlichung des Telegraphenwesens wurde
trotz des Widerstandes der interessierten Kreise erfolgreich durchgeführt.

ken; freilich war es zugleich auch die Verschiebung, welche die Stellung der einzelnen Großmächte zu einander erlitt, die zu diesem Resultat mitwirkte. Das Gerede von einer Aufteilung Chinas, die zehn Jahre vorher ganz öffentlich erörtert wurde, war verstummt. Einen offenbaren Erfolg errang die auswärtige Politik in der englisch-tibetischen Frage. England hatte die Lage Rußlands während des japanischen Krieges benutzt und eine militärische Expedition unter Major Younghusband in Tibet einrücken lassen. Dort setzte er von Vertretern der tibetischen Regierung (der Dalai-Lama selbst war geflohen) einen Vertrag durch, welcher England die Vorherrschaft in Tibet sicherte (September 1904). China aber weigerte sich beharrlich, dieses Abkommen anzuerkennen und setzte dessen Umwandlung in einen englisch-chinesischen Vertrag durch, in welchem die Hoheitsrechte Chinas gewahrt blieben. Das Gleiche wurde von England in dem Abkommen anerkannt, daß es 1907 mit Rußland schloß[12]).

Brennender als die tibetische Frage wurde die mandschurische. Hatte man anfangs geglaubt, daß die Japaner als Befreier von dem zudringlichen russischen Nachbarn kämen, so mußte man bald einsehen, daß die Rücksichtslosigkeit, mit der sie in der Mandschurei vorgingen, noch schlimmer sei als die russische Begehrlichkeit. Die Regierung erkannte die drohende Gefahr sehr wohl, die damit ihrem Stammesland sowohl von Norden als von Süden drohte und suchte ihr unter anderem dadurch zu begegnen, daß sie 1907 die Mandschurei in die Provinzialverwaltung einfügte und damit enger an das Gesamtreich heranzog.

Hemmungen und Rückströmungen.

So waren denn unter eigener Beteiligung der Regierung die Schleusen weit aufgezogen, durch welche das so lange Zeit

---

[12]) Es heißt dabei: Beide Regierungen erkennen die souveränen Rechte Chinas über Tibet an und verpflichten sich, seine territoriale Souveränität zu achten, sich jeder Einmischung in seine innere Verwaltung zu enthalten sowie keine diplomatischen Vertreter nach Lhasa zu senden.

abgesperrte ausländische Wesen in das Land eindringen konnte, und es fehlte nicht an verheißungsvollen Anzeichen für eine Erneuerung Chinas. Indes, es waren keineswegs alles gesunde Kräfte der Umwandlung und neuen Wachstums, die jetzt zum Vorschein kamen, vielmehr erwuchsen dem Reformwerk in ihm selbst schwere Gefahren; als schlimmste die Oberflächlichkeit. Das wiederum kam am deutlichsten im Schulwesen zu Tage. Man wollte ungeduldig sofort die Früchte genießen, welche den Westländern aus ihren Bildungsstätten erwuchsen, und hatte keine Lust, den langen und mühsamen Weg zu gehen, der zu solchem Ziel führt. So fing man den Schulbau auch mit dem Dach an und begann in mehreren Provinzialstädten mit der Gründung der sogenannten „Universitäten", denen es doch nicht nur an dem richtigen Lehrerpersonal, sondern noch mehr an den entsprechend vorgebildeten Schülern fehlte. Man verlangte brennend danach, selbst die Kunst zu besitzen, Bahnen zu bauen und Kohlen und Erze zu fördern, und so wurden technische und andere Fachschulen gegründet, an denen nur leider zuweilen nicht ein Lehrer war, welcher wirklich von Technik etwas verstand, dagegen eine Schar von Beamten und Literaten alten Stils, welche die Gunst des leitenden Beamten berufen hatte und deren Tätigkeit in nicht viel anderem als im Gehalt empfangen bestand. Lehrerseminare entstanden, „japanische Schnellbleichen", in denen die bisherigen chinesischen Gelehrten niederen Grades und Privatlehrer in zwölf, ja in drei Monaten sich zu Lehrern westlicher Bildung umwandeln konnten. Zwar wurden auch einzelne Ausländer als Lehrer an die höheren Schulen berufen, aber die Freude am Unterrichten verging diesen meist schnell genug, da ihnen die Oberflächlichkeit des ganzen Betriebs und die Disziplinlosigkeit der Schule unerträglich war. Die Schüler waren in der Regel die eigentlichen Herren in der Schule und wenn die Lehrer oder Schulleiter ihre Unzufriedenheit erregten, so pflegten sie einfach zu streiken und die Schule geschlossen zu verlassen. Das frühere gründliche Studium des Chinesischen kam schnell in Verfall, und an seine Stelle trat meist

ein nur oberflächliches Wissen ausländischer Sprachen und
Wissenschaften. Es wäre wohl besser geworden, wenn man
die Leitung der einmal gegründeten höheren Schulen einstweilen tüchtigen Ausländern anvertraut hätte anstatt alten
Beamten, denen gegenüber sich die Schüler auf Grund ihrer
fortschrittlichen westlichen Bildung hoch erhaben dünkten.
Die Schule in Tsinanfu war auch anfangs einem amerikanischen Missionar unterstellt; indes kam es mit diesem bald
zu einem Konflikt wegen der Konfuziusverehrung. Vor allem
aber scheute sich die Regierung ängstlich, in die Abhängigkeit der Fremden zu geraten; ein Umstand, der auch in anderen Beziehungen der gesunden Durchführung der an sich
guten Pläne höchst hinderlich war. Noch unerfreulicher als
in China selbst war im ganzen das Resultat bei den Tausenden von jungen Leuten, die auf Regierungskosten in das
Ausland und zwar unkluger Weise gerade in die Großstädte
gesandt wurden. Sie hatten dort keine Beaufsichtigung, niemand war, der ihnen eine vernünftige Anleitung für ihren
Studiengang gegeben hätte, und sie studierten, sich selbst
überlassen, daher in erster Linie alle Arten hauptstädtischer
Vergnügungen. Wie bereits bei den Reformen 1898 so war
auch jetzt Japan das eigentliche Vorbild; besonders nach
dem japanisch-russischen Kriege warf man sich den Nachbarn
in die Arme und schickte Tausende von „Studenten" nach
Japan. Mehr noch als Yüan-schï-kai war es Dschang-dschï-
dung, der Japan bevorzugte. Diesem Enthusiasmus folgte
indes schnell eine gründliche Abkehr. Man erkannte die
rücksichtslosen politischen Pläne, welche Japan in der Mandschurei verfolgte, man merkte, wie die japanischen Lehrer
an den Militär- und anderen höheren Schulen sich hüteten, zuviel von ihren Kenntnissen zu verraten, man erschrak vor
allem vor dem gefährlichen und revolutionären Geiste, den
die chinesischen Studenten in Japan in sich aufnahmen. Die
von Japan heimkehrenden jungen Leute wurden der Schrecken
aller Beamten. Denn sie sahen ihren Beruf nur in der Kritik
des Bestehenden, in der Agitation gegen die Regierung, in
der Gründung heimlicher politischer Vereine und in dem

Protest gegen die an Ausländer erteilten Konzessionen und dergleichen. Seit 1907 schickte denn die Regierung keine Schüler mehr nach Japan.

Diese Wirkung ausländischer Ideen auf die chinesische Jugend machte die andere Gefahr deutlich, welche dem Reformwerk der Regierung drohte, nämlich der Radikalismus, der seinerseits auch wieder mit dem Mangel an Gründlichkeit und Einsicht manchen Zusammenhang hat. Diesem Radikalismus erschien die Frist bis zur völligen Umwandlung Chinas in eine konstitutionelle Monarchie viel zu lang. Seine Anhänger verrieten dabei ganz phantastische, kindliche Auffassungen, als ob das Parlament ein Allheilmittel für alle Nöte sein werde, unter denen China litt. Ein besonderer Bund zur schleunigen Einberufung der Nationalversammlung bildete sich, in dem auch die Chinesen im Ausland, besonders in Niederländisch-Indien, stark vertreten waren; diese stellten einmal der Regierung 80 Millionen Taels zur Verfügung, wenn sie diesem Verlangen sofort nachgeben würde. Denselben Kreisen gehörten die Männer an, welche ihren Patriotismus in leidenschaftlichen Protesten gegen jede Verwendung ausländischen Kapitals und ausländischer Technik erschöpften. In dem berechtigten Streben, die Schätze des Landes dem Lande selbst zugute kommen zu lassen, vergaßen sie ganz die realen Faktoren, durch welche dieses Ziel erreicht werden könne. Bewegte sich diese Partei noch immerhin auf gesetzlichem Boden, so schrieb eine andere direkt die Empörung auf ihre Fahne. Es ist dies die Komingtang (Go-ming-dang), das heißt Partei zur Beseitigung des (der Dynastie bisher vom Himmel gegebenen) Auftrags. Wie die Taiping-Rebellion hat auch diese Bewegung in der Provinz Kuangtung ihren Ursprung. Auch die Reformer von 1898, Kang-yu-we und Liang-ki-tschau, welche derselben Provinz entstammen, waren durch die Verhältnisse zu Revolutionären geworden. Sobald jedoch die Komingtang als geschlossene Partei hervortritt, sehen wir sie in Feindschaft zu jenen stehen. Denn Kang-yu-we und Liang-ki-tschau wollten, dem Kaiser Guang-sü getreu, den Monarchen an der

Spitze des reformierten Staates bestehen lassen und mußten
sich daher von den Revolutionären, denen die freie Republik
als die einzig menschenwürdige Staatsform erschien, als
Kaiserschutzpartei beschimpfen lassen. In der schwärmeri-
schen Begeisterung für die Republik ist der Einfluß amerikanischer Ideen unverkennbar; auch bei den chinesischen
Christen, die aus amerikanischen Missionen und Schulanstalten hervorgegangen waren, konnte man dies deutlich bemerken[1]). In China selbst konnte diese Partei sich nur im
geheimen betätigen, da die Regierung sie streng verfolgte.
Ihre Hauptquartiere waren in Amerika und Japan. In Japan
erschien auch das Organ dieser Partei, die in Wort und Bild
flammend aufhetzende Min-bau (Volkszeitung), welche heimlich massenhaft Eingang in China fand. Das Haupt der Revolutionspartei war der Kantonese Sun-wen, auch Sun-i-siän
(in kantonesischer Aussprache Sun-yat-sen) genannt, der
schon im Oktober 1895 in Kanton eine bewaffnete Erhebung
verursacht hatte[2]). Während der folgenden 12 Jahre mach-

---

[1]) Der Protest gegen Amerika, der 1905 stark hervorgetreten war,
wandelte sich bald darauf in ganz China in die wärmsten Sympathien
für den uneigennützigen Freund um, der sich nie ein Stück chinesisches Land angeeignet habe. Auch der chinesischen Regierung
selbst wußte sich die amerikanische dadurch sehr zu empfehlen, daß
sie ihr 1907 den Anteil der Entschädigungssumme erließ, welche sie
vom Boxerjahr her zu fordern hatte. (35 000 Taels). Sie erhielt
dafür als Gegenleistung die Zusicherung, daß jährlich hundert chinesische Studenten zu ihrer Ausbildung nach Amerika geschickt
werden sollten. Daß dem Volk, welchem es gelingt, mit
seiner Sprache und Bildung das chinesische Geistesleben zu beeinflussen, zugleich ein großer politischer und wirtschaftlicher Gewinn
in Aussicht steht, hatten gerade die Amerikaner auf Grund ihrer
zahlreichen Missionsschulen zuerst erkannt.
[2]) Sun-wen, geboren 1867, ist der Sohn einfacher Landleute in
der Kanton-Provinz. Bei seinem Onkel, einem alten Anhänger der
Taiping, ging er in die Schule, der früh auf ihn die Hoffnung setzte,
daß er ein zweiter Hung-siu-tsüan (s. S. 154) werden möge. In
Java, wohin er 15jährig seinem Bruder folgend auswanderte, wurde
er ein Anhänger der christlichen Lehre. Später trat er in eine
missionarische Medizinschule in Hongkong ein, wo er sich ein Diplom
erwarb. Danach war er eine Zeit lang als Arzt in Makao tätig und

ten seine Freunde, an ihrer Spitze Huang-hing mehrmals den Versuch, von Süden aus die Revolution zu entfachen (zweimal in Kuangtung, einmal in Kuangsi, zweimal in Yünnan, einmal in Hunan) was aber jedesmal mißlang. Auch Dolch und Bomben verschmähten die Revolutionäre nicht, um die Mandschu-Regierung einzuschüchtern. Als im September 1905 jene Studienkommission für das Ausland gerade im Begriff war Peking zu verlassen, wurde eine Bombe gegen sie geworfen, durch die der Herzog Dsai-dse und Wu-ding-fang leicht verwundet wurden. Größeres Aufsehen erregte die Ermordung des Gouverneurs von Anhui, des Mandschu Enming 1907[³]) Als eine Antwort auf solche Taten und Drohungen sind die Dezember-Edikte von 1907 aufzufassen, welche dem ungestümen Drängen und Schreien einen Dämpfer aufsetzten, indem sie die Redefreiheit, das Versammlungsrecht und die Preßfreiheit bedeutend einschränkten. Wenn dies auch nicht, wie' man von mancher Seite zunächst glaubte, als eine Absage der Regierung hinsichtlich der versprochenen Reformen gemeint war, so wurde doch in der zweiten Hälfte

---

trat hier 1894 der jungen Revolutionspartei bei, in der er schnell eine führende Stellung gewann. Die Verschwörer glaubten sich bereits 1895 stark genug, um eine Erhebung in Kanton zu verursachen. Auf einen bestimmten Tag im Oktober sollten 3000 Mann von Hongkong her eintreffen, während gleichzeitig ein anderer Dampfer die Waffen für diese nebst 700 Kulis bringen sollte. Im letzten Augenblick wurde die Sache entdeckt. Sun-wen entkam über Hongkong nach Japan, wo er sich den Zopf abschneiden ließ. Im Jahre 1896 war er in London und wurde hier durch List in der chinesischen Gesandtschaft festgenommen. Die englische Regierung aber erfuhr in letzter Stunde von der Sache und veranlaßte seine Befreiung. Von London ging er nach Amerika, wo er sich die folgenden Jahre hauptsächlich aufhielt und hin und her reiste, um Anhänger und Barmittel für die zukünftige Revolution zu sammeln. Während des Boxeraufstandes war er eifrig in China als Agitator tätig, zog sich dann aber wieder nach Amerika und Japan zurück.

³) Daß auch nach 1901 die lokalen Unruhen alter Art noch nicht völlig aufhörten, die sich nicht gegen die Regierung richteten, sondern gegen Ausländer, ist nur zu begreiflich, insofern auch die Ursachen für solche Erregungen in vielen Fällen noch weiter be-

des Jahres 1907 der Einfluß einer konservativen Partei spürbar, welche den Verfassungsreformen mit Mißtrauen zusah, oder jedenfalls ein viel langsameres Tempo wünschte. Zu dieser Gruppe gehörte der Kriegsminister Tiä-liang, ein Mandschu, und der alte Lu-tschuan-lin, Mitglied des Staatsrats, der aus den Ereignissen von 1900 nichts gelernt hatte⁴). Tiä-liang wußte vor allem Yüan-schï-kai zu verdächtigen, der nicht nur der hervorragendste Mann in der Kommission zur Ausarbeitung und Durchführung der Verfassung war, sondern eine derartig einflußreiche Stellung sich erworben hatte, daß ohne ihn überhaupt keine Sache von Wichtigkeit erledigt wurde. Es war nicht schwer, auf die Gefahren hinzuweisen, welche dem Thron durch einen Mann mit solcher Machtfülle drohen könnte. Die Regentin war Yüan-schï-kai sehr zu Dank verbunden in Erinnerung an die Dienste, die er ihr 1898 geleistet hatte, und wußte seine Leistungen zu sehr zu schätzen, als daß sie den Einflüsterungen Tiä-liang's volles Gehör geschenkt hätte. Aber das Schwert wurde ihm doch aus der Hand genommen. Ein Edikt (4. September 1907) berief ihn nach Peking als Mitglied des Staatsrates und Minister des Auswärtigen. Den Oberbefehl über die Peiyang-Armee mußte er damit niederlegen. Yüan-schï-kai gehorchte, ohne den geringsten Versuch zu machen, sich zu rechtfertigen oder seinerseits seine Gegner zu verdächtigen, ein Benehmen, das geeignet war, den Eindruck von seiner politischen Klugheit nur noch mehr zu verstärken.

---

stehen blieben. Ein typischer Fall dieser Art war der, welcher in Nantschangfu im Februar 1906 anläßlich von Zwistigkeiten mit der katholisch-französischen Mission vorkam.
In Schanghai wäre es kurz vorher (Dezember 1905) infolge der reaktionären Haltung des Tau-tai Yüan-schu-sün (1908 Gouverneur in Schantung), der den Volksleidenschaften ruhig ihren Weg ließ, beinahe zu ernstlichen Ausschreitungen gekommen.
⁴) 1900 hatte er sich als Gouverneur von Kiangsu, im Gegensatz zu der Haltung seines Generalgouverneurs, mit 3000 Mann auf den Weg nach Norden gemacht, um der Regentin gegen die Fremden zu helfen.

Die letzten Tage der Kaiserinwitwe und des Kaisers Guang-sü.

In all der gärenden Bewegung, in die China nunmehr hineingezogen war, behielt die Regentin eine feste Hand am Steuer. Ihre Persönlichkeit war es zweifellos, welche all die widerstrebenden und auseinanderstrebenden Kräfte doch zusammenhielt. Sie ließ dem Fortschritt freie Bahn, war aber doch zugleich darauf bedacht, keine Überstürzungen eintreten zu lassen, das Neue mit dem Alten möglichst in Verbindung zu setzen und eine feste Zentralgewalt aufrecht zu erhalten. Freilich nicht ganz geradlinig ging die Entwicklung vor sich. Kühnen Impulsen folgte manchmal ein verlegenes Schwanken, eine Unsicherheit darüber, welcher unter den vielen Stimmen, sowohl in der Hauptstadt als aus den Provinzen, Gehör zu geben sei, die ihre Vorschläge und Warnungen beim Thron anbrachten. Die Aufgabe, welche der Regentin gestellt war, das alte, in sich selbst sicher ruhende China in den Strom modernen Lebens und in den Wettkampf der Nationen einzuführen, war allerdings so gewaltig, daß auch der genialste Herrscher darüber hätte verzweifeln können.

Am 3. November 1908 beging Tsï-hi ihren 73. Geburtstag. Kurz zuvor hatte sie den Dalai Lama aus Tibet in Audienz empfangen. Bald danach erkrankte sie so heftig an einer schon seit dem Sommer vorhandenen Ruhr, daß sie einige Tage bei der Staatsratssitzung am frühen Morgen nicht anwesend sein und die gewöhnlichen Regierungsgeschäfte nicht erledigen konnte, die sie sonst mit großer Gewissenhaftigkeit besorgte. Ein seltsames Zusammentreffen war es, daß gleichzeitig das Befinden des Kaisers, der schon länger kränklich war, sich erheblich verschlechterte. So galt es also für Tsï-hi, ihre Kraft zusammen zu nehmen, um die wichtige Frage der Thronfolge noch einmal zu ordnen. Am 13. November früh versammelte sie den Staatsrat, erklärte den Versammelten, daß ihre Wahl für den Thronfolger bereits getroffen sei; sie wolle aber trotzdem die Meinungen ihres Rates hören. Prinz King und Yüan-schï-kai erklärten sich

für Pu-lun, welcher der älteren Linie Dau-guang's angehörte.
Prinz Tschun, der Bruder des Kaisers, stimmte bei. Die
übrigen (Dschang-dschï-dung, Lu-tschuan-lin und der Man-
dschu Schï-sü) erklärten sich für Pu-i, den Sohn des Prinzen
Tschun und der Tochter Jung-lu's. Dies war der von Tsï-hi
Erwählte. Sie begründete dem Staatsrat gegenüber ihre Wahl
vor allem dadurch, daß sie damit die Verdienste Jung-lu's be-
lohnen wolle, die er während seines ganzen Lebens und besonders während der Boxerzeit dem Thron erwiesen habe.
Prinz Tschun solle während der Minderjährigkeit seines
Sohnes die Regentschaft führen in ähnlicher Weise wie Prinz
Gung 1861 als Berater des Thrones. Yüan-schï-kai wagte
Einspruch, aber die Regentin wies ihn scharf zurück, und
wenige Stunden darauf wurde der vierjährige Pu-i in den
Palast gebracht und am Nachmittag desselben Tages der Regentin und dem sterbenden Kaiser vorgestellt. Am Nachmittag des 14. November machte Tsï-hi dem Kaiser noch
einen Besuch, aber er erkannte sie nicht mehr und starb um
5 Uhr Nachmittags in Gegenwart Tsï-hi's, seiner Gemahlin
Lung-yü und zweier Nebenfrauen[1]). Tsï-hi begab sich zurück
in ihren eigenen Palast, um das Abschiedsedikt Guang-sü's
aufzusetzen und ein anderes, in dem der neue Kaiser seine
Thronbesteigung und seinen Dank für die Gnade der Regentin verkündete. Die neue Regierung wurde unter dem
Titel Süan-tung proklamiert, d. h. Entfaltung der (unter Guang-sü begonnenen) Regierung. Während der ganzen Regierungszeit Guang-sü's war es eine stille Anklage seitens
der strengen Konfuzianer gegen Tsï-hi geblieben, daß die

---

[1]) In der Nacht vorher hatte er sein Testament mit fast unleser-
licher Hand aufgeschrieben und seiner Gemahlin übergeben. Es begann mit den Worten: „Wir wurden als der zweite Sohn des Prinzen
Tschun von der Kaiserin-Witwe für den Thron erwählt. Sie hat uns
stets gehaßt, aber für unser Elend in den letzten zehn Jahren ist
Yüan-schï-kai verantwortlich und ein anderer (Name unleserlich).
Wenn die Zeit kommt, will ich, daß Yüan-schï-kai ohne weiteres enthauptet wird." (Die Darstellung der Vorgänge beim Tod Guang-
sü's und Tsï-hi's beruht auf den Mitteilungen in dem Werke von
Bland und Blackhouse.)

Wahl Guang-sü's eine schwere Verletzung heiliger Ordnung
sei, insofern als der Kaiser Tung-dschï damit ohne rechtmäßigen Erben gelassen wurde, der ihm die gebührenden
Opfer darbringen konnte (s. S. 217). Da nun Guang-sü ohne
den Sohn geblieben war, der dem Kaiser Tung-dschï adoptiert
werden sollte, schien jene Schwierigkeit sich jetzt von neuem
verdoppelt zu erheben, indem entweder Tung-dschï's Seele
oder die Guang-sü's vernachlässigt werden mußte. Tsï-hi
löste die schwierige Frage mit verblüffender Einfachheit, indem sie den neuen Kaiser sowohl dem Kaiser Tung-dschï
als auch Guang-sü als rechtmäßigen Vollzieher der gebührenden Ahnenopfer adoptierte. Ein weiteres Edikt übergab dem
Prinzen Tschun während der Minderjährigkeit seines Sohnes
die volle Befugnis in allen Staatsgeschäften, so jedoch, daß
ihr, Tsï-hi, das letzte Wort in allen wichtigen Angelegenheiten
bleibe. Trotz dieses angestrengten Tages hielt Tsï-hi am
andern Morgen wieder persönlich die Sitzung des Staatsrates
ab. Ihre Gesundheit schien sich noch einmal erholen zu
wollen. Da erlitt sie mittags einen schweren Ohnmachtsan-
fall und als sie endlich wieder zum Bewußtsein kam, war es
ihr klar, daß sie nicht mehr lange zu leben habe. Sie diktierte
ein neues Edikt, indem sie nunmehr die volle Regierungsgewalt in die Hand des Prinzregenten legte; sollte jedoch
irgend eine wichtige Frage die Meinungsäußerung der Kaiserin-Witwe, der Gemahlin Guang-sü's, wünschenswert
machen, so sei der Prinzregent verpflichtet, deren Anweisungen persönlich einzuholen und entsprechend zu ver-
fahren. Während ihre Kräfte schnell abnahmen, ließ Tsï-hi
ihr eigenes Abschiedsedikt aufsetzen, an dem sie mit eigener
Hand noch mehrere Verbesserungen und Zusätze anbrachte,
bevor sie es unterschrieb. Dann ließ sie ihre Hofdamen und
ihre persönliche Dienerschaft hereinkommen, um ihnen Lebe-
wohl zu sagen. Ihre Stimme blieb ruhig und ihr Geist klar
bis zuletzt. Während kurzer Augenblicke flackerte das ver-
löschende Lebenslicht immer noch einmal auf. Als man sie
in einem solchen Augenblick aufforderte, chinesischer Sitte
gemäß, ihre letzten Worte zu sagen, sprach sie: „Nie wieder

erlaubt einer Frau die oberste Gewalt im Staate zu haben;
es ist gegen das Hausrecht unserer Dynastie. Gebt Acht,
daß nicht Eunuchen sich in Staatsgeschäfte einmischen! Die
Ming-Dynastie ging an den Eunuchen zugrunde und ihr
Schicksal sollte uns eine Warnung sein!" Sie starb am Nachmittag des 15. November 1908, nur 22 Stunden später als
Guang-sü. So waren die letzten Stunden und Tage dieser ungewöhnlichen Frau, die beinahe 50 Jahre lang die Geschichte
Chinas geleitet hatte. Sie gehört zweifellos zu den bedeu-
tendsten Persönlichkeiten, die auf dem Drachenthron saßen.
Mit dem männlichen Willen zur Macht und einer orientalisch
dämonischen Rücksichtslosigkeit gegen die, welche ihr auf
diesem Wege zur Macht entgegenstanden[2]) verband sich
etwas weiblich Gewinnendes in ihrer Persönlichkeit[3]) Mit
starker Leidenschaftlichkeit vereinte sie einen klaren Verstand
und große Menschenkenntnis. Sie erhob Männer, die sie als
tüchtig erkannt hatte, auch dann zu hohen Stellen, wenn sie
ihr persönlich unsympathisch waren. Sie imponierte starken
soldatischen Naturen und zugleich den reinen Gelehrten;
denn sie besaß selbst ein feines Verständnis für Literatur und
Kunst ihres Volkes und verstand es meisterhaft, Worte der
Klassiker und Beispiele aus der chinesischen Geschichte zu

---

[2]) Ein Beispiel dieser dämonischen Rücksichtslosigkeit ist das
Schicksal, welches sie der Lieblingsfrau Guang-sü's bereitete, als
diese bei der Flucht aus Peking dafür eintrat, daß der Kaiser zu-
rückbleiben solle. Tsï-hi, die längst einen Zorn auf sie hatte, ließ sie
auf der Stelle fortschleppen und in einen Brunnen werfen.
[3]) Seit dem Beginn der neuen Ära von 1901 ab hat die Regentin
im Gegensatz zu der früheren Abgeschlossenheit des Hofes auch wiederholt fremden Gästen, Herren und Damen, sich gezeigt, nicht nur
in feierlicher Audienz, wobei der Kaiser neben ihrem erhöhten Thron-
sessel auf einem niedrigen zu sitzen pflegte, sondern auch bei Ein-
ladungen zum Tee und anderen Festlichkeiten. Sie verstand dabei einen
gewinnend liebenswürdigen Eindruck auf ihre Besucher und Be-
sucherinnen zu machen, selbst auf solche, die während der Sommer-
monate 1900 in den Gesandtschaften eingeschlossen schwer unter ihr
gelitten hatten. In schwärmerischer Weise hat diesem Eindruck ihrer
Persönlichkeit die Amerikanerin Miß Carl Ausdruck gegeben in dem
Buch „With the Empress Dowager of China".

verwenden; auch widmete sie sich mit großer Liebe der Malerei, sogar in den unruhigsten Sommertagen des Boxerjahres, während vor den Mauern ihres Palastes das Gewehr- und Kanonenfeuer krachte. Ihre Glanzzeit als Herrscherin erlebte sie nach 1900. Da gerade bewährte sie zwei der wichtigsten Herrschereigenschaften: das Verständnis für die Forderungen der Zeit und die Bereitwilligkeit, in der Durchführung dieser Forderungen auf eigene Wünsche und Rechte zu verzichten.

China während der Regentschaft für den Kaiser Süan-tung.

Die Aufgaben, welche der Nachfolger Guang-sü's bezw. Tsï—hi's vorfand, waren wahrlich nicht leicht. Sie sind aus der ganzen bisherigen Darstellung, besonders der in China seit 1901 vor sich gehenden Bewegungen, ersichtlich. Tsï-hi hatte es verstanden, die Entwicklung Chinas in neue Bahnen zu leiten und gleichzeitig die erschütterte Stellung der Mandschu-Dynastie wieder zu festigen. Aber alles kam nun darauf an, daß auch weiterhin eine feste Hand am Steuer blieb. Der Prinzregent war sich des Ernstes seiner Aufgabe wohl bewußt. Er war gewissenhaft in der Erfüllung seiner Regierungspflichten und einfach in seiner Lebensweise, so daß die anderen Mitglieder der Kaiserlichen Familie wohl gut getan hätten, sich ihn darin zum Vorbild zu nehmen. Aber die Energie und die Beharrlichkeit, die von ihm gefordert wurde, besaß er nicht, und bald genug wurde es deutlich, daß ihm die Verhältnisse über den Kopf wuchsen. Dazu gingen ihm gleich im ersten Jahr die bisherigen beiden besten Ratgeber verloren: Yüan-schï-kai und Dschang-dschï-dung. Ersteren entfernte er selbst. Es war dies im wesentlichen eine Pflicht der Pietät gegen seinen Bruder, den Kaiser Guang-sü. Yüan-schï-kai wurde zwar nicht enthauptet, aber

durch Edikt vom 2. Januar 1909 angewiesen, „seines lei-
denden Zustandes wegen alle Ämter niederzulegen." Er
ging in seine Heimat nach Honan zurück und lebte dort an-
scheinend in völliger Zurückgezogenheit, nach außen hin
geflissentlich bekannt gebend, daß er mit der Politik gar keine
Beziehungen mehr habe und nur dem Landbau und dem
Fischfang lebe[1]) Dschang-dschī-dung starb am 5. Oktober
1909 75jährig. Er blieb bis zuletzt für die Fragen des Unterrichts besonders interessiert. So führte er im Sommer 1908
die Verhandlungen über die Gründung einer deutsch-chinesischen Hochschule in Tsingtau mit Dr. O. Franke, dem Be-
auftragten der deutschen Regierung, und hat das betreffende
Abkommen noch selbst unterzeichnet. Einen Monat später
wurde ein anderer unter den höchsten Beamten seiner Stellung enthoben, Duan-fang, damals Generalgouverneur von
Tschili. Es zeigte sich bei der Gelegenheit zum erstenmal
der Einfluß, welcher durch das Testament Tsï-hi's der Witwe
Guang-sü's eingeräumt worden war. Denn nur auf deren
Veranlassung wurde Duan-fang abgesetzt und zwar, weil er
bei den Begräbnisfeierlichkeiten für Tsï-hi (November 1909)
pietätlos nachlässig gewesen sei, indem er nicht verhindert
habe, daß Photographien von dem Leichenzug gemacht und
Bäume im Bereich des Mausoleums als Telegraphenstangen
benutzt wurden.

Die Reformen, welche die Schaffung der Selbstverwaltung und der Verfassung zum Ziel hatten, nahmen ihren Fortgang in der bereits vorgezeichneten Weise. Am 14. Oktober 1909 traten in allen Provinzen zum erstenmal die Provinziallandtage zusammen (s. S. 279), in Schantung unter dem

---

[1]) In chinesischen Kreisen erregte die Entlassung Yüan-schï-kai's
kein Befremden, weil man die Zusammenhänge verstand. Außerdem genoß der Gestürzte unter seinen Landsleuten durchaus nicht die
allgemeine Hochschätzung, welche ihm die Ausländer entgegen-
brachten. Den Engländern besonders schien sein Sturz gleichbedeutend mit schlimmer Reaktion und die englische Regierung war nahe
daran, einen internationalen Protest gegen seine Entlassung zu veranlassen, weil es der einzige Mann sei, um deswillen die chinesische
Regierung Vertrauen verdiene.

Vorsitz Sun-bau-ki's. In demselben Jahr erschienen die Regulationen für die örtliche Selbstverwaltung in den Städten, Marktflecken und Dörfern; 1910 die für die Selbstverwaltung der Präfekturen, Unterpräfekturen, Distrikte und Kreise. Eine vorbereitende Grundlage für das Parlament selbst war der Reichsausschuß, der am 3. Oktober 1910 von dem Prinzregenten persönlich durch eine Ansprache eröffnet wurde[2]). Er war im ganzen als ein konservatives Moment der Verfassung gedacht, aber bei seiner ersten Sitzung (22. Oktober 1911) zeigte sich in überraschender Weise, wie sehr die radikal vorwärts drängenden Elemente inzwischen gewachsen waren. Denn die erste Tat des Reichsausschusses war die, daß er in einer einstimmigen Adresse an den Thron die sofortige Eröffnung des Parlaments beantragte. Diesem Drängen gab der Prinzregent insofern nach, daß er die Einberufung des Parlaments für das Jahr 1913, anstatt 1916, verkündete. Indes widersetzte er sich mit Erfolg dem weiteren Ansinnen, daß der Staatsrat dem Reichsausschuß gegenüber verantwortlich gemacht werden solle (Dezember 1911) und es wurden diesem sogar ein Teil der ihm zugestandenen Rechte wieder genommen, z. B. das Recht zu außerordentlichen Sitzungen und an direktem Verkehr mit den Provinziallandtagen.

Eine andere Reaktion des Hofes gegen die stärker werdenden Ansprüche des Volkes auf Mitbeteiligung an der Regierung war die, daß jetzt wieder in auffallend starkem Maße ʿMandschus an die höchsten Stellen berufen wurden, ganz entgegengesetzt dem Sinn der von Tsï-hi verkündigten Aufhebung des Unterschiedes zwischen Mandschus und Chinesen. Der alte Prinz King hielt sich mit zäher Beharrlich-

---

[2]) Der Reichsausschuß bestand aus 200 Mitgliedern, von denen 100 aus den Provinziallandtagen stammten, 100 vom Thron ernannt wurden. Er sollte einen Voranschlag für den jährlichen Haushalt aufstellen, Gesetzesvorlagen und Anleihen erörtern, Wünsche und Anregungen aus dem Volk entgegennehmen und anderes mehr. Doch sollte ihm in allen Fragen keine Beschlußfassung, sondern nur eine Begutachtung zustehen.

keit an erster Stelle, trotzdem man von allen Seiten über seine Unfähigkeit spottete, und vergrößerte auf Grund seiner Stellung unaufhörlich sein enormes Vermögen. Schon 1910 wurde von ihm gesagt, daß er nach dem Grundsatz verfahre „après nous le deluge"[3]). Auch als im Mai 1911 das neue Kabinett gebildet wurde, welches im Gegensatz zu dem bisherigen Staatsrat ein verantwortliches Ministerkabinett darstellen sollte, kam Prinz King an seine Spitze und nicht mit Unrecht sagte man von diesem Kabinett, was man von so vielen der anderen Neuerungen sagen konnte: „Unter neuer Etikette bleibt alles beim Alten." Von den zwei Brüdern des Prinzregenten, die beide noch in den Zwanzigern waren, wurde Dsai-Sün zum Marineminister, Dsai-tau zum Chef des Generalstabes ernannt; das Finanzministerium erhielt Dsai-dse, der Vetter des Prinzregenten. Natürlich hatte diese Bevorzugung der Mandschus nur den Erfolg, die vorhandene Unzufriedenheit noch mehr zu steigern.

Was das einfache Volk von den Reformen merkte, war wesentlich dies, daß mehr Abgaben von ihm verlangt wurden. In der Tat lief die Bildung der mancherlei neuen Ämter im Zusammenhang mit der Selbstverwaltung, ebenso wie die Gründung der neuen Schulen in zahlreichen Fällen auf nichts anderes hinaus, als daß eine kleine Gruppe von Beamten, Notabeln und ihr Anhang aus Anlaß der Neugründungen

---

[3]) Das üble System, wonach die Beamtenstellen von denen, welche einen Einfluß auf ihre Vergebung haben, gewissermaßen erkauft werden müssen, nutzten die Mitglieder des Kaiserlichen Hauses nur immer stärker aus. Hier spürte man nicht einmal dem Namen nach etwas von Reform. Aus zuverlässiger Quelle ist mir eine bezeichnende Äußerung eines höheren chinesischen Beamten bekannt, der resigniert seine Beamtenlaufbahn in Peking abbrach. Er sagte: „Der Prinzregent selbst ist ein ehrenwerter Mann, aber der Weg zu ihm führt durch vier Türen. An der einen steht die Kaiserin-Witwe Lung-yü, an der zweiten und dritten die Brüder des Prinzregenten, an der vierten ein anderer Prinz, und außerdem steht an jeder Tür noch einmal der alte Prinz King." Ein 1911 ernannter Minister hatte an diesen vier Türen insgesamt mehr als 1 Millionen Mark (400 000 Taels) zu zahlen.

sich neue Einkünfte zu besorgen wußten. So regte sich denn bald an vielen Orten die Erbitterung des Volkes gegen die Reformen, von denen es nichts als Nachteil hatte. Unter anderem kam es im Juli 1910 in Lai-yang, einem Tsingtau benachbarten Kreis, zu größeren Unruhen, verursacht durch die neuen Steuern zwecks Einführung der Selbstverwaltung und durch die Einziehung von $^8/_{10}$ alles Tempelgutes zu demselben Zweck. Die Aufständischen, etwa 10 000 Mann, unter Führung eines Bauern Kü-schī-wen, sowie eines buddhistischen Mönches und tauistischen Priesters, belagerten die Kreisstadt. Den von Tsinanfu geschickten Truppen (etwa 2000 Mann) gelang es am 13. Juli die Stadt zu entsetzen (Gefecht am Maschan) und die Aufständischen zu zerstreuen.

In der so wichtigen Frage chinesischer Politik, die Nebenländer enger an das Hauptland heranzuziehen, hatte die Regierung mehr Niederlagen als Fortschritte zu verzeichnen. In Tibet suchte sie den Einfluß des Dalai-Lama zu brechen, der sehr geneigt war, auf eigene Hand mit Petersburg und Kalkutta Politik zu treiben. Chinesische Truppen rückten im Februar 1910 in Lhasa ein, aber es gelang dem Dalai-Lama rechtzeitig auf englisches Gebiet zu entfliehen; er wohnte seitdem in Darjeeling am Himalaya. Ein Edikt vom 25. Februar 1910 erklärte ihn aller weltlichen und geistlichen Gewalt für entsetzt. Indes erwies sich dieses schroffe Auftreten nicht als klug; der tibetanische Klerus denkt nicht daran, die angeordnete Neuwahl eines Dalai-Lama vorzunehmen. Wen-dsung-yau, chinesischer Vizeamban in Lhasa, äußerte sich nach Niederlegung seines Amtes im Winter 1910 in einer Schanghaier Zeitung sehr pessimistisch über das Verhältnis Chinas zu Tibet. Er spricht die Befürchtung aus, daß durch den Einfluß der Engländer Tibet ganz verloren gehe; sie verständen das Vertrauen der unwissenden Tibeter zu gewinnen, während die Chinesen in Tibet durch unkluge Politik und nicht zum wenigsten durch gegenseitige Intriguen das beabsichtigte Ziel schädigten, Tibet fester an China zu knüpfen.

In der Mongolei machte zwar die Kolonisation an der

Grenze durch chinesische Bauern gute Fortschritte, aber gleichzeitig wuchs auf der anderen Seite der Einfluß der Russen, die sowohl mit mongolischen Fürsten nähere Beziehungen anknüpften, als auch mit dem Hutuktu in Urga, der in der Mongolei dieselbe Stellung einnimmt, wie der Dalai-Lama in Tibet. Auch an einer starken Zusammenziehung von Truppen an der mongolischen Grenze (Kiachta) ließen es die Russen nicht fehlen.

Noch stärker als die Mongolei blieb die Mandschurei gefährdet, durch die Russen im Norden und die Japaner im Süden. War dabei die Rivalität der beiden Mächte untereinander immerhin ein gewisser Schutz für China, so wurde auch dieser beseitigt durch das russisch-japanische Abkommen vom 4. Juli 1910, in welchem sich die beiden Regierungen über ihre mandschurischen Pläne verständigten. Der Umstand, daß in dem Vertrage die Bestimmungen des Friedens von Portsmouth über die Mandschurei ausdrücklich anerkannt wurden, vermochte dabei die begründeten Besorgnisse der chinesischen Regierung nicht zu mildern.

Ein Vorfall im Februar 1911 machte von neuem deutlich, wie wenig China im Stande sein würde, sich selbst zu helfen, falls etwa einem der Nachbarn es einfiele mit Gewalt vorzugehen. Rußland beschwerte sich plötzlich in einer scharf gehaltenen Note über Nichtachtung des Vertrages von 1881 (s. S. 220 f) und über Bedrückung des russischen Handels in der Mongolei und Ost-Turkestan. Da die chinesische Regierung nicht sofort im gewünschten Sinne antworte, stellte Rußland ein Ultimatum und drohte mit erneuter Besetzung von Ili (Kuldja). Noch war dieser Fall nicht beigelegt, als im März 1911 die öffentliche Meinung in China nicht minder erregt wurde durch Ansprüche, welche England auf Piän-ma in Yünnan (Bezirk Yung-tschang) an der Grenze von Birma geltend machte. Man glaubte, daß das Vorgehen der Engländer mit dem der Russen in Zusammenhang stehe und fürchtete, daß ähnlich wie 1897 nun auch noch andere Mächte mit Forderungen an das ohnmächtige China herantreten würden. Das lange Zeit verstummte Wort von der

Aufteilung Chinas tauchte von neuem auf, diesmal aber nicht in den europäischen Zeitungen, sondern in der chinesischen Presse[4]). Es war dies sowohl ein Ausdruck der Besorgnis vor dem Ausland als ein Anlaß, um bittere Klagen und maßlose Vorwürfe gegen die Regierung zu erheben, welche das Land habe so herunterkommen lassen. Die Erörterungen hierüber füllten den ganzen Sommer 1911 über zahllose Spalten chinesischer Leitartikel. Als der schlimmste Feind Chinas wurde dabei einmütig Japan hingestellt, dann Rußland, danach England; auf der anderen Seite pries man Amerikas Freundschaft und empfahl dringend ein chinesisch-amerikanisches Bündnis als Rettung aus allen politischen Nöten. Bei dem freundlichen Verhalten Amerikas gegen China wirkte in den letzten Jahren sein Gegensatz zu Japan stark mit. Aus diesem Grunde machte Amerika der chinesischen Regierung das Anerbieten, ihr durch eine große Anleihe dazu zu verhelfen, die inzwischen von den Japanern in der Süd-Mandschurei gebauten Bahnen zurückzukaufen und so wieder Herr im eigenen Lande zu werden. Aus diesem Plan wurde freilich nichts. Aber als eine Folge davon kam im April 1911 ein Anleihevertrag mit Banken der vier Mächte Amerika, England, Frankreich und Deutschland zustande. Die zu leihende Summe (10 Millionen Pfundsterling) sollte dazu dienen, die großen wirtschaftlichen Schätze der Mandschurei zu erschließen und anderseits die so dringende Währungsreform durchzuführen. Der Ausschluß Japans und Rußlands bei dieser Anleihe war deutlich. In der öffentlichen Meinung Chinas erregte auch diese Maßregel herbe Kritik, wie es überhaupt mehr und mehr Gewohnheit wurde, alles was von der Regierung kam, zu verwerfen. Man sah in den großen auswärtigen Anleihen nur eine andere Form der Besitzergreifung Chinas durch die Großmächte. Auf die Anleihe würde die Finanzkontrolle folgen und damit für China

---

[4]) Man wußte von einer geheimen Pariser Konferenz zwecks Aufteilung Chinas zu erzählen, an der sich alle Großmächte beteiligt hätten mit Ausnahme Amerikas.

ebenso wie für Ägypten und Indien der Verlust politischer Selbständigkeit. Gleichzeitig machte sich die nie stillstehende Propaganda der Revolutionäre wieder einmal in einer äußeren Tat bemerkbar, der Ermordung des Tartarengenerals in Kanton (9. April 1911). Ihr folgte am 28. April ein Ansturm auf das Yamen des Vizekönigs, der aber durch Bannertruppen und Polizei niedergeschlagen wurde; die Revolutionäre hatten dabei 72 Tote⁵). Auch in den Palast des Prinzregenten selbst wurde in demselben Monat eine Bombe geworfen.

Die Regierung hatte zweifellos die richtige Erkenntnis, wenn sie unter allen inneren und äußeren politischen Schwierigkeiten des Reiches es als die wichtigste Aufgabe erkannte, die Einheitlichkeit der Regierungsgewalt gegenüber dem selbständigen und willkürlichen Treiben in den einzelnen Provinzen zu kräftigen. Aber gerade auf diesem Wege, der auch unter Tsï-hi schon vorgezeichnet war, begegnete sie dem heftigsten Widerstand. Nicht eigentlich bei den Generalgouverneuren und Gouverneuren; wenn diese auch im Juni 1911 einen Protest gegen die Beschränkung ihrer militärischen Gewalt erhoben, so zeigten sie sich im ganzen doch durchaus verständnisvoll für die Maßregeln im Interesse der Reichsgewalt. Anders aber die eigentlich Mächtigen in den Provinzen, die alten, eingesessenen, reichen Notabeln, deren Macht noch dadurch gewachsen war, daß die neugebildeten Provinziallandtage in Wahrheit nicht viel etwas anderes waren als eine organisierte Vertretung ihres Standes. Sie machten ihre provinziale Selbständigkeit, besonders in der Frage des Eisenbahnbaues geltend. Dabei durchkreuzten sie nicht selten die Pläne der Regierung wie z. B. bei der Kiangsu—Tschekiang-Bahn (s. S. 282) und brachten diese in Verlegenheit. In anderen Provinzen ging man mit eben solchem Enthusiasmus und eben solchem Protest gegen fremde Einmischung an den Bahnbau wie damals in Tschekiang, aber die finanzielle Opferwilligkeit war doch nicht

---

⁵) Die Kantonesen feiern ihrerseits diesen Tag als den Beginn der Revolution.

groß genug und das begonnene Werk blieb unfertig liegen⁶). Diesem Treiben beschloß die Regierung ein Ende zu machen und alle Eisenbahn-Hauptlinien im Interesse der Aufrechterhaltung einheitlicher Gewalt und Ordnung zu verstaatlichen (Edikt vom 9. Mai 1911). Der Mann, dessen sie sich zu dieser Aufgabe bediente, war Scheng-süan-huai, bekannt unter dem Titel Scheng-gung-bau, der als Nachfolger von Tangschau-i im Januar zum Verkehrsminister ernannt war. Er stammte aus der Schule Li-hung-dschang's und war als ein energischer und in wirtschaftlichen Dingen erfahrener Mann bekannt⁷). Er nahm von den Banken derselben vier Staaten, welche ihm das Geld für die wirtschaftliche Erschließung der Mandschurei und die Münzreform gegeben hatten, eine weitere Anleihe von sechs Millionen Pfundsterling auf (Mai 1911), um einerseits die bereits von den Provinzen gebauten oder im Bau begriffenen Hauptbahnen, bezw. Bahnaktien anzukaufen, anderseits um endlich die Südhälfte der großen Nord—Süd-Bahn, nämlich die Strecke Hankou bezw. Wutschang-Kanton und die Strecke Hankou—Itschang—Setschuan zu bauen⁸). Gegen diese Absicht der Regierung erhob sich ein gewaltiger Protest, besonders in den Provinzen Hupe, Hunan und Setschuan. In letzterer Provinz ging der Protest so weit, daß er von Anfang September ab zu einem

---

⁶) Von den Bahnen, die während der Regierung Süan-tung ihre Vollendung fanden, sind besonders zu nennen die Kaiföngfu—Honanfu-Bahn (1909), die Peking—Kalgan-Bahn (1909), die halb englische, halb chinesische Kanton—Kowloon-Bahn (1909 bezw. 1911) und die von den Franzosen gebaute Tongking—Yünnan-Bahn (1910). Von der Tientsin—Pukou-Bahn wurde die Strecke Tientsin—Tsinanfu (410 Kilometer) am 2. November 1910 dem Verkehr übergeben. Die gesamte Linie soll im Herbst 1912 fertig sein.
⁷) An den „Han-Yä-Ping-Werken" (s. S. 232) war er hervorragend, auch mit eigenem Kapital, beteiligt; gleich Li-hung-dschang gehörte er zu den reichsten Männern Chinas.
⁸) Die Strecke Hankou—Kanton sollte von den Engländern, die Linie Hankou—Itschang von den Deutschen und von da ab weiter bis Tscheng-du von den Amerikanern gebaut werden. Zum Generaldirektor dieser Bahnen wurde Duan-fang ernannt, der damit aus seiner unfreiwilligen Muße wieder zurückgerufen wurde.

förmlichen Aufstand wurde, gegen den der energische Generalgouverneur Dschau-örl-föng mit Waffengewalt einschritt. Der Widerstand der Notabeln in Setschuan gegen Schengsüan-huai hatte noch seine besonderen Gründe. Sie hatten von den zum Bahnbau gesammelten Kapital eine beträchtliche Menge vergeudet; etwa eine Million Taels waren bei den wilden Gummispekulationen im Sommer 1910 in Schanghai verschwunden. Sie wünschten nun auch diese Summe erstattet zu bekommen, während der Verkehrsminister keine Lust hatte darauf einzugehen. Die Lage in Setschuan blieb lange Zeit sehr schwierig; die dort ansässigen Fremden flohen zum Teil. Endlich aber kam es doch zu einem Vergleich mit den Notabeln der Provinz und die glückliche Regierung spendete der Kommission, welche diesen Vergleich in Wutschang zustande gebracht hatte, besonders Duan-fang und Jui-dscheng, dem Generalgouverneur von Hupe und Hunan, hohes Lob. Aber ehe die von ihr ausgesetzten Belohnungen verteilt werden konnten, entstand an demselben Platz ein Brand, den die Regierung nicht mehr zu löschen vermochte, und in welchem der alte chinesische Kaiserthron selbst versank.

Die Revolution 1911—12.

Am 9. Oktober 1911 nachmittags entstand in einem Hause der russischen Niederlassung in Hankou eine heftige Explosion. Die Feuerwehr drang ein und entdeckte, daß das Haus chinesischen Verschwörern als ein Mittelpunkt ihrer Organisation und zur Herstellung von Bomben diente. Die Insassen waren entflohen, nachdem sie vorher Petroleum ausgegossen hatten, um durch Niederbrennen des Hauses eine Entdeckung zu verhindern. Indes das Feuer wurde gelöscht und Papiere gefunden, aus denen die Namen mehrerer Verschwörer bekannt wurden. Unter ihnen waren Soldaten.

der Hankou gegenüber in Wutschang stationierten Truppen. An demselben Abend ließ der Generalgouverneur in Wutschang, der Mandschu Jui-dscheng, die Tore schließen — die Soldaten befanden sich meist außerhalb der ummauerten Stadt — und während der Nacht Verhöre vornehmen. Man hatte im Yamen des Generalgouverneurs längst gewußt, daß revolutionäre Wühlereien unter den Truppen im Gange seien, aber die Rädelsführer nicht fassen können. Einer der nunmehr Entdeckten gab bei dem Verhör dem Generalgouverneur zu, daß er ihn habe ermorden wollen, verweigerte aber im übrigen jede Auskunft, da die Mandschus keine Berechtigung hätten, ihn zu verhören. Er nebst drei andern wurde am frühen Morgen des 10. Oktobers enthauptet. Im Laufe des Tages wurden acht Soldaten dabei entdeckt, wie sie ein Geschütz aus dem Artilleriepark herauszuholen suchten. Sie wurden erschossen. Nun aber brach die Empörung in allen Regimentern los[1]). Das Pionier- und Trainbataillon steckten ihr Lager in Brand und besetzten die Arsenale. In der Nacht drangen sie in die Stadt ein; am Morgen des 11. Oktobers stand das Yamen des Generalgouverneurs in Flammen; dieser war kurz vorher auf einem im Yangtse ankernden, chinesischen Kreuzer entflohen und am Nachmittag desselben Tages war ganz Wutschang unbezweifelt in der Hand der Rebellen. Alle Mandschus wurden niedergemacht. Die Revolutionäre erließen an die verschiedenen Konsuln in Hankou ein Manifest — datiert am 8. Monat des Jahres 4609 seit Huang-di (s. S. 2) — in welchem sie die Fremden baten, Neutralität zu wahren in dem Kampfe, den sie gegen die Mandschus, die Unterdrücker Chinas, begonnen hätten. Sie versprachen gleichzeitig vollen Schutz des Lebens und des Eigentums aller Fremden, und des freien Handelsverkehrs und verbürgten sich für Aufrechterhaltung der Ordnung[2]). Am 12. Oktober setzten die Re-

---

[1]) Etwa die Hälfte der Garnison befand sich noch in Setschuan zur Unterdrückung des Aufstandes.

[2]) Wer irgendwie Ausländer tötet oder beschädigt, wird enthauptet! Wer den Handel stört, wird enthauptet! Wer ruchlos Brand-

bellen über den Yangtse und bemächtigten sich fast ohne Kampf der Stadt Hanyang, deren Arsenale ihnen eine Menge Gewehre und Munition in die Hand lieferten. Ihr Führer war der General Li-yüan-hung. Er gehörte nicht zu den eigentlichen Verschwörern, wurde aber bei dem Ausbruch des Aufstandes halb wider Willen gezwungen, die Führung zu übernehmen³). Am 13. Oktober erfolgte in Wutschang die Proklamierung der neuen Regierung mit Li-yüan-hung als obersten Leiter. Ihm zur Seite stand der General Huang-hing⁴).

In Peking fühlte man auf die Nachricht von dem Fall Wutschangs sofort, wie ernst die Situation sei. Zwar hatte die Revolutionspartei schon mehrfach in den letzten Jahren im Süden Erhebungsversuche gemacht, aber jetzt war ihr mit einem Schlag fast die wichtigste Stadt, im Zentrum des Reiches, zugefallen. Es waren ferner die Truppen selbst, welche revoltierten und vor allem war die Gesamtlage im höchsten Maße bedenklich. Setschuan befand sich tatsächlich noch im Aufruhr; in Hupe und Hunan, in allen Yangtse- und den meisten Südprovinzen war seit Wochen von den leitenden Kreisen der Widerstand gegen die Regierung, besonders wegen der Eisenbahnpolitik, systematisch betrieben worden. Nord-Anhui und Kiangsu litt seit langem unter

---

stiftung verübt, wird enthauptet! Wer das Leben der Fremden beschützt, wird hoch belohnt! Wer die Niederlassung der Fremden beschützt, wird hoch belohnt! Wer Kirchen und Kapellen beschützt, wird hoch belohnt!

³) Li-yüan-hung, geb. 1864, stammt aus Hupe. Er besuchte die Marineschule in Tientsin und machte den japanisch-chinesischen Krieg als Seeoffizier mit. Später zog ihn Dschang-dschī-dung an sich heran, dem er im Verein mit deutschen Instrukteuren gute Dienste in der Ausbildung der Armee leistete.

⁴) Die eigentlichen Wähler unter den Truppen in Wutschang waren Liu-ying und Sun-wu gewesen. Ersterer war in Japan 1906 durch den persönlichen Einfluß Sun-wen's gewonnen worden. Seiner Aussage nach war der Dezember 1911 der Zeitpunkt, an dem eigentlich die Revolution beginnen sollte, wenn nicht die Bombenexplosion in Hankou, an der er selbst beteiligt war, den vorzeitigen Ausbruch verursacht hätte.

schwerer Hungersnot, dazu war in den verschiedensten Provinzen die Sommerernte völlig vernichtet; vor allem hatten im Sommer und Herbst 1911 die Mittelprovinzen unter furchtbaren Überschwemmungen des Yangtse zu leiden. Wird durch solche Ereignisse ohnehin schon die Unzufriedenheit des Volkes genährt, so offenbart sich nach chinesischer Auffassung durch solche Mißstände ganz direkt die Unfähigkeit der Dynastie, dem Lande Frieden und Wohlsein zu schaffen, und die Unzufriedenheit des Himmels mit ihrer Regierung. Daß die Regierung sich des hungernden Volkes so wenig angenommen und die Aufgabe überhaupt nicht angefaßt hatte, die Ursachen der chronischen Not zu beseitigen (z. B. in Nord-Kiangsu durch Regulierung des Huai-Flusses), statt dessen es sich gern gefallen ließ, daß die wohlhabenden Fremden in Schanghai und anderen Plätzen, ebenso wie die Missionen große Hilfsaktionen für die Notleidenden in Bewegung setzten, das alles wird ohne Zweifel ihr mit Recht zur Last gelegt. Das schlechte Gewissen äußerte sich denn auch sofort darin, daß nunmehr aus dem Kaiserlichen Schatz, besonders von der Kaiserin-Witwe große Summen für das leidende Volk angewiesen wurden, wobei man es an der nötigen amtlichen Bekanntmachung des mitleidigen Herzens der Kaiserin-Witwe nicht fehlen ließ.

Das stärkste Zeichen dafür, wie schwach sich die Regierung fühlte, mit eigener Kraft der Lage Herr zu werden, war dies, daß sie sich sofort an den geächteten Yüan-schï-kai anklammerte als den einzigen Mann, der vielleicht helfen könne. Ein Edikt vom 14. Oktober ernannte ihn zum Generalgouverneur von Hupe und Hunan und zum Oberbefehlshaber der kaiserlichen Truppen. Yüan-schï-kai zögerte mehrere Tage der Aufforderung zu folgen und ließ sich erst noch mehrmals bitten. Schließlich am 18. Oktober erklärte er, aus Pietät für die alte Kaiserin-Witwe Tsï-hi die Aufgabe übernehmen zu wollen, verhielt sich aber trotzdem noch abwartend. Er machte sich auf den Weg nach dem Süden, wechselte Briefe mit Li-yüan-hung, kehrte dann aber wieder um, jedoch nicht nach Peking. Inzwischen hatte der Kriegsmi-

nister Yin-tschang die Führung der Truppen gegen die Rebellen übernommen und nahm sein Hauptquartier in Hsin-
yang. Am 14. Oktober verließ er Peking; sämtliche verfüg-
baren chinesischen Kriegsschiffe unter Führung des Admirals
Sah, der jedoch selbst den Rebellen zuneigte, wurden nach
Hankou beordert[5]).
Am 18. und 19. Oktober kam es bei Hankou zu den
ersten Kämpfen, die hinter den langgestreckten fremden Niederlassungen ausgefochten wurden. Die verschiedenen Frei-
willigenkompagnien der Fremden in Hankou nebst Abteilungen von den Kriegsschiffen hielten die Zugänge zu den Niederlassungen besetzt, um das Eindringen von Soldaten oder
des raublustigen Mob zu verhindern. Die Rebellen blieben
in den Kämpfen um Hankou, die sich den ganzen Oktober
und November über fortsetzten, zunächst siegreich. Es gelang ihnen am 20. Oktober die Zehn-Kilometer-Station an
der Peking—Hankou-Bahn zu besetzen. Von da an aber gewannen die Kaiserlichen Truppen die Oberhand, bei denen
inzwischen die von Yin-tschang gesandten Verstärkungen
eingetroffen waren. Am 27. Oktober vertrieben sie, voran
die Schantung- und Honan-Truppen, die Rebellen von der
Zehn-Kilometer-Station, wobei diese schwere Verluste erlitten; am 29. drangen sie in die Chinesenstadt Hankou ein.
Hier fanden die folgenden Tage über bis zum 3. November
erbitterte Straßenkämpfe statt, bei denen fast die ganze Stadt
zerstört wurde oder in Flammen aufging. Am 3. November
gaben die Rebellen Hankou preis und zogen sich über den
Han-Fluß nach Hanyang zurück. Ying-tschang war in demselben Augenblick abberufen worden, als Yüan-schï-kai die
diktatorische Gewalt übernahm.
So viel Zittern die erste Nachricht von dem Fall Wutschangs in Peking erregt hatte, so viel Beifall erweckte sie
in ganz Mittel- und Süd-China. Hier brauchte die Revo-

---

[5]) Selbstverständlich entsandten auch die fremden Mächte Kriegsschiffe nach Hankou, andre nach Nanking, während die Hauptmacht
sich vor Schanghai zusammenzog, um für alle Fälle gerüstet zu sein.

lution sich nicht den Boden zu erobern, es fiel ihr alles von selbst, beinahe ohne Kampf, zu. Zwar waren es nur wenige, welche die Agitation für den Abfall von der Mandschu-Dynastie betrieben, noch viel weniger die, welchen man eine wirkliche Überzeugung für die republikanischen Ideen zutrauen konnte; aber ebenso wenig fand die Dynastie überzeugte Fürsprecher. So ließ die große Menge willenlos geschehen, was geschah. Das Landvolk kam dabei überhaupt nicht in Betracht. In den Städten aber war der häufige Hergang der, daß ein paar Agitatoren, meist junge Leute, die eine Zeitlang in Japan oder Amerika studiert hatten, eines Tages eine Proklamation unter das Volk verteilten und von irgend einem Tor her mit einer weißen Fahne einen Zug durch die Hauptstraßen veranstalteten. Der Beamte entfloh gewöhnlich rechtzeitig; die etwa vorhandenen Soldaten waren im voraus, auch durch bares Geld und durch den Hinweis auf den erhöhten Sold im Dienste der „allgemeinen Eintracht" gewonnen worden. Häufig auch waren es die Soldaten selbst, welche durch ihre Erklärung für die Rebellen den Abfall des betreffenden Platzes vollzogen. So fielen noch während des Oktobers Itschang und Kiukiang am Yangtse, ferner die Hauptstädte von Hunan, Kiangsi, Schansi, Schensi der Revolution zu. Das Zeichen für den Anschluß an die Revolution war eine weiße Binde um den Arm bezw. das Aufpflanzen einer weißen Fahne, auf der auch wohl die Inschrift angebracht war: „Hoch die Han, nieder die Man!" In den abgefallenen Städten und Provinzen wurde überall eine „militärische Regierung" gebildet. Die Männer, welche dabei an die Spitze kamen, waren weder von oben eingesetzt noch eigentlich vom Volke gewählt; viel Willkür herrschte dabei und schnell genug wechselten die betreffenden Persönlichkeiten. Die eigentlichen Regierungsgeschäfte hörten überhaupt auf; man verzichtete einstweilen darauf, von dem einfachen Volk Steuern zu erheben, um es der neuen Ordnung geneigter zu machen, und auch im übrigen hatte jeder für sich selbst zu sorgen. Von den Besitzenden dagegen und namentlich von denen, welche früher Beamte gewesen waren, wurden große Summen eingesammelt. Wer nicht willig gab, dem nahm man mit Gewalt. Infolgedessen flüchteten diejenigen, welche es noch rechtzeitig bewerkstelligen konnten, massenhaft aus dem Innern an die Küste, in den sichern Schutz der fremden Niederlassungen, die wiederum durch ihre Kriegsschiffe, durch die Freiwilligenkorps und ihre organisierte Polizei geschützt waren. In erster Linie war es Schanghai, wohin sich der Strom der reichen Flüchtlinge aus den Yangtse-Provinzen richtete; dort stieg infolgedessen die Bevölkerung des internationalen Settlements während der Wintermonate um etwa 12 000 Menschen. Im Norden war Tsingtau die sichere Burg für zahlreiche hohe chinesische Beamte, Chinesen und Mandschus, die ihr Leben und ihr Vermögen in Sicherheit bringen wollten. Im Süden nahm Hongkong die meisten Flüchtlinge auf. Die ausländischen Banken hatten beträchtliche Summen an Depositen aufzunehmen; denn keiner chinesischen Bank wagten die Flüchtlinge ihr Vermögen zu übergeben; sehr viel war nach alter Methode einfach versteckt oder vergraben worden. Die neuen Gewalthaber kauften Waffen, Munition und sonstiges Kriegsmaterial soviel sie bekommen konnten. Die Anmeldungen bei den Werbebureaus waren zahlreich; der gezahlte Sold betrug beinahe das Doppelte von dem, was die Kaiserlichen erhielten. Die Beschaffenheit dieser neuen Revolutionssoldaten war freilich um so dürftiger. Ob sie nun Kulis oder frühere Räuber waren, es führte sie kaum irgend etwas anderes zu der neuen Fahne als die Aussicht auf warme Kleidung, gutes Essen und die Lust an ungebundenem Leben. Die meisten buddhistischen und tauistischen Tempel und Klöster in den Städten mußten es sich gefallen lassen, zu Kasernen umgewandelt zu werden.

Wenn auch bei Hankou und Hanyang nicht ohne Energie und Glück die Kaiserlichen gegen die Revolutionäre fochten, so suchte die erschreckte Dynastie dem drohenden, vollkommenen Abfall gegenüber doch nicht in energischer Tat das Heil, sondern in weitgehendster Nachgiebigkeit gegen die Wünsche der revolutionären Stimmführer. Am 25. Ok-

tober verlangte der Reichsausschuß in einer tumultuarischen
Sitzung vom Thron die Bestrafung des Ministers Scheng-süan-
huai wegen Hochverrats, begangen durch seine Eisenbahnpolitik. Am folgenden Tage wurde er durch ein Kaiserliches
Edikt in schimpflichster Weise als ein Betrüger und Hoch-
verräter aller Ämter enthoben; mit knapper Not entging er
einem Mordversuch und entkam am 27. Oktober nach Tsingtau. An demselben Tage forderte der Reichsausschuß die Einführung einer Verfassung, welche von ihm zu entwerfen und
vom Thron zu veröffentlichen sei, ferner die Entfernung aller
Angehörigen des Kaiserlichen Hauses und des mandschurischen Adels aus dem Kabinett und volle Amnestie für alle,
welche wegen ihrer revolutionären Absichten vom Thron bestraft worden waren. In seiner Antwort vom 30. Oktober
erklärte sich der Thron mit allen diesen Forderungen einverstanden. Dazu erschien am selben Tage ein demütiges
allgemeines Sühneedikt des Kaisers, in dem er sich allein die
Schuld dafür zuschrieb, daß die Zustände im Reich so schlimm
geworden seien[6]).

Inzwischen hatte der Reichsausschuß die neue Verfassung, bestehend aus 19 Artikeln, aufgesetzt. Es wurde
darin der Fortbestand der durch die Konstitution beschränkten Mandschu-Dynastie verkündet, doch die eigentliche Regierungsgewalt war dabei — im wesentlichen nach englischem Muster — völlig dem Parlament übertragen. Der
Kaiser hat dessen Beschlüsse zu verkünden, der Premierminister selbst wird vom Parlament gewählt und ist diesem
gegenüber verantwortlich. Kaiserliche Prinzen können weder
einen Posten als Minister noch als Gouverneur bekleiden.

---

[6]) Es heißt darin unter anderem: „Die Unruhen in Hupe sind
allerdings von den Truppen hervorgerufen worden, aber eigentlich
von dem Gouverneur Jui-dscheng und seinesgleichen verursacht, indem
sie die Truppen zur Rebellion gereizt haben; nicht ohne Grund wahrlich haben die Truppen rebelliert. Nur uns allein klagen wir des
Fehlers an, daß wir Jui-dscheng in sein hohes Amt einsetzten, Heer
und Volk sind schuldlos. Wenn sie jetzt zu ihrer Untertanenpflicht
zurückkehren, wollen wir alles verzeihen."

Der Etat, auch der des Kaiserlichen Hauses selbst wird vom Parlament festgelegt. Auch diese 19 Artikel wurden ohne Einschränkung vom Thron angenommen und am 3. November veröffentlicht[7]). Der Reichsausschuß in seiner Eigenschaft als Vorparlament erwählte am 8. November mit starker Majorität Yüan-schï-kai zum Premierminister, und nunmehr erst machte sich dieser auf den Weg nach Peking, wo er am 13. November eintraf. An demselben Tage wurde ihm außerdem die ganze Armee einschließlich der Kaiserlichen Leibgarden in und um Peking unterstellt. Am 16. November bildete er sein Kabinett, in welchem Tang-schau-i der Nachfolger Scheng-süan-huai's wurde, dessen Vorgänger er gewesen war[8]). Nunmehr wußte man im Lager der Revolutionäre, daß das Schicksal ihres Erfolges oder Mißerfolges von der Person Yüan-schï-kai's viel mehr als von den Mandschu's selbst abhängig sein werde und man ließ es nicht daran fehlen, ihn einerseits mit Schmeicheleien, anderseits mit Schmähungen zu überhäufen[9]).

All die starken Zugeständnisse an die Volkspartei und die Preisgabe so vieler Vorrechte der Dynastie, wie sie vor allem in den Edikten des 30. Oktobers zum Ausdruck gekommen waren, hatten den Fortgang des Abfalls nicht zu hindern vermocht. Die wichtigsten Plätze, welche noch während des Oktobers den Rebellen zufielen, sind bereits genannt worden[10]). Von entscheidender Bedeutung war da-

---

[7]) Ein Edikt vom 5. November genehmigte die Umwandlung des Namens der bisherigen Revolutionspartei (Koming tang) in Regierungspartei.

[8]) Tang-schau-i stand mit Yüan-schï-kai schon in naher Beziehung als dieser Ministerresident in Korea war. Er ist Kantonese und gehört zu den ersten, welche in Amerika studiert haben.

Den Posten als Justizminiister bot Yüan-schï-kai dem geächteten Liang-ki-tschan an (s. S. 250). doch dieser lehnte ab.

[9]) „Du wirst dereinst entweder der gefeiertste oder der verachtetste Mann der chinesischen Geschichte sein. Was willst du werden? Washington oder Napoleon, wähle!" (Schanghaier Volkszeitung, November 1911.)

[10]) Doch waren immerhin 10 Tage vergangen, während denen

nach der Fall Schanghais, wo die chinesische Presse im Schutz der internationalen Niederlassung von Anfang an mit viel Geschrei der Revolution zugejubelt hatte. Am Abend des 3. November drang ein bewaffneter Haufen auf das Yamen des Tautai von Schanghai ein. Nur wenige Schüsse fielen, dann war das Yamen in der Hand der Volksmassen, die es in Brand steckten. Am andern Morgen bemächtigten sich die Rebellen nach kurzem Kampfe, bei dem etwa 20 Leute fielen, des Arsenals, womit große Mengen von Waffen und Munition in ihren Besitz gerieten. Die vor dem Arsenal liegenden chinesischen Torpedoboote hißten ohne weiteres die weiße Flagge[11]), desgleichen an demselben Tage die Wusungs-Forts. Der Gouverneur in Sutschou selbst kündigte der Dynastie den Gehorsam. Von der Provinz Kiangsu aus pflanzte sich die Bewegung weiter, einerseits nach Tschekiang und Fukien, anderseits nach Anhui. In Hangtschou und Futschou kam es zu Kämpfen mit den Mandschu-Besatzungen. Als sie sich besiegt erklärten, wurde ihre Erklärung angenommen. Eine Niedermetzelung der besiegten Mandschus hat außer in Wutschang nur noch in Sianfu stattgefunden. Auch erfüllten die Rebellen überall das Versprechen, das Leben und Eigentum der Fremden zu schonen. Sie waren sich dessen bewußt, daß sie den fremden Mächten keinen Anlaß geben dürften, sich gegen sie zu erklären.

Keine Provinz stand der Mandschu-Dynastie so fern wie Kuangtung. Sie ist am spätesten unterworfen worden, der geographische Gegensatz zu dem nordischen Herrscherhaus wirkt hier am stärksten, aus Kuangtung stammen die Taiping-Rebellen und andere dynastiefeindliche Sekten, wie die Triasgesellschaft. Hier fand der erste und lebhafteste Austausch mit den ausländischen Ideen statt, hier nahm die Reformbewegung von 1898 ihren Ausgang, von hier stammte

---

noch alles — wenn auch in gewitterschwüler Erwartung — ruhig blieb. Nach Wutschang erklärte sich als nächste Provinzialhauptstadt Tschang-scha für die Rebellen (21. Oktober); kurz vorher Itschang.

[11]) Die vor Hankou liegenden chinesischen Kriegsschiffe gingen am 19. November zu den Rebellen über.

Sun-wen, von hier aus hatten schon mehrere Erhebungen gegen die Dynastie stattgefunden, die letzte große am 28. April 1911. Trotzdem hielt sich das Kaiserliche Regiment verhältnismäßig lange in Kanton, auch dann noch, als am 25. Oktober den Revolutionären ein Bombenattentat auf den Tartarengeneral Föng-schan geglückt war. Die schließliche Loslösung war dann aber um so gründlicher, indem durch eine Versammlung der Gildenvorsteher und der Notabeln am 9. November Kuangtung als unabhängige Republik ausgerufen wurde. Man hatte sich mit dem Generalgouverneur selbst vorher über diesen Schritt verständigt und bot ihm auch die Präsidentenwürde an, die er jedoch ablehnte. Die Mandschus in der Tartarenstadt wagten keinen Kampf; sie legten die Waffen nieder gegen die Bürgschaft, daß sie dann unbelästigt bleiben würden.

Dem Beispiel der Kanton-Provinz folgte unmittelbar und überraschend die Provinz Schantung. Die Bevölkerung der Provinz Schantung gehörte in ihrer konservativen Gesinnung zu den treuesten Anhängern der Dynastie und es war hier besonders deutlich, wie der Abfall von der Dynastie nur die Mache einiger jungen Auslandsstudenten und Agitatoren war, welche durch Überredung und durch Drohung Stimmung zu machen verstanden. Auch die Schüler der großen amerikanischen Schulanstalten in Schantung erwiesen sich als eifrige Förderer der Revolution. Die provinzialen Sonderinteressen der Notabeln waren freilich auch in Schantung nicht gering. Am 6. November richtete eine von diesen berufene Volksversammlung in Tsinanfu 8 Forderungen an die Regierung in Form eines Ultimatums mit drei Tagen Bedenkzeit. Die Regierung genehmigte alle Wünsche mit Ausnahme der zwei Punkte, welche sofortigen Friedensschluß mit den Aufständischen und Proklamierung der Vereinigten Staaten von China verlangten. Da man aber in Tsinanfu weder gegen die Kaiserlichen noch gegen die von Anhui her allmählich anrückenden Aufständischen zu kämpfen gesonnen war, so beschloß man, die Interessen der Provinz dadurch zu wahren, daß man sie einstweilen allem Zwiespalt entrückte durch Erklärung der Provinz als selbständige Republik (11. November). Der Gouverneur Sun-bau-ki hatte seinerseits keine Sympathien für die Revolutionäre, aber er glaubte der Dynastie und der Provinz zugleich am besten zu dienen, wenn er das Unvermeidliche geschehen ließ, aber doch zugleich seine Hand in der Regierung behielt. So nahm er am 13. November die Wahl zum Präsidenten der Republik Schantung an. Bald aber zeigte sich, wie klein und unreif die Partei der Jungen war, welche den Umschwung verursacht hatte; die Besonnenen fühlten sich wie überrumpelt. Dazu kam, daß inzwischen Yüan-schï-kai in Peking die Zügel der Regierung ergriffen hatte, mit dem Sun-bau-ki in naher Beziehung stand und dem die in Schantung stehende 5. Division als ihrem alten Kommandeur anhing. Die Folge dieser beiden Umstände war, daß Sun-bau-ki am 26. November der Regierung ankündigte, daß die Provinz Schantung reumütig zum Gehorsam zurückkehre. Tschifu indes blieb republikanisch.

Auch in Schansi und Schensi war die Fahne des Aufstandes erhoben worden. Doch der Abfall war hier wie überall im Norden nicht so völlig und nicht so hoffnungslos wie im Süden. Es gelang der Dynastie, Truppen gegen Taiyuanfu und Sianfu in Bewegung zu bringen, welche ebenso wie bei Hankou ernsthaft und nicht erfolglos kämpften. Der Süden dagegen — von Hankou und dem Verbindungsweg nach Norden abgesehen — einschließlich eines breiten Streifens nördlich des Yangtse[12]) war um die Mitte November für die Dynastie so völlig verloren, daß hier kein einziger Soldat mehr für sie in den Waffen stand. Nur eine treue Insel blieb ihr noch eine Zeitlang inmitten des allgemeinen Abfalls: Nanking. Hier hatte am 7. November ein Teil der Truppen nach dem Vorbild anderer Städte die Revolution auszurufen versucht, aber der Energie des Generals Dschang-hün ge-

---

[12]) Die betreffende Linie entspricht etwa der, weche ehemals das chinesische Südreich von dem Herrschaftsgebiet der Tartaren im Norden trennte. (s. S. 31.)

lang es, durch rücksichtslose Strenge den Aufruhr niederzuschlagen, indem er allen Schuldigen und Verdächtigen dutzendweise ohne weiteres den Kopf abschlagen ließ. Die Stadttore
wurden verschlossen, die Tore und festen Punkte außerhalb und
innerhalb der Mauer befestigt. Schreckenstage folgten für
die ganze Bevölkerung; denn jeder, einerlei welchen Standes, den man ohne Zopf fand, wurde auf der Stelle enthauptet[13]). Täglich wurde nur eine Stunde lang das Tor
geöffnet und in dichten Mengen drängten die Bewohner aus
der Stadt, um weiteren Kämpfen und Schrecknissen zu entgehen; wiederum nahm Schanghai die meisten der Flüchtlinge auf. Nanking zu erobern war nun die folgenden Wochen
über das wichtigste Ziel der Revolutionäre. Sie trafen große
Vorbereitungen und brachten Truppen und Geschütze aus
mehreren Provinzen auf dem Wasser- und Schienenweg an
Nanking heran. Der schließliche Erfolg, der ihnen am 2. Dezember durch die Eroberung Nankings zufiel, war indes weniger eine Folge militärischer Überlegenheit als vielmehr des
Verrats, der auch unter den Soldaten Dschang-hün's nicht
ausblieb; es waren gerade seine Artilleristen (Hunanesen)
die mit ihren Landsleuten auf der Seite der Angreifer im
heimlichen Einverständnis waren. Die Eroberer plünderten die Tartarenstadt, und das Schreckensregiment, das
Dschang-hün gegen die Zopflosen geführt hatte, wandte sich
in den ersten Tagen nach der Eroberung nun umgekehrt
gegen die Bezopften. Dschang-hün selbst entkam — ebenso
wie der Generalgouverneur und der Mandschu-General Tiä-
liang — und hatte bald von neuem etwa 4000 Mann seiner Nankinger Truppen um sich gesammelt, mit denen er bei Sütschoufu (Kiangsu) und an der Südgrenze von Schantung
den Revolutionären den Schienenweg der Tientsin—Pukou-
Bahn versperrt hielt, falls diese es wagen sollten, weiter nord-
wärts vorzudringen. Indes, dazu waren diese nicht in der

---

[13]) Das Enthaupten erfordert in China keinerlei Vorbereitungen.
Der Delinquent hat niederzuknieen und den Nacken zur Erde zu
beugen.

Lage. Wenn die Eroberung Nankings auch für die Rebellen einen sehr wertvollen Gewinn bedeutete, so war doch für ihre ganze Stellung der Verlust viel schwerwiegender, den sie wenige Tage vorher erlitten hatten. Am 27. November nämlich war es den Kaiserlichen unter General Föngguo-dschang gelungen nach heftigen Kämpfen Hanyang wieder zu erobern. Indem die Geschütze die Höhen des Schildkrötenbergs besetzten, war auch das gegenüberliegende Wutschang ihnen preisgegeben. Die Festsetzung in Wutschang aber hätte ohne Zweifel alle anderen Positionen der Rebellen am Yangtse gefährdet und leicht zum Anfang einer gegenläufigen Bewegung werden können, falls die Kaiserlichen wirklich Ernst machen wollten. Den Rebellen andererseits fehlte es an Kraft und Mut, um etwa den Krieg nach dem Norden zu verlegen, zumal der strenge nordische Winter mit seinen kalten Stürmen bevorstand, an den die Südtruppen nicht gewöhnt waren. So war die militärische Lage für den Oberbefehlshaber der Kaiserlichen Truppen durchaus nicht ungünstig. Aber gerade jetzt wurde offenbar, daß Yüan-schï-kai andere Ziele hatte als die Erhaltung der Dynastie. Er nutzte den Vorteil, der ihm durch die Wiedereroberung Hanyangs zugefallen war, durchaus nicht aus, vielmehr zerbröckelte unter seiner Hand der Thron der Mandschus immer mehr. Am 26. November mußte der Prinzregent für den Kaiser in Gegenwart aller Minister einen feierlichen Eid auf die 19 Artikel der Verfassung leisten, welche die Macht des Kaisers nur noch zu einem Schatten seiner früheren Stellung machten. Am 10. Dezember dankte überraschend der Prinzregent überhaupt ab, weil er sich die Schuld für den ganzen Aufruhr zuschreiben müsse. Die Abdankung wurde durch ein Edikt der Kaiserin-Witwe bekannt gegeben, welche gleichzeitig dem Premierminister und seinem Kabinett die volle politische Verantwortung übertrug. Das Kaiserliche Siegel ging nunmehr an Lung-yü über, mit deren Namen die ferneren Edikte unterzeichnet waren. Nachdem durch die Wiedereroberung Hanyangs auf der einen Seite und dem Fall Nankings auf der anderen ein gewisses

Gleichgewicht der militärischen Erfolge eingetreten war, begann Yüan-schï-kai offen mit Friedensverhandlungen vor-
zutreten. Sie nahmen ihren Anfang damit, daß Yüan-schï-kai
am 2. Dezember dem General Li-yuan-hung in Wutschang
einen dreitägigen Waffenstillstand gewährte, der danach
immer weiter verlängert wurde.

Die Gesamtleitung der revolutionären Bewegung —
soweit von einer solchen die Rede sein konnte — war inzwischen von Wutschang nach Schanghai übergegangen.
Dort hatte sich wie in den übrigen abgefallenen Plätzen
eine „militärische Volksregierung" gebildet, an deren Spitze
ein bisheriger Zeitungsredakteur, Tschen-ki-me, stand[14]).
Sein Einfluß war jedoch verhältnismäßig gering neben dem
der beiden Männer, welche in Schanghai als Vertreter der
auswärtigen Beziehungen auftraten: Wu-ding-fang, 70 Jahre
alt, und Wen-dsung-yau[15]). Ihnen war von jeher die englische Sprache geläufig und sie wurden die eifrigsten An-
wälte der Revolution, den Ausländern und der ausländischen
Presse gegenüber. Sie wirkten sehr dazu mit, daß alle Versuche der Dynastie fehl schlugen, fremde Anleihen zu erhalten[16]) und prophezeiten schwere Handelsverluste und andere Ausbrüche allgemeinen Unwillens dem Volke, welches
es unternehmen würde, die Mandschus finanziell zu unter-

---

[14]) Der neue Name für diese Führer wurde Tutu (Du-du), ein
Rang, der etwa dem der bisherigen Gouverneure entsprach, nur daß
anfangs häufig eine Provinz mehr als einen Tutu hatte.

[15]) Wu-ding-fang, ein Kantonese, wurde in Hongkong erzogen
und erwarb sich dort den Titel eines englischen Rechtsanwalts. Er
war zweimal Gesandter in Washington und ist voll amerikanischer Ideen.
In Schanghai gründete er einen Hygienischen Verein. Er lebte bereits
die letzten Jahre im internationalen Settlement von Schanghai und
ließ sich in dessen Schutz schon im Februar 1911 im offenen Protest
gegen die Regierung den Zopf abschneiden. Wen-dsung-yau (s.
S. 299) hat seine Ausbildung ebenfalls in der Regierungsschule in
Hongkong erhalten; auch er ist Kantonese.

[16]) „The financial history of the Revolution" sucht glaubhaft zu
machen, daß Yüan-schï-kai dem Hilferuf der Dynastie sich nur deshalb
nicht versagt habe, weil er bestimmt auf Anleihen seitens der fremden Mächte oder Banken gerechnet hätte, umso mehr als ihm besonders

stützen[17]). Yüan-schï-kai hatte seinen Unterhändler Tang-schau-i zunächst nach Wutschang gesandt. Da aber die Parteiführer in Schanghai die dort getroffenen Verhandlungen nicht anerkannten, begab er sich nach Schanghai, wo am 18. Dezember die eigentlichen Friedensverhandlungen begannen, die auf der republikanischen Seite von Wu-ding-fang geführt wurden. Dieser erklärte im Namen seiner Parteigenossen, daß sie von der Bedingung der republikanischen Staatsform unter keinen Umständen abgehen könnten. Die Mandschus hätten ihre Unfähigkeit genügend erwiesen und müßten gleich dem unfähigen Direktor einer Aktiengesellschaft von den Aktionären d. h. vom Volke abgesetzt werden. Man wolle sie nicht vertreiben, sondern ihnen als Bürgern der Republik die gleichen Vorrechte wie den Chinesen geben. Eine Nationalversammlung solle nach Nanking berufen werden, um dort die Annahme der republikanischen Staatsreform formell zu beschließen. Tang-schau-i kam der Gegenpartei sehr entgegen und erklärte sich persönlich als einen Freund der republikanischen Staatsreform. Yüan-schï-kai aber äußerte sich entrüstet über dieses Gebahren Tang-schau-i's, der seine Befugnisse überschritten habe und berief ihn ab; die Friedenskonferenz verlief resultatlos.

Während des Dezembers errangen die Kaiserlichen unter dem Mandschu-General Schöng-yün entschiedene Vorteile in Kansu, Schensi und Schansi. Unmittelbar darauf befahl Yüan-schï-kai den Rückzug der Truppen aus Hanyang und Hankou (1. bis 5. Januar 1912); sie verließen widerwillig den Platz, den sie mit heißer Arbeit errungen hatten, aber sie ge-

die englische Regierung früher wiederholt deutliche Beweise ihres Vertrauens zu seiner Person gegeben hatte. (s. S. 296). Das gänzliche Versagen der auswärtigen Finanz habe ihn dann Schritt für Schritt genötigt, die Sache der Dynastie als hoffnungslos aufzugeben.

[17]) Während des Aufstandes suchte die revolutionäre Presse vielfach gegen die Deutschen zu hetzen und ihre Waren zu boykottieren, wegen angeblicher parteiischer Unterstützung der Kaiserlichen durch Waffen und Munitionslieferungen und durch militärische Ratgeber.

horchten[18]). Hinter ihnen her besetzten die Revolutionäre die geräumten Positionen. Gänzlich regellose Zustände herrschten während dieser Zeit in Setschuan. Der General-gouverneur Dschau-örl-föng nahm sich selbst das Leben. Duan-fang wurde in scheußlicher Weise von meuternden Soldaten ermordet, die in Setschuan vorhandenen Missionare verließen die Provinz auf Anweisung ihrer Behörden.

Während noch die Friedenskonferenz tagte, war am 26. Dezember Sun-wen von Amerika her über London in Schanghai eingetroffen. Bei seiner Ankunft wurde zum erstenmal die neue fünffarbige Fahne der Republik ent-faltet[19]). Er brachte einen inaktiven amerikanischen General als militärischen Ratgeber mit. In Nanking hatten sich in-zwischen Abgeordnete von 17 Provinzen eingefunden, meist Mitglieder der bisherigen Provinziallandtage, welche am 30. Dezember Sun-wen zum provisorischen Präsidenten der Republik wählten. Nunmehr trat Nanking als Sitz der re-publikanischen Regierung an die Stelle von Schanghai. Am 1. Januar 1912 leistete Sun-wen einen Eid, in dem er gelobte, sein Amt treu zu erfüllen, bis die Mandschu-Regierung völlig gestürzt sei, dann werde er es wieder niederlegen. Am Tage vorher war die Aufhebung des alten chinesischen Ka-lenders und die Annahme, des Gregorianischen verkündet worden. Das neue Jahr wurde als das Jahr Eins der chi-nesischen Republik gezählt. Sun-wen bildete ein vorläufiges Ministerium, in welchem die Kantonesen der Zahl und der Bedeutung nach das Übergewicht hatten. Huang-hing wurde Kriegsminister.

Der Waffenstillstand war nach Ablauf des Termins immer weiter verlängert worden. Die erste Hälfte des Ja-nuar verging mit fruchtlosen Korrespondenzen zwischen

---

[18]) Ein Zeichen, wie stark der Einfluß Yüan-schï-kais auf sie war, zugleich aber auch ein deutliches Zeichen mehr, daß dieser nicht mehr für die Dynastie arbeitete.

[19]) Die einzelnen Streifen bedeuten die fünf Stämme, aus welchen das Gesamtreich besteht, nämlich: rot Chinesen, gelb Mandschus, blau Mongolen, weiß Mohammedaner bezw. Turkestaner, schwarz Tibeter.

Yüan-schï-kai und den Republikanern. Am 2. Januar kam
es wegen rückständigen Soldes zu einer Revolte der Truppen
in Lantschou (an der chinesischen Nordbahn gelegen). Schon
vorher hatten die fremden Mächte zum Schutz der Niederlassungen in Tientsin und des Gesandtschaftsviertels in Peking Detachements dahin entsandt bezw. die vorhandenen verstärkt. Deutscherseits waren am 1. Dezember von
Tsingtau aus 200 Mann und 5 Offiziere nach Tientsin abgegangen. Infolge der durch die Revolte in Lantschou entstandenen Bahnstörungen besetzten die fremden Truppen die
ganze Bahnstrecke Peking—Tsinwangtau. Yüan-schï-kai ver-
fehlte nicht anläßlich dieser Meuterei dem Hof die bedrohte
Lage zu schildern, in der er sich befände. Doch diese Empörung blieb unter den Truppen der Nordprovinzen eine Ausnahme; ein entschlossener Wille hätte sie ohne Zweifel auch
jetzt noch vor den Feind gebracht. Bildete im Norden die
finanzielle Ebbe ein starkes Hemmnis, so bestand diese Verlegenheit mindestens ebenso stark im Süden. So wurde zu
Anfang Januar auch der Gedanke erwogen, daß es zu einer
Teilung kommen werde zwischen der Dynastie im Norden
und der Republik im Süden, wie ja im Laufe der Geschichte
China so manchmal unter zwei Herrschaften gespalten war[20]).

---

[20]) Während im Januar sonst keine Verschiebung des Gebiets
mehr stattfand, das hier von den kaiserlichen, dort von den republikanischen Truppen besetzt gehalten wurde, kam es in Schantung gerade um diese Zeit noch zu erheblichen Bewegungen. Mitte Januar
landeten revolutionäre Truppen in Tschifu, wo mehrere chinesische
Kreuzer lagen und wo der Sitz des von der Nankinger Regierung ernannten Tutus für Schantung war. Diese Verstärkung ihrer Macht
veranlaßte in mehreren Städten Ost-Schantungs republikanische Erhebungsversuche, wobei freilich verwegene Räuber und Abenteurer
von politischen Revolutionären nicht immer zu unterscheiden waren.
So wurde Töngtschoufu am 15. Januar von einem kleinen Haufen Bewaffneter überrumpelt; die erschreckten Bewohner steckten sofort die
weißen Fähnchen aus den Häusern, um ihre Unterwerfung unter die
Republik anzuzeigen. Der Gouverneur Hu-giän-schu (Nachfolger
Sun-bau-ki's seit Ende Dezember) beschwerte sich in Tschifu über
diesen Bruch des Waffenstillstandes, worauf die Antwort kam, daß
Töngtschoufu nicht von republikanischen Truppen, sondern von einem

Yüan-schī-kai's Beratungen mit der Kaiserin-Witwe indes liefen immer mehr darauf hinaus, die Bedingungen festzustellen, unter denen der Thron überhaupt abdanken solle. Diese Erwägungen steigerten die schon ohnehin vorhandene Erregung der jüngeren Mandschu-Prinzen gegen Yüan-schī-kai[11]). Sie schoben ihm alle Schuld daran zu, daß er durch seine Zweideutigkeit und sein Zögern nunmehr die Dynastie in diese Lage gebracht habe. Als Yüan-schī-kai am 16. Januar wiederum von einer Beratung mit Lung-yü aus dem Palast zurückkehrte, wurde eine Bombe gegen ihn geworfen, die zwar viele andere, jedoch nicht ihn selbst ver-

Bandenführer der Hunghutse aus der Mandschurei überrumpelt sei. In ähnlicher Weise wie Töngtschoufu fiel die benachbarte Kreisstadt Huang-hiän. Ende Januar brachten republikanische Putsche die in unmittelbarer Nähe des deutschen Schutzgebietes liegenden Kreisstädte Tsimo, Kaumi und Dschutscheng unter republikanische Herrschaft. Ihnen folgten noch andere Städte wie Tschang-i und An-kiu, und die revolutionäre Bewegung würde sich wohl so immer weiter fortgepflanzt haben, wenn nicht Yüan-schī-kai den kraftlosen, ängstlichen Gouverneur Hu-giän-schu Ende Januar durch Dschang-giän-giän ersetzt hätte. Dieser versammelte seine Truppenmacht in Weihsien, um von da die Rückeroberung Ost-Schantung's vorzunehmen. Die kaiserlichen Truppen unterdrückten meist durch ihr bloßes Erscheinen die von den Maulhelden und Plünderern der öffentlichen Kassen erweckten Freiheitsgelüste. Auch Tsimo, Kaumi und Kiautschou wurden ohne weiteres wieder besetzt. In Dschutscheng aber kam es zu einem ernstlichen Kampf, der mit einem entscheidenden Sieg der Kaiserlichen endete, Huang-hiän wurde belagert, in Brand geschossen und unter starker Verheerung eingenommen. Dschang-guang-giän plante seinen Vormarsch gegen Tschifu selbst fortzusetzen, doch wurde dies durch die Wendung in der allgemeinen Lage unnötig gemacht (s. oben). Als die republikanischen Umtriebe in der unmittelbaren Nachbarschaft des Schutzgebietes anfingen, unternahm die berittene Kompagnie des Tsingtauer dritten Seebataillons einen Erkundigungsritt nach Tsimo, ohne jedoch irgendwie einzugreifen. Anfang März wurde auch ein Grenzschutz der Kolonie durch kleinere Militärposten gegen streifendes revolutionäres Gesindel eingerichtet, konnte jedoch bald wieder aufgehoben werden.

[11]) In der kaiserlichen Familie stand der alte Prinz King und Prinz Du-lun am meisten auf Yüan-schī-kai's Seite. Die ihm feindlichsten waren Prinz Dsai-sün und Dsai-tau.

letzte. Es ist wahrscheinlich, daß dieses Attentat nicht von
der kaiserlichen Partei ausging, sondern von fanatischen Republikanern, welche unzufrieden mit dem gerade im Januar
auffallend erscheinenden Zögern Yüan-schï-kai's die innere
Krisis dadurch zu einem schnellen Abschluß zu bringen
dachten. Dieses Attentat gab Yüan-schï-kai jedenfalls den
Anlaß, seine Leibwache zu verstärken und eine größere
Macht der ihm treu ergebenen Truppen nach Peking zu
ziehen; ihre Zahl stieg in der zweiten Hälfte des Januar
auf 20 000. War schon hiermit ein Druck gegen die wider-
spenstigen Mandschu-Prinzen ausgeführt, so machte Yüan-
schï-kai ihnen ihre Ohnmacht dadurch vor allem klar, daß
er zehn Tage nach dem Attentat einen Thronbericht der verschiedenen kaiserlichen Heerführer veröffentlichte, in dem
sie der Dynastie die weitere Heeresfolge verweigerten und
Anerkennung der Republik forderten. Sofort erhob sich
gegen diesen Thronbericht die Beschuldigung, er sei eine
Fälschung bezw. ein von Yüan-schï-kai bestelltes Machwerk.
Mehr als einer der Generäle, deren Namen unter dem Thronbericht standen, erklärte, nichts davon zu wissen. Trotzdem
tat das Schriftstück seine Wirkung. Eine andere Form der
Einschüchterung der kaiserlichen Partei bei den Mandschus
und bei Chinesen wurde von der republikanischen Regierung
selbst besorgt, nämlich durch ergiebiges Bombenwerfen in
Peking und Tientsin gegen Freunde der Kriegspartei. Der
Widerstand der Prinzen raffte sich übrigens nicht zu Taten
auf. Yüan-schï-kai sagte ihnen deutlich, daß, wenn sie die
Dynastie retten wollten, sie sich von ihren Reichtümern
trennen müßten[22]). So kam er denn seinem Ziele immer
näher, die Kaiserin-Witwe zu überreden, daß der Dynastie
keine andere Möglichkeit mehr bleibe als abzudanken[23]).

---

[22]) Immerhin hatte Yüan-schï-kai sie und besonders die Kaiserin-
Witwe zur Herausgabe vieler Millionen zu bewegen gewußt, um
die Staatsmaschine notdürftig im Gang zu erhalten und den Sold zu
bezahlen.
[23]) Kurz vorher war Yüan-schï-kai noch zum Fürsten ernannt
ernannt worden, eine Ehrung, welche er jedoch vorläufig abwies.

Wenn auch die Prinzen sich nicht alle in gleicher Weise überreden ließen, so wußte er doch unter Anwendung der oben genannten Mittel auch ihren Widerspruch verstummen zu machen und schließlich auch ihre Zustimmung zu erzielen. So erwirkte er denn am 12. Februar von der Kaiserin-Witwe das Abdankungs-Edikt der Mandschu-Dynastie[24]), wenige Tage vor Chinesisch-Neujahr. Über die Stellung der Kaiserlichen Familie im Falle der Abdankung war ein Einverständnis mit

---

[24]) Es heißt in ihm, daß alle Versuche des Thrones, mit der republikanischen Partei zu einer Verständigung zu kommen und das Volk von dem Elend des Aufruhrs zu befreien, vergeblich gewesen seien. Der Thron habe seine Zustimmung erklärt, daß eine Willensäußerung des Volkes über die zukünftige Regierungsform entscheiden solle. Der Norden und der Süden hätten jedoch keine Einheit erzielt über die zu treffenden Maßregeln, um diese Willensäußerung herbeizuführen; andererseits mache jeder Tag Aufschub die Gesamtlage gefährlicher. Da nun aber die Gesinnung des Volkes im ganzen Reiche offenbar einer republikanischen Staatsform zugeneigt sei, sei damit auch der Wille des Himmels ganz deutlich. „Wie könnten wir den Willen des Volkes, das viele Millionen zählt, verwerfen, nur um der Ehre und des Ruhmes einer einzigen Familie willen? Wir (die Kaiserin-Witwe zusammen mit dem Kaiser) sind daher zu dem Entschluß gekommen, das Recht unserer Herrschergewalt an das Volk abzugeben und Wir entscheiden uns für die konstitutionelle Republik als Regierungsform, um das Volk unseres Landes zu befriedigen, das den Aufruhr haßt und ihn nur erregt hat, um eine friedliche Verwaltung zu haben und um die Lehren unserer alten Weisen zu pflegen, die da sagen, daß das Land ·und das Volk zusammen gehören." Das Edikt überträgt Yüan-schï-kai unbeschränkte Vollmacht, eine republikanische Regierung vorläufig einzurichten und die nötigen Schritte zu tun, um den Norden und den Süden zu einigen. „Alle fünf Stämme des Landes als da sind, Mandschus, Chinesen, Mongolen, Mohammedaner und Tibeter sollen zusammen einen großen Staat, das chinesische Volksreich der Mitte, ausmachen. (Dschung-hua-minguo). Wir werden uns zurückziehen, um ein friedvolles Leben, abseits von öffentlichen Pflichten zu führen und die erfolgreiche Durchführung der neuen Verwaltung mitzusehen, wodurch Wir völlig befriedigt sind." Gesiegelt mit dem Kaiserlichen Siegel und gegengezeichnet von dem Ministerpräsidenten Yüan-schï-kai und den Staatsministern. Datiert den 25. Tag des dritten Jahres Süan-tung.

der Regierung in Nanking schon vorher erzielt worden, das ebenfalls durch ein Edikt bekannt gegeben wurde[25]).

In Nanking wurde die Nachricht von der Abdankung des Thrones jubelnd aufgenommen. Sun-wen beglückwünschte Yüan-schï-kai zu seinem Erfolg, teilte ihm aber zugleich mit, daß die Republik seine Autorität als eine von dem Auftrag der Mandschu-Dynastie abgeleitete nicht anerkennen könne, doch werde er dem republikanischen Ausschuß in Nanking die Wahl Yüan-schï-kai's dringend empfehlen. Dies tat er am 14. Februar, in dem er zugleich sein Amt niederlegte. Am 15. Februar wählte der republikanische Ausschuß Yüan-schï-kai zum provisorischen Präsidenten der Republik. Es wurde beschlossen, durch eine Abordnung ihn aufzufordern, nach Nanking zu kommen und dort sein Amt zu übernehmen. Am selben Tage begab sich Sun-wen in einem feierlichen, soldatischen Aufzug zu den Ming-Gräbern, wo er vor dem Grab des ersten Ming-Kaisers in öffentlicher Ansprache an diesen ihm die Mitteilung machte, daß China nun wieder befreit sei von den mandschurischen Erobern. An demselben 15. Februar ließ sich auch Yüan-schï-kai den Mandschurischen Zopf abschneiden und hißte die fünffarbige Flagge der Republik. Die Revolution hatte den einen Punkt ihrer Ziele erreicht, die Mandschus waren nach 268jähriger Herrschaft über China gestürzt.

Bevor sich diese Darstellung den weiteren Ereignissen in China zuwendet, mag ein zusammenfassender Rückblick über die Ursachen der Revolution am Platze sein,

---

[25]) Danach soll dem Kaiser auch nach seiner Abdankung der Titel bleiben und er mit derselben Höflichkeit wie ein ausländischer Monarch behandelt werden. Er erhält von der Republik ein Jahresgehalt von vier Millionen Dollars. Die Republik sorgt für entsprechenden Schutz, daß die Ahnenverehrung in der kaiserlichen Ahnenhalle und an den Gräbern ewig ungestört stattfinden kann. Die Arbeiten an dem Grabe des Kaisers Guang-sü werden auf Kosten der Republik vollendet. Die Prinzen, Herzöge und alle anderen Mitglieder des kaiserlichen Hauses mit erblichem Rang behalten ihren Titel und genießen im übrigen dieselben Vorrechte wie alle anderen Bürger der Republik.

welche nicht nur eine einzelne Dynastie, sondern die alt-
chinesische Staatsauffassung selbst, die Trägerin aller einzelnen bisherigen Dynastien, so völlig zusammenbrechen ließ.
So viele Revolutionen und Umwälzungen hatte China im
Laufe der Geschichte schon gesehen. Fragen wir bei ihnen
nach den inneren Ursachen, so heißt es dabei in erster Linie
immer wieder: Verfall der Dynastie! Auch die Mandschu-
Dynastie war nicht fähig gewesen, diesem traurigen, moralischen und physischen Verfall zu entgehen. Nach einer
Zeit von etwa 120—150 Jahren kräftiger Entfaltung beginnt
gegen Ende des 18. Jahrhunderts der Verfall. Revolutionen
folgen auf Revolutionen, schließlich entreißt die Taiping-Rebellion der Dynastie — die gerade in dieser Zeit in Hiän-
föng und Tung-dschï ihre unwürdigsten Vertreter hatte —
jahrelang den ganzen Süden, und hätte den ihr verliehenen
Auftrag des Himmels wohl damals schon zum Erlöschen gebracht, wenn nicht die Fremden sich eingemengt hätten. Die
Dynastie erholte sich wieder und nahm seit 1901 einen ent-
schiedenen Aufschwung. Aber die einmal so stark gegen sie
entfachte Bewegung blieb im Süden im geheimen stets lebendig. So ist es nicht unrichtig, wenn man in dem Sturz
der Dynastie 1912 den Schluß der Bewegungen sieht, die bereits seit mehr als einem Jahrhundert gegen sie im Gange
waren. Dafür spricht auch der Umstand, daß die neuen Revolutionäre selbst sich auch als die Fortsetzer der Taipings
fühlten. Das wiederum kam besonders in dem Haß zu
Tage, der während der Revolution gegen die bisher so hoch
gefeierten Männer Dsöng-guo-fan, Li-hung-dschang, Dso-
dsung-tang sich äußerte, welche in erster Linie an dem Niederwerfen des Taiping-Aufstandes beteiligt gewesen waren[26]).
Indes, wenn somit auch die Revolution von 1911 in
einen Zusammenhang gebracht werden kann mit dem Faktor

---

[26]) Die Ahnenhallen und auch das Privateigentum der betreffenden Männer, bezw. ihrer Nachkommen, wurde während des Aufstandes konfisziert. Das Denkmal Li-hung-dschang's bei Schanghai
suchten die Soldaten von seinem Postament zu stürzen, was ihnen
aber mißlang.

der schon vielmals in der chinesischen Geschichte beim Sturz einer Dynastie entscheidend wirksam war, so hat sie doch nicht darin ihre eigentliche Wurzel. Die wirkenden Kräfte in der Revolution von 1911 sind vielmehr — im Gegensatz zu allen früheren Revolutionen — die aus dem Ausland nach China hineingetragenen Ideen, die mit diesen Ideen sich vollziehende Erweichung und Zersetzung der altchinesischen, religiösen Auffassung vom Staat, vom Herrscher und vom Volk. In diesem Buch ist die Geschichte der letzten 70 Jahre unter den Titel gesetzt: „China unter dem Zwang der Auseinandersetzung mit dem Abendland". Die kriegerische Auseinandersetzung war dabei nur das Vorspiel zu der geistigen. Nur langsam begab sich China auf diese Bahn. Anfangs lediglich zu dem Zweck, um auf diese Weise in den Besitz der europäischen Machtmittel des Westens, der Kanonen und Maschinen zu kommen. Ein lebhafteres Tempo begann, als der kleine Nachbar Japan handgreiflich den Beweis lieferte, welche Macht in den westländischen Methoden liege. Die Regierung selbst ging nun den Weg der Reform. Sie mußte den alten Anspruch aufgeben, den Universalstaat auf Erden zu repräsentieren. Aber sie wollte allmähliche Reform und gleichzeitig suchte sie doch die von fremden Einflüssen sich abschließende, einseitig chinesische Weltanschauung an entscheidenden Punkten festzuhalten, ja in unwahrhaftiger Weise zu steigern, wie dies besonders in der Konfuziusvergötterung und in der damit verbundenen Schulpraxis zum Ausdruck kam (s. S. 277). Aber indem sich so China überhaupt in die Lehre des Auslandes begab und seine Jugend dorthin zum Studium schickte, konnte es nicht ausbleiben, daß das abendländische Weltbild bei vielen eine stärkere Krisis der Weltanschauung, eine stärkere Kritik an dem ganzen Bestand des chinesischen Lebens, des staatlich-religiös-sozialen Gefüges hervorrief, als der Regierung lieb war. Die Beeinflussung durch die abendländischen Ideen brachte unter den Chinesen im Ausland immer mehr einen radikalen Zug hervor und zwar sind Japan und Amerika die Länder, in denen dieser Geist seine Nahrung und nachdrück-

liche Pflege fand. In China selbst ist der kritische Auf-
lösungsprozeß vor allem durch die englisch-amerikanischen
Missionen und ihre Schulen vor sich gegangen. Ganz modern
zu sein, jederlei „Zopf" abzuschneiden, war die Stimmung
dieser Kreise. So wollten sie denn auch die modernste „fort-
geschrittenste" Regierungsform: die republikanische und die
modernste Gesellschaftsordnung: die sozialistische[27]). Sie
suchten sich und anderen glaubhaft zu machen, daß alle Schäden Chinas, seine Schwäche gegenüber dem Abendland, die
Hungersnöte des Volkes, die Korruption in der Beamtenschaft
lediglich eine Folge der Herrschaft der Mandschu-Dynastie
sei. Und je mehr diese ernstlich den Weg der Reform be-
schritt, um so eifriger nur betrieben sie ihre Wühlereien, weil
ihnen ja sonst durch die Regierung der Wind aus den Segeln
genommen wäre. Und jemehr die Regierung die Zentralgewalt zu festigen suchte, umso mehr setzten sie daran, gerade die Armee, besonders die Offiziersaspiranten im Ausland für ihre Gedanken zu gewinnen. Im Gegensatz zu dem
Weg, den die Regierung gehen wollte, allmähliche Reform,
aber möglichst Aufrechterhaltung des alten staatlich-sozialen
Gefüges, hat in der Revolution eine akute Modernisierung
— man kann zu einem guten Teil auch sagen Amerikani-
sierung — Chinas die Oberhand gewonnen.

Indes wenn somit auch die von außen hereingetragenen
radikalen Ideen die Explosionskraft gewesen sind, welche
den Bau der chinesischen Regierung zersprengte, so ist der
schnelle Erfolg der Revolution doch keineswegs diesen Ideen
allein zuzuschreiben. Ganz abgesehen von dem Landvolke,
das heutzutage noch nicht weiß, was es sich unter Republik vorstellen soll, handelte es sich nur um eine
sehr kleine Anzahl von Agitatoren, welche als die überzeugten

---

[27]) Sun-wen erklärte beim Verlassen Nankings, sein erstes Le-
bensziel, die Einführung der Republik, sei erreicht, nun wolle er
sich dem zweiten, der Einführung der sozialistischen Gesellschaftsordnung widmen, für die China in etwa 30 Jahren reif sein werde.

Wortführer der radikalen republikanischen Ideale auftraten[28]). Sofern aber alles, was sie vorzubringen hatten, auf den Gegensatz gegen die Dynastie hinauslief, fanden die Agitatoren einen starken Bundesgenossen bei den einflußreichsten Kreisen des Volkes, bei den Notabeln. Sie sahen in der erstarkenden Zentralregierung lediglich den Feind ihrer sozialen Sonderinteressen. Der Protest gegen die Verstaatlichung der Eisenbahn hatte bereits in Setschuan den Aufstand entzündet, den unmittelbaren Vorläufer der Revolution, und hatte in allen in Betracht kommenden Provinzen am Yangtse und im Süden den günstigsten Boden für den Abfall von der Dynastie geschaffen, sobald einmal die entsprechende Parole ausgegeben wurde. Hinter Phrasen von Gleichheit und Freiheit versteckte sich der Mangel an Einsicht für das, was der Staat als Allgemeinheit brauche, und die kurzsichtige Berücksichtigung der privaten und lokalen Sonderinteressen. Ein Zug, der sich durch die ganze chinesische Geschichte verfolgen läßt[29]). Im engen Zusammenhang damit steht der starke Gegensatz, durch den sich der Süden Chinas, vom Yangtse ab gerechnet, vom Norden getrennt weiß. Der Riß zwischen Nord und Süd hängt mit der Geschichte und Geographie Chinas eng zusammen. Er ist besonders seit dem 12. Jahrhundert ausgeprägt, seitdem die Sung-Dynastie sich südlich des Yangtse zurückziehen mußte. Dieser Unterschied zwischen Süd und Nord machte sich im Verlaufe der Revolution von 1911/12 deutlich fühlbar; sie fand unter dem Volk und unter den Soldaten des Nordens nicht entfernt den günstigen Boden wie im Süden.

In diesen Faktoren (Erschütterung Chinas durch den Einfluß des Abendlandes, chinesischer Partikularismus vereint mit dem Gegensatz von Süd gegen Nord) sind in erster

---

[28]) Daß überhaupt grundlegende Reformen stattfinden müßten, davon waren ja alle Gebildeten, mindestens seit 1905, überzeugt.

[29]) Zu verstehen ist er besonders aus der vielfachen Verschiedenheit unter den einzelnen Teilen des Reiches, der Entfernung von dem Sitz der Regierung, der Unfähigkeit, ihre Maßnahmen zu kontrollieren, und dem damit zusammenhängenden Mißtrauen.

Linie die aktiv wirkenden Kräfte der Revolution zu sehen. Die Masse machte mit; es fehlte dabei nicht an Vergewaltigungen und Bedrohungen. Aber wenn sie auch ohne eigene Überzeugung der neuen Fahne sich anschloß, so fehlte ihr andererseits auch das Vertrauen zu dem alten Regiment. Als nun auf einmal die revolutionäre Bewegung sich wie ein Strohfeuer fortpflanzte, fühlte niemand Veranlassung, sich kräftig dagegen zu stemmen. Es war bei den meisten weder nach der einen noch nach der anderen Seite eine wirkliche Entschiedenheit vorhanden. So ließen sie sich das neue Rezept widerstandslos in die Hand drücken in dem Gedanken: „Vielleicht hilft's, viel Erfolg haben wir von dem alten jedenfalls auch nicht gesehen."

Ihren Kampf gegen die Dynastie stellten die Revolutionäre zugleich dar als einen Kampf Chinas gegen eine fremde Rasse. „Hoch die Han, nieder die Man!" war das Feldgeschrei, besonders im ersten Teil des Aufstandes. Nieder mit den fremden Barbaren, die unser altes heiliges Kulturland vergewaltigt haben! Diese Parole war für die Agitatoren ein sehr willkommenes Mittel, das Selbstgefühl und die Leidenschaft der Masse gegen die Regierung zu erregen. Zahlreiche Schriften, die auf den Straßen feilgeboten wurden, weckten die Erinnerung an die Leiden auf, die China bei der Eroberung durch die Mandschus erduldet hatte, und wußten allerlei geheime Schmutzgeschichten aus dem Kaiserlichen Hause in Gegenwart und Vergangenheit zu erzählen. Nun war ja ohne Zweifel das Bewußtsein im Volke niemals erloschen, daß die Mandschus einst als Eroberer gekommen waren, aber doch nimmt dieser Rassen- oder Stammesgegensatz zwischen Chinesen und Mandschus in den eigentlichen Ursachen der Revolution nur eine untergeordnete Stellung ein. Denn es kann darüber kein Zweifel bestehen, daß die Revolution ganz ebenso ausgebrochen wäre, wenn statt der Mandschus ein einheimisches chinesisches Geschlecht auf dem Throne gesessen hätte[30]). Zudem konnte

---

[30]) Es war eine starke Ungeschichtlichkeit, wenn die Revolutionäre

man die Mandschus, was ihre Bildung und Kultur anbelangte, seit langem nicht mehr Fremde in China nennen. So verstummte denn auch der Protest gegen die Mandschus als fremde Barbaren, sobald das Schlagwort seinen Zweck erfüllt hatte[31]), und nachdem die Dynastie entfernt war, erklärte man die Mandschus ausdrücklich als gleichberechtigte Mitbürger und versicherte, daß der Kampf nicht der anderen Rasse, sondern der „absolutistischen, despotischen Dynastie" als solcher gegolten hätte.

China nach der Abdankung der Mandschu-Dynastie.

Das Wagnis war geglückt, die Dynastie war gestürzt. Indes, was die Urheber und Schürer dieser Bewegung damit ihrem Vaterland gebracht hatten, hat sich bisher fast nur als Verlust, und nicht als Gewinn gezeigt.

Die Nankinger provisorische Regierung hatte die Forderung aufgestellt, daß Nanking die Hauptstadt des Reiches werden und daß der neugewählte Präsident dort sein Amt übernehmen solle, auch hierin kam zum Ausdruck, daß die Revolution vor allem im Süden ihre Wurzel hatte. Yüan-schï-kai erklärte die Erfüllung dieser Forderung für unmöglich,

---

allen Verfall Chinas von der Dynastie und allen Verfall der Dynastie aus ihrem unchinesischen Charakter abzuleiten suchten. Die Ming-Dynastie befand sich am Schluß ihres Bestehens in einem viel tieferen Verfall als die der Mandschus. Ebenso ungeschichtlich war die Auffassung, als ob alle Bewohner Chinas gegenüber den Mandschus einen einheitlichen nationalen Volksstamm darstellen, während doch Chinas Volk aus einer Menge sehr verschiedenartiger Stämme besteht, die erst allmählich aus „Barbaren" zu Chinesen wurden.

[31]) Es bildete sich nunmehr ein „Verein zur Versöhnung der Han und Man". Yüan-schï-kai richtete an alle Provinzen eine Aufforderung, die Schmähschriften gegen die Mandschus aufzukaufen und zu vernichten, alle Agitation gegen sie zu unterlassen und das ihnen während des Aufstandes konfiszierte Vermögen zurück zu geben. (25. Mai und 12. Juni 1912.)

weil dann Unruhen im Norden und in den Nebenländern zu befürchten seien; er könne einstweilen überhaupt nicht wagen, Peking zu verlassen, ohne die Lage dort ernstlich zu gefährden. Man einigte sich schließlich dahin, daß eine Deputation der Nankinger Regierung sich nach Peking begeben solle, um Yüan-schï-kai die von Sun-wen und seinem Kabinett unterzeichnete Urkunde der Ernennung zum Präsidenten zu überbringen, daß dieser dann aber, sobald die Lage geklärt sei, in Nanking den Eid auf die Republik ablegen solle. Jene Deputation wurde am 27. Februar von Yüan-schï-kai in Peking empfangen. Der Friede schien nun vollends gesichert. Da trat plötzlich ein Ereignis ein, das in seinen Folgen grell zum Bewußtsein brachte, wie wenig zuverlässig der Boden sei, auf den sich die neue Herrschaft stützte. Am Abend des 29. Februar meuterte Yüan-schï-kai's Leibtruppe, die 3. Division, die er eigens von Honan her nach Peking in seine unmittelbare Nähe gebracht hatte. Sie plünderten die Läden, erschlugen die Widerstrebenden und steckten die Häuser in Brand. Die Nankinger Delegierten flohen vor ihnen über die Dächer. Die in Peking lebenden Fremden fanden unter dem Schutz der von den Gesandtschaften geschickten Soldaten sichere Zuflucht im Gesandtschaftsviertel. Die ganze Nacht über dauerte das wüste Treiben an. Am Morgen bemächtigte sich ein Teil der Truppen der Eisenbahnzüge und fuhr nach Mukden ab, wo sie die dortige Division in derselben Weise zu Empörung, Raub und Brand anstiftete. Ein anderer Teil fuhr nach Pautingfu, das ebenfalls ausgeplündert und zu einem großen Teil niedergebrannt wurde. Wieder andere entkamen nach Tientsin und erregten unter ihren dortigen Kameraden in der Chinesenstadt dieselbe Plünderungswut. Bei dieser Gelegenheit wurde in der Nacht zum 3. März auch ein deutscher Arzt auf der Straße von einer Kugel getroffen. Die Ausschreitungen der Soldaten als solche hatten jedoch durchaus keinen fremdenfeindlichen Charakter. Wodurch sie eigentlich veranlaßt wurden, ist nicht ganz deutlich; hauptsächlich wohl dadurch, daß die Soldaten sich für rückständigen Sold schadlos halten wollten.

Die Ankunft der Nankinger Abgeordneten in Peking, der Friedensschluß mit dem Süden hatte unter den Pekinger Truppen ferner das Gerücht verursacht, daß sie nun überhaupt entlassen würden. Der sonst so energische Yüan-schi-kai erwies sich in diesem Falle machtlos. Ein Vorfall, der die Nankinger Abgeordneten darüber belehrte, wie unmöglich es für ihn sei, nach Nanking zu kommen, mochte ihm an sich nicht unerwünscht sein; aber ein solcher Umfang der Ausschreitungen brachte ihn doch selbst in große Verlegenheit. Eine Folge dieser Unruhen war, daß die fremden Mächte 1000 Mann mehr zum Schutze der Gesandtschaften nach Peking brachten[1]), daß die Japaner die Chinesenstadt Tientsin besetzten und daß allgemein eine kühlere Haltung gegenüber der neuen Regierung eintrat. Die Ausschreitungen der Pekinger Division gaben nun während der folgenden Monate an zahlreichen anderen Plätzen den Truppen das Signal, es ihrem Beispiele im größeren oder kleineren Umfange nach zu tun, so besonders in Schensi, Anhui, in Kiukiang, Nanking, Sutschou, Wuhu und Lantschou. In den Yangtse-Provinzen und im Süden handelte es sich dabei meistens um die beim Ausbruch der Revolution planlos angeworbenen Massen, deren Zahl eine Million überstieg. Die man rief, die Geister, wird man nun nicht los. Dieser Zustand besteht jetzt (August 1912) immer noch. Die Wertlosigkeit der meisten Soldaten ist offenbar, sie verschlingen bei weitem den größten Teil der staatlichen Ausgaben; aber man wagt nicht, sie zu entlassen, aus Furcht, sie zu Räubern und Plünderern zu machen. Man redete davon, ihnen ein Gnadensold für mehrere Monate zu geben, und die Offiziere zu pensionieren, aber dazu fehlt wieder das Geld. Die schlimmsten Zustände herrschten unter den Truppen in der Kanton-Provinz. Dort bestanden die angeworbenen Truppen zum großen Teil aus Seeräubern. Als sie zum Teil entlassen werden sollten, stellten

---

[1]) Im Mai 1912 standen in Peking zusammen 2610 Mann internationale Truppen, in Tientsin 6346 Mann; der deutsche Anteil betrug 15 Offiziere und 444 Mann.

sie die Forderung, ihre Gewehre behalten zu dürfen, und unversehens waren sie aus Schützern der Ordnung wieder zu ihren Feinden geworden. Sie besetzten die Forts im Kanton-Fluß, und es erforderte ernstliche Kämpfe, um sie wieder zu vertreiben. Die ganze Provinz wird von Räubern unsicher gemacht; dazu drohten die Trias-Rebellen, im Bunde mit anderen unzufriedenen Elementen, mit einem neuen Aufstand.

In Schantung herrschten anfangs eigentümliche Rechtszustände, indem sowohl der noch von der Kaiserlichen Regierung ernannte Gouverneur Dschang-guang-giän in Tsinanfu, als auch der von Nanking her erwählte, in Tschifu befindliche Tutu Hu-ying den Anspruch darauf erhob, der rechtmäßige Verwalter der Provinz zu sein. Yüan-schi-kai tat lange nichts, die Lage zu klären; ebenso verlief eine Konferenz der beiderseitigen Parteien in Tsingtau resultatlos. Schließlich wurden beide abberufen. Den Posten erhielt zunächst vertretungsweise Yü-dse-da, dann auf Verlangen der Notabeln in Schantung Dschou-dsï-dsi. Letzterer stammt selbst aus Schantung. Auch in den übrigen Provinzen wurde mit dem Grundsatz der Mandschu-Dynastie gebrochen, daß der Verwalter einer Provinz nicht in dieser Provinz selbst seine Heimat haben dürfe. Die radikal-revolutionäre Partei in Tschifu fügte sich aber dieser Entscheidung Yüan-schi-kai's nicht, und lebt bis heute im Protest gegen sie, wobei es zu mancherlei Unruhen kommt. Unter anderem schneiden sie, soweit ihr Einfluß reicht, mit Anwendung rohester Gewalt jedem den Zopf ab, während das konservative Volk in Schantung und überhaupt in den Nordprovinzen trotz des Sturzes der Mandschu-Dynastie sich von dieser Mandschu-Erinnerung noch nicht trennen mag. Die Rücksichtslosigkeit der Zopfabschneider in Tschifu und Umgebung verursachte Mitte Juli eine förmliche Flucht der Arbeiterbevölkerung, so daß ernstliche Störungen des Handels und Verkehrs eintraten. Auch Schantung blieb von einer Soldatenrevolte großen Stils nicht verschont. Am 13. Juni nachts begannen 9 Bataillone Infanterie, 1 Bataillon Kavallerie und Artillerie einen Plünderungszug durch die Straßen Tsinanfu's. Es waren die alten Provinzialtruppen, denen jedoch die 5. Division der modernen Truppen sich nicht anschloß. Auch hier lag die Ursache im rückständigen Sold. Etwa 1000 Mann entkamen mit ihrer Beute. Die entstandenen Brände löschte zum Glück ein starker Regen.

Die Verlegenheit, welche der Regierung und dem Lande durch die Soldaten erwachsen sind, stehen in nahem Zusammenhang mit der Finanznot. Sowohl die Kassen in Peking als in Nanking waren leer, als die neue Regierung begann. Die Volksregierung hatte außerdem massenhaft Geldscheine ausgegeben, für welche keine Deckung vorhanden war. Die Zahlung der Grundsteuer hatte während der Revolution aufgehört; wenn jetzt auch wieder einige Steuern erhoben werden, so kommen sie jedenfalls nicht nach Peking. Die Seezölle sind den Fremden verpfändet. So blieb nichts übrig, als eine große Anleihe aufzunehmen, um überhaupt erst die Regierungsmaschine wieder in Gang zu bringen und gesunde Verhältnisse des Verkehrs und Erwerbslebens anzubahnen. Eine Anleihe von insgesamt 60 Millionen Pfund Sterling war vorgesehen, wiederum bei England, Deutschland, Amerika und Frankreich. Gegen diese geplante Anleihe der Regierung erhob sich aber ein heftiger Widerstand in den Provinzen, ganz besonders seitens der Tung-möng-hui (Schwurgenossenschaft) d. h. derjenigen politischen Partei, in welcher vor allem die Kantonesen vertreten sind. Wie unter der Mandschu-Dynastie so schrie man auch jetzt, daß das Vaterland durch solch eine Anleihe den Fremden ausgeliefert werde, zumal die Banken die Forderung stellten, daß ihnen eine Kontrolle über die Verwendung des geliehenen Geldes zustehen müsse. Man entfachte eine Bewegung dafür, das Geld durch Sammlungen im eigenen Lande aufzubringen; indes wurde daraus nichts, vor allem deshalb, weil kein Vertrauen beim Volke herrschte, daß das gesammelte Geld nicht etwa in den Taschen der sammelnden Agitatoren oder sonstwo verschwinde. Der tiefste Protest gegen die fremde Anleihe ist aber wohl in dem provinzialem

Partikularismus zu suchen, der unter der Republik sich zu-
zunächst noch weit stärker als vorher offenbarte. Man wollte
der Regierung nicht die Mittel in die Hand geben, welche
notwendig eine Stärkung der Zentralgewalt bedeuteten, sondern stellte dagegen von Kanton aus die Forderung, daß
jede Provinz für sich finanziell unabhängig sein solle[2]). Sol-
datenentlassung und Anleihen sind die beiden Fragen, welche
das innere politische Leben der Republik während des ersten
Halbjahres ihres Bestehens am stärksten beschäftigen. Das
Zustandekommen der Anleihe wurde ferner durch Differenzen im Banksyndikat selbst erschwert. Japan und Rußland verlangten diesmal, auch an der Anleihe beteiligt zu
werden. Man wagte nicht, sie auszuschließen. Gleichzeitig
aber stellte Rußland die Forderung, daß die geliehene Summe
nicht dazu verwendet werden dürfe, um die militärische
Kraft Chinas zu stärken, wobei es als Beschützer der Mongolei auftrat, die sich inzwischen von China unabhängig gemacht hatte. Ähnlich erhob auch Japan Forderungen im Hinblick auf die Mandschurei und verlangte außerdem, daß China
härtere finanzielle Bedingungen gestellt würden, als wie sie
von den vier Mächten geplant waren. So ist bis heute die
große Anleihe nicht zustande gekommen. Inzwischen fristet
die Regierung ihr Dasein von den Anleihebrocken, welche
ihr trotzdem von einzelnen Banken und Firmen gegeben
werden, um die notwendigsten Ausgaben zu bestreiten. Auch
einzelne Provinzialregierungen haben mancherlei Anleihen
bei europäischen Firmen aufgenommen.

Die Revolutionäre hatten in die von ihnen erklärte Republik ohne weiteres auch die Nebenländer hineinbezogen,
ohne diese selbst erst um ihre Meinung zu fragen. In Wahrheit waren diese keineswegs einverstanden. Zwar ereiferten
sie sich nicht zu Gunsten der Mandschu-Dynastie, sondern

---

[2]) Sehr bezeichnend nach dieser Richtung hin ist auch der
Antrag, welcher im Parlament selbst gestellt wurde, daß nämlich die
Telegraphenlinie jeder einzelnen Provinz zu übergeben und also deren
Verstaatlichung wieder aufzuheben sei. Der Antrag drang indes
nicht durch.

sie strebten danach, die chinesische Oberherrschaft überhaupt abzustreifen. Am entschlossensten tat dies die äußere Mongolei, d. h. der bei weitem größte und wertvollste Teil des Landes. Am 29. Dezember erfolgte in der Hauptstadt Urga die feierliche Unabhängigkeitserklärung, nachdem vorher der chinesische Amban mit seinen wenigen Soldaten zum Abzug genötigt worden war. Als das Haupt der Mongolei wurde der Hutuktu erklärt, der buddhistische Oberpriester der Mongolei, dessen Stellung der des Dalai-Lama in Tibet entspricht. Hinter diesem allen steht deutlich Rußlands Macht, welches den Mongolen ihre Unabhängigkeit China gegenüber garantiert und sie dafür in die eigene zunächst wirtschaftliche und finanzielle Abhängigkeit hineinzieht. Die chinesische Regierung ist vorläufig gänzlich unfähig, dieser empfindlichen Tatsache gegenüber etwas anderes zu tun als Protest zu erheben und wird die äußere Mongolei in absehbarer Zeit wohl schwerlich wieder aus den russischen Fängen lösen können. Mit größerem Nachdruck geht sie gegen den Abfall in Tibet vor, aber bisher ohne Erfolg. Die in Lhasa und anderen Orten Tibets stehenden chinesischen Truppen wurden von den Tibetern angegriffen und eingeschlossen. Von Setschuan sind anfangs Juni zwei Expeditionen abgesandt worden, aber sie kamen nicht weit und mußten sich wieder an die Grenze zurückziehen. Der Dalai-Lama ist aus seiner Verbannung zurückgekehrt und schürt das Feuer. Sollte Tibet der Republik wirklich verloren gehen, so würden die Engländer in ähnlicher Weise den Vorteil genießen wie die Russen von der unabhängigen Mongolei. Schließlich haben die Chinesen auch in Turkestan gegen die aufständischen Mohammedaner bei Ili und nördlich der Oase Hami zu kämpfen, wobei diese ihrerseits wiederum in Verbindung mit den Mongolen und Russen stehen.

Trostloser noch als in der äußeren Politik sind einstweilen die Zustände der inneren. Von der Soldatenplage, von der Finanznot, von der Opposition der Provinzen vor allem der Kantonesen gegen die Regierung war bereits die Rede. Diese Opposition drang aber auch in das Parlament

selbst hinein und machte dem Regenten ein Regieren fast
unmöglich. Die vorläufige Verfassung, wie sie in 56 Artikeln von der Nankinger Regierung im Verein mit Yüan-
schï-kai ausgearbeitet und von letzterem am 10. März beschworen wurde, weist die ausübende Regierungsgewalt des
Volkes dem Parlament, dem Präsidenten und dem Ministerkabinett zu. Das vorläufige Parlament — es wird auch
„Beratender Ausschuß“ genannt — ist das wichtigste Organ
der neuen Regierung; es setzt sich zusammen aus fünf
Mitgliedern jeder Provinz und der gleichen Zahl aus jedem
der Nebenländer. Ihm steht die gesetzgebende Gewalt zu.
Die Minister — es gibt deren jetzt 10 — werden vom Präsidenten vorgeschlagen, müssen aber vom Parlament be-
stätigt werden[3]). Im ersten Ministerkabinett war Tang-
schau-i Premierminister. Man betrachtete seine Persönlich-
lichkeit als ein sehr glückliches Bindeglied zwischen dem
Norden und dem Süden, da er zwar Kantonese und Mitglied
der Tung-möng-hui war, aber gleichzeitig auch Yüan-schï-
kai's langjähriger Vertrauter. Aber die Opposition, welche
er von seiner eigenen Partei, besonders in der Anleihefrage
erlebte, Beschuldigungen, welche die Vertreter der fremden
Mächte gegen ihn erhoben und das Gefühl der Unfähigkeit
der gesamten schwierigen Lage gegenüber, ließen ihn plötzlich, Mitte Juni 1912, ohne Abschied aus Peking einfach entfliehen[4]). Alle Bitten des Präsidenten, die ihn zur Rückkehr

---

[3]) Die Befugnisse und Aufgaben des Präsidenten sind folgende:
Ausführung der vom Parlament gefaßten Beschlüsse; Überwachung
der politischen Angelegenheiten; Ernennung der Beamten des Reiches
mit Ausnahme der Minister und Gesandten; das Oberkommando
über Heer und Flotte des ganzen Landes; das Recht zu Gesetzes-
vorschlägen; Entscheidung über Krieg und Frieden; Abschluß von
Verträgen. — Die vorläufige Verfassung soll für die ersten zehn Monate gelten (also bis Dezember 1912). Danach soll eine Nationalversammlung zusammentreten (aus jedem Kreis ein Abgeordneter),
welcher es obliegt, über die endgültige Regierungsform zu entscheiden
und den eigentlichen Präsidenten zu wählen.
[4]) Mißvergnügt durch die verworrenen Zustände, wie sie bald
nach der Abdankung der Dynastie eintraten, zogen sich auch die beiden

veranlassen wollten, schlugen fehl.. Sein Abgang hatte die
Folge, daß auch die Mehrzahl der übrigen Minister einer
nach dem andern ihr Amt niederlegten, so daß Mitte Juli
dem neuen Premierminister Lu-dscheng-siang nur noch drei
Minister übrig blieben. Die Männer, welche Yüan-schï-kai
an Stelle der abgegangenen Minister dem Parlament vor-
schlug, wurden nämlich von diesem abgelehnt. Einer zweiten
Liste von Kandidaten erging es nicht anders, und wahrscheinlich ist es nur einer von militärischer Seite erfolgten
Drohung gegen die Parlamentsmitglieder zuzuschreiben, daß
diese bei einer nochmaligen Abstimmung ihre Meinung än-
derten und somit ein Ministerkabinett wieder zustande kam.
Hat Yüan-schï-kai in Peking selbst so wenig Einfluß,
so kann man sich nicht wundern, daß er in den Provinzen
noch weniger hat. Im ganzen lebt jede Provinz auf
eigene Hand, wobei die Tutus, gestützt auf einige ihnen
ergebene Regimenter, und vor allem die Vereinigung der Notabeln, die eigentliche Herrschaft ausüben. Die Tutus selbst
wechseln häufig; die Provinz Tschekiang hat in den wenigen
Monaten bereits den vierten, und zwar sind es in diesem
Falle die Soldaten, welche den Tutu auf den Schild erheben
und wieder absetzen. Das Versagen der Zentralgewalt und
die Unsicherheit der allgemeinen Lage, — denn niemand
weiß, was der morgende Tag für Überraschungen bringen
wird — hat vielerlei unangenehme und bedenkliche Zustände
zur Folge. Der Handel hat sich von der durch die Revolution erlittenen Störung noch nicht wieder erholen können;
die hemmenden und willkürlichen Inlandzölle (Likin) bestehen dabei immer noch, obwohl ihre Abschaffung zu den

---

Männer von der Öffentlichkeit zurück, welche anfangs die eifrigsten
Wortführer der Republik gewesen waren: Wu-ding-fang und Wen-
dsung-yau in Schanghai. Huang-hing, dem die Stellung eines Ge-
neralissimus in Nanking gegeben war, verzichtete bald wieder darauf
und nahm seinen Abschied. Sun-wen legte am 1. April seinen Posten
in Nanking völlig nieder und erklärte dabei, künftig nur als ein einfacher Bürger für die Durchführung der republikanischen Ideale
wirken zu wollen.

wichtigsten Punkten der Freiheit gehörte, welche die Revolutionäre versprachen. Räuberbanden tauchten in allen
Provinzen auf; auch in Schantung herrschten anfangs in dem
berüchtigsten Räuberwinkel im Südwesten und im Süden
schlimme Zustände. Erst seitdem der energische Dschang-
hün, der Verteidiger Nankings, sich mit seinen Regimentern
in dieser Gegend festsetzte und dort eine diktatorische Gewalt ausübte (neuerdings mit Yentschoufu als Hauptquartier),
wurden die Räuber besser im Zaum gehalten[5]). Gerüchte
von einer geplanten Gegenrevolution der Mandschus werden
verbreitet, für die jedoch bisher keine wirklichen Grundlagen
vorhanden sind. Auch sonst ist die Zeit geeignet, allerlei
abenteuerliche Behauptungen aufkommen zu lassen, die bekanntlich unversehens heftige Erregungen des Volkes nach
irgend einer Seite hin zur Folge haben können. Der Opium-
anbau, dessen völlige Unterdrückung unter der Mandschu-
Dynastie nahe bevorstand, wird wieder stärker betrieben.
Das Schulwesen liegt ganz darnieder; selbst die in Peking am
15. Mai dieses Jahres feierlich neu eröffnete Universität soll
wegen Mangel an Mitteln vorläufig wieder geschlossen werden[6]). Wenn schließlich die Revolutionäre anfangs eines
ihrer kräftigsten Agitationsmittel in der Behauptung besaßen,

---

[5]) Dschang-hün's Soldaten tragen immer noch den Zopf. Daß
es dem Landvolk in Schantung selbstverständlich ist, sich von ihm
noch nicht zu trennen, war schon erwähnt. Sobald aber die Wagen
der durch Schantung führenden Tientsin—Pukou-Bahn die erste
Station in der Provinz Kiangsu erreicht haben, kommen Soldaten in
die Wagen und schneiden schonungslos jeden Zopf ab, den sie noch
finden.

[6]) Ein erfreuliches Zeichen ist es aber, daß der Lerneifer unter
der Jugend selbst im Steigen begriffen ist. Fast alle von Europäern
oder Amerikanern geleiteten Schulen haben seit dem Beginn der Republik einen großen Andrang und das Feld für Schulunternehmungen
ist gerade jetzt verheißungsvoll. Als ein weiterer Vorteil darf es bezeichnet werden, daß die bisher für Christen bestehenden Hemmungen
fortgefallen sind. Unter den Vizeministern des ersten republikanischen
Kabinetts war ein Christ. Andrerseits ist das Bestehen einer fremdenfeindlichen Richtung spürbar, deren Vertreter zunächst möglichst
jeden Fremden entfernen wollen, der noch in chinesischen Diensten ist.

daß die übeln Zustände der Bestechlichkeit und der Verun-
treuung öffentlicher Gelder nur dem System des Absolutis-
mus und insbesondere den Mandschus zuzuschreiben seien
und daß dergleichen in dem republikanischen Staat keinen
Platz mehr finden würde, so haben sie auch mit dieser Behauptung das Volk schwer enttäuscht. Die Stimmen mehrten
sich bald, die riefen: „Es ist ja weit schlimmer geworden als
es vorher war!" Man darf jedenfalls sagen, daß es einstweilen
nicht besser geworden ist, und hoffentlich wird durch diese
Tatsache die Einsicht dafür stärker geweckt, daß die Besserung der moralischen Qualitäten, welche ein Gemeinwesen
erfordert, aus tieferen, persönlichen Quellen fließen muß,
und nicht durch einen einfachen Wechsel staatlicher Insti-
tutionen zu erreichen ist. Denn dieser moderne Wahnglaube
ist in China noch immer weit verbreitet, daß neue, den Westländern nachgeahmte Methoden und neue Rezepte in äußerer
und in innerer Politik ohne weiteres eine Erneuerung der
Verhältnisse zur Folge haben würden.

So viel wird man im Rückblick auf die Revolution und
ihre Leistungen im ersten Halbjahr der Republik jetzt schon
urteilen dürfen, daß sie nicht aus innerer Notwendigkeit der
Entwicklung heraus geboren ist; sie hat durch ihren Radikalismus den normalen Gang der Entwicklung unter der
Parole der Freiheit und des Fortschritts einstweilen lediglich
zum Stillstand gebracht, selbst aber noch keinerlei positiv auf-
bauende Kräfte gezeigt. Indes ist damit durchaus nicht gesagt, daß die Revolution nicht trotzdem die Wirkung haben
wird, in der Gesamtheit des Volkes gesunde Kräfte der Entwicklung wachzurufen, vielleicht gerade als Gegenwirkung
gegen die jetzigen unhaltbaren Zustände. Denn diese sind
doch nur durch eine kleine Zahl von Männern hervorgerufen,
welche gegen eine ebenfalls kleine Gruppe der bisher Herrschenden sich erhob. Die große Masse des chinesischen
Volkes hat mit diesem Kampf fast nichts zu tun. Unzweifelhaft gibt es auf dem Lande Unfähige, die den Gedanken der
Republik überhaupt noch nicht erfaßt haben, und in dem
jetzigen Präsidenten in Peking nur eine andere Art von Prinz-

regenten sehen. Es ist ferner die Klasse der echt chinesisch
Gebildeten — die dabei durchaus Reformfreunde sein können
— bisher noch garnicht zu Wort gekommen; sie lassen einstweilen abwartend diese republikanische Welle über sich ergehen, welche durch ihre europäisch gekleideten Landsleute
verursacht ist, aber sie schwimmen nicht selbst mit in dem
neuen Strom.

Mit vielen Fragen muß dieses letzte Kapitel schließen,
welches die Folgen der Revolution behandelt. Wird die republikanische Regierungsform bestehen bleiben, oder eine
starke Persönlichkeit von neuem den Drachenthron einneh-
men? Wird sich China durch sich selbst aus seinen politischen und inneren Nöten erholen können und wie groß wird
der Umfang des neuen China bleiben? Werden die Mächte
schließlich doch noch einschreiten, und wird das von neuem
eine fremdenfeindliche Bewegung zur Folge haben? Tiefer
greifend aber als alle diese Fragen ist für die Zukunft Chinas
wohl eine andere: Wird das chinesische Volk die Einheit
seiner sozialen und sittlichen Lebensanschauung behalten
oder in welcher Richtung wird diese sich verändern? Denn
die wahre Einheit und Kraft des Chinesentums war immer
eine geistige, die der gemeinsamen Kultur und sittlich-sozialen Lebensanschauung, als deren Repräsentant Konfuzius
heilig gehalten wurde. Diesem Konfuzianischen System ist
die Beziehung zwischen Volk und Herrscher wesentlich und
hat dadurch, daß dieser wiederum der Beauftragte des
Himmels ist, zugleich einen religiösen Charakter. Bei dem
organischen Zusammenhang aber, in dem die elementaren,
sittlichen Beziehungen in diesem geistigen Gefüge durch das
Band der Pietät sämtlich zu einander stehen, ist die große
Frage nun diese: Wird das Eindringen der republikanischen
Ideen die Folge haben, daß das eigentliche Volk, die unzählige Masse, nun überhaupt aus seinem sittlichen Boden
entwurzelt und damit sittlicher Haltlosigkeit und Anarchie
zugeführt wird? Oder wird sich eine starre Reaktion erheben, welche noch einmal den Versuch macht, die fremden
geistigen Einflüsse überhaupt zu ignorieren und zu be-

kämpfen? Beides würde zum Verderben Chinas ausschlagen. Eine dritte Möglichkeit und Hoffnung aber ist die, daß die in der chinesischen Weltanschauung enthaltenen sittlich-sozialen Kräfte stark und lebendig genug sein werden, um sich weder entwurzeln zu lassen, noch starr in sich zu verhärten, sondern daß sie mit den tiefsten und reinsten Kräften des abendländischen Geistes eine lebensvolle Verbindung eingehen werden[7]), daß China auf neuer Stufe, aber in organischem Wachstum aus seinem bisherigen Wesen heraus die Einheit einer das ganze Volk tragenden, sittlichen Lebensanschauung finden wird. Einen Neubau muß es errichten; aber die guten Bausteine des alten Fundaments seiner Kultur darf es dabei nicht preisgeben.

„Wenn das Reich lange vereint war, wird es wieder gespalten, wenn es lange gespalten war, kommt es wieder zusammen," sagt ein bekannter Satz aus der Geschichte der drei Reiche (s. S. 28) gleich als ob damit ein Naturgesetz der chinesischen Geschichte ausgesprochen werde. Mit Spannung werden wir es verfolgen, ob diese im chinesischen Volkskörper liegende Kraft der Vereinigung stark genug sein wird, um auch die Spaltung zu überwinden, welche durch die gesamte abendländische Macht und Kultur, gipfelnd in der jetzigen akuten Form des Republikanismus, in China eingedrungen ist, ob China seine so oft bewiesene Assimilationsfähigkeit fremden Einflüssen gegenüber auch in der jetzigen gewaltigen Krisis bewähren wird. Aber mehr als neugieriges passives Interesse werden wir dieser Zukunft Chinas entgegenbringen./ Denn Chinas Volk und Kultur stellt in vielfacher Hinsicht unter den Typen der Menschheit eine hervorragende, uns noch viel zu wenig bekannte Eigenart dar, die eine unerschöpfliche Fundgrube für die Beobachtung und das Studium bietet. Und noch viel zu wenig haben wir

---

[7]) Bisher waren nur die Beziehungen der Abendländer zu den Chinesen im ganzen nicht von der Art, um diesen die Möglichkeit zu geben, das Beste und Innerliche des Abendlandes kennen zu lernen, die Ideen und Kräfte, welche als das wahrhaft Lebendige und menschheitlich Große in der abendländischen Kultur verborgen sind.

uns die Tatsache zum Bewußtsein gebracht, daß das chinesische Volk den vierten Teil der ganzen Menschheit ausmacht. Das besagte nicht viel, so lange China eine Welt für sich bildete. Nun aber ist die chinesische Mauer gefallen, Orient und Okzident sind nicht mehr zu trennen, das chinesische Volk tritt aus seiner Abgeschlossenheit hervor, und so wird die Art seiner Entwicklung künftig von beträchtlichem Einfluß auf die Menschheitsgeschichte als Ganzes sein. Da vereinigt sich für uns Pflicht und eigenes Interesse, daß wir nicht gleichgültig außerhalb dieses lebendigen Stromes der Weltentwicklung stehen bleiben, und nicht anderen allein es überlassen, die Brücken fruchtbarer Beziehungen hinüber und herüber zu schlagen. China ist offen, nun seien wir nicht verschlossen!

Zur Förderung solcher Einsicht und solchen Interesses möge auch dieser geschichtliche Abriß einen kleinen Beitrag liefern.

Anhang.

Überblick über die Entwickelung des Schutzgebietes Kiautschou.[1])

Am 14. November 1897, ¹/₂12 Uhr mittags ging die Flagge des Generals Dschang vor dem alten Yamen in Tsingtau nieder und drei Stunden später wurde mit drei Hurras auf S. M. den Kaiser im Ostlager die deutsche Flagge gehißt. Admiral von Diederichs richtete im Yamen die provisorische neue Regierung ein und das etwa 700 Mann starke Landungskorps der Schiffe „Kaiser", „Prinzeß Wilhelm", „Comoran" bezog die bisherigen chinesischen Lager (Artillerie-, Ost-, Yamen-, Höhen- und Strandlager). Ein Teil der deutschen Besatzung rückte gleich darauf wieder ab, um sich durch Expeditionen in das Hinterland davon zu überzeugen, daß die chinesischen Truppen auch wirklich aus der festgesetzten Zone abgezogen seien; hierbei wurden die Städte Kiautschou und Tsimo besetzt, aber nach dem Abschluß des Kiautschou-Vertrages wieder geräumt. Inzwischen hatten die in Tsingtau Zurückbleibenden bei dem Fehlen von allem Nötigen reichlich damit zu tun, die chinesischen Lager nur einigermaßen wohnlich einzurichten.

Am 26. Januar 1898 traf der erste Transport des dritten Seebataillons, geführt von Korvettenkapitän Truppel, auf D. „Darmstadt" ein, und das Landungskorps der Schiffe konnte seinem eigentlichen Dienst wiedergegeben werden. Inzwischen war durch Verfügung vom 27. Januar die Verwaltung des besetzten Gebietes dem Reichs-Marine-Amt anvertraut

---

[1]) Zur Vorgeschichte Tsingtaus und zur Vorgeschichte der Besitzergreifung s. S. 228, Anmerkung 6; S. 241f.

worden und am 11. Februar 1898 übernahm Korvettenkapitän Truppel als „Befehlshaber der gelandeten Streitkräfte" zugleich die Geschäfte des Gouvernements. Nach
Abschluß des Kiautschou-Vertrages (6. März 1898) mit China
folgte ihm am 15. April 1898 als erster definitiver Gouverneur
der Kapitän z. See Rosendahl. Durch Kabinettsorder vom
27. April 1898 wurde Kiautschou zum Schutzgebiet erhoben
und die Konsulargerichtsbarkeit eingeführt. Um Justiz und
Verwaltung möglichst zu dezentralisieren, wurden (im zweiten Jahr der Kolonie) die Bezirksämter in Tsingtau und Litsun geschaffen, bei denen der Bezirksamtmann zugleich Be-
zirksrichter ist²). Am 5. Mai 1898 machte Prinz Heinrich
als Chef des Kreuzergeschwaders der jungen Kolonie seinen
ersten Besuch, reiste dann weiter nach Peking und traf im
Juni zu längerem Aufenthalt wieder ein. Vom 18. März 1899
bis 11. April 1899 weilte auch seine Gemahlin, die Frau
Prinzessin Heinrich, in Tsingtau.

Gleich von Anfang an war ein wichtiger Grundsatz für
die Entwicklung festgelegt worden, die Bodenpolitik der Kolonie betreffend. Um nämlich zu verhüten, daß Großkapi-
talisten der ostasiatischen Firmen zu Spekulationszwecken
das Land ankauften, wurde bereits am Tage der Besitzergreifung durch Admiral v. Diederichs eine Proklamation erlassen, welche zunächst jeden Landverkauf bis auf weiteres
verbot. Das Gouvernement selbst kaufte dann nach Bedarf
das Land auf, und zwar zu denselben Preisen wie sie unter
den Chinesen selbst bisher üblich waren, und verkauft es
seinerseits wieder, sofern es nicht zu fiskalischen Zwecken
gebraucht wird als einzelne Parzellen in öffentlicher Ver-
steigerung, natürlich zu erhöhten Preisen. Die Grundsteuer
beträgt 6% des Verkaufswertes; alle drei Jahre können Neu-
einschätzungen des Bodenwertes erfolgen. Die Bebauungs-
pflicht mit progressiver Steuererhöhung bei Nichtausführung

---

²) So wenigstens in Litsun, dem größten Flecken des inneren
Schutzgebietes; das Bezirksamt in Tsingtau hat es nur mit der Rechts-
pflege zu tun, während die Verwaltung durch das Polizeiamt ausgeübt wird.

derselben schließt alle Bodenspekulation größeren Maßstabes aus. Beim Eigentumswechsel eines Grundstückes oder nach 25 Jahren hat das Gouvernement das Recht, eine Wertzuwachssteuer von $33^1/_3$ % zu erheben[3]). Nachdem der Ankauf der Ländereien von den einzelnen chinesischen Grundbesitzern, die Festlegung des Stadtplans und andere vorbereitende Arbeiten genügend vorgeschritten waren, konnte am 3. Oktober 1898 der erste Verkauf von Grundstücken erfolgen. Bald darauf begann ein so eifriges Bauen, daß die in der zweiten amtlichen Denkschrift (Oktober 1898—1899) gegebenen Panoramen von Tsingtau schon eine ganze Anzahl der neuen Gebäude aufweisen; manche davon sind heute bereits wieder verschwunden. Die Mehrzahl der Kolonisten lebte aber damals noch in den dürftig ausgebauten Chinesenhäusern mit undichtem Dach. Im heutigen Stadtgebiet Tsingtau und an seiner unmittelbaren Grenze gab es damals noch folgende Chinesendörfer: Unter-Tsingtau, Ober-Tsingtau, Tapautau, Siaupautau, Hönggiakou, Siauniwa, Huitschien, Yanggiatsun. Der gute Verdienst in Tsingtau lockte chinesische Arbeiter so stark heran, daß sich die Bevölkerung des alten Dorfes Tsingtau im Februar 1898 schon verdreifacht hatte. Danach bauten sich die Arbeiter ein ganzes Lager von Mattenzelten (das Mattendorf Tapautau), wo im Sommer 1899 eine schlimme Flecktyphusepidemie ausbrach, so daß das ganze Dorf niedergerissen werden mußte. Statt dessen entstand das hygienisch gebaute Taitungtschen und Taihsitschen für die Arbeiterbevölkerung und Tapautau für die Handeltreibenden. Auch die deutschen Kolonisten, vor allem aber die Truppen, erlitten in der ersten Zeit durch Typhus und Ruhr schwere Verluste; am stärksten in den Herbstmonaten 1899[4]).

---

[3]) Mit der Einführung dieser in den bodenreformerischen Kreisen Deutschlands berühmt gewordenen Landordnung von Kiautschou ist vor allen der Name Dr. Schrameier's verknüpft, der von 1897 bis 1909 als Kommissar für chinesische Angelegenheiten und anfangs zugleich als Zivilkommissar in Tsingtau tätig war.

[4]) Unter den Opfern dieser ersten Zeit war auch der hochverdiente Missionar, Sinologe und Naturforscher Dr. Ernst Faber, seit 1865 in China; damals im Dienste des Allgem. Ev. Protest. Missionsvereins.

Am 2. September 1898 erfolgte die Proklamierung Tsingtaus als Freihafen für den Handel aller Nationen. Die für
das Schutzgebiet selbst bestimmten Waren blieben zollfrei;
die welche aus dem deutschen Gebiete heraus in das chinesische Hinterland versandt wurden, unterlagen natürlich dem
chinesischen Zoll. Um diesen Zollverkehr zu erleichtern,
wurde in Tsingtau selbst ein chinesisches Zollamt zugelassen
(1899).

Gleich die erste Denkschrift spricht sich dahin aus, daß,
unbeschadet der militärisch-maritimen Bedeutung Tsingtaus
als Flottenstation, der wirtschaftliche Gesichtspunkt, die Ent-
wickelung der Kolonie zur Handelskolonie, im Vordergrunde
stehen solle und daß nach Maßgabe der fortschreitenden Entwicklung eine Selbstverwaltung den Umfang der staalichen
Verwaltung beschränken solle.

Die wichtigsten Erfordernisse für den zukünftigen Handel waren: Hafen, Bahnbau und Kohlenförderung. Die beiden ersten dieser Werke wurden 1899 begonnen, der Hafen
von staatlicher, der Bahnbau sowie bald darauf der Bergbau
von privater Seite. Im Juni 1899 hatte sich in Berlin die
Schantung-Eisenbahn-Gesellschaft mit einem Grundkapital
von 54 Millionen Mark gebildet. Im September desselben
Jahres wurde sowohl von Tsingtau als von Kiautschou
aus mit den Erdarbeiten begonnen. In Tsingtau tat Prinz
Heinrich am 23. September 1899 die ersten Spatenstiche. Der
Fortgang der Arbeiten erfuhr durch die Boxerunruhen im
folgenden Jahre erhebliche Störungen. Alle im Inneren be-
schäftigten Ingenieure und Arbeiter mußten wochenlang nach
der Küste zurückkehren. Schon im Sommer 1899 waren zwei
Kompagnien vorübergehend nach Kaumi geschickt worden
und 1900 wurde ein Detachement zum Schutze der Bahnbauten nach Kiautschou verlegt. Das Schutzgebiet wurde
durch die gewaltige Bewegung, welche den ganzen Norden
Chinas gegen die Fremden sich erheben ließ, nicht unmittelbar berührt, da der damalige Gouverneur Yüan-schï-kai es
verstand, die Bewegung in seiner Provinz niederzuhalten, und
die Politik des Gouverneurs Jäschke (Kapitän z. See, seit

dem 20. Februar 1899 der Nachfolger Rosendahl's) in demselben Sinne tätig war (s. S. 254). Doch war natürlich die ganze Kolonie den Sommer 1900 über lebhaft in die aufregenden Ereignisse des Jahres hineingezogen. Über Kiautschou hinaus wußte man wochenlang nichts Bestimmtes über das, was im Innern vorging. Die Kolonie selbst war fast ohne Verteidigungsmittel, als nach dem Abgang des Detachements v. Soden auch noch zwei volle Kompagnien an den Kämpfen bei Tientsin teilnahmen und die Kriegsschiffe alle nach dem Norden abgegangen waren. Nur „Irene" in der Innenbucht ließ allnächtlich den forschenden Scheinwerfer beruhigend über den Rand der Bucht und Tsingtau leuchten, und über die von den Übungen und Erholungen heimkehrende Freiwilligenkompagnie, die sich damals unter Führung eines Offiziers gebildet hatte.

Im Oktober 1900 wurde nach vorhergegangener Verständigung mit Yüan-schï-kai der Schutz der Bahnarbeiten in der neutralen Zone vom Gouvernement selbst übernommen. Truppen gingen nach Kaumi ab und erstürmten zwei Dörfer. Im Anschluß daran wurden dann die Detachements Kaumi und Kiautschou eingerichtet, die auch nach der vollen Herstellung der Ruhe bestehen blieben und erst Ende 1905 zurückgezogen wurden.

Als die Kolonie am 27. Januar 1901 sich zur Feier des Geburtstages Sr. Majestät festlich versammelt hatte, traf sie die Trauerbotschaft, daß Gouverneur Jäschke, schon seit Wochen schwer erkrankt, aus dem Leben geschieden sei. Mit der Stellvertretung beauftragt übernahm zunächst Fregattenkapitän Rollmann die Geschäfte des Gouvernements, bis am 8. Juni 1901 Kapitän z. See Truppel von neuem an die Spitze des Gouvernements trat.

Trotz der erlittenen Störungen konnte bereits am 8. April 1901 die Schantung-Eisenbahn-Gesellschaft die Strecke Tsingtau—Kiautschou dem Verkehr übergeben und die Schantung-Bergbau-Gesellschaft am 30. Oktober 1902 aus Fangtse den ersten Kohlenzug in Tsingtau einlaufen lassen. Der Fangtse-Schacht begann mit einer Jahresförderung von

38 000 t., die in fünf Jahren nach Eröffnung des Minna-Schachtes (1907) und Annie-Schachtes (1908), nach Einrichtung der Kohlenwäsche (1906) und der Brikettfabrik (1907) fast um das Fünffache gestiegen.

Am 6. März 1904 wurde unter festlicher Beteiligung der ganzen Kolonie die Mole I des Großen Hafens dem Verkehr übergeben. Damit hörte das bisher so lästige Löschen der Güter in Leichtern auf der Außenreede auf. Der Hafen liegt im Innern der Bucht; viel Baggerarbeiten waren erforderlich; ein gewaltiger Steindamm schützt ihn gegen die Nordstürme. Die Herstellungskosten beliefen sich auf 30 Millionen Mark. Am 1. Juni desselben Jahres erreichte die Bahn die Hauptstadt Schantungs, Tsinanfu (395 Kilometer von Tsingtau); gleichzeitig war die Zweiglinie nach Poschan (40 Kilometer) fertiggestellt. Der Verkehr auf der Bahn, namentlich auch der Personenverkehr, entwickelte sich überraschend günstig[5]).

Die schöne Lage Tsingtaus, der vorzügliche Badestrand, die sich seit Beginn der Aufforstungen mit Kiefern und Akaziengrün bedeckenden Hügel, der Forstgarten, die Nähe des Lauschans mit seinen Hochgebirgslandschaften und nicht zum wenigsten in Tsingtau selbst die Reinlichkeit aller Anlagen, mit Wasserleitung, elektrischem Licht, Kanalisation, die hier zum erstenmal durchgeführte Trennung des europäischen und des chinesischen Stadtviertels, der sich stets bessernde Gesundheitszustand auch unter den Truppen, das alles verschaffte Tsingtau bald auch einen Ruf als Erholungs- und Badeort, was sich 1904 in der Erbauung des Strandhotels kund gab. Ebenfalls 1904 wurde das Genesungsheim im Lauschan eröffnet, das durch Spenden des Deutschen

---

[5]) Am 17. Mai 1904 hat die chinesische Regierung von sich aus die an der Schantung-Bahn gelegenen Städte Weihsien, Tschoutsun und Tsinanfu dem internationalen Handel eröffnet, bezw. in unmittelbarer Nähe dieser Städte Bezirke abgegrenzt, in denen Ausländer Land pachten, wohnen und Handel treiben dürfen. In Tsinanfu ist infolgedessen eine internationale Handelsniederlassung entstanden, in der vor allem deutsche Firmen vertreten sind.

Hilfskomitees für Ostasien erbaut werden konnte und seinen Namen Mecklenburghaus nach dem Herzog Johann Albrecht zu Mecklenburg trägt.

Von den Kämpfen des Russisch-Japanischen Krieges war die Kolonie insofern ein unmittelbarer Zeuge, als am 11. August 1904 das russische Linienschiff „Cäsarewitsch" der Kreuzer „Novik" und ein Torpedoboot, dem noch zwei andere am 12. August folgten, nach dem Kampfe vor Port Arthur in den Tsingtauer Hafen flüchteten. „Novik" ging nachts wieder in See, die anderen wurden entwaffnet und blieben bis zum Schluß des Krieges in Tsingtau liegen. Der Krieg brachte im übrigen durch die Nachfragen nach allen möglichen Bedarfsartikeln vielen Kaufleuten in Tsingtau ein gutes Geschäft. Darauf folgte dann freilich auch für Tsingtau die allgemeine Handelsdepression an der chinesischen Küste, die bis zum Jahre 1909 fortwirkte.

Mit dem 1. Januar 1906 trat eine wichtige Änderung der Zollverhältnisse in Kraft (Zollabkommen vom 2. Dezember 1905), Tsingtau hörte auf Freihafen zu sein, indem seit jenem Datum alle in Tsingtau eingeführten Waren, nicht nur die für die Weitersendung in das Hinterland bestimmten, der Zollpflicht beim chinesischen Seezollamt unterliegen. Der Grund, aus dem das Gouvernement im Einverständnis mit der Kaufmannschaft sich zu diesem Schritt entschoß, war der, den Handel in das Innere durch den Fortfall aller zeitraubenden und hemmenden Zollformalitäten zu erleichtern. Das Schutzgebiet steht seitdem mit dem chinesischen Hinterland in Zollunion. Als Vergütung dafür, daß fortan die im Schutzgebiet selbst verbrauchten Waren mit dem Zoll belastet werden, ersetzt das Seezollamt 20% sämtlicher Importzölle dem Gouvernement zurück. Für das Jahr 1909 betrug diese zurückvergütete Summe 156 416 Taels, die also als eine indirekte Steuer neben der bisher einzigen, Grundsteuer, dem Gouvernement eine erwünschte Einnahme verschaffte[6]).

---

[6]) Die Einnahmen des Schutzgebietes haben sich von Jahr zu Jahr vergrößert. Im Jahre 1911/12 betrugen sie 5 834 670 Mark, wäh-

Außerdem behielt Tsingtau ein beschränktes Freihafengebiet, in dem über See kommende Waren zunächst zollfrei lagern können. Die Wirkung dieses Abkommens zeigte sich in einer schnellen Steigerung der Zolleinnahmen; ferner darin, daß immer mehr chinesische Firmen sich dauernd niederließen, ihre Gilden und Klubhäuser bauten und damit am deutlichsten ihr Zutrauen zu dem Handel von Tsingtau bekundeten. Etwa vom Jahre 1906 ab zeigte sich die Hebung des Handels dem Prozentsatz nach noch stärker in der Ausfuhr chinesischer als in der Einfuhr fremder Waren. Die Einfuhr hob sich zwischen 1906 und 1910 von 74,9 Millionen Mark auf 84,3 Millionen Mark, die Ausfuhr von 28,5 Millionen auf 52,9 Millionen Mark. Die eingeführten nichtchinesischen Waren sind nur etwa zu einem Drittel deutschen Ursprungs; es handelt sich dabei außer um Eisenbahn- und Bergbaumaterialien hauptsächlich um Farben, Metalle, Papier, Nadeln, Knöpfe, Maschinen. Unter den Waren anderer Länder, welche über Tsingtau in das Innere importiert werden, stehen die japanischen im Vordergrund; sie machen ebenfalls (für 1910) etwa $\frac{1}{3}$ der Gesamteinfuhr aus, wie überhaupt der Einfluß der Japaner in Schantung im stillen recht bedeutend ist[7]). Als Ausfuhrartikel kommen besonders Strohborten in Betracht; 1909 handelte es sich dabei um einen Wert von 10 Millionen Dollars. Tschifu, früher der Ausfuhrort in Strohborten, hat dieses Geschäft gänzlich verloren, wie überhaupt seit dem Jahre 1909 der Gesamthandelswert von Tsingtau den dieses alten Handelsplatzes überflügelt hat[8]). Daß gerade der Aus-

rend der Reichszuschuß sich auf 7 703 940 Mark belief. Der Reichszuschuß war mit 14 660 000 Mark am höchsten für das Jahr 1905/06; seitdem ist er ständig im Sinken.

[7]) Auch englische, französische und russische Firmen haben sich in den letzten Jahren zu den deutschen gesellt. Seit 1911 besteht neben der von Anfang an vertretenen Deutsch-Asiatischen und der Chinesischen Bank auch eine englische und eine russische Bank.

[8]) Unter sämtlichen, dem fremden Handel geöffneten Plätzen Chinas stand den Zolleinnahmen nach Tsingtau im Jahre 1909 an siebenter Stelle, 1910 an sechster Stelle, nämlich hinter Schanghai, Tientsin, Hankou, Kanton und Swatou.

fuhrhandel Tsingtaus eine so starke Steigerung erfährt, wird man als eine normale Entwicklung ansehen können. Denn die Bevölkerung von Schantung ist an sich arm⁹). Damit fremde Waren unter ihr Absatz finden können, muß sie selbst gleichzeitig kapitalkräftiger werden; und wenn sie gerade an den Erzeugnissen deutscher Industrie mehr Gefallen finden soll als etwa an den billigeren, aber auch schlechteren japanischen Artikeln, so setzt auch das einen gehobeneren Zustand wirtschaftlicher und kultureller Entwicklung voraus.

Im April 1906 wurde das neue Gouvernementsgebäude bezogen und die bisherige Marine-Werkstatt in die Tsingtauer Werft am Hafen umgewandelt, welcher ein Schwimmdock von 16 000 Tons Tragfähigkeit zu Gebote steht¹⁰). Im September 1906 trafen vier Reichstagsabgeordnete zur Besichtigung der Kolonie in Tsingtau ein.

Im Jahre 1907 fand die erste Einjährigen-Prüfung an der Gouvernements-Schule statt. Die Schule war ursprünglich eine Einrichtung der Bürgergemeinde. Das Gouvernement übernahm die Schule am 1. April 1902. Das erste Schulgebäude wurde am 2. September 1901 eröffnet, das jetzige große im Juli 1907. Die Anstalt ist ein Reformrealprogymnasium mit angegliederten lateinlosen Realklassen und einer Vorschule¹¹).

Mit dem 1. Januar 1908 erhielt Tsingtau ein Kaiserliches

---

⁹) Dazu ist Schantung trotz seiner Gebirge die am dichtesten bevölkerte Provinz Chinas, an Einwohnerzahl ungefähr so groß wie das Königreich Preußen, an Bodenfläche nur halb so groß.

¹⁰) Die Tsingtauer Werft erzieht sich aus Schantunger Bauernjungen ihren Stamm von Arbeitern selbst in einer musterhaften Lehrlingsanstalt.

¹¹) Die Schülerzahl betrug am 1. Januar 1912: 176 Kinder, davon ein Drittel Mädchen, die mit den Knaben gemeinsam unterrichtet werden; 23 unter ihnen stammten aus andern Küstenplätzen von Hongkong bis Wladiwostok, 7 waren Nicht-Reichsangehörige. Das Einjährigen-Examen haben bisher 28 Schüler bestanden. — Neben dem Realprogymnasium in Tsingtau besteht noch eine andere deutsche Schule in China, die Kaiser-Wilhelm-Schule in Schanghai. Sie ist eine Realschule und fördert ihre Schüler und Schülerinnen (60 im S. S. 1912) bisher bis Obertertia.

Obergericht, wodurch das Schanghaier Konsulargericht auf-
hörte, Berufungsgericht für Tsingtau zu sein[12]).

Der schon im Jahre 1905 erfolgten Gründung der Handelskammer seitens der europäischen Firmen folgte 1909 die
einer chinesischen Handelskammer. Es wurde damit eine
Organisation geschaffen, welche innerlich der chinesischen
Kaufmannschaft die Trennung nach Provinzialklubs über-
brückt und welche dem Gouvernement die Möglichkeit bietet,
mit einer Gesamtvertretung der chinesischen Kaufmannschaft
bindende Abmachungen zu treffen. Seit 1910 ernennt das
Gouvernement ferner aus der chinesischen Kaufmannschaft
auf Vorschlag derselben vier Vertrauensleute zur Beratung
des Gouvernements in chinesischen Angelegenheiten. Mit
der Zeit soll die chinesische Kaufmannschaft auch im Gouvernementsrat eine Vertretung finden. Dieser Gouvernementsrat besteht aus dem Gouverneur, mehreren Beamten
und vier Bürgerschaftsvertretern, von denen drei gewählt
sind, einer vom Gouvernement ernannt wird, also ähnlich wie
in Hongkong. Dem Gouvernementsrat sind vor allem die
Voranschläge für den jährlichen Etat und die Entwürfe der
vom Gouverneur für die Kolonie zu erlassenden Verord-
nungen vorzulegen. Der Gouvernementsrat hat aber nur be-
ratende Stimme, denn der Gouverneur ist an das Ergebnis
der Beratungen nicht gebunden.

Eine weitgehende Bedeutung kommt der Eröffnung der
Deutsch-Chinesischen Hochschule zu, am 25. Oktober 1909.
Das Gouvernement hatte schon seit 1905 mit der Gründung
von chinesischen Volksschulen im Schutzgebiet begonnen, in
denen sowohl die Elemente chinesischen als europäischen
Wissens gelehrt werden. Solche Volksschulen gibt es jetzt
im Schutzgebiet 16 mit etwa 700 Schülern. Indes ist es selbstverständlich, daß Deutschland, auch abgesehen von dem

---

[12]) Das Obergericht entspricht etwa dem heimischen Landgericht,
während das Gericht erster Instanz, „das Kaiserliche Gericht von
Kiautschou", dem deutschen Amtsgericht zu vergleichen ist. Indes
wird bei beiden Gerichten weit mehr als in Deutschland das Laien-
element zur Rechtsprechung herangezogen. —

kleinen Schutzgebiet, seine Aufgabe darin sehen muß, die chinesische Jugend im allgemeinen dem deutschen Kultureinfluß zugänglich zu machen, und ihr Gelegenheit zu geben, das einmal erwachte Verlangen nach der geistigen Bildung des Westens auch an den Quellen deutschen Geistes und deutscher Wissenschaft zu befriedigen. Diese wichtige Arbeit hatte man bisher lediglich den wenigen Missionsschulen in China überlassen[18]), sofern nicht die chinesische Regierung selbst deutsche Lehrer an ihre Anstalten berufen hatte. Von den in Tsingtau vorhandenen Missionsschulen steht dabei das 1901 gegründete Deutsch-Chinesische Seminar des Allgem. Ev. Protest. Missionsvereins an erster Stelle. Mit der Deutsch-Chinesischen Hochschule übernahm nun das Reich die Arbeiten, um die es sich dabei handelt, zugleich in eigene Hand und in einem viel größeren Rahmen als wie ihn private Vereinigungen mit ihren beschränkten Mitteln sich setzen können. Die Tsingtauer Hochschule stellte sich dar als ein gemeinsames vertragsmäßig festgelegtes Unternehmen der deutschen und der chinesischen Regierung (s. S. 296). Die letztere sorgt für den chinesischen Unterricht und zahlt einen jährlichen Zuschuß. Die Schule teilt sich in eine Unterstufe mit Realschulbildung und in eine Oberstufe,

---

[18]) Eine hervorragende Ausnahme macht die Deutsche Medizinschule in Schanghai, gegründet 1907. Das Stiftungskapitai stammt von deutschen Industriellen, zu ihrer Unterhaltung gibt das Reich einen Zuschuß. Der 8jährige Kursus umfaßt Sprachschule, Vorklinikum, Klinikum. Die praktische medizinische Ausbildung wird unentgeltlich von den deutschen Ärzten Schanghais erteilt. Die Schule hat sich vorzüglich bewährt; ein äußerst harmonischer Geist verbindet Lehrer und Schüler. Am Schluß des Sommersemesters 1911 wurden die ersten Zöglinge, welche die Kenntnis der deutschen Sprache bereits mitgebracht hatten, in die Praxis entlassen. An die Medizinschule ist seit 1912 eine Technische Schule angegliedert worden.

In den letzten Jahren sind ferner an verschiedenen Plätzen (Kanton, Hankou, Nanking, Tsinanfu, Tientsin, Mukden, Pinghsiang) deutsch-chinesische Schulen mit einem oder zwei Lehrern entstanden, zu deren Gründung und Unterhaltung sich an den meisten der betreffenden Plätze ein deutsch-chinesischer Schulverein gebildet hat und die ebenfalls einen Reichszuschuß erhalten.

welche sich nach den Fächern Jurisprudenz und Staats-
wissenschaften, Technik, Landwirtschaft, Medizin gliedert.
Zur Zeit sind 15 deutsche Lehrer angestellt; außerdem unterrichten verschiedene höhere Beamte des Gouvernements in
ihren entsprechenden Fächern, theoretisch und praktisch.
Mit der Hochschule ist ein Übersetzungsamt verbunden,
dessen Aufgabe es vor allem ist, gute Lehrbücher zu schaffen,
an denen es China noch sehr fehlt[14]).

Auf verschiedene Anregungen hin erließ die Hochschule
eine Einladung zu einer Konferenz deutscher Lehrer an chinesischen Schulen. Diese haben seit 1910 ein gemeinsames
Organ in der „Ostasiatischen Lehrer-Zeitung". Die Konferenz
fand zum erstenmal im Juli 1911 in Tsingtau statt.

Während die Kolonie früher nur über Schanghai Anschluß an die großen Verkehrswege der Hauptdampferlinien
hatte, suchen diese jetzt teilweise Tsingtau selbst auf. Vor

---

[14]) Mit der Tsingtauer Hochschule und der Schanghaier Medizinschule ist Deutschland im ganzen aber immer noch gewaltig im
Rückstand gegenüber den ganz China seit Jahrzehnten durchziehenden
amerikanischen und englischen Schulanstalten, denen deutscherseits nur
die Schulen der Basler, Barmer und Berliner Mission in der Provinz Kuangtung, des Allgem. Ev. Prot. Missionsvereins, der Berliner
und der katholischen Steyler Mission in Schantung und die vorhin genannten kleineren deutsch-chinesischen Schulen gegenüberstehen. In
Schantung ist die Amerikanisch-Presbyterianische Mission schon seit
dem Jahre 1861 in der Schularbeit tätig. Die Schulgebäude, welche
sie nach den Boxerunruhen in Weihsien errichtete, stellen eine Stadt
im kleinen dar. Dann vereinigte sie sich mit der englischen Baptisten-
Mission zur Gründung einer Universität, deren verschiedene Zweige
in Weihsien, Tsingtschoufu und Tsinanfu bestehen. Neuerdings, seitdem über die wachsende Bedeutung Tsingtaus kein Zweifel mehr sein
kann, sind die Amerikaner am Werk, auch in Tsingtau ein großes
Schulunternehmen zu schaffen. Das Stiftungskapital der Schantung-
Universität beträgt mehrere Millionen Mark. Ebenfalls mit gewaltigen Mitteln ausgerüstet (5 Millionen Mark) ist die englische Universität in Hongkong, eröffnet im März 1912. Für Hankou ist eine
andere in gleichem Umfange geplant, deren Gründungsaufruf von
zahlreichen Lords, Ministern, Professoren, Finanzleuten unterzeichnet
ist. Sie soll gewissermaßen eine englische Filiale der Hochschulen
von Oxford und Cambridge sein.

allem laufen seit 1910 die großen Dampfer des Norddeutschen Lloyd Tsingtau in regelmäßiger Fahrt an; als erster kam „Derfflinger" am 29. September. Die Küstendampfer der Hamburg-Amerika-Linie besorgten schon seit 1901 den regelmäßigen Verkehr mit Schanghai und die großen Dampfer den Frachtdienst mit Hamburg. Auch andere große Schiffahrtsgesellschaften, wie die P. & O. Linie und die Nippon Yusen Kaisha lassen ihre Dampfer anlaufen. Es bezeugt dies zugleich den Wert der ebenfalls von der Schantung-Bergbau-Gesellschaft gelieferten Hung-schan (Poschan) Kohle für Schiffszwecke[15]).

Vom 6. bis 11. Juni 1910 erfreute sich die Kolonie des Besuches, den ihr Herzog Johann Albrecht zu Mecklenburg, Regent von Braunschweig und Vorsitzender der Deutschen Kolonialgesellschaft, nebst seiner Gemahlin, der Herzogin Elisabeth abstattete. Im September traf der nationalliberale Reichstagsabgeordnete Dr. Goercke zu mehrwöchiger Information in Tsingtau ein. Am 23. Oktober 1910 wurde die neue protestantische Christus-Kirche eingeweiht.

Über die Bevölkerung des Schutzgebietes ergab die letzte Volkszählung im Mai 1910 folgendes Resultat. Gesamtzahl der Nicht-Asiaten, (ohne Militär) 1621, davon waren 976 Männer und Knaben, 642 Frauen und Mädchen. (Im Jahre 1901 betrug die Zahl aller weiblichen Bewohner einschließlich Kinder 64). Der Staatsangehörigkeit nach waren darunter 1531 Deutsche, 32 Engländer, 19 Amerikaner, 16 Russen, 15 Östreicher, 7 Europäer anderer Staaten. Die Japaner sind mit 167 vertreten; Inder, Koreaner, Samoaner mit 23. Die Gesamtzahl der chinesischen Bevölkerung im Schutzgebiet betrug 161 140; auf das Stadtgebiet entfällt davon mehr als 1/5, nämlich 34 180 Personen. — Die Tsingtauer Garnison, bestehend aus dem III. Seebataillon, 1 Abteilung Matrosenartillerie (1 Pionier- und 4 Fußkompagnien), 1 Marinefeldbatterie mit Maschinengewehrzügen, betrug im Frühjahr

---

[15]) Die Förderung aus den Bergwerken in Fangtsï und Hungschan zusammen betrug im Jahre 1911: 486 000 Tons.

1912: 82 Offiziere und 2379 Mann. Das Ostasiatische Marine-
detachement (Schutzwachen in Tientsin und Peking): 148
Mann. Wegen der Revolution wurden die deutschen Truppen
in China um 500 Mann verstärkt.

Eine schwere Gefahr drohte der Kolonie zu Anfang des
Jahres 1911 durch die in der Mandschurei ausgebrochene
Lungenpest, die sich schnell nach dem Süden zu verbreitete.
Die Fahrten auf der Bahn Tientsin—Tsinanfu wurden gänzlich eingestellt und auf der Schantung-Bahn stark beschränkt.
Trotzdem kamen fast in allen Teilen Schantungs Pestfälle vor
(Januar bis Mai 1911). Die Verschleppung der Seuche geschah besonders durch die Tausende der zur Zeit des chinesischen Neujahrsfestes aus der Mandschurei in ihre Heimat
Schantung zurückkehrenden Arbeiter. Das Gouvernement
traf umfassende Abwehrmaßregeln. Durch ein starkes mi-
litärisches Aufgebot wurde das Stadtgebiet gegen das Landgebiet gänzlich abgesperrt (28. Januar bis 19. März), desgleichen das gesamte Schutzgebiet gegen das Hinterland; an
letzterer Sperre beteiligte sich eifrig auch das Landvolk. Pa-
trouillen hielten ebenso die Küste unter beständiger Bewachung. Die Kolonie blieb von der furchtbaren Seuche
glücklich verschont, obwohl unmittelbar an der Grenze Pestfälle vorkamen.

Gouverneur der Kolonie verblieb vom 7. Juni 1901 bis
14. Mai 1911 der anfängliche Kapitän z. See, spätere Admiral
Truppel. Wegen seiner erfolgreichen Tätigkeit zeichnete ihn
der Kaiser durch die Verleihung des erblichen Adels aus[16]).
Zu seinem Nachfolger wurde Kapitän z. See Meyer-Waldeck
ernannt, welcher am 22. November 1911 in Tsingtau eintraf[17]).
Daß zwischen den Gouverneuren des Schutzgebietes und

---

[16]) Während zweier Urlaubsreisen Truppels' wurde mit der
Stellvertretung Fregattenkapitän Funke (Oktober 1904 bis Februar 1905)
und Kapitän z. See van Semmern (Februar 1905 bis September 1906)
beauftragt; das zweitemal vertrat ihn Kapitän z. See Meyer-Waldeck
(April 1909 bis April 1910).
[17]) Vom Mai bis November hatte Kapitän z. See Höpfner die
Vertretung.

denen der Provinz Schantung persönliche Besuche ausgetauscht werden, ist seit dem Besuch Dschou-fu's (Dezember 1902) zu einer festen Gewohnheit geworden[18]).

Ein Ereignis von größter Bedeutung für die Kolonie wurde der Ausbruch der chinesischen Revolution im Oktober 1911. Nicht als ob die revolutionären Umtriebe auch in das Schutzgebiet selbst hineingedrungen wären. Vielmehr blieb die Ordnung völlig aufrecht erhalten; der Grundsatz wurde mit Erfolg durchgeführt, daß, so lange rechtlich die Mandschu-Dynastie bestehe, mit welcher 1898 der Kiautschou-Vertrag abgeschlossen war, die Entfaltung der republikanischen Flagge nicht zu dulden sei. Dabei aber gewährte die Kolonie jedem Flüchtling volles Gastrecht, der aus welchem Lager der Parteien auch immer kommend in ihren Grenzen Schutz suchte. So wurde Tsingtau bald als eine wahre Burg des Schutzes unter den vielen bekannt, deren amtliche oder soziale Stellung durch die Wirren erschüttert oder bedroht war, und von Woche zu Woche füllte sich Tsingtau mehr mit hohen Flüchtlingen. Als einer der ersten traf der letzte Verkehrsminister der Dynastie, Scheng-süan-huai, in Tsingtau ein, der in Peking mit knapper Not dem Tod entgangen war (s. S. 311). Dieser Zuzug von Flüchtigen dauerte fort, als die Republik erklärt und die allgemeine Lage noch

---

[18]) Die Liste der seit dem Bestehen des deutschen Schutzgebiets bis zum Schluß der Mandschu-Dynastie in Tsinanfu amtierenden Gouverneure ist folgende:
Li-bing-höng, 1895—97;
Dschang-ju-me, 1898;
Yü-hiän, Mai bis Dezember 1899;
Yüan-schï-kai, 24. Dezember 1899 bis 21. Dezember 1901;
Hu-ting-gan, 1901 (in Vertretung);
Dschang-jen-gün, Dezember 1901 bis August 1902;
Dschou-fu, August 1902 bis November 1904;
Hu-ting-gan, 1904—05 (in Vertretung);
Yang-schï-siang, März 1905 bis September 1907;
Wu-ting-pin, September 1907 bis April 1908;
Yüan-schu-sün, Sommer 1908 bis Sommer 1909;
Sun-bau-ki, Juli 1909 bis Dezember 1911.

verworrener geworden war als vorher[19]). Im Sommer 1912 belief sich die Zahl höherer chinesischer Beamter, die in Tsingtau sich niedergelassen hatten, auf etwa 70, darunter 5 frühere Vizekönige[20]). Dazu kommen eine große Menge von kleineren Beamten, Notabeln und Kaufleuten. Den Flüchtlingen gefiel es so gut in Tsingtau, daß viele von ihnen beschlossen, sich dauernd hier niederzulassen, jedenfalls sich anzubauen und ihr Kapital hier anzulegen. Der Landverkauf des Gouvernements blühte, eine ungewöhnliche Bautätigkeit entstand, verstärkt dadurch, daß das Gouvernement die anfängliche Bestimmung in verschiedenen Fällen aufhob, wonach es Chinesen nicht gestattet war, sich im engeren Stadtgebiet Tsingtau anzubauen. Die Lücken in den weitläufigen Straßenanlagen, über die anfangs so manchmal gespottet wurde, füllen sich mehr und mehr. Die starke Zuwanderung dieses chinesischen Elements brachte auch einen Zufluß von Kapital mit sich und dieses wurde nicht nur in Grundstücken und auf der Bank niedergelegt, sondern es sind auch industrielle Unternehmungen geplant. So will eine Vereinigung von chinesischen Kaufleuten eine Strohbortenfabrik errichten, eine andere auch die Tsangkouer Seidenspinnerei von neuem aufnehmen.

Wichtiger als aller materieller Einzelgewinn aber, den so der Strom chinesischer Flüchtlinge nach Tsingtau gebracht, sind die allgemeinen Einflüsse zu schätzen, die davon ausgehen, daß eine Menge der gebildeten Chinesen aus verschiedenen Provinzen des Reiches auf diese Weise Tsingtau ein-

---

[19]) In humoristischer Weise gab ein hoher Beamter dem Prinzen Waldemar von Preußen gegenüber seine Wertschätzung Tsingtaus zum Ausdruck mit den Worten: „Tsingtau ist der Regenschirm für China."

Prinz Waldemar weilte vom 9. bis 19. Juni 1912 in Tsingtau, ein Besuch, der zugleich die Erinnerung an den längeren Aufenthalt seiner Eltern daselbst während der Gründungszeit der Kolonie und an die primitiven Zustände der ersten Jahre lebhaft wach werden ließ.

[20]) Unter ihnen ist Dschou-fu, der frühere Gouverneur von Schantung. Auch der Kriegsminister Yin-tschang und der Generalgouverneur Dschau-örl-sün haben sich angekauft.

mal durch eigene Anschauung wirklich kennen lernen[21]). Sie gewinnen einen nachhaltigen Eindruck von dem, was deutsche Schaffenskraft in so wenigen Jahren an diesem öden Strand hat entstehen lassen, und von der Macht, die diesem kräftig aufstrebendem deutsch-chinesischen Gemeinwesen so starken Schutz gewährt. Sie finden zugleich in der Kolonie das, was diese auch an ihrem Teil gern China bieten möchte: Gesunde Vorbilder für dessen eigene Entwicklung. Das alles hilft dazu, um Tsingtau in jeder Hinsicht immer lebendiger in den Strom des allgemeinen chinesischen Lebens hineinzubringen und um manches von der Verstimmung und Abneigung schwinden zu lassen, die in den chinesischen Kreisen von der Besitzergreifung Tsingtaus her gegen die Kolonie vorhanden sind. So darf man jetzt noch mehr als vorher die Hoffnung hegen, daß die Kolonie sich weiterhin in dieser Linie kräftig entwickeln wird: Deutschland und China zu Nutz und Frommen!

---

[21]) Auch der starke Zudrang zu den deutsch-chinesischen Schulen Tsingtaus steht in diesem Zusammenhang, wenn dies auch einem durchgängig nach der Revolution zu beobachtenden Verlangen nach westlichen Lehranstalten entspricht. Die Tsingtauer Hochschule kam im Sommer 1912 auf 300 Schüler; andere Schulen hatten ebenfalls reichlich Anmeldungen. Dasselbe gilt für die erste höhere deutsch-chinesische Mädchenschule in Tsingtau (Schu-fan-Schule) eröffnet Dezember 1911, deren Leitung dem Allgem. Ev. Protest. Missionsverein untersteht.

Tabelle der Provinzen und Nebenländer Chinas, der Hauptstädte und der geöffneten Plätze.

China zerfällt in das eigentliche China und in die Nebenländer; letztere sind in vielfacher Hinsicht als die Kolonialländer des ersteren zu betrachten und übertreffen dieses an Umfang beinahe noch um das Doppelte, während ihre Einwohnerzahl etwa um $1/_{55}$ geringer ist. Das eigentliche China zerfällt in Provinzen, deren Zahl unter den verschiedenen Kaisern nicht immer gleich war. Seit dem Kaiser Kiän-lung (1736—1796) waren es 18, so daß die „achtzehn Provinzen" ein gleichbedeutender Ausdruck für China im engeren Sinn geworden ist. Neuerdings sind die Nebenländer z. T. in die Provinzialverwaltung eingefügt, infolgedessen man jetzt auch 22 Provinzen zählt. Doch wird das eigentliche China auch heute noch durch die 18 Provinzen repräsentiert. Ihre Namen und ihre Hauptstädte sind folgende[1]):

1—6 Die Nordprovinzen.

1) Tschili (Dschī-li) mit P a n t i n g f u (Bang-ding-fu). Seit 1870 ist T i e n t s i n (Tiän-dsūn) der Sitz des Generalgouverneurs. Reichshauptstadt Peking (Beging).

2) Schantung (Schan-dung) mit Tsinanfu (Dsinan-fu).

3) Schansi mit Tai-yüän-fu.

---

[1]) Die Provinzen wurden unter der Mandschu-Dynastie von Gouverneuren oder Generalgouverneuren regiert. In der oben gegebenen Liste sind die Städte gesperrt, welche den Sitz eines Generalgouverneurs (Vizekönigs) bildeten, und diejenigen Provinzen durch eine Klammer verbunden, welche zu einem Verwaltungsbezirk in der Hand eines Generalgouverneurs zusammengefaßt waren.

4) Ho-nan mit Kai-föng-fu.
5) Schensi mit Si-an-fu.
6) Kansu (Gan-su) mit Lantschoufu (Lan-dschou-fu).

7—12 Die Mittel- oder Yangtse-Provinzen.

7) Kiangsu (Giang-su) mit Sutschou (Su-dschou) und Nanking (Nan-ging).
8) An-hui mit Ang-king oder Nganking.
9) Kiangsi (Giang-si) mit Nan-tschang-fu.
10) Hupe (Hu-be) mit Wu-tchang.
11) Hu-nan mit Tschang-scha.
12) Setschuan (Si-tschuan) mit Tscheng-du.

13—18 Die Südprovinzen.

13) Tschekiang (Dschä-giang) mit Hangtschoufu (Hang-dschou-fu).
14) Fukien (Fu-giän) mit Futschou (Fu-dschou).
15) Kuangtung (Guang-dung) mit Kanton (Guang-dschou-fu).
16) Kuangsi (Guang-si) mit Kuilin (Gui-lin).
17) Yün-nan mit Yün-nan-fu.
18) Kuitschou (Gui-dchou) mit Kuiyang (Gui-yang).

Seit dem 20. April 1907 ist die Mandschurei ebenfalls in die engere Verwaltung hineinbezogen worden. Es wurden aus ihr drei Provinzen gemacht, nämlich:

19) Schengking (Schöng-ging) mit Mukden (chinesisch Föng-tiän).
20) Kirin (Gi-ein) mit Kirin.
21) Helungkiang (He-lung-giang) mit Tsitsikar.

Als 22. Provinz gilt Hsinkiang (Sin-giang) d. h. Chinesisch Turkestan, welches seit 1878 nach dem großen Mohammedaneraufstand in straffere Verbindung mit China gebracht wurde. Doch gehört es seiner ganzen Natur nach trotzdem zu den Nebenländern.

Die Nebenländer.

1) Die Mandschurei s. Provinz Nr. 19—21.
2) Die Mongolei. Sie wird von einheimischen Für-

sten regiert. Die Hauptstadt ist Urga (Ku-lun), der Sitz des Hutuktu, des buddhistischen Oberhauptes. Hier wohnte auch der Vertreter der chinesischen Regierung, der sogenannte Amban[1]). Man unterscheidet die Äußere Mongolei mit Urga als Hauptstadt und die Innere Mongolei, welche in näherer Beziehung zu den chinesischen militärischen Behörden in Kalgan und Ichol steht.

3) Das Kukunor-Gebiet oder Tsing-hai, westlich von Kansu, am See gleichen Namens.

4) Turkestan mit Urumtsi.

5) Tibet mit Lhasa, Sitz des Dalai-Lama, des geistlichen und weltlichen Oberhauptes — im Auftrag der chinesischen Regierung — und des chinesischen Ambans. Das Land steht militärisch unter der Kontrolle des Generalgouverneurs von Setschuan.

Die geöffneten Plätze.

Bei den dem fremden Handel offen stehenden Plätzen handelte es sich anfangs nur um solche Häfen und Städte, in denen auf Grund der von den Fremden durchgesetzten Verträge diesen das Recht gegeben war, Handel zu treiben und sich niederzulassen; daher der Name Vertragshäfen, Verttragsplätze. In den letzten Jahren hat die chinesische Regierung auch von sich aus einige Plätze dem fremden Handel geöffnet. Das vertragsmäßige Zugeständnis, welches einen Platz zu einem offenen Handelsplatz stempelt, besagt nicht, daß in dem betreffenden Jahre der Handel auch wirklich begonnen hat. Die wirkliche Eröffnung des Handels bekundet sich darin, daß ein Seezollamt notwendig wird (die Verwaltung des Seezollamtes umfaßt nicht nur die Seestädte s. S. 209 f.). In manchen geöffneten Plätzen hat der Handel überhaupt noch nicht begonnen.

---

[1]) Über die neuerdings erfolgte Unabhängigkeitserklärung des größeren Teils der Mongolei s. S. 337.

Die folgende Liste gibt die Namen der offenen Plätze in der Schreibweise der chinesischen Zollverwaltung an, welche auch die des chinesischen Postamtes ist; sie nennt ferner die Macht, welche die Eröffnung bewirkt hat[1]) und das Jahr, in dem ein Seezollamt gegründet wurde.

Provinz	Geöffneter Platz	Auf Veranlassung welcher Macht?	Seezollamt seit?
Tschili	Tientsin	England 1860	1861
	Chinwangtao (Tsin-wang-dau)	China 1901	1901
Schantung	Chefoo (Tschifu bezw. Yän-tai)	England 1858	1862
	Kiaochow bezw. Tsingtau	Deutscher Besitz	1899
	Weihaiwei (We-hai-we)	Englischer Besitz	
	Tsinanfu (Dsi-nan-fu)	China	
	Choutsun (Dschou-tsun)	17. Mai 1904	
	Weihsien (We-hiän)		
Kiangsu	Chinkiang (Dschen-giang)	England 1858	1861
	Nanking	England 1858	1899
	Shanghai (Schang-hai)	England 1842	1854
	Soochow (Su-dschou)	Japan 1895	1896
	Wusung	China 1898	
Anhui	Wuhu	England 1876	1877
Kiangsi	Kiukiang (Giu-giang)	England 1858	1862
Hupe	Hankow (Han-kou)	England 1858	1862
	Ichang (I-tschang)	England 1876	1877
	Shasi (Scha-schï)	Japan 1895	1896
Hunan	Changsha (Tschang-scha)	Japan 1903	1904
	Yochow	China 1898	1899
Setschuan	Chungking (Tschung-king)	England 1890	1891
Tschekiang	Hangchow	England 1842	1861

[1]) In dem ursprünglichen Vertrag handelt es sich zuweilen um einen anderen Platz, der aber später aus irgend welchen Gründen umgetauscht wurde. So war durch den Vertrag von Tientsin 1858 anfangs Töngtschoufu in Schantung als offener Platz vorgesehen; als man aber die schlechten Hafenverhältnisse dort erkannt hatte, wählte man statt dessen Tschifu.

Eine ganze Reihe von anderen Plätzen am Yangtse und am West-Fluß (Si-giang) sind vertragsmäßig lediglich als Anlegehäfen (ports of call bestimmt worden, wo Güter oder Passagiere ein- und ausgeschifft werden können, wo aber keine Ansiedlung stattfinden darf. —

Provinz	Geöffneter Platz	Auf Veranlassung welcher Macht?	Seezollamt seit?
Tschekiang	Ningpo	England 1858	1877
	Wenchow	Japan 1895	1896
Fukien	Amoy (Hia-men)	England 1842	1862
	Foochow (Fu-dschou)	England 1842	1861
	Santuao (San-du-au)	China 1898	1899
Kuangtung	Kanton (Guang-dung)	England 1842	1859
	Hoihow (Hai-kouw) bezw. Kiung-	England 1858	1876
	chow		
	Swatow (Schan-tou)	England 1858	1860
	Pakhoi (Be-hai)	England 1876	1877
	Kowloon (Giu-lung)	England 1886	1897
	Samshui (San-schui)	England 1897	1897
	Kongmoon (Giang-men)	England 1902	1904
	Lappa (gegenüber Macao)		1871
	Hongkong	Englischer Besitz	
	Macao	Portugiesischer Besitz	
	Kuang-chouwan	Französischer Besitz	
Kuangsi	Lungchow	Frankreich 1886	1889
	Wuchow	England 1897	1897
	Nanning	Frankreich 1897	1907
Yünnan	Mengtze (Möng-dsi)	Frankreich 1886	1889
	Szemao (Si-mau)	Frankreich 1895	1897
	Hokou	Frankreich 1895	
	Teng yueh (Töng-yüo) oder	England 1897	1902
	Momein		
	Yünnanfu	1910	
Scheng king	Newchang (Niu-dschuang)	England 1858	1864
	Mukden	Amerika 1903	
	Antung	Amerika 1903	1907, März
	Tatungkow	Japan 1903	1907
	Dairen (Dalny)	Japanischer Besitz	1907, Juli
	Fahumen	Japan 1905	
	Fenghuangcheng	,, ,,	
	Hsinmintun	,, ,,	
	Tiehling	,, ,,	
	Tungkiangtze	,, ,,	
	Liaoyang	,, ,,	
Kirin	Suifenho	Japan 1895	1908
	Harbin	Japan 1905	1909
	Hunchun	Japan 1905	1910

Provinz	Geöffneter Platz	Auf Veranlassung welcher Macht?	Seezollamt seit?
Kirin	Lungchingtsun	Japan 1905	1910
	Sansing	Japan 1905	1909
	Chang chun (Kuanchengtze)	Japan 1905	
	Kirin	" "	
	Ninguta	" "	
	Chuitzuchien	" "	
	Toutaokou	" "	
	Paitsaokou	" "	
Helunkiang	Aigun	Japan 1905	1909, Juli
	Manchouli	" "	1907
	Tsitsikar	" "	
	Hailar	" "	
Tibet	Yatung	England 1893	1894
	Gartok	England 1906	
	Gyangtze	England 1906	
Turkestan	Kashgar	Rußland 1860	

NB. Zum Anhang gehörte an dieser Stelle ursprünglich eine Darstellung der Verfassung und Verwaltung Chinas nebst einem Überblick über die in Aussicht genommenen Reformen. Dieser Anhang ist fortgelassen worden, da inzwischen die Mandschu-Dynastie gestürzt ist und die jetzigen Ordnungen des staatlichen Lebens noch gänzlich ungeklärt sind. Das Wichtigste des betreffenden Kapitels, vor allem die Reformarbeit der Mandschu-Dynastie, ist in die geschichtliche Darstellung selbst hineinbezogen worden.

Deutsche Konsulate bestehen an folgenden Plätzen:

Amoy.
Futschou (kaufm. Konsulat).
Hankou.
Harbin.
Itschang.
Kanton.
Mukden.
Nanking.
Niutschuang (kaufm. Konsulat).
Pakhoi.
Hoihow.
Schanghai (Generalkonsulat).
Swatou.
Tientsin.
Tschengtu.
Tschungking.
Tschifu.
Tsinanfu.

Historische Tabelle.

Fu-hi 2852—2737 vor Chr.[1])
Schen-nung 2737—2697.
Huang-di 2697—2597.
Yau 2357—2255.
Schun 2255—2205.
Yü 2205—2198.
2205—1766 Die Hia-Dynastie.
1766—1122 Die Schang- oder Yin-Dynastie.
1122—249 vor Chr. Die Dschou-Dynastie.
770 Verlegung der Hauptstadt nach Lo-yang (Honan).
722—481 Die Annalen des Fürstentums Lu („Frühling—
Herbst").
604 Lautsï geboren.
551—479 Konfuzius.
475—221 Die streitenden Reiche.
378 Der Fürst von Tsi (Schantung) nimmt den Königstitel an.
372—289 Menzius.
249—206 Die Tsin-Dynastie.
221—210 Tsin-schï-huang-di (seit 246 König von Tsin).
202 (206) vor Chr. bis 220 n. Chr. Die Han-Dynastie.
206 vor Chr. bis 24 nach Chr. Die westliche Han-Dynastie.

---

[1]) Die Zahlenangaben für den ältesten Teil der chinesischen Geschichte haben natürlich nur einen ungefähren Wert. Sie sind hier nach der herkömmlichen Datierung gegeben. Die Bambus-Annalen (gefunden 279 nach Chr. in einem Fürstengrab in Honan) setzen den Anfang der Regierung des Huang-di, mit welchem sie ihre Aufzählungen beginnen, 213 Jahre später. Die Differenz gleicht sich allmählich aus und verschwindet in der Mitte des 9. Jahrhunderts vor Chr.; ihre Aufzeichnungen reichen bis zum Jahre 299 vor Chr.

140—86 vor Chr. Kaiser Wu-di. Eröffnung des Karawanen-
wegs nach dem Westen.

25 nach Chr. bis 220 nach Chr. Die östliche Han-Dynastie.

58—75 Kaiser Ming-di. Einführung des Buddhismus.

166 Gesandtschaft römischer Kaufleute in Loyang.

220—280 Die drei Reiche.

265—313 Die Dsin-Dynastie (West-Dsin).

304—439 Die 16 illegitimen Staaten. Der Norden unter tar-
tarischer Herrschaft.

386—534 Nord-We (Haus Tola).
535—554 West-We.
534—543 Ost-We. } Im Norden
550—577 Nord-Tsi.
557—581 Nord-Dschou.

317—420 Ost-Dsin.
420—479 Sung.
479—502 Tsi. } Im Süden
502—557 Liang.
557—587 Tschen.

581—618 Die Sui-Dynastie.

618—906 Die Tang-Dynastie.

627—649 Kaiser Tai-dsung.

684—704 Die Kaiserin Wu-hou.

907—960 Die fünf Dynastien.

937—1125 Die Herrschaft der Kistan (Liau) im Norden.

960—1280 Die Sung-Dynastie.

1101—1125 Kaiser Hui-dsung.

1115—1234 Die Herrschaft der Gin im Norden.

1127—1280 Die Süd-Sung-Dynastie.

1210—1234 Verdrängung der Gin durch die Mongolen.

1280—1367 Die Mongolen-Dynastie (Yüan-Dynastie).

1280—1294 Kublai Khan.

1368—1644 Die Ming-Dynastie.

1368—1398 Kaiser Tai-dsu (Hung-wu).

1403—1424 Kaiser Tscheng-dsu (Yung-lo).

1421 Verlegung der Hauptstadt von Nanking nach Peking.

1517 Die ersten portugiesischen Schiffe vor Kanton.

1522—1566 Kaiser Schï-dsung (Gia-ging).
1573—1620 Kaiser Schen-dsung (Wan-li).
1575 Die ersten spanischen Schiffe vor Kanton.
1592—1598 Die Japaner halten Korea besetzt.
1601 Der Jesuitenpater Ricci kommt nach Peking.
1603 Gründung Mukdens durch den Mandschu-Herrscher
    Nurhacha.
1604 Die ersten holländischen Schiffe vor Kanton.
1624—1662 Die Holländer halten Formosa besetzt.
1628—1644 Kaiser Dschuang-liä-di (Tschung-dscheng).
1637 Die ersten englischen Schiffe vor Kanton. Kapitän Wedell.
1644 (April) Der Rebell Li-dsï-tscheng erobert Peking.
    Schlacht bei Schan-hai-guan.
1644 (Juni) Einzug der Mandschus in Peking.

1644—1912. Die Mandschu-Dynastie.

1644—1661 S c h u n - d s c h ï (Schï-dsu).
1655 Gesandtschaft der Holländer und der Russen in Peking.
1659 Koxinga vor Nanking.
1661 Tod des Gui-wang, des letzten Thronprätendenten der
    Ming.
1662—1722 K a n g h i (Scheng-dsu).
1674—1681 Rebellion des Wu-san-gui.
1683 Eroberung von Formosa.
1685 Kang-hi gestattet den fremden Handel in allen Häfen.
1689 Vertrag von Nertschinsk.
    Beginn des englischen Handels in Kanton.
1709—1720 Empörung des Tse-wang in Turkestan.
1715 Erste englische Faktorei in Kanton.
1723—1735 Y u n g - d s c h e n g (Schï-dsung).
1724 Vertreibung der katholischen Missionare.
1724—1734 Empörung des Tse-ning in Turkestan.
1726 Neuordnung der Grundsteuer.
1727 Vertrag von Kiachta.
1729 Das erste Edikt gegen das Opium.

1736—1796 K i ä n - l u n g (Oau-dsung).
1746 Aufstand in Setschuan.
1756—1761 Unterwerfung von Ost-Turkestan.
1757 Der fremde Handel allein auf Kanton beschränkt.
1763 Rückkehr der Turguten.
1765—1769 Krieg mit Birma.
1770 Empörung der Mian-dsï.
1788 Annam von neuem tributpflichtig.
1790 Zug über den Himalaya gegen die Gorkhas.
1792 Erneuerung des Handelsvertrags von Kiachta.
1792—1795 Die Gesandtschaft des Lord Macartney.
1796—1820 O i a - k i n g (Jen-dsung).
1795—1799 Empörung der Mian-dsï.
1796—1801 Empörung der „Weißen Lotosgesellschaft".
1806—1810 Seeräuberkrieg.
1806—1807 Soldatenaufstand.
1807 Ankunft Robert Morrison's in Kanton.
1813 Verschwörung im Kaiserpalast.
1816 Gesandtschaft des Lord Amherst.
1820—1850 D a u - g u a n g (Süan-dsung).
1823 Der letzte der jesuitischen Väter verläßt Peking.
1833 Erlöschen des Monopols der Englisch-Ostindischen
   Kompagnie.
1834 Abweisung Lord Napiers durch den Vizekönig in
   Kanton.
1839 Opiumkonflikt in Kanton. Lin-dse-sü und Capt. Elliot.
  24. Mai: Die Engländer verlassen Kanton.
1840—1842 Der Opiumkrieg.
1841, 21. Januar: Konvention zwischen Capt. Elliot und Ki-
   schan.
  10. August: Ankunft Sir H. Pottinger's.
  26. August: Amoy erobert.
  13. Oktober: Ningpo erobert.
1842, 18. Mai: Dscha-pu vor Hangtschoufu erobert. Tod aller
   Mandschus.
  19. Juni: Schanghai besetzt.
  21. Juli: Tschenkiang erobert.

29. August: Der Friede von Nanking.
1843, 17. November: Beginn des fremden Handels in Schanghai.
1844, Juli: Der amerikanische Handelsvertrag von Wanghia.
Oktober: Der französische Handelsvertrag von Whampoa.
1850—1861 Hiän-föng (Wen-dsung).
1850 Beginn der Taiping-Rebellion.
1853, 19. März: Nanking von den Taipings erobert.
1853, Oktober: Die Taipings dicht vor Tientsin.
1853 (September) — 1855 (Februar): Schanghai von den Trias-Rebellen besetzt.
1854 Gründung des Neuen Seezollamtes in Schanghai.
1855 Der Gelbe Fluß verlegt seine Mündung in den Golf von Petschili.
1856—1858 Der Lorchakrieg.
1857, 29. Dezember: Kanton von den Engländern und Franzosen erobert.
1858, 20. Mai: Eroberung der Taku-Forts durch die Verbündeten.
26. Juni: Der englische Vertrag von Tientsin.
27. Juni: Der französische Vertrag von Tientsin.
16. Mai: Der russische Vertrag von Aigun.
1859, 25. Juni: Niederlage der Engländer und Franzosen bei den Taku-Forts.
1860 Der Mongolenfürst Söng-go-lin-sin (Söng-wang).
2. Juni Die Taipings erobern Sutschou.
18. August: Erfolgloser Angriff der Taipings unter Dschung-wang auf Schanghai.
21. August: Die Taku-Forts von den Verbündeten erobert.
18. September: Schlacht bei Dschang-gia-wan. Parkes und seine Genossen gefangen.
13. Oktober: Peking öffnet den Verbündeten die Tore.
18. Oktober: Zerstörung des Sommerpalastes.
24. Oktober: Die englische Konvention von Peking;
25. Oktober: Die französische Konvention von Peking.

1861 Der erste Staatsstreich der Kaiserin-Witwe Tsï-hi.
1861—1875 Tung-dschï (Mu-dsung).
1859—1862 Die preußische Expedition nach Ostasien.
1862, 2. September: Der preußische Vertrag von Tientsin.
1862—1864 Engländer, Franzosen und die „immer siegreiche
  Schar" unterstützen die Kaiserlichen im Kampf
  gegen die Taipings in Kiangsu und Tschekiang.
1863 (März) — 1864 (Mai): Major Gordon der Führer der
  „immer siegreichen Schar".
1864, 19. Juli: Nanking erobert von Dsöng-guo-fan.
1860—1867 Die Niän-fe, besonders in Schantung-Söng-go-
  lin-sin.
1867 Cochin-China vollends von Frankreich annektiert.
1868—1872 v. Richthofen's Reisen in China.
1867—1872 Der Mohammedaner-Aufstand in Yünnan. Sultan
  Suleiman.
1866—1873 Der Mohammedaner-Aufstand in Kansu und
  Schensi.
1864—1878 Der Mohammedaner-Aufstand in Turkestan. Ya-
  kul Beg.
1871—1881 Die Russen halten Ili besetzt.
1876—1878 Die große Hungersnot in Nord-China.
1867—1870 Die Burlingame-Gesandtschaft.
1870, 21. Juni: Der Aufruhr in Tientsin.
1871—1895 Li-hung-dschang, Generalgouverneur von Tschili.
1873 Erste Audienz der Gesandten.
1874 Verwicklung mit Japan wegen der Liukiu-Inseln.
1875 Zweiter Staatsstreich der Kaiserin-Witwe Tsï-hi.
1875—1908 Guang-sü (De-dsung).
1876 Die erste Bahn in China (Schanghai—Wusung), gebaut
  und abgerissen.
1876 Die Tschifu-Konvention.
1876 Die Japaner erzwingen die Eröffnung von Korea.
1880 Die Japaner besetzen die Liu-kiu-Inseln.
1881 Vertrag von St. Petersburg.
1882 Der amerikanische, englische und deutsche Vertrag mit
  Korea.

1882 Aufstand in Korea.

1885—1894 Yüan-schï-kai Ministerresident in Korea.

1885 Japanisch-chinesischer Vertrag von Tientsin.

1884—1885 Französisch-chinesischer Krieg.

Abtretung Annam's an Frankreich.

1886 Abtretung Birma's an England.

1889 Dschang-dschï-dung, Generalgouverneur in Wutschang.

1889 Übernahme der Regierung durch Guang-sü persönlich.

1891 Tsingtau durch Li-hung-dschang befestigt.

1891 Die Unruhen im Yangtse-Tal.

1894—1895 Der japanisch-chinesische Krieg.

1894, 17. September: Seeschlacht an der Yalu-Mündung.

21. September: Eroberung von Lü-schun-kou (Port Arthur).

1895, 12. Februar: Eroberung von Weihaiwei.

17. April: Friede von Shimonoseki.

Oktober: Sun-wen versucht eine Erhebung in Kanton.

1897, 14. November: Besitzergreifung Tsingtaus durch Admiral v. Diederichs.

1898, 6. März: Abschluß des Kiautschou-Vertrags.

27. März: Vertrag mit Rußland, betreffend die Abtretung von Port Arthur.

10. April: Vertrag mit Frankreich, betreffend die Abtretung von Kuangtschouwan.

1. Juli: Vertrag mit England, betreffend die Abtretung von Weihaiwei.

1898 Die Reformbewegung in Peking. Kang-yu-we.

20. September: Der dritte Staatsstreich der Kaiserin-Witwe. Guang-sü gefangen gesetzt.

1900—1901 Der Boxeraufstand und das internationale Vorgehen in China.

1900, 10. bis 24. Juni: Die Seymour-Expedition.

17. Juni: Eroberung der Taku-Forts.

19. Juni: Tsï-hi entscheidet sich für den Bund mit den Boxern. Der deutsche Gesandte Freiherr v. Ketteler ermordet.

23. Juni: Die Fremdenniederlassung in Tientsin entsetzt.
13. Juli: Die Boxer und kaiserlichen Truppen aus Tientsin zurückgeworfen.
19. Juni bis 13. August: Belagerung der Gesandtschaften in Peking.
9. Juli: Die Niedermetzelung der Christen in Taiyüanfu.
17. Oktober bis 3. Juni 1901: Feldmarschall Graf Waldersee in Peking.
1901, 7. September: Das Internationale Protokoll.
7. November: Tod Li-hung-dschang's.
1902, 6. Januar: Rückkehr des Kaiserlichen Hofes nach Peking.
1902 Bildung einer Zentralbehörde für staatliche Reformen.
1902—1907 Yüan-schï-kai, Generalgouverneur von Tschili.
1904—1905: Der japanisch-russische Krieg.
1904, September: Die englische Expedition nach Tibet. Lhasa-Vertrag.
1905, 2. September: Edikt betreffend die Abschaffung der Examina alten Stils.
1906, 6. November, Edikt betreffend die Umwandlung der Ministerien.
1908, 27. August: Edikt betreffend die Einführung einer Verfassung.
14. November: Tod des Kaisers Guang-sü.
15. November: Tod der Kaiserin-Witwe Tsï-hi.
1908—1912 S ü a n - t u n g unter Vormundschaft des Prinzregenten.
1909, 2. Jan. Yüan-schï-kai entlassen.
5. Oktober: Tod Dschang-dschï-dung's.
14. Oktober: Erstes Zusammentreten der Provinziallandtage.
22. Oktober: Der Reichsausschuß erzwingt die frühere Einberufung des Parlaments.
25. Oktober: Gründung der Deutsch - chinesischen Hochschule in Tsingtau.

1910, Februar: Flucht 'des Dalai-Lama nach Indien.
Juli: Unruhen im Kreis Lai-yang bei Tsingtau.
1911, 28. April: Aufstand in Kanton.
9. Mai: Edikt betr. die Verstaatlichung der Haupt-Eisenbahnlinien.
September: Aufstand in Setschuan.
10. Oktober: Ausbruch der Revolution in Wutschang.
14. Oktober: Yüan-schï-kai zum Generalgouverneur von Hupe und Hunan ernannt.
27. Oktober: Die Kaiserlichen bei Hankou im Vorgehen.
30. Oktober: Das kaiserliche Schuldedikt.
3. November: Edikt betreffend die neue Verfassung nach englischem Muster.
3. bis 4. November: Schanghai nebst dem Arsenal im Besitz der Revolutionäre.
11. November: Schantung erklärt sich als unabhängige Republik.
13. November: Yüan-schï-kai, zum Premierminister erwählt, trifft in Peking ein.
26. November: Schantung wieder kaiserlich.
27. November: Hanyang von den Kaiserlichen erobert.
2. Dezember: Nanking von den Revolutionären erobert.
10. Dezember: Abdankung des Prinzregenten.
18. Dezember: Beginn der Friedensverhandlungen in Schanghai.
29. Dezember: Die äußere Mongolei erklärt ihre Unabhängigkeit.
1912, 1. Januar: Sun-wen übernimmt in Nanking das Amt des provisorischen Präsidenten der Republik.
Februar: Kämpfe zwischen den Kaiserlichen und den Revolutionären in Schantung.
12. Februar: Das Abdankungsedikt der Mandschu-Dynastie.
15. Februar: Yüan-schï-kai zum provisorischen Präsidenten der Republik erwählt.

29. Februar: Ausbruch der Meuterei unter den Leib-
truppen Yüan-schï-kai's. Plünderung in Peking.
März: Plünderungen in Mukden, Pautingfu, Tientsin.
10. März: Yüan-schï-kai leistet den Eid auf die Republik.
13. Juni: Meuterei und Plünderung in Tsinanfu.
Juni: Tang-schau-i, der erste Ministerpräsident, verläßt seinen Posten.